古典文獻研究輯刊

三四編

潘美月・杜潔祥 主編

第 8 冊

續經義考・周易之部
（第三冊）

周懷文 著

國家圖書館出版品預行編目資料

續經義考‧周易之部（第三冊）／周懷文 著 -- 初版 -- 新北市：
花木蘭文化事業有限公司，2022〔民111〕
目 10+302 面；19×26 公分
（古典文獻研究輯刊 三四編；第 8 冊）
ISBN 978-986-518-863-4（精裝）
1.CST：易經 2.CST：研究考訂
011.08   110022682

ISBN-978-986-518-863-4

9 789865 188634

古典文獻研究輯刊
三四編　第八冊　　　　　　　ISBN：978-986-518-863-4

續經義考‧周易之部（第三冊）

作　　者　周懷文
主　　編　潘美月、杜潔祥
總 編 輯　杜潔祥
副總編輯　楊嘉樂
編輯主任　許郁翎
編　　輯　張雅淋、潘玟靜、劉子瑄　美術編輯　陳逸婷
出　　版　花木蘭文化事業有限公司
發 行 人　高小娟
聯絡地址　235 新北市中和區中安街七二號十三樓
　　　　　電話：02-2923-1455 ／傳真：02-2923-1452
網　　址　http://www.huamulan.tw 信箱 service@huamulans.com
印　　刷　普羅文化出版廣告事業
初　　版　2022 年 3 月
定　　價　三四編 51 冊（精裝）台幣 130,000 元

續經義考・周易之部
（第三冊）

周懷文　著

目次

G

干從濂 讀易隨筆 佚

◎同治《星子縣志》卷十《人物志》上：著有《讀易隨筆》《春秋穀梁傳義釋》《周官考信錄》《主靜說》《稽古樓文稿》《西夏河渠要志》及文檄尺牘各藁藏於家。

◎同治《南康府志》卷之十八：著有《讀易隨筆》《春秋穀梁傳義釋》《周官考信錄》《主靜說》《西夏河渠要志》及文檄尺牘各藁藏於家。

◎干從濂，字希周，號靜齋。乾隆十三年（1748）進士。授福建尤溪知縣，乾隆十六年任閩縣知縣，十八年任陞縣同知，二十年任晉江知縣、鞏昌府知府，後官至寧夏道，調任臺灣淡水同知，任臺灣兵部道臺。又著有《春秋穀梁傳義釋》、《周官考信錄》、《西夏河渠要志》、《稽古樓文稿》、《主靜說》等。

甘超 易理統宗 佚

◎乾隆《太平府志》卷二十五《宦績志》下：所著《易理統宗》《四書約旨》藏於家。

◎民國《蕪湖縣志》卷四十八《人物志·宦績》：所著《易理統宗》《四書約旨》藏於家。

◎民國《蕪湖縣志》卷五十六《藝文志·經部》：《易理統宗》（清甘超著）。

◎甘超，字遠公，號坦齋。安徽蕪湖人。少穎異，沉酣史籍，尤研貫經

說、性理諸書，康熙甲子領鄉薦，考中書，改選亳州學正，文風丕振。子三：玉樹、玉山、玉麟。

甘禾 周易厄說推義 佚

◎光緒《江西通志》卷九十九《藝文略》一《國朝》：《周易厄說推義》，甘禾撰（《奉新縣志》）。

◎甘禾，字周書。江西奉新人。著有《周易厄說推義》。

甘師盤 周易述義 佚

◎同治《豐城縣志》卷十五《人物志》五《儒林》：著有《大學管窺》〔註1〕《四書駁謬》《周易述義》。

◎同治《南昌府志》卷四十五《人物》：於四子書及《易經》實有所得。

◎光緒《江西通志》卷九十九《藝文略》一《國朝》：《周易述義》，甘師盤撰（《豐城縣志》）。

◎甘師盤，字又學。江西豐城人。庠生。澹於進取，終日手《大學》一卷教門下士，務以明理戒欺為主。潛心濂洛關閩之學，力闢姚江。又謂吳草廬於朱陸作調停，終是私意。

甘堯都 卦變存疑 佚

◎民國《嘉定縣續志》卷十二《藝文志》：《卦變述》八卷（甘堯都著。下同○王維勤、姚文棟序）、《經傳分合考》六卷、《河洛述》、《易象集解》、《卦變存疑》、《周易爻變》、《易象分類》、《易解偶輯》、《納甲詳解》、《卦爻名例》。

◎甘堯都，字允之。嘉定（今屬上海）南翔人。諸生。

甘堯都 卦變述 八卷 存

上海藏鈔本

◎民國《嘉定縣續志》卷十一《人物志》：研精易理，著作甚富，咸豐辛酉燬於兵，止存《卦變述》及《經傳分合考》二種。

◎民國《嘉定縣續志》卷十二《藝文志》：《卦變述》八卷（甘堯都著。下同○王維勤、姚文棟序）、《經傳分合考》六卷、《河洛述》、《易象集解》、《卦變存疑》、《周易爻變》、《易象分類》、《易解偶輯》、《納甲詳解》、《卦爻名例》。

〔註1〕《禁書總目・軍機處奏准全燬書目》列為禁書。

甘堯都 卦變彙參 一卷 存

上海藏鈔本

甘堯都 卦爻名例 佚

◎民國《嘉定縣續志》卷十二《藝文志》：《卦變述》八卷（甘堯都著。下同○王維勤、姚文棟序）、《經傳分合考》六卷、《河洛述》、《易象集解》、《卦變存疑》、《周易爻變》、《易象分類》、《易解偶輯》、《納甲詳解》、《卦爻名例》。

甘堯都 河洛述 佚

◎民國《嘉定縣續志》卷十二《藝文志》：《卦變述》八卷（甘堯都著。下同○王維勤、姚文棟序）、《經傳分合考》六卷、《河洛述》、《易象集解》、《卦變存疑》、《周易爻變》、《易象分類》、《易解偶輯》、《納甲詳解》、《卦爻名例》。

甘堯都 經傳分合考 六卷 佚

◎民國《嘉定縣續志》卷十二《藝文志》：《卦變述》八卷（甘堯都著。下同○王維勤、姚文棟序）、《經傳分合考》六卷、《河洛述》、《易象集解》、《卦變存疑》、《周易爻變》、《易象分類》、《易解偶輯》、《納甲詳解》、《卦爻名例》。

甘堯都 納甲詳解 佚

◎民國《嘉定縣續志》卷十二《藝文志》：《卦變述》八卷（甘堯都著。下同○王維勤、姚文棟序）、《經傳分合考》六卷、《河洛述》、《易象集解》、《卦變存疑》、《周易爻變》、《易象分類》、《易解偶輯》、《納甲詳解》、《卦爻名例》。

甘堯都 易解偶輯 佚

◎民國《嘉定縣續志》卷十二《藝文志》：《卦變述》八卷（甘堯都著。下同○王維勤、姚文棟序）、《經傳分合考》六卷、《河洛述》、《易象集解》、《卦變存疑》、《周易爻變》、《易象分類》、《易解偶輯》、《納甲詳解》、《卦爻名例》。

甘堯都 易象分類 佚

◎民國《嘉定縣續志》卷十二《藝文志》：《卦變述》八卷（甘堯都著。下同○王維勤、姚文棟序）、《經傳分合考》六卷、《河洛述》、《易象集解》、《卦變存疑》、《周易爻變》、《易象分類》、《易解偶輯》、《納甲詳解》、《卦爻名例》。

甘堯都　易象集解　佚

◎民國《嘉定縣續志》卷十二《藝文志》：《卦變述》八卷（甘堯都著。下同○王維勤、姚文棟序）、《經傳分合考》六卷、《河洛述》、《易象集解》、《卦變存疑》、《周易爻變》、《易象分類》、《易解偶輯》、《納甲詳解》、《卦爻名例》。

甘堯都　周易爻變　佚

◎民國《嘉定縣續志》卷十二《藝文志》：《卦變述》八卷（甘堯都著。下同○王維勤、姚文棟序）、《經傳分合考》六卷、《河洛述》、《易象集解》、《卦變存疑》、《周易爻變》、《易象分類》、《易解偶輯》、《納甲詳解》、《卦爻名例》。

甘豫亨　大易外傳　佚

◎同治《豐城縣志》卷十八《人物志》：著《大易外傳》《殉難錄》《小窗一鑑》，議論多闢蠱叢，奉新甘冢宰汝來珍藏於家。

◎光緒《江西通志》卷九十九《藝文略》一《國朝》：《大易外傳》，甘豫亨撰（《豐城縣志》）。

◎甘豫亨，字和吉，別號龍西樵者。江西豐城人。順治初偕父隱龍山西梓里岡，深究《性理》《綱目》等書。

甘仲賢　觀象反求錄　一卷　存

山東藏雲南叢書處 1914 年刻雲南叢書本

叢書集成續編影印雲南叢書本

◎緒言：盈天地間皆物也，有物必有象，象著而物之理亦著。談理者易遁於虛，觀象尋理，反而求之身心之地，則無虛之不實。虛者實，而易簡之道在是矣。易則易知，簡則易從，於是可久可大之德業以起，故觀象以尋理，切己而反求，讀易之要訣也。小象解一爻之義，大象釋全卦之旨，而聖人之釋大象尤注意於修己治人之君子，時或稱引先王，亦示人以則古昔之意，而皆可見之施行，非徒懸擬虛摹為談理之助而已。前聖人觀象以立卦，後聖人觀象以繫辭，學者既觀象以反求，近取遠取，於修己治人之理有所得，起而行之，庶幾六十四卦皆有益於身世之用耳。

◎甘仲賢（1853〜1908），字應簏，別號應癡，昆明陳榮昌私諡文純。雲南楚雄姚安人。甘雨次子，甘孟賢弟。光緒丙子（1876）舉人。赴春官不第，絕意仕進。嘗謂聖門之教，由博返約，不於經史、經世、政教、掌故、先儒性

命究其精微，不能謂之通儒。故其學新舊兼宗。先後主鎮南龍川書院，姚安德豐書院、鳳岫書院，成就甚眾。又嘗應學使葉爾愷聘，任兩級師範學堂經學教員，編授《大易觀象反求錄》。又著有《鎮南州備採志略》、《姚安鄉土教科書》、《三國志韻編》、《外洋史綱》、《觀象損益齋遺書》、《知困齋文集》、《知困齋詩集》、《隨安日記》、《國粹錄》三卷等。

甘仲賢　爻義實證錄　佚

◎民國《姚安縣志》卷四十一：謹按《國粹錄》及《觀象反求錄》係先生光緒丙午教授省立兩級師範時所著，伯坑先生二弟年譜：櫬歸之日，檢閱殘篇，其已成之書有《觀象反求錄》，未成之書有《荀子節解》《爻義實證錄》《周官財政錄》《先儒經學實用錄》。五月之間，編纂如此之多，講授如此之勞，宜嘔盡心血倉卒殞命也！

高鼎才　初學易知　佚

◎民國《昌黎縣志》卷八《人物志》下：尤邃於易學，著有《初學易知》上下篇。

◎高鼎才，字德銘。河北昌黎縣人。太學生高路雲子。教人以明德自新為本，生平不喜仕進。年六十八卒。

高賡恩　卦畫生數序　一卷　存

國圖、北大、湖北、天津、中科院藏光緒二十三年（1897）武文炳岐山刻周易大象應大學說附本

◎高賡恩（1839～1917），字曦（臘）亭、照亭。天津寧河人。光緒進士。光緒二十四年（1898）由詹事府司經局洗馬任陝安兵備道，以振興文教為己任。後官至太常卿。又著有《蜀學編》二卷、《思貽齋古近體詩》二十一卷、《思貽齋日錄迂言》、《目錄要言》二卷、《克欲要言》一卷、《釋言別義》二卷、《古今箴銘集》四卷。

高賡恩　周易大象應大學說　一卷　存

國圖、北大、湖北、天津、中科院藏光緒二十三年（1897）武文炳岐山刻本（附卦畫生數）

◎傅世煒題辭：先儒嘗言四子、《周易》辟諸法律，子史百家辟諸案卷。

今高子曦亭比而合之，正如爐錘在手，變化從心，所謂以約失之者鮮，其信然歟！

◎雷柱敘略謂：其書以《大學》八條目分門，以易八純卦為綱，而以五十六卦大象附於下，每條復加注釋，解辯徵稽，至精且確，末復舉《大學》以證之。蓋先生績學功久，參互考核，故能心悟神會。

◎前有傳世煒題詞、雷拄敘及自識，後有武文炳跋。中分格物、致知、誠意、正心、修身、齊家、治國、平天下八門。

高拱元 易大象集詮 二卷 存

上海張英雲 1932 年刻本

臺灣文聽閣圖書有限公司 2009 年林慶彰主編民國時期經學叢書本

◎卷首題：嶺南高拱元晦叔遺箸。

◎目錄：卷上乾、坤、合論乾坤二卦、屯、蒙、需、訟、合論需訟二卦、師、比、合論師比二卦、小畜、履、泰、否、合論泰否二卦、同人、大有、合論同人大有二卦、謙、豫、隨、蠱、臨、觀、噬嗑、賁、剝、合論謙剝二卦、復、合論豫復二卦、無妄、大畜、頤、大過、習坎、離、合論坎離二卦。卷下咸、恒、遯、合論大畜遯二卦、大壯、合論无妄大壯二卦、晉、明夷、合論晉明夷二卦、家人、睽、蹇、合論蒙蹇二卦、解、合論屯解二卦、損、合論咸損二卦、益、合論恆益二卦、夬、合論履夬二卦、姤、合論小畜姤二卦、萃、合論臨萃二卦、升、合論觀升二卦、困、井、革、合論睽革二卦、鼎、合論家人鼎二卦、震、艮、漸、合論蠱漸二卦、歸妹、合論隨歸妹二卦、豐、合論噬嗑豐二卦、旅、合論賁旅二卦、巽、合論震巽二卦、兌、合論艮兌二卦、渙、合論井渙二卦、節、合論困節二卦、中孚、合論大過中孚二卦、小過、合論頤小過二卦、既濟、未濟、合論既濟未濟二卦、總論六十四卦。

◎凡例：

一、每卦書眉所標爻例等悉依《虞氏易義》，以便講虞學者一覽而知其大略。又卦變見於上下經者，據朱子《本義》，所釋只訟、泰、否、隨、蠱、噬嗑、賁、无妄、大畜、咸、恒、晉、睽、蹇、解、升、鼎、漸、渙十九卦，今並標書眉，以見其概。

一、大象所稱君子、先王等，虞氏皆有所指。茲悉從李氏《易傳》所收

編入。

一、編中凡合論之二卦，除八純卦為旁通卦外，餘皆兩統卦上下易位之卦。如坎下坤上為師、坤下坎上為比，同用坤坎而上下易位，取象便不同也。若既濟、未濟兩卦為坎離上下易位亦彼此旁通，則六十四卦中所獨也。

一、注中有兩說相反者亦並存之，俟讀者以所見去取。

一、康熙御纂《周易折中》論六十四卦之主，與虞義多合。今分錄各卦之後，便省覽也。

一、注中有直稱鄭氏、荀氏、虞氏、王氏、干氏、孔氏者，鄭康成、荀明、虞仲翔、王輔嗣、干令升、孔仲達也。

◎易大象集詮自敘：景逸先生曰：「年來此身在易中，如魚在水；此易在身中，如春在木。」蓋仰觀於天俯察於地，近取諸身遠取諸物，無適而非易也。人能潛心觀察，則風雨雷霆莫非至教，山川草木皆我座銘。況數聖繼作，遺訓具存，可以俟萬世而不惑。吾國寶貴之書，又孰有過於《易》者乎？易以兩畫包羅天地萬物，天下之言易簡，孰有易簡過於此者乎？祖龍之所未燒，古之書完而可信者，孰有過於此者乎？有幹有枝，分條共貫，首尾次第脈絡井然，又孰有過於此書者乎？余夙探經源，茫茫無畔岸，望洋向若者久矣。晚值亂離，飽更世故，驗之天道，參之人事，覺大易取象，不為苟設，亦非牽合。乃喟然嘆曰：聖人以易訓人，乃自然顯著之象，非艱深附會之辭。人奈何舍此而叩虛求異乎？所謂大象者，伏羲所作之卦圖也。大象之傳，則孔子所作以總解一卦之象者也。《周易折中》曰：「彖辭爻辭之傳，專釋文周之書。大象之傳，則所以示人讀伏羲之易之凡也。」因獨取大象傳文，洗心靜讀，參以諸家之說，覺稍有領會。乃集為一篇，以備循省，庶幾因此以窺易理於萬一云爾。壬申夏五月八日。高拱元。

◎跋：蕙石世丈與余家締交凡三世矣，聞諸先父言其尊人日亭先生與先太叔祖星村公及先祖霞谷公最善，時相過從，每歸輒語諸兒曰：「看高家昆季何等劬學！」邇時世丈猶髫齡耳，已為先輩所器重者如此。中年以後，世丈對於邑中沙田情形至為熟悉，先父弼宸公每以沙田事就商，交尤密。光緒末葉，余又與其哲嗣西屏同學於李韻濤茂才之門，至是遂四世締交矣。民十一年，先父在滬棄養，世丈輓以聯，有「四世締交，追念昔遊」之句，蓋紀實也。世丈學貫中西，道參天人，生平治易尤有心得。於十年前著有《易大象集詮》一卷，稿凡五易，都三萬餘言。日者昭余曰：「此書幾經搜集，具體而

微，子盍為我傳之？」余曰：「唯。」夫易豈易言哉？子曰：「加我數年，五十以學易，可以無大過矣。」顧坊間之書關於易著者浩如煙海，吾人治易，何從一一取而遍讀之？今世丈所著《易大象集詮》一書，精引繁博，提要鈎元，學者讀此，其於《易經》門徑必思過半，斷無扞格不入之弊矣。今夏特將是書代為付梓，時逾一月始告出版。初由余與楊君冠璧及鄭君啟中三人分任較對，並曾與世丈約定，最後之稿，請其親自核定，以免魯魚亥豕之譏。詎料書未印成而世丈已遽歸道山，竟不及見是書出版，令人思之憮然。然此鉅著終得與世人相見，斯則吾人不幸中之幸也歟？是為跋。世姪張英雲端午日於上海。

◎周按：此書集虞氏、鄭康成、荀明、王輔嗣、干令升、孔仲達諸家詮釋於各象之下。

◎高拱元，字蕙石。廣東香山隆鎮豪兔人。光緒十五年舉人。

高亨 周易大傳今注 存

山東藏 1979 年齊魯書社鉛印本

◎高亨（1900～1986），初名仙翹，字晉生。吉林雙陽人。先後就讀北京大學、清華大學，師從梁啟超、王國維。畢業後歷任河南大學、東北大學、武漢大學、齊魯大學教授等。今人輯其著作為《高亨著作集林》十卷，收錄《周易古經今注》、《周易大傳今注》、《周易雜論》、《老子正詁》、《老子注譯》、《諸子新箋》（含《墨子新箋》、《莊子新箋》、《荀子新箋》、《韓非子新箋》、《呂氏春秋新箋》、《商君書新箋》六種）、《莊子今箋》、《商君書注譯》、《墨經校詮》、《詩經選注》、《詩經今注》、《楚辭選》、《文字形義學概論》、《文史述林》、《文史述林輯補》、《上古神話》（與董治安先生合著）等。又有《文字形義學概論》、《甲骨金石文字通箋》、《古字通假彙典》諸書。

高亨 周易古經今注 四卷 存

山東藏 1944 年文明書局石印經世社叢書本

山東藏 1947 年開明書店鉛印本

山東藏臺北成文出版社 1976 年無求備齋易經集成影印 1947 年開明書店鉛印本

臺灣文聽閣圖書有限公司 2009 年林慶彰主編民國時期經學叢書本

高亨 周易古經通說 一卷 存

中華書局 1958 年鉛印本

山東藏臺北成文出版社 1976 年無求備齋易經集成影印 1958 年鉛印本

山東藏 1980 年中華書局鉛印本

臺灣文聽閣圖書有限公司 2009 年林慶彰主編民國時期經學叢書本

高弘圖 易解 佚

◎道光《重修膠州志》卷二十《藝文》：高弘圖《易解》。

◎高弘圖（1583～1645），字子猶，一字研文，號碣齋。山東膠州人。萬曆三十八年（1610）進士，授中書舍人，歷官陝西道監察御史、左僉都御史、左都御史、工部右侍郎、南京兵部侍郎、戶部尚書、禮部尚書兼東閣大學士，後加封太子太保加太傅。清軍破杭州，絕食卒於會稽之竹園。有《史記論事》一卷、《奏疏》一卷、《老子解》、《高弘圖雜著》、《高弘圖尺牘》、《血衣記》《太古堂集》。有子高朗。

高靜 周易參考 三卷 存

國圖、湖北藏宣統元年（1909）寧河高氏思貽齋刻本

◎光緒《寧河縣志》卷八《人物志》：著有《看詩隨錄》十八卷、《詩話》一卷、《周易參考》一卷、《清華集全註》《試帖典題鈔註》各一卷、《著書隨錄》八卷、《慎葊古近體詩》四卷並辭賦文若干卷待梓。

◎孫葆田《校經室文集》卷四《贈太常寺少卿高府君神道碑銘》：著有《周易參考》二卷、《讀書隨錄》七巨冊。

◎高靜（1808～1873），字尊誼，別號慎葊。祖籍寧河北塘，後遷居寧河蘆臺鎮。道光二十四年（1844）舉人，同治元年（1862）大挑二等，選授容城教諭。著有《看詩隨錄》十八卷、《詩餘》、《詩話》一卷、《詩注》、《周易參考》三卷、《清華集全註》一卷、《試帖典題鈔注》、《讀書隨錄》八卷等書。

高均儒 周易一得 佚

◎劉聲木《桐城文學撰述考》卷一「高均儒撰述」：《周易一得》□卷。

◎高均儒（1811～1868），字伯平，號鄭齋，門人私諡孝靖先生。浙江秀水人。廩生。治《三禮》主鄭康成，篤守程朱之學。晚主東城講舍。性狷介，嚴取與之節。著有《續東軒集》。

高晙 周易一得 一卷 存

北京大學、兗州藏光緒二十六年（1900）高執中費縣刻本

蟬隱廬舊本書目著錄傳鈔本

◎光緒《費縣志》卷十一《人物》二：有《周易一得》，力斥宋人變卦之非。

◎孫葆田《山東通志》卷百二十七《藝文志》第十：《縣志》載是書，稱其力斥宋人變卦之非。

◎高晙，字貞明，號蘊公，學者稱南圃先生。山東費縣人。康熙己未拔貢，補陵縣教諭、江西東鄉知縣。又著有《南圃集》。雍正十三年，年九十五卒。

高連峻 周易宗旨 佚

◎光緒《益都縣圖志》卷四十九《藝文志》：著有《周易宗旨》、《四書經義錄》、《怡山堂詩集》四卷。

◎光緒《益都縣圖志》卷四十九《藝文志》：《周易宗旨》一冊（即用張爾岐《周易說略》附錄其上，每卦每爻繫以一二語，言簡意賅）。

◎高連峻，字柱峯。山東益都城北高家廟人。道光十四年（1834）舉人。初任德平教諭，繼任信陽訓導。光緒七年（1881）致仕歸，卒年八十一。

高路雲 易經詳解 一卷 佚

◎民國《昌黎縣志》卷八《人物志》下：又纂輯《蒙學知路》一編、《易經詳解》一卷，未及點竄而卒。

◎高路雲，字步青。河北昌黎縣人。歲貢生。生有雋才，三薦不售，無心仕進。以督辦鄉團賞七品銜。

高乃聽 周易一得 佚

◎《江西通志》卷九十九《藝文略》一：《周易一得》，高乃聽撰（《吉安府志》）。

◎民國《廬陵縣志》卷十七《耆獻志》：晚年箸《周易一得》。

◎高乃聽，字用安。江西廬陵井岡人。雍正五年（1727）進士，知山東博山縣，改贛州教授。

高培官 易經增義 佚

◎民國《昌樂縣續志》卷三十《篤行傳》：著有《易經增義》未梓，藏於家。

◎高培官，字印堂，號海鶴。山東昌樂人。諸生。同治六年嘗獨力築圩，依以避難者四十餘村。工書法，兼精岐黃。

高澍然 易述 十二卷 佚

◎劉聲木《桐城文學撰述考》卷四「高澍然撰述」：《易述》十二卷。

◎高澍然（1774～1841），字時埜，號甘穀，晚號雨農。福建光澤人。嘉慶六年（1801）舉人，捐資得內閣中書。著有《易述》十二卷、《詩音》十五卷、《詩考異》三十卷、《春秋釋經》四卷、《春秋釋注》十二卷、《春秋聖證》、《論語私記》二卷、《古今大學解》二卷、《漢曆律志注》二卷、《韓文放》十三卷、《河防三編》一卷、《福建歷朝宦績錄》四十卷、《閩水綱目》十二卷、《李習元文讀》十卷、《抑快軒文集》七十四卷、《光澤縣志》三十卷。

高崧 易經闡奧 佚

◎乾隆《杭州府志》卷五十七《藝文》一：《易經闡奧》（國朝禮部主事臨安高崧南毓撰）。

◎高崧，字南毓。浙江臨安（今杭州）人。曾任禮部主事。

高翯映 讀易要說 一卷 佚

◎民國《吉安縣志》卷三十五：博通經史，尤邃於易。嘗謂孔子潛龍也，祖述堯舜則飛矣。志在《春秋》，亢且悔矣。剛柔迭變，動靜因時，聖人可學而至。其平日以易為心，欲企及乎聖賢可知。蓋翯映之易學力主乎象。著有《讀易要說》一卷。

◎高翯映，字雪君。江西廬陵縣人。又著有《金剛經一合相下不可說解》《駁呂留良覺字解》《心經發微》諸書。

高翯映 來瞿塘先生易經啟蒙新刻 十五卷 首一卷 存

臺灣藏清稿本（題高雪君注周易）

清末石印本

◎一名《增訂來氏易注》。

高熙喆 易注 佚

◎《滕縣續志稿》本傳：所注《易》《書》《詩》《春秋左傳》等書，皆足以發前人未發之蘊。

◎高熙喆，字仲瑊，一字亦愚，鄉人議諡文孝先生。山東滕縣人。光緒八年（1882）舉人，九年進士。任河南道監察御史，擢掌貴州、湖廣兩道、甘肅寧夏知府。著有《詩跡》、《春秋左氏傳注》《四書說》《高太史文鈔》《高太守史論》。生平可參柯昌泗《高文孝先生別傳》。

高賢 周易初學快觀 六卷 存

安徽藏光緒二十七年（1901）家塾刻本

◎高賢，安徽六安人。高一涵高祖。又著有《周禮義疏》《四書解讀》。

高埏方 易翼皇極 佚

◎道光《重修膠州志》卷二十《藝文》、民國《增修膠志》卷三十四《藝文志》：高埏方《易翼皇極》。

◎道光《重修膠州志》卷二十八《列傳》八《人物》、民國《增修膠志》卷四十二《清人物傳》：晚年精於易，著有《易翼皇極》。

◎孫葆田《山東通志》卷百二十七《藝文志》第十：是書見《州志》。

◎高埏方，字搢玉。山東膠州人。高敬業〔註2〕孫。諸生。肄業於膠西書院。常與法宏坤辨析易理。

高愈 讀易偶存 佚

◎阮元《儒林傳稿》卷一引《小峴文集》著錄。

◎高愈，字紫超。江蘇無錫人。高攀龍兄孫。十歲讀高攀龍遺書而有向學之志。言行謹慎，少議論。江蘇巡撫張伯行嘗聘任東林書院主講，稱病推辭。又著有《春秋經傳日鈔》《春秋類》《春秋疑義》《周禮疏義》《儀禮喪服或問》《朱子小學注》。

高祝三 周易說象 不分卷 存

國圖藏清末民國初石印本

〔註2〕增廣生，專於經學，著有《高氏世德錄》。

◎高祝三（1865～1947），字毓華，號豫山。山東日照秦樓街道高家村人。光緒庚子舉人。曾任教山東省立第五中學校（臨沂五中）、日照縣中，又任廣東省鹽廠大使。

高祝三 易翼釋疑 三卷 未見

◎《日照市志》：有石印本傳世。

郜掄 西山占易草 七卷 首一卷 末一卷 存

國圖藏乾隆十五年（1750）古義安潛齋刻本

◎光緒《重修安徽通志》卷二百二十七《人物志・文苑》六：郜掄（著《易占》《四書口義》）。

◎乾隆《銅陵縣志》卷十四《藝文》：《易占》《性理》《大學續編》（並郜掄輯著）。

◎《四庫未收參考書目》作《西山占易》四卷。

◎郜掄，安徽銅陵人。

郜煜 易經理解 一卷 佚

雍正十三年（1735）志謙堂刻本

◎《浙江採集遺書總錄》作《易經理輯》一卷。

◎焦循《易廣記》卷三：《周易理解》六十四篇，登封郜煜重光撰。有平湖陸太史奎勳序，作於雍正甲寅，稱中翰河南郜公以《戴禮》擢高科，而羲經乃其家傳。昔宰魏塘，近以薇垣令望，臨蒞我湖。當歲儉民貧之餘，乃能敷政優優，合人情，宜土俗，此亦《周易》之效也。

◎四庫提要：其書不釋十翼，惟六十四卦每卦撰說一篇，詮釋大意。其大旨欲以義理矯象數之失，以平易救穿鑿之失，以切實救支離汎濫之失，而矯枉不免過直云。

◎郜煜，字光庭。河南汝州人。雍正癸丑進士，官至中書科中書。

葛承杰 周易要言 佚

◎光緒《黃巖縣志》卷二十《人物志》四《文學》：著有《周易要言》《禮記別解》《四書新義》《較正天文》等書。

◎光緒《黃巖縣志》卷二十五《藝文志》一：《周易要言》，國朝葛承杰

撰。《經義考》云未見。

◎《浙江通志》卷一百八十八《人物》八：所著有《周易要言》《禮記別解》《四書新義》《較正天文》等集。

◎《浙江通志》卷二百四十一《經籍》：《周易要言》（《黃巖縣新志》。葛承杰著）。

◎朱彝尊《經義考》卷六十五：葛氏（承杰）《周易要言》，未見。《黃巖新志》：葛承杰字鼎生，崇禎間縣學生，中歲棄去，以詩酒自放。著《周易要言》《禮記別解》《四書新義》。

◎民國《台州府志》卷六十四《藝文略》一：是書《經義考》云未見。案：已佚。

◎葛承杰，字鼎生，別字匡鼎。浙江黃巖西橋人。精經學，喜談忠孝大節。明亡後絕意仕進，與高士任煦、王瑞彬詩酒自放。王一流贈詩云：吾黨依違堪一笑，及君作者乃三人。

葛孟周　周易海螢集　八卷　存

上海藏道光三十年（1850）上蔡葛氏家塾刻本

臺灣經學文化事業有限公司 2015 年稀見清代四部輯刊第六輯影印本

◎葛孟周集注。潘葆光輯。

葛仁美　周易要言　佚

◎胡文學《甬上耆舊詩》卷二十七：所著有《四書悟言》《周易要言》《徵信／辯異》二錄、《無懷集》諸書。

◎康熙《鄞縣志》卷之二十上《修辭考》：葛仁美（見文炳連傳。著《周易要言》《四書悟言》《徵信辯異》二錄、《無懷集》）。

◎《浙江通志》卷二百四十一《經籍》：《周易要言》（《甬上耆舊詩》。葛仁美著）。

◎葛仁美，字無懷。浙江鄞縣人。以舉人授同知撫州，署府事。歷遷廣西按察副使。以年老致仕，壽終於家。

葛士揆　周秘傳解　四卷　佚

◎嘉慶《續溪縣志》卷十《人物志·文苑》：博極羣書，尤精於易。說者采擇不下七十家，折衷傳義，有闡明先儒所未及者，根據理要，有試牘行世。

善詩古文辭，皆卓然成一家言，一時先達宗工咸加器重。所著述有《周秘傳解》四卷、《歲寒亭詩文稿》。

◎道光《徽州府志》卷十一之四《人物志・文苑》：博極羣書，尤精於易，凡說易者采擇不下七十家，折衷傳義，有闡明先儒所未及者。善詩古文辭。著有《周易祕解》四卷、《歲寒亭詩文藁》（《續溪縣志》）。

◎葛士挨，字端卿，號存齋。安徽績溪市西人。歲貢生。

葛世揚 周易述解辨義 四卷 存

哈佛大學藏康熙五十一年（1712）刻本

國圖藏雍正元年（1723）青蓮室刻兩節本（不分卷）

◎扉頁題：甬上後學葛世揚懋哉氏纂輯，男葛繼先詵宗、門人李安仁厚山同參。

◎周易述解辨義序：今天子重道右文，旁求經明行修之士以收實用，是以通都大邑迄於海澨山陬，罔不稽古窮經，以期仰副聖朝作人至意。吾寧僻處越東，俗鮮浮夸，士崇實學。遠勿具論，如四子書有萬九沙之《辨志》、《周易》解有潘友碩之《廣義》，皆能訂誤刪繁，風行海內，謂非訓詁者流之盛事哉？而不知者，吾鄉之潛心經學，世勤修纂者更有攸歸也。前觀察葛海門先生易藝名魁，政績文章彪炳史乘，曾著《周易要言》與《四書悟言》二部，流播一時，洛陽紙貴。余總角呫唔，猶及見之。其註釋詳確，真不減虛齋、次崖兩先生。而板久散失，傳本頗少。今其孫懋哉領袖士林，凜承家學，不忍祖考之手澤遽泯也，因取《要言》，參之《蒙》、《存》、《通典》，會通諸書，務期羽翼傳註，掃滌浮言，而聖人憂世覺民之心瞭然如見。自顏其編曰《述解》。夫作者之謂聖，述者之謂明，述良非易，而況解大《易》一書，尤為艱深萬倍乎？林次崖先生曰：「聖人以辭說易，猶人以舟涉海，乘長風破巨浪，窮力所至，見海而未盡海之觀擬形容；象物宜窮意所至，見易而未盡易之蘊所由。文王深於憂患，孔子尚欲假年者，職此故也。」余嘗謂述之難等於作、述之功亦侔於作，其寡聞儉腹者無論已，即胸羅萬卷、搜輯無遺，而識不精則去取乖謬，證釋摸稜，見過執一則一是百非，任意武斷，不足以闡微言，反至於失本意，斯亦何取乎解、何貴乎述哉？宋王雙溪《進易解表》云：「參之眾說，折衷良難，斷以己私，顓門何取？」此誠深中說易者之痼弊而其難其慎矣。懋哉鍵戶好修，言動不苟，數十年來默會平危輕易之旨，細加說心研慮之功，

彙成一書，遠不詭於聖言，近恪遵其祖訓，大而蟠天際地，小而繭絲牛毛，揆
諸廣大悉備、潔淨精微之義，可謂體味之至。而辯晰之詳，使夫學易者知所
適從，而不至興望洋之嘆，謂非大有功於程朱傳義耶？吾願學者不徒奉為科
舉之律，亦勿視為卜筮之書，沉潛反覆，朝夕玩觀，由此而入道也，不難矣。
寧僅訓詁家言而已哉？因不辭固陋而為之序。康熙壬辰一陽月下浣，年家弟
仇兆鰲頓首拜撰。

　　◎葛世揚，字戀哉。浙江寧波人。

葛舒英　易經義疏　佚

　　◎乾隆《太平府志》卷四十三《藝文志‧郡屬書籍目》：《易經義疏》《抱
璞山房詩文集》（學博葛舒英著）。

　　◎民國《蕪湖縣志》卷五十六《藝文志‧經部》：《易經義疏》（清葛舒英
著）。

　　◎乾隆《太平府志》卷二十八《人物志‧孝義》：所著有《易經義疏》及
《抱璞山房》等小品、詩文。

　　◎葛舒英，字芳夏，號菊餐。安徽蕪湖人。幼聰穎。弱冠以第一人入邑
庠。康熙戊子舉人，選江寧縣教諭，以老辭不赴。卒於家。

葛晚園　易學辨說　二卷　佚

　　◎民國《台州府志》卷六十四《藝文略》一：《易學辨說》二卷，國朝葛
晚園口授，王樹祺筆述。晚園，臨海人，名未詳。居巾子山麓，賣菜自給。喜
讀易，帶經而鋤、行吟出汲者蓋數十年。既而臥病五載，未嘗去懷。反覆經
文，恍然有得。咸豐初，賣卜黃巖，諸生王樹祺從之講易，因其口授，筆為是
書。大旨以十翼詮象象，以象象詮卦畫，頗得要領。見《黃巖志校議》，有樹
祺及黃以周序。今有鈔本。

　　◎王樹祺序〔註3〕：宇宙一理也，數也；推而行之，盡所當然者，道也。
理則彌綸宇宙，無古今汙隆興衰升降者也；數則經緯乎古今汙隆興衰升降之
中，萬事莫能外，萬物由以出者也。而其道悉體驗於大易，此羲、文、周、孔
四聖人所由作也。予少讀易，粗通訓詁，奧義微言，概未有得。咸豐初，晤晚
園葛君於旅舍。時方為人筮，就卦義得失指陳法戒。予瞿然曰：「是精於易者

〔註3〕錄自民國《台州府志》卷六十四《藝文略》一。

所難言，先生能如是娓娓乎？惜乎老將至，相見晚矣。」晚園曰：「假年學易，大聖人未嘗以老而輟韋編之誦。」予赧然者久之。遂締交，約共筆硯。厥後凡有所著，必就商推，予亦間參臆說。晚園喜曰：「某賣菜傭耳，粗識之無，絕少師承。獨於此經如有神契，帶經而鋤，借鈔假讀，上窮百代，苦無所得。後以羸病，頻抱遺經，但寐則已醒，輒背誦，少進饘粥，又復默諷，如是五載，恍得祕要，從十翼以悟象彖，從象彖以參卦畫，四聖心傳，若合符節。喜極抃躍，不知病之去體也。第口得而言，手不得而書，幸先生修飾討論之也。」辛酉冬，予攜家避寇，途遇晚園，以尺幅裹《易》，踽踽溪谷。聞寇退，將假館續前約，而晚園已易簀矣。噫！天豈不欲易理之明邪？何促其算若是邪！越歲，其內子偕其門人陳素堂，抱其舊裹抵舍，泣告曰：「先生嘗詔未亡人，是書非先生莫成。今未亡人跋涉崎嶇，搜輯遺稿，僅得如許紙。先生幸垂念焉。」予亦不知涕之惡從出也，且感其能志夫之志，因受其書，反復紬繹，微者顯之，滯者通之，失次者訂之，意未足者伸之，凡幾歷寒暑，始獲脫稿。雖質魯學疏，不能於字句外有所發明，而宏綱鉅領，學易之法已備於篇。其句解字疏、得於斷紙殘籤者，並附卷末。後有作者，能取其書而引伸之，則合理數以明道者，或可以隅反云（本書）。

耿極 周易淺義 四卷 存

國圖、天津、新鄉藏康熙二十七年（1688）觀象軒刻本

◎自序〔註4〕：夫學所以崇德而廣業也，德不若天，不足以云崇；業不若地，不足以云廣。不由天之道而能使德崇如天，不由地之道而能使業廣如地，吾未之前聞。然天地之道何在乎？天地之道，散之萬物，物有大小，莫不有天地之道，亦猶文武之道在人，賢有大小，莫不有文武之道故也。是故孟子欲希聖則學孔子，孔欲希天則學易。蓋易體天地之撰、通神明之德、類萬物之情，天地之盛德大業，畢見於此。第後人視易太遠、求易過深，不以為海市蜃樓之莫可憑依，則以為商彝周鼎之不適時用，此孔子所由嘆君子之道鮮也。余不敏，讀假年學易之章，仰思其故，得徵君夫子循循善誘，乃恍然於神無方而吾身即其方、易無體而吾身即其體，且萬物無非神之方、萬物無非易之體，然後知易也者，吾之安宅，非第若海市蜃樓之可望而不可依。易也者，吾養生之布帛菽粟，飢渴寒暑所不可一日離者也，非第若商彝周鼎之不適於時

〔註4〕錄自光緒《定興縣志》卷十五《藝文志》。

用也。爰集諸家說,竊附管見,以就正於我同學,亦惟是以布帛菽粟之人言布帛菽粟之事云耳,故名曰《淺義》,敢云注經乎哉!

◎孫淦《處士耿保汝先生傳》〔註5〕:尤精於易,寢食坐臥其中,幾於韋編三絕。先徵君極稱之詩云:尼山絕學是何功?日用尋常天與通。潛見惟龍無不可,造深自得有源逢。

◎楊炳坖《中議公自訂年譜》卷二:晚耽於易,歸老夏峯。所著有《周易淺義》、《存誠集》、《王制管窺》、《古本學庸繹言》。

◎光緒《定興縣志》卷十五《藝文志》:《周易淺義》（一作《易經淺義》,刻本不分卷）,國朝耿極撰。其書首河圖洛書等圖,各附己說。有圖書說、伏羲八卦次序圖說、大橫圖說、方圓圖說、文武八卦次序方位圖說、上下篇義、卦變辨、易卦或問。其上下經隨文釋義,閒采諸家。

◎《輝縣志》:其學務期適用。晚耽於易,歸老夏峯。所著有《存誠集》《王制管窺》、《周易淺義》、《古本大學繹言》、《古本中庸繹言》。

◎耿極,字保汝,號誠齋。直隸定興（今屬河北）范陽人。從學孫奇逢,卒配享孫氏祠。著《易經說約》諸書。

耿位 易經說約 佚

◎道光《濟南府志》卷五十五《人物》十一:經史皆有手錄本,著《易經說約》藏於家。

◎孫葆田《山東通志》卷百二十七《藝文志》第十:《府志》云有是書藏於家。

◎耿位,字素其。山東新城人。耿埰子。諸生。善屬文,能鼓琴。年八十餘卒。

耿愔 讀易經筆記 四卷 佚

◎自序略曰:有清一代易學名家者,首推李文貞公厚庵,聖祖命儒臣纂修《周易折中》一書,皆所裁定。但厚庵之學,於大本既見得不徹,而又不能篤信程朱,故每主張他家之說,淆程朱定解。不知程朱之說經也,不參己意以失經之正,不雜異說以亂經之真,字字句句,無一不自經文中稱停得來。諸家則不然,每為一字索解而不顧全經大義,解經者未必合傳,釋傳者未必

〔註5〕又見於光緒《定興縣志》卷十五《藝文志》。

合經，甚且顛倒錯亂經傳之文以就己說。厚庵皆不能有所是正，而每附會之，使學者迷於適從，此余所以不能無唧於心也。是編專以經為衡，於凡說之顯礐程朱而有悖經旨者，略為指出。至若未合程朱，而於經義無甚害者，不復致辯。蓋非敢立異以與前賢刺繆也，但欲學者一遵程朱正軌，以上達義、文、周、孔之舊焉爾。

◎耿愔（1873～？），字汝和。河南儀封（今蘭考）人。耿蘭陔季子。光緒優廩生，入民國，以修志名。

耿愔　周易讀本　未見

◎自序：按《漢書・藝文志》，《易經》十二篇，則上下經與十翼本各自為帙，先儒謂費氏直專以《彖》《象》《文言》參解易爻，是以傳附經始於費氏。然在漢不列學官，至陳元、鄭康成重費氏學。而王弼作注，孔穎達為疏，古十篇之《易》遂亡。宋呂氏大防、晁氏說之，均議其失。朱子據呂伯恭本作《本義》，而古經乃得復其舊。明永樂命儒臣修《大全》書則依注疏，清聖祖《周易折中》則悉隨《本義》，二者各有所長，亦不無所短。《大全》本誠便觀覽，然割裂過甚，韻悉不叶，義有不貫；《折中》本實得尊經之意，但經傳既分，每一卦須數次讀始盡，理亦未易融洽。至世行坊間刻本，尤多悠繆。朱子《本義》，古十二篇《易》也，強離析之而附諸費氏易，故經文注文每多不合處。乃有白首窮經而不知其誤者，則又習而不察之過也。余居平每思依篇首乾卦體例，悉移大傳附經文後，而盡去彖曰、象曰之支離。心懷之，而未發也。杜氏二生，紹曾、繹曾，從余久，今年問及於易，余偶為道及此意，二生俱欣然請各鈔一冊，為塾中讀本。余初未之許，誠以學非程朱，而擅變經體，恐自蹈吳楚僭王之誅。既而思之，傳本釋經，宜相附近，考朱子作《儀禮經傳通解》，亦悉以記列經文本條下，蓋移傳以明經，非屬傳以亂經也，是或無悖於先賢之意也歟？！鈔既竟，為書簡端而明其所以。乙亥秋序。

◎識語：余既訂著此本後，於友人處見金氏誠《易經貫一》一書，其體例適與此合，但彼則每卦仍存彖曰、象曰之辭，是前儒有先我為之者矣。因書以告讀者。

耿之琤　易理漁樵問　十二卷　佚

◎乾隆《當塗縣志》卷二十《文學》：精易理，晚年益攻苦，徙居東鄉之關馬巷，號蒙隱子，足不入城市者二十餘年。著《易理漁樵問》凡十二卷，六

易其稿，書成，惜以貧未梓。

　　◎乾隆《太平府志》卷二十六《人物志·文學》：精易理，晚年益攻苦，徙居東鄉之關馬巷，號蒙隱子，足不入城市者二十餘年。著《易理》凡十二卷，六易其稿，書成，以貧未梓。

　　◎乾隆《太平府志》卷四十三《藝文志·郡屬書籍目》：《易理》十二卷（庠生耿之斑著）。

　　◎光緒《重修安徽通志》卷二百二十《人物志·儒林》三：著《易理》十二卷。

　　◎光緒《重修安徽通志》卷三百三十五《藝文志》：《易理》十二卷（耿之斑著）。

　　◎民國《當塗縣志》不分卷：《易理漁樵問》十二卷（書凡六易稿，惜以貧未梓，後燬於兵）。

　　◎民國《當塗縣志·人物志·文學》：著《易理漁樵問》凡十二卷，六易其稿，書成，惜以貧未梓（舊志）。

　　◎耿之斑，字摺玉。安徽當塗人。家貧力學，取與言笑俱不苟。

龔孫蓑　周易繹義　無卷數　佚

　　◎光緒《武陽志餘》卷七《經籍》：《周易繹義》（無卷數），國朝處士龔孫蓑笠濱撰。《經籍錄》：是書稿本未刊，大旨以《本義》為宗，稍參《大全》諸說，蓋講章之類也。

龔天衢　萼輝園續輯大易彙纂必讀　不分卷　存

　　湖南藏道光二十八年（1848）龔懷清鈔本

　　◎乾隆《長沙府志》卷四十九《藝文》：龔天衢（湘鄉人），著《周易解》《醫學》。

　　◎龔天衢，字雲際。湖南湘鄉人。康熙三十六年恩貢。好讀書，授辰谿教諭不就，絕跡城市，扶危濟困，善醫施藥，全活多人。

龔文亮　龍圖易注　佚

　　◎同治《豐城縣志》卷二十四《藝文志》：《龍圖易註》（龔文亮著）。

　　◎光緒《江西通志》卷九十九《藝文略》一：《龍圖易註》，龔文亮撰。

　　◎龔文亮，字揆明。江西豐城人。

龔延壽 周易擬象 二卷 存

廣西藏刻本

◎自敘〔註6〕：《繫辭》曰：「易者象也，象也者像也」，又曰：「聖人有以見天下之賾而擬諸其形容、象其物宜，故謂之象」，則知垂象者作易之大端，而觀象者讀易之要務也。讀易而不得其象，譬諸瞽者之無相，俔俔其何之昏；應有求於闇室，非燭其何得之。竊以為易之有象，猶《詩》之有比興也。《詩》主乎性情，得比興而性情益顯。易兼乎理數，得象而理數益明。蓋理數難明，必假借乎事物之象以彷彿摩擬之。其中或遠取諸物或近取諸身，其稱名也小，其取類也大。凡一切龍馬風雷之語、手腹足股之詞，莫不言各有當、義各有歸焉。雖變化不拘難以按圖而索，如乾取象於龍而《說卦》又言乾為馬、坤取象於馬而《說卦》又言坤為牛，要其詞各有所之，雜而不越也。觀翫之暇，試取其象而釋之，庶於學易不無小補云。若夫象不一象，或虛象或實象，或一象可兼萬象，神而明之，存乎其人矣。光緒癸未，貴縣龔延壽書於見天心齋。

◎民國《貴縣志》卷十二《學藝 · 著述彙載》：《周易擬象》二卷（清龔延壽著。稿本。見梁《志》）。

◎周按：是書取《周易》辭語五十九以為標目，每條綴以四句四言韻語，擬為動物，加以釋解闡發。

◎龔延壽（1850～1891），字德徵，號衡庵，人稱正誼先生。廣西貴縣（今貴港）郭西里桐嶺村人。又著有《論世錄》二卷、《遊藝錄》二卷、《立定腳跟集》十二卷、《文廟聖賢典型》四卷、《典型外編》一卷、《知人緒論》一卷、《諸子要語》四卷、《五子要語》四卷。

龔延壽 周易史證 二卷 存

廣西藏鈔本（無卷數）

◎龔仁壽序〔註7〕：古今之言易者不下數十家，言數自京房始，至邵子出而房之數不足言矣；言理自王弼始，至《程傳》出而弼之理不足言矣。朱子《本義》則兼乎理數而究不倚於理數，其說所以獨尊。然《易》之為書廣大悉備無所不通，制器尚象而佃漁耒耜各有所取，固也。此外有以卦配分野者，

〔註6〕又見於民國《貴縣志》卷十二《學藝 · 著述彙載》。
〔註7〕又見於民國《貴縣志》卷十二《學藝 · 著述彙載》。

有以星數當物數者，謂其皆萬有一千五百二十也。有以卦氣直日者，自乾坤至節歷六十卦，得三百六十爻，分值一年三百六十日，所謂天地節而四時成，而中孚復起甲子也。此雖屬小數，按之於經，亦無不脗合也。今吾兄衡菴又著有《周易史證》二卷，舉凡三百八十四爻，皆以古今一人一事實之，蓋亦不離乎理而證諸事實，尤為深切著明者也。豈言數諸家所能望其肩背乎？然亦有不可拘者，即如以事論，而九四一位或以宜當近臣，或以為宜作太子、小過上九一爻或以為殺身成仁之君子或以為行險僥倖之小人，執而拘之，則三百八十四爻只做得三百八十四件事矣。故曰神而明之，存乎其人耳。光緒甲申春二月，胞弟仁壽序於見天心齋。

◎民國《貴縣志》卷十二《學藝·學術·哲學》：又龔延壽著《周易史證》《周易擬象》各一卷。

◎民國《貴縣志》卷十二《學藝·著述彙載》：《周易史證》二卷（清龔延壽著。稿本。見梁《志》）。

◎周按：是書首為史證例言，計八例。次為乾坤釋義。各有標目，綴以釋解，以人事、史事、自然推理闡明易義。

龔元玠 畏齋周易客難 一卷 存

遼寧藏道光二十六年（1846）縣學文昌祠考棚公局刻十三經客難本

續四庫影印北大藏道光二十六年（1846）刻十三經客難本

◎「上古結繩而治後世聖人一直以書契」節後有牌記一塊：如買者，請至江西省甲戌坊乙藜齋。

◎目錄：周易總論。十二辟卦本先天卦位。辟卦合河圖。後天卦位。乾文言。屯卦初九盤桓利居貞利建侯，六三即鹿無虞惟入于林中君子幾不如舍往吝，九五屯其膏小貞吉大貞凶。蒙卦初六發蒙利用刑人用說桎梏以往吝象曰利用刑人以正法也，九二包蒙吉納婦吉子克家象曰子克家剛柔接也，六三勿用取女見金夫不有躬无攸利象曰勿用取女行不順也。師卦六三師或輿尸凶象曰師或輿尸大无功也。比卦先王以建萬國親諸侯。否卦初六拔茅茹以其彙貞吉亨，六二包承小人吉大人否亨象曰大人否亨不亂羣也，六三包羞，九四有命无咎疇離祉。同人卦六二同人于宗吝，上九同人于郊无悔。隨卦六二係小予失丈夫。蠱卦九二幹母之蠱不可貞，六四裕父之蠱往見吝，六五幹父之蠱用譽。大畜卦天在山中大畜君子以多識前言往行以畜其德。頤卦頤貞吉

觀頤自求口實象曰頤貞吉養正則吉也觀頤觀其所養也自求口實觀其自養也。遯卦九五嘉遯貞吉，上九肥遯无不利。大壯卦初九壯于趾征凶有孚。晉卦初六晉如摧如貞吉罔孚裕无咎，六二晉如愁如貞吉受茲介福于其王母，九四晉如鼫鼠貞厲，上九晉其角維用伐邑厲吉无咎貞吝、維用伐邑道未光也。明夷卦初九明夷于飛垂其翼君子于行，六二明夷夷于左股用拯馬壯吉，九三明夷于南狩得其大首不可疾貞，六四入于左腹獲明夷之心于出門庭，入于左腹獲心意也。家人卦六四富家大吉。益卦上九莫益之或擊之立心勿恆凶。中孚卦中孚豚魚吉，虞吉有它不燕，上古結繩而治後世聖人易之以書契，帝出乎震章。

◎龔元玠序：《周易》經四聖人之手而成，包犧氏作者也，文王、周公、孔子述者也。包犧氏則圖畫卦，卦皆出於天之自然，六十四卦中，每卦中皆一天也。六十四卦初作，不得有名，包犧氏既造書契，因各卦之奇偶變化、得位不得位而繫之六十四卦之名，名立而義理象占皆在其中矣，此所謂作者之聖也。卦雖有名，不得有辭，義理象占非上聖如包犧者不能悟。文王因欲人人皆悟，故繫六十四卦彖辭，周公更繫三百八十四爻爻辭，則皆述包犧者，所謂述者之聖也。孔子作十翼，則兼述三聖人，所謂述而集大成之聖也。四聖人設卦繫辭，作述相承，而卦之頤者以明、隱者以顯、深者以呈、遠者以近，人人易明，於是乎有舍象占而言義理者矣，輔嗣、伊川輩是也。言義理非有可疵，然卦不能自言，彖辭爻辭已代之言，諸卦爻所言吉凶悔吝无咎悔亡之類，莫不以象占為言，又何以稱焉。故《易》為卜筮之書，從古無異說。朱子說易以象占為本義，因以名其書，誠哉四聖人作易之宗旨也。卜筮既為本義，而其妙用尤在於兼占互體。傳曰：「引而伸之，觸類而長之。」一卦變六十四卦，共得四千九十六卦。更以互體占之，如周史筮陳敬仲得觀之否，兼占互體。媯姜興替，無不洞然，所謂天下之能事畢，不其然乎？伏讀聖祖仁皇帝御纂《周易折中》及我皇上御纂《周易述義》，總括眾說，廣大精微，每卦每爻無不兼及互體，遂使爻辭一字不可移易。蓋由兩聖人默契四聖，故發明四聖人之書不啻四聖人自為註釋，遂不覺直抒心得，空絕前後有如此也。玠之《客難》亦兼說義理于象占之中，至于先儒所偶未及，及說之有未安者，見于總序圖說及上下經若干條、十翼若干條。其尤大別于舊說者，則以南北極說太極、後天八卦歸之包犧，蓋皆得其確據，不敢一字牽強者，似亦千慮之一得，可以質之四聖人而無怍云。乾隆癸巳閏三月戊子，南昌襲

元玠書。

◎紀大奎《雙桂堂稿續編》卷十二《縣志名宦傳補》：著有《周禮》及各經《客難》。又嘗言八卦先後天皆出伏羲，證以八卦字由後天次序所製。如震字，正二月雨水三月建辰，故從雨從辰；巽字四月建巳，巳為雙女，從兩巳共；朱鳥一名長離，故五月卦從離；坤字七月建申，夏秋閒屬土，故從土從申；兌字八月卦，從八首九足，兌為口舌，以口字足之；乾字從半九兩十，巳亥陰陽之交，數皆取雙，以太陽日足之；坎卦冬至，水泉動，水動則土欠取義也；惟艮字始終之閒別有取義，餘七字合後天次序，極顯先天八卦亦用後天始製之字，故知其皆出伏羲也。其解經獨得多類此。

◎龔元玠，字鳴玉，一字璩山，號畏齋。江西南昌人。精河務。好讀書，無師而博通群籍。乾隆十九年（1754）舉進士。乾隆三十六年由銅仁知縣緣事降撫州教授，勤於訓課，諸生童來見，必細問所讀書及處倫常中事，並勸人依歐陽公限字法，每日熟讀經書三百字，無閒斷四年半可畢九經，刻讀書法示人，來學者日眾。再以承審失實，罷職歸家，年八十餘猶日與學者講釋經義。又著有《黃淮安瀾先資編》、《畏齋文集》。

鞏懿修 圖南齋著卜 二卷 存

南京藏定襄牛誠修 1916 年鉛印雪華館叢編本

◎鞏懿修，字恭甫。山西定襄人。義士獻德子。七歲能文，淹貫百家。乾隆癸丑舉進士。補浙江醇安知縣，調烏程知縣。嘉慶辛酉內陞主事不就。又著有《圖南全集》《惺齋文集》《桂集續編》《晉昌事類》。

鞏懿修 圖南卜易 佚

◎光緒《定襄縣補志》卷八《人物志》：《圖南卜易》（烏程令鞏懿修著。自序）。

貢渭濱 易見 九卷 首一卷 存

哈佛、國圖、北大、上海、南京藏乾隆二十四年（1759）貢渭濱脈望書樓刻本

山東藏乾隆六十年（1795）金陵龔體仁刻本

遼寧藏嘉慶元年（1796）郁文堂重刻本

南京藏清開封府聚文齋刻本（六卷首一卷）

◎卷首為序及《易見附論》。

◎總目：卷首易序、易傳序、諸儒姓氏、易說源流、邵子綱領、程子綱領、朱子綱領、筮儀、五贊、經傳音釋、本義異同、程傳異同。卷一乾、坤、屯、蒙、需、訟、師、比。卷二小畜、履、泰、否、同人、大有、謙、豫、隨、蠱、臨、觀。卷三噬嗑、賁、剝、復、無妄、大畜、頤、大過、坎、離。卷四咸、恆、遯、大壯、晉、明夷、家人、睽、蹇、解、損、益。卷五夬、姤、萃、升、困、井、革、鼎、震、艮。卷六漸、歸妹、豐、旅、巽、兌、渙、節、中孚、小過、既濟、未濟。卷七繫辭上傳。卷八繫辭下傳。卷九說卦傳、序卦傳、雜卦傳。啟蒙上：本圖書、原卦畫。啟蒙下：明筮策、考變占。

◎凡例：

一、《易》之為書也，作之羲、文、周、孔，傳之周、邵、程、朱，御纂《周易折中》紹四聖之心傳，備四賢之奧義，鈎元提要，潔靜精微，易學大成，百家喙息，故是編所引先儒舊說，默與聖製符合者，悉經輯入，餘不備載。

一、易學源流蓋論古來作易傳易之次第，學者不可不知。今遵《折中》，先之以陸氏德明論兩漢諸儒，次程子論堯夫先生，次尹和靖論伊川先生，次安溪李氏統論周、邵、程、朱四子，而古來易學之傳昭然若揭矣。

一、易學綱領通論一經之大體凡例及學者解易讀易之方，誠觀象玩辭、觀變玩占之切務也。是集恪遵《折中》凡例，專主邵程朱子之說，以《本義》、《啟蒙》實兼邵程兩家而作故也。

一、諸家易解，《大全》先程傳而後《本義》，蓋以世次而无主從之分。《周易折中》獨標《本義》于前，立千古易學之準，後之解者，言義理言象數，皆以朱子為權衡可也。故是編《本義》獨書大字別于諸家，而餘說分注于後，學者可以知所折中矣。

◎序：孔子大聖人，于諸經无統論之文，獨易有十翼，且願假年以學，知易理精微，聖人故終身從事于其中者也。漢儒言易最著者三家，一田何之易傳自商瞿子木，原于孔氏；一焦贛之易專主陰陽災異，授之京房；一費直之易，以《彖》、《象》、《繫辭》、《文言》釋上下經，本多古字，名古文易。東漢鄭康成、王輔嗣述之者也。後焦氏之學儒者弗道而輔嗣之學以說理盛行，然說理而近于虛寂，準之仁義中正，猶未盡當焉。魏晉以後言易者日多，隋《經籍志》凡六十九部，唐《四庫書目》凡八十八部，宋增至二百一十三部，

其說愈眾，其理愈蒙。自周、邵、程、朱四子出而易理得以大明。邵子詳于數，周子、程子詳于理，朱子兼理數而為言，以《易》之為書原依象數而作，非如他經專言義理者也，但不可偏主象數，流入于飛符納甲之說耳。故朱子《本義》繼程《傳》以行，而九師百家之論避之如岐路矣。明永樂間纂輯《大全》，以程《傳》居先，《本義》類從，論淵源所自也。而其書采取頗雜，國朝御纂《周易折中》以《本義》居先，程《傳》類從，論義理詳備也，徵引諸儒之說，去偏曲，歸中正，削膚浮，探奧賾，學者宗之，如登山之仰太華、泝流之望海若矣。羨溪貢子精思熟復，志願闡明，積數十寒暑成《易見》一書，其本亦主費直，卦爻象象之下先《本義》次《程傳》，異乎《大全》而全同乎《折中》。《程傳》之下引語類文集之，有醇無疵者附焉。末乃按以己意，語簡而明，義微而旨，發揚旁通，要于至當，體例準乎《折中》而廣為搜羅，抒寫心得。又有補《折中》之所未備者，大易義蘊，昭晰无疑，猶煩眾說之紛如聚訟乎哉！鶴山魏氏曰：「朱文公易得于邵子為多，蓋不讀邵易不知《啟蒙》、《本義》之所以作也。」故《雜卦》以後載朱子《啟蒙》上下篇，而于注釋諸家每多引邵子，即如河洛諸圖，先儒為說不一。邵子獨曰圓者河圖之數、方者洛書之文，故羲、文因之造易，禹箕因之作範，後儒無以易焉。今引邵子證之，其于先天後天觀變玩占之義，一一確當，則《易見》一書可羽翼乎《折中》，即可羽翼乎朱子，而羲、文、周、孔四聖人之用心亦可仰觀而得之也。當代注易者如錢飲光之《田間易學》、徐敬可之《四易》、成容若之《集義粹言》、家敬亭之《孔義集說》，各自成書，各有所得。今獲羨溪之易，合訂並傳，不有流異而源同者乎？羨溪名渭濱，丹陽諸生，方以窮諸經聞於。乾隆二十四年己卯冬月，長洲沈德潛撰。

◎敘：易者聖人之心學，所以牖民於寡過者也，其為書也統理數、賅物象、貫古今，發微充周，不容倚一類以求、挾一曲以測，其廣大有如此。兩漢治易者，言人人殊，大要不離乎象數。自輔嗣晚出，峝以義理講易，一掃從前飛伏、世應、納甲、禨祥之部。然而筌蹄既撤，魚兔隨遁。蓋古之學者，左圖右書，觸目易曉。秦漢而降，易圖散佚，不附本經。其間諸儒各以己意說經，主文義者病於支離，談象數者率多風影。自濂溪得圖於伯長、康節受易於挺之，其源並出自希夷，於是邵衍《皇極》、周著《通書》，而《易傳》亦出自周門嫡脈，或闡其象數，或發其理蘊，倡和迭經，交相為用。求其兼通該綜、體用不離，深得古人作易之旨者，莫如朱子之《本義》。其學參和程邵，理與象

俱，而《啟蒙》一書，宗主邵學、補偏《程傳》，集成之意，默有所歸。蓋邵子言數而未嘗不根於理，程子主理而時或闕略於數，朱子則兼理數而意主於象占，可謂竭其兩端矣。國家昌明經學，《周易折中》出自御纂，貫串羣說，折以朱傳，易學指南於是乎在。學者研精覃思，奉以寡過可也，何煩更翼輿衛哉？雖然，易者聖人之心學也，心無盡則學亦無盡，橐籥動而愈出，繭絲析而愈微，易之為道亦何盡藏乎？雲陽貢君羨溪，潛心易學，探賾鉤元，既已默識其統宗，而於讀易之餘，自抒所見，經以《本義》，緯以程、邵，錯綜參伍於漢魏兩晉唐宋元明以來諸人說易之旨，芟其繁苪，輯其菁萃，沿波討源，期於證明《本義》而止。嗚呼！羨溪其紫陽易學之功臣也乎？書既成，質之宗伯沈歸愚先生。先生序之，稱其語簡而明，意微而旨，發撝旁通，要於至當。其許之也可謂至矣。而羨溪猶不自是，復請正於大中丞榕門陳公。公以政事殷繁，命羨溪攜書就余論定。余既嘉其用心之勤，而復感其虛受之意，爰權易學真傳，而推本於聖人藏密之一心，以見觀象玩占、決疑定業，其鈐轄總不越乎方寸，而乾乾惕若，敬以直之，則全易之柄在我，隨境所值，進退存亡得喪無適而非易矣。質之羨溪，並以復於中丞，以為何如也？乾隆庚辰春二月，閩中廖鴻章撰並書。

◎序：《易》冠諸經，本卜筮之書，而至理寓焉。胚胎天地，包羅事物，四聖洩其機，羣賢抽其緒，非研究他經，理道有會，而管窺似箭，妄為揣測，其與扣盤捫燭何異？故言易之難，屬在上智，苦乏指南。伊川先生曰：「有理而後有象，有象而後有數，得其理則象數在其中。」至哉斯言，足以盡之矣。自京房卦氣脈承孟氏，與邵圖皆言數，而邵圖為精。王弼清談，旨過鄭義，與《程傳》皆言理，而《程傳》為至。邵圖精矣，詳數而遺理；《程傳》至矣，詮理而略數。唯紫陽《本義》、《啟蒙》理與數兼，中邊都到，其于六十四卦之體、三百八十四爻之用，如示諸掌。此我朝《周易折中》先《本義》次《程傳》，而于河洛大旨悉本邵子之舊，為獨探易道精蘊也。《易見》一書，貢子潛心理學，自抒所得。朱子為經，邵子、程子為緯，而先儒議論，支分派別，未嘗不朝宗于海。自來著述家鶻突支吾歷引成說，而涇渭不分，其或妄參己見互相疵議，甚至先儒之說肆而排之，如浮雲蔽日，貽誤頗多。今得貢子虛衷博採，縷析條分，期于發揮《本義》而止，後附己見，為學者導以先路。即其自敘中，論先天之學、後天之辭，以及朱子廣為《本義》，提要鉤元，抉精摘髓，可謂君道陰陽，舉世无雙者矣。予少年舉子業時，尋究永樂《大全》，雖

有明悟，不无闕疑。伏讀御纂，曠若發從前之覆。貢子之為此書，其亦幸際
聖學昌明之會，而志私淑前賢之意乎？從此嘉惠來學，衣被無窮，以視沒溺
詞章无關理要者，其根柢厚薄相去何如！夫經學淵源類非浮淺者所能究厥指
歸，以故王楊盧駱之才得百人不為多，濂洛關閩之學得一人不為少。如貢子
者，恂恂篤實，優行素聞，宜乎《易見》一書，洞窺理奧，藏之名山，傳之其
人，彼管窺私見妄為揣測者，殆豁然如去其翳也矣。乾隆貳拾伍年庚辰孟冬
月，金壇曹守垣撰。

　　◎序：上古聖人之典籍，傳于後世者獨《周易》為完書，不罹秦火之劫，
故說經者鮮傳疑焉。唯以象无定則辭无專指，廣大悉備而唯變所適，于是深
心之士各抒其意見，而精義別解日益无窮。《繫傳》云：「仁者見之謂之仁，
知者見之謂之知」，所見者別則解說遂因之異矣。丹陽貢氏為鎮郡名族，其自
柳茹遷居周巷者，有名諸生貢曾益，窮經數十年，靡間寒暑。長君羨溪，益研
求理學，與宗人孟參等，專精易解，會萃前說，求其大醇，參以己見，舉其要
領。書成，刊以就正當世，而名之曰《易見》。蓋貢氏之為功于經學深已！辰
嘗謂善易者必觀象玩占，通其原本，于以順性命之理，同吉凶之患，然後可
以微顯闡幽，垂範作則，非徒訓詁文字，為經生師。且先聖之義蘊因訓詁而
轉晦者固不少矣，蓋其于原本未嘗深會而僅習于文字之閒焉故也。即如咸、
艮二卦皆所為近取諸身者，夫艮之為止也、咸之為感也，艮之六五「艮其輔，
言有序悔亡」，象曰「以中正也」，此言止之得其宜也。咸之上六「咸其輔，頰
舌」，象曰「滕口說也」，此言感之極其通也。滕者水上涌之義。咸至輔頰舌則
精神充溢而口輔說，非謂滕于言說也。此乃咸之吉，而謂之凶可乎？咸、艮
皆自得之境，非徵諸外者。艮其輔者，心之所宰制，故言不妄發而悔亡。咸其
輔頰舌者，心之所涵濡，故氣不中闕而口說，其致一也。辰于雍正癸丑春侍
世宗憲皇帝講幄，會徵天下通解性理之士赴對闕廷。時荊溪任公啟運特被顧
問，陳說易義，首云易者聖人以此洗心退藏于密，聖心是之。任公年六十餘，
由此擢用，以致通顯。羨溪潛心易學，砥行士林，又幸際今天子聖作物覩、文
明利見之會，吾知必有遭逢聖鑑如前事者。匪直名山之藏、皋比之擁而已也。
時乾隆二十有五年庚辰九月，金壇于辰序。

　　◎跋：邵傳義畫，程衍周經，朱子兼之，歸諸卜筮。聖賢憂患之情千秋
如揭，後之談易者，談理亦倚數，測數亦見理，要存乎其人而已。予于金陵旅
次得《易見》若干卷而卒讀之，其為書也，備採先儒易說而時出己意以發明

之，條理精密，義蘊宏深，苟非閉戶窮經歷數十寒暑，未易成斯集也。後晤貢子羨溪，面稽所得，益昭然如震聵發蒙。夫書不盡言言不盡意，冥心獨契，千載同堂，貢子其必有所見也。見所見而著為書，抑又未易窺已。乾隆己卯季冬朔日，吳趨紫衛湯玉臺跋後。

◎敘：人之不朽於世者三，而其可目卓然自命者，德與言而已。然德之精華著於言而傳於天下萬世，則立言尤不朽者也。顧世之立言者，騁於風雲月露之辭，目求耀於眾，冀人之愛之而傳之，而不知謳吟啁哳是鶗鴃之鳴也，猶糞土也。有欲自附於聖賢之說者，則又擇焉而不精，語焉而不詳，束於章句而習於訓詁，影響雷同，穿鑿附會，其於深微簡當之處，如扣盤捫燭，此古所謂皮傅者耳。而乃不屏諸巾笥中，且妄災梨棗，費剞劂，裝潢成帙，布諸肆間，目疑誤後學，此真無忌憚者之所為，彼其書可襫燒也。卓哉羨兄，是立言真不朽者也。羨兄少失母，繼喪父，及王父王母先後丁內外艱凡十二年，中間復更多故，乃推明吉凶消長之理、進退存亡之道，而大肆力於《易見》一編。是編也，目《本義》為宗，考之邵子《皇極》目窮其蘊，叕之《程子遺書》以致其精，參之《語類》、文集以盡其變，上自漢魏下逮來今，會諸儒之同異目折其衷，故其為言幽深而明顯，簡核而諦當，包含萬有，純粹目精，千載下如合羲、文、周、孔於一堂，令人親見其口講指畫，不爽毫髮者。噫！易道盡於是編矣。而兄亦瘁矣。蓋自乾隆丁巳至庚辰，凡閱二十餘寒暑而書始成。乃至退筆如山、削稿盈棟，殫竭目力，磨耗心血，至於筋痿足痺而不懈，則沉酣於易，未有癖於兄者也。夫人情貴遠而忽近，當其時，雖有大儒在側，世固不及知也，久而慕之矣，遲之又久而更慕之矣。是編初出，人有迂之者，無幾時而得譽焉，更無幾時而家珍一編焉。然則鏤板時必請於名公鉅卿序而傳之者，非名公巨卿之果能傳之也，其言自足傳之也。昔昌黎之言曰：「易奇而法」，法固不奇也，而世之談易者好為奇論目標新異，而不知非真知易者。乾確然示人易，坤隤然示人簡，易簡而天下之理得矣。兄可謂得此旨矣。乾坤不毀，是編必不毀；是編不毀，兄亦不毀也。余於茲有感矣。余與兄少小共筆研，同社十餘輩，迄於今，死者死，宦者宦，持破硯禿管聚徒而教授者教授，然皆數十年人耳。如兄者可得而望其項背耶？余故質言其所以著書之意，與著書之勞苦困頓，以立名於天下萬世者，非苟而已也。乾隆壬午端陽日，同硯弟丁振華漢飛氏謹敘於友眉書屋。

◎序：讀經難，讀易尤難。朱子云：「《易》不比《詩》《書》，他是說盡天

下後世無窮無盡底事理，只一兩字便是一箇道理。又人須是經歷天下許多事變，讀易方知各有一理精審端正。」今既未盡經歷，非是此心大段虛明寧靜，如何見得？此以知讀易之難也。余弟羨溪，性沉靜，好讀易，寢食於其中者二十年。手錄邵程朱子之書及漢唐以來諸家之說凡十二卷，名曰《易見》。稿經數易而心猶歉然，更欲遲之歲月細為研磨，歸諸潔淨。余見其終日神凝氣斂，心追手摩，無不在是，而觀玩之久，必有會於未盡之前者，遂與之攷論卦爻，參訂象象，又數年，因勸之梓以公諸世。然弟猶不自信，携書質之長洲沈歸愚先生。先生稱其語簡而明、意微而旨。復質之閩中廖南崕先生，又以為芟其繁苆，輯其精粹。由此觀之，則余弟是編，其於朱子所云无窮无盡者，不无所見。而後之讀易者，沿流溯源，亦无不可以見其所見也。乾隆庚辰春三月，兄楷序。

◎序：六經唯易最古，其為體也至微，其為用也至廣，以言乎遠則不禦，言乎邇則靜而正，言乎天地之間則備矣。而語其要則聖人以此洗心退藏于密，齋戒以神明其德。易豈易言哉！有伏羲之易，有文王之易，有周公之易，有孔子之易，精與蘊不可混也。有邵子之易，有程子之易，有朱子之易，有諸儒之易，義與辭不可拘也。濱初讀之，茫然未知所從入，後于卦爻反覆玩之，于《本義》息心參之，于《語類》、文集及邵程諸書縱橫離合、參互求之，如是者積二十餘年而始有一得。竊嘗論之，羲、文之易至孔子而大成，邵程之易至朱子而大備。邵子傳先天之學，包羅天地，探測鬼神；程子傳後天之辭，闡揚造化，發揮性情。朱子廣之以作《本義》，可謂精極无形，粗及有象，上通天道，下達人事者矣。蓋其大端有六，曰理、曰象、曰數、曰辭、曰變、曰占。卦爻未立，理在象數之先；卦爻既立，理在象數之內。辭即旁通乎象數之辭，變即錯綜乎象數之變。而揲蓍求卦，因之以為占者也。《本義》既成，易道明備，廣矣大矣，蔑以加矣。元明以來，類喜談易，或離象而淪于虛，或遺理而滯于實。永樂閒詔儒臣編輯四書五經及性理《大全》，而于《周易》則先程後朱，採錄頗廣但擇焉不精、語焉不詳，揆厥由來，實未權衡于朱子《本義》故也。我朝經學昌明，典墳該洽，御纂《周易折中》博極羣書，獨崇朱義，頒布海內，炳如日星。濱因伏讀，志切闡明，不揣愚蒙，妄抒智臆，爰撦眾說，決擇成編，名曰《易見》。大約以《本義》為綱，探先天之旨則宗康節，參後天之義則主伊川，而仍以朱子《語類》／文集考其源、漢唐以下諸儒之說暢其流，總期發明乎《本義》而止。夫易猶海也，《本義》猶指南也。航海

而不得指南，則懸而无所終薄。蠡管之見，竊謂如是。而一二同志謬加許可，欲舉以公世，固辭不能，因惡顏而強為之說云。乾隆二十二年丁丑十一月長至日，丹陽後學貢渭濱書於脈望書樓。

◎參閱同人姓氏：兄楷孟參、李萬開對育、李萬白素根、徐學海容川、賀鳳儀舜庭、戴心傳紫發、丁振華漢飛、孫觀寶園、李世仁久成、丁元佐漢青、王廷璧植三、柬觀光一鳴。叔龍章魁儒，弟瑄漢玉，男鎮北恆、鏐瑞南，姪鈞廣若、銘西箴校字。

◎易見附論：

易書之傳有三：一田何之易，始于商瞿，授自孔子，經傳凡十二篇，漢儒自為章句，其後晁說之、呂祖謙傳之，是為古易，朱子據以作《本義》是也。一焦贛之易，自言得之隱者，專說陰陽災異，以授京房，後管輅、郭璞崇尚其術，儒者勿取焉。一費直之易，唯以《彖》、《象》、《文言》解說上下經，凡以《彖》、《象》、《文言》雜入卦中者自費氏始，其後馬融、鄭康成、王肅、王弼傳之，是為今易，程子據以作《易傳》是也。古易經傳離為各卷，繙閱頗雜；今易以傳附經，誦習較便，故是集經文從費氏本云。

漢魏諸儒易學傳授有原有委，馬氏端臨序殊未清晰，陸氏德明序前半較詳，但敘鄭康成傳費氏易後不知因何獨少「魏代王肅王弼並為之注」十字。王弼易固鄭氏書費氏本也，末云康成、輔嗣兩注行世，如何又云費易无傳？此段論次亦未明了。今依《通考》稍為訂正。魏晉以下代有傳人，而源流失考。有宋兩程夫子之學得之濂溪，邵子之學遠出希夷，溯其淵源，各有所自，故四聖而後，程邵之功不少。及觀《大全》綱領，止載程朱，不及邵子，不知先天後天之說最為切要，苟非邵子闡明卦圖蓍策，只是從中半說起，不識上截根原矣。即其所載程朱綱領本末亦未詳盡。今依三子之書悉為增入，並載諸儒之說于小字行，以備全部易書綱領。覽者詳之。

秦漢而上，先天四圖本載易中，後方士竊之以為丹竈之術。此圖失傳者千有餘年矣。夫圖猶模也，經猶器也，器出于模，失其模則器之長短廣狹大小方圓只可意揣而不得其筌蹄矣。所以漢儒說易，言人人殊，都无把握。自河南邵子得此圖于希夷，巋然獨反之易，厥後解易者以圖印經、以經證圖，若合符契矣。

自宋以前，談易諸家，理與數岐而為二，言文義者既屬支離，言象數者又多傅會，諸說紛紛，易幾晦矣。宋儒輩出，而易道復明。邵子言數未嘗不本

于理，程子言理未嘗不兼乎數，朱子發明理數而意則專主于占。三子之書，彰彰可考。今不自揣，各以類分。邵子綱領首太極兩儀四象八卦六十四卦，次陰陽之理，次先天卦義，次後天卦義，次學易。程子綱領首陰陽之理，次象數辭，次學易。朱子綱領首陰陽之理，次作易，次象，次數，次卦爻時義，次剛柔中正不中正，次辭，次占，次解易，次學易。夫然後知易之為道，上下粗精各極其妙、體无不具而用无不全也。

朱子易書本自程邵。《本義》用程易十之七，《啟蒙》用邵易十之七。而《本義》中分別象辭、占辭與象占相渾之辭，則其所自得于《繫辭》、《說卦》者深矣，故是集以《本義》為主。經傳文義程說得之為多，故《程傳》次之。若周子《易通》、《太極圖說》全書自當備玩，茲不節錄。而邵子《觀物外篇》、程子《遺書》、張子《正蒙》、朱子《語類》／文集旁推交通，各有發明易道者，悉皆摘出，依類備載，庶為精密，故邵程張朱之說次之。至漢唐以來諸儒舊說，不无龐雜，而微言奧義與《本義》符合者亦多可採，故諸儒之說次之。間有疑義或未經明析者，竊與同志爰輯所聞，參以鄙見，附于篇末。

孔子《彖傳》于釋卦名後隨以卦體、卦德、卦象、卦變釋卦辭，直從中閒過，都不著兩邊。朱子法之以釋爻辭，所謂陰陽剛柔、中正不中正、承乘比應、德位時以及初終上下，此正易學傳心妙處，尤宜提出以明易之精髓。茲特以夾圈別之，明本義也。熟玩乎此，則知經文一字一義皆自卦中流出，而三聖繫辭胥歸六畫矣。至于程易平實正大固不待言，而文義有未盡象數有未詳者亦不可不辨。朱子論之詳矣，茲以單點別之，從《語類》也。

黃直卿論朱子《語類》云：「其辨愈詳其義愈精。如侍燕聞承謦欬，歷千載而如會一堂，合眾聞而悉歸一已。」是知《本義》者易之龍門、積石，而《語類》則其江淮河漢也。但分支派別，雜出于門弟子之手，所見有淺深，所記有工拙，而朱子已定未定之說悉具焉。其合于《本義》者，朱子已定之說也；其不合于《本義》者，朱子未定之說也。是集總以《本義》為斷，其或有推論六經與《本義》若不相蒙而義理有可參看者，則慎為決擇而斟酌于前後賓主之閒，則《本義》既得，而餘義亦可類推，且不至喧奪矣。其錄邵程之書亦然。

朱子與張敬夫論程集改字云：「若聖賢成書，稍有不愜己意處，便率情奮筆恣行塗改，恐此氣象亦自不佳。蓋雖所改盡善，猶啟末流輕肆自大之弊，況未必盡善乎？」朱子于前賢文字恭敬退讓如此，況後人才識淺陋，安得妄

易先儒舊說，任意添減，如塾師之改初學文字，其得罪朱子，不亦甚乎？是集所載邵程張朱之說，悉取元本錄之，不敢移易一字。而其先後之序則依《本義》次第云。

邵程張朱而外，程門如游楊謝尹，朱子執友如呂東萊、張南軒，朱子門人如蔡西山、黃勉齋，及元許魯齋、吳臨川，諸家易解，《大全》悉經編入。至《蒙引》、《存疑》、《說統》等書，明季晚出，後來集易者類多博採。是集唯取發明《本義》者錄之，餘不俱載。若安溪李氏《觀象》、《通論》，于易之大義尤精；而徐甘來《口義》、徐文靖《碩記》、歐陽荔《或問》，于《本義》有所闡明者，並錄之以備參考。

《啟蒙》四篇，首本圖書，推論陰陽五行之妙，以為立卦生爻之本，易之體也。次原卦畫，詳論羲、文作易次第，始終本末，致為精密，學者最宜熟玩。三明著策，四考變占，易之用也。揲蓍雖一小事，而陰陽老少、進退饒乏、盈虛消息之理著焉。先儒釋之者少，而玉齋胡氏獨詳，但其辭冗累未甚簡明，而揲蓍六十四圖止有一二三等字，各圖各變界止未分。今不辭鄙陋，悉依胡氏元注，稍為推衍，務使各圖各變卦扐分明，庶不失朱子建圖立說本意。若卦變三十二圖，反覆之為六十四圖，雖本焦氏《易林》，而作用迥別，此猶康節用六日七分本之京房，而京房除震、離、兌、坎四卦雜用後天六十卦；康節除乾、坤、坎、離四卦，純用先天六十卦，其出于天理之自然，與人為止造作，蓋不可同日語矣。揲蓍圖，自下而上，虛點為卦，實點為扐。卦變圖，自初而終虛畫為變，自終而初，實畫為變。觀此則占筮之陰陽老少自瞭然于心目之間矣。

揲蓍之法，《啟蒙》備矣。而其制度詳明、誠敬交致，莫要于《筮儀》。若《五贊》等篇則朱子教人象占之學也。雙湖胡氏云：「首原奇耦之象，次述作經之旨，三明著以著其占，四稽類以考其象，五以《警學》名篇，欲人讀易之際，如筮斯臨，假象為則，而終于潔靜精微，體之常吉。」是又會象占而一之者也。朱子嘗云「《易》為卜筮之書」，今以象占示教，其旨深哉。

經文音釋，《大全》蓋從天台董氏例，參考呂氏《音訓》。但屢經翻刻，訛舛甚多，今悉依國朝《字典》及梅氏《字彙》校訂，庶為便觀。若《程傳》、《本義》刊本間有脫誤字句，且有兩存同異者，則繫東萊呂氏舊例也。是集倣《大全》元本錄之，而其義之當否，讀者不可不察。

丹陽後學貢渭濱謹識。

◎《引用先儒姓氏並所著易書》之「國朝」部分：李氏（光地，安溪，《觀象》十二卷、《通論》四卷），仇氏（兆鰲，滄柱）、荊氏（象衡，南瞻，《觀玩象辭》），徐氏（甘來，五宜，《周易口義》），李氏（宜瑞，玖右，枕亭，《周易牖納》），貢氏（超，虎占，英亭，《發蒙指掌》），徐氏（文靖，位山，《管城碩記》），歐陽氏（荔，玉涵，惺庵，《或問》三卷）。

◎四庫提要：是書前列《易序》、《傳序》、《諸儒姓氏》、《易學源流》、邵子、程子、朱子綱領及筮儀、五贊、經傳音釋、《本義》異同、程《傳》異同不入卷數，末附《啟蒙大旨》，亦不入卷數。其解經以《本義》為宗而雜錄先儒舊說以足之，然往往曲相遷就。如坤彖「先迷後得主」，以《文言》「後得主而有常」考之，應以「主」為句，以陽為陰主故也。渭濱附合《本義》「主利」之讀，乃云「主利者，不主於迷而主於利也」。又漸爻辭九三、九五取象於婦，《本義》於九五取六二正應在下為解，於九三則云九三過剛不中而無應。於《彖傳》云自二至九五，位皆得正，故其占為「女歸吉」，前後自相抵牾。渭濱則云艮非婦，但以二為陰，故云然耳。然何以處九三乎？是亦偏主之過也。

◎民國《丹陽縣志補遺》卷十《儒林》：性沉靜，耽悅經學，尤精於易。親歿後，獨居脈望樓，屏棄人事，一意著述，成《易見》九卷，於漢魏以來諸家易說刪存精要，而折衷於紫陽。長洲沈文愨公德潛序以行之，《四庫》存目。

◎貢渭濱，字羨溪。江蘇丹陽人。邑庠生。

貢渭濱　易見啟蒙　二卷　存

國圖藏乾隆二十四年（1759）貢渭濱脈望書樓刻本

山東藏乾隆六十年（1795）金陵龔體仁刻本

遼寧藏嘉慶元年（1796）郁文堂重刻本

南京藏清開封府聚文齋刻本

貢渭濱　易見本義發蒙　四卷　首一卷　存

國圖藏乾隆二十四年（1759）貢渭濱脈望書樓刻本

南京藏嘉慶二年（1797）刻本

◎光緒《丹陽縣志》卷三十五《書籍》：貢渭濱《易見本義發蒙》（《本義發蒙例言》：向輯《易見經傳》九卷《綱領》一卷《啟蒙》二卷，先儒之說詳矣。茲

特錄其明而簡要者，合為一編，以供觀玩為啟蒙耳）。

谷睿疏 周易參同契淺顯解 不分卷 存

康熙二十年（1681）刻本

◎一名《參同陰符淺顯解》。

顧昺 周易摘鈔〔註8〕 五卷 佚

◎光緒《南匯縣志》卷十二《藝文志》：《周易摘鈔》五卷，顧昺著（《府志》）。

◎四庫提要：是編為其三經解之一，皆節錄御纂《周易折中》內所集諸儒之說，參以李光地《周易觀彖》《通論》，故曰「摘鈔」，間附己意，亦罕所發明。

◎顧昺，號虛莊。南匯人。雍正甲辰舉人。又著有《書經劄記》《詩經序傳合參》。

顧承 周易說略 三卷 佚

◎劉聲木《桐城文學撰述考》卷一「顧承撰述」：《周易說略》三卷。

◎劉聲木《桐城文學淵源考》卷十一：湛深經學，尤精於易理，又通青鳥家言，以易理參之，時有妙悟。

◎顧承，字燕謀，號醉經，又號醉易。江蘇長洲（今蘇州）人。處士。又著有《刪定鬼谷子》、《顧氏七代詩存》、《吳門耆舊記》、《全闔黃門祠志》、《朝真觀志》、《全真觀志》。

顧淳慶 衍洛圖說 一卷 存

南京藏鉛印顧氏家集本

◎顧淳慶，字古生。浙江會稽人。道光壬辰舉人。大挑知縣分陝西，為巡撫林則徐所特識，歷任韓城、岐山、延長、長武等縣，旋調咸寧。咸豐五年任潼關廳。

顧光世 周易大意 佚

◎乾隆《元和縣志》卷二十五《人物》：著有《周易大意》《性理大意》

〔註 8〕提要「顧昺《書經劄記》」條又題《周易鈔》。

《禹貢輯註》《孝經輯註》等書。

◎顧光世，字岸霄。江蘇長洲（今蘇州）人。廩膳生。嘗謂子姪言：事生事死不外一誠，萃渙合離不外一敬，誠敬二字豈易得到，然離卻便不足為人。生平得力在此。年六十餘以歲貢生將補訓導，嘔血歿。

顧頡剛 周易卦爻辭中的故事 一卷 存

燕京學報單行本〔註9〕

◎卷末識語：此文之作，開始於民國十五年十二月，嗣因廈門大學風潮輟筆。至十七年八月，以編纂中山大學《古史講義》，摘錄稿中要點，寫成一篇。十八年十月，燕京大學行開幕典禮，囑宣讀論文，遂以摘本應命。越一旬《燕京學報》徵文，又費旬餘之力整理原稿，成為此篇。綜計首尾四年，始能勉強完稿。生活不安，即此可見。爰記始末於此，以見居今之世從事研究之難。舍館初定，匆促寫此，不及細檢，慮多誤謬，願讀者正之。中華民國十八年十一月三日，頡剛記於北平西郊之成府。

◎顧頡剛（1893～1980），名誦坤，字銘堅；小名雙慶，筆名餘毅。江蘇蘇州人。畢業於北京大學，後歷任廈門、中山、燕京、北京、雲南、蘭州諸大學教授。建國後任中國科學院歷史研究所研究員、中國民間文藝研究會副主席、民主促進會中央委員等職。

顧日融 易說纂 佚

◎光緒《武陽志餘》卷七《經籍》：《易說纂》，國朝處士顧日融旦初撰。旦初圩塘人，通儒家言，旁及二氏。《經籍錄》：是書諸家俱未著錄，卷數亦無考。

◎顧日融，字旦初。江西武陽圩塘人。著有《易說纂》。

顧樞 西疇易稿 三卷 佚

◎朱彝尊《經義考》著錄。

◎阮元《儒林傳稿》卷一：淹貫五經，尤深《書》、《易》。晚為《易稿》，折衷眾說，不尚文辭，心體躬行而已。嘗曰：「吾祖於易最精，獨無著述。小子可妄穿鑿乎？」嘗論明儒，服膺薛、胡，而謂陳、王未免少差。又曰：「端

〔註9〕1929年12月第六期。1930年11月修改後載於《古史辨》第三冊。

文主無欲，忠憲主格物，並直接宋儒。」其議論皆醇正。

◎徐乾學《憺園文集》卷三十二《顧庸菴先生墓表》：先生學本程朱，以無欲、主敬為宗。嘗曰：「聖門之學必先求仁，求仁莫如敬」，又曰：「周子之無欲、程朱之居敬、窮理，三者皆學之要也。而無欲二字足以括之。居敬是遏絕其欲心之萌，窮理是抉其欲心之伏，內外交養之功，四賢一轍。至張子以禮為學，乃居敬、窮理確有憑據處，學者善法五子，其庶幾乎！」又言：「讀書是格物之一事，以窮理也。即主敬之一事，以存心也。不然即是玩物喪志。」論明儒曰：「文清《讀書錄》言性字親切，胡敬齋《居業錄》言敬字親切，聖學嫡傳也。六經無悟字，悟字出內典，而諸儒據為傳習，竊所未喻。」其所得如此。嘗倣《近思錄》，集端文所著十書為《語要》。又集《忠憲語要》，抄朱子以下及薛敬軒、曹月川、胡敬齋、羅整菴、蔡虛齋、魏莊渠諸先生語，名《悅心錄》。嘗夜讀，頭上巾為燈燼其一角，久之不知也。所著述有《隱居錄》、《蒙言隨筆》、《東林列傳》、《明盛編》、《十二代詩刪》、《八家詩刪》、《史薈》、《文薈》，多散佚不存。今所刻者《易蒙》《西疇日抄》諸書。

◎唐鑑《國朝學案小識》卷十《無錫顧先生》（樞）：淹貫五經，尤深於《書》《易》。晚為《易稿》，折衷至當，心體躬行而已。

◎顧樞（1602～1668），字所止，自號雍菴。江蘇無錫人。顧憲成孫。天啟舉人。少隨高攀龍習理學，入清後韜形遯跡，不入城市，不赴講會，精研五經，尤深於《易》《書》。又著有《西疇賸稿》二卷、《古今隱居錄》三十卷。

顧樹聲 讀周易日記 一卷 存

光緒十六年至二十二年（1890～1896）雷浚、汪之昌輯刻學古堂日記四十種本

顧言 易編合朱纂 佚

◎康熙《江南通志》卷四十四《人物》：著《易編合朱纂》、《道學正宗》諸書行世。

◎顧言，字子訥。江蘇丹徒人。由明經授石埭訓導，遷豐縣教諭，陞池州教授，辭不赴。

顧嵒 讀易了然 三卷 佚

　　◎光緒重修《嘉善縣志》卷三十《藝文志》一：《讀易了然》（國朝顧嵒著。三卷）。

顧炎武 易音 三卷 存

　　山東藏康熙六年（1667）山陽張弨符山堂刻音學五書本

　　四庫本

　　山東藏道光九年（1829）廣東學海堂刻皇清經解本

　　咸豐十年（1860）補刻印皇清經解本

　　山東藏光緒十四年（1888）朱氏校經山房刻亭林先生遺書匯輯本

　　山東藏光緒十六年（1890）思賢講舍刻音學五書本

　　山東藏 1933 年嚴式誨成都刻音韻學叢書本

　　山東藏臺北成文出版社 1976 年無求備齋易經集成影印康熙六年（1667）刻音學五書本

　　山東藏臺灣新文豐出版公司 1983 年大易類聚初集影印咸豐十年（1860）補刻印皇清經解本

　　◎顧炎武《與顏修來手劄》十五〔註10〕：所刻座右語一通並《音學五書》面葉呈教。

　　◎顧炎武《答李子德書》〔註11〕：故愚以為讀九經自考文始，考文自知音始。以至諸子百家之書，亦莫不然。不揣寡昧，僭為《唐韻正》一書，而於《詩》《易》二經各為之音曰《詩本音》、曰《易音》。以其經也，故列於《唐韻正》之前。

　　◎四庫提要：《音學五書》之三也。其書即《周易》以求古音。上卷為《彖辭》、《爻辭》，中卷為《象傳》、《象傳》，下卷為《繫辭》、《文言》、《說卦》、《雜卦》。其音往往與《詩》不同，又或往往不韻。故炎武所注，凡與《詩》音不同者皆以為偶用方音，而不韻者則闕焉。考《春秋傳》所載繇詞無不有韻，說者以為《連山》《歸藏》之文。然漢儒所傳不過《周易》，而《史記》載大橫之兆，其繇亦然。意卜筮家別有其書，如焦贛《易林》之類，非《易》之本書。而《易》之本書則如周秦諸子之書，或韻或不韻本無定體；其韻或雜方

〔註10〕摘自《顧亭林詩文集》下《亭林佚文輯補》。

〔註11〕《音學五書》前附。

音，亦不能盡求其讀。故象辭、爻辭不韻者多，韻者亦間有；十翼則韻者固多而不韻者亦錯出其間，非如《詩》三百篇協詠歌被管弦，非韻不可以成章也。炎武於不可韻者，如乾之九二、九四中隔一爻，謂「義相承則韻亦相承」之類，未免穿鑿。又如六十四卦象辭惟四卦有韻，殆出偶合，標以為例亦未免附會。然其考核精確者則於古音亦多有裨，固可存為旁證焉。

◎顧炎武（1613〜1682），本名絳，乳名藩漢，別名繼坤、圭年，字忠清、寧人，亦自署蔣山傭；南都敗後，因仰文天祥學生王炎午為人，改名炎武。人稱避青先生，又因其故居旁有亭林湖稱為亭林先生。南直隸蘇州府昆山千燈鎮人。與黃宗羲、王夫之並稱為明末清初三大儒。又著有《音學五書》、《日知錄》、《天下郡國利病書》、《亭林詩文集》等。

顧園林　易經詳解　佚

◎光緒《新修菏澤縣志》卷十一《人物》：著有《易經詳解》。

◎顧園林，山東菏澤小留都人。增生。性剛正，學問湛深。年逾七旬，猶能默誦五經。教授生徒循循善誘，成名者甚夥。

顧震福　周易連語重言釋　二卷　存

光緒十八年（1892）刻函雅故齋叢書本

◎顧震福，字竹侯，號跬園。江蘇淮安人。書齋函雅故齋。著有《周易連語重言釋》二卷、《齊詩遺說續考》一卷、《魯詩遺說續考》一卷、《韓詩遺說續考》一卷、《毛詩別字》六卷、《學庸古義會箋》、《孟子劉注輯述》七卷、《考音切韻纂輯》五卷、《小學鉤沉續編》八卷、《釋名校補》八卷佚文一卷、《方言校補》十三卷佚文一卷、《隸經雜著甲編》二卷、《隸經雜著乙編》二卷、《籀經瑣記》二卷、《敦風好廬文》四卷、《剟疏》二卷、《崔豹古今注校正》三卷。

官德　童蒙學易門徑　一卷　存

遼寧藏同治九年（1870）養原堂刻本

官獻瑤　讀易偶記　三卷　存

清華大學藏清鈔石溪全書本

◎劉聲木《桐城文學撰述考》卷一「官獻瑤撰述」：《讀易偶記》三卷、

《尚書偶記》三卷、《尚書講稿》一卷、《思問錄》一卷、《讀詩偶記》二卷、《周官偶記》二卷、《喪服私鈔》並《雜說》一卷、《儀禮讀》三卷、《春秋傳習錄》五卷、《孝經刊誤》一卷。

◎官獻瑤（1703～1782），字瑜卿，號石溪。福建安溪還二里福春鄉（今長坑鄉福春村）人。漳浦蔡世遠、桐城方苞高足。乾隆四年（1739）進士，改庶吉士，任國子監助教，充《三禮》館纂修官。散館授編修。主持浙江鄉試，歷官提督陝甘學政。遷司經局洗馬，乞養歸。著有《讀易偶記》三卷、《尚書偶記》三卷、《尚書講稿》一卷、《讀詩偶記》二卷、《周官偶記》二卷、《儀禮讀》三卷、《喪服私鈔》並《雜記》一卷、《春秋傳習錄》五卷、《孝經刊誤》一卷、《思問錄》一卷、《石溪文集》十六卷《詩集》二卷等。

關麟徵 周易乾坤二卦與儒墨道法兵各家學說之綜合觀 不分卷 存

浙江藏成都提拔書店 1948 年鉛印本

◎關麟徵（1905～1980），陝西戶縣人。國民政府陸軍總司令，1947 年任陸軍軍官學校校長。又著有《關麟徵回憶錄》等。

關麟徵 周易乾坤二卦正義 三章 存

山東藏成都提拔書店 1948 年鉛印本

臺灣文聽閣圖書有限公司 2009 年林慶彰主編民國時期經學叢書本

◎卷首題：三十六年十一月二十八九兩日對軍校全體官生講。

◎目錄：第一章緒言：第一節周易之創始，第二節周易非占卜之學乃人生哲學與政治哲學。第二章乾卦：第三節乾卦卦辭正義，第四節乾卦各爻正義。第五節再以國家與個人處境申明乾卦各爻意義，第六節象辭，第七節象辭，第八節文言，第九節孔子繫辭。第三章坤卦：第十節坤卦卦辭正義，第十一節坤卦各爻正義，第十二節文言，第十三節結論。

關順 詩易約注 佚

◎希元原注《荊州駐防志》卷十一《人物志》：著有《書經圖說》、《詩易約注》、《行文要訣》、《賞心集》，待梓。

◎關順，字達泉。滿洲鑲白旗人。少從師問業，即留心宋五子之學。嘉慶己卯舉人，家居授徒，嘗謂門下士曰：「程朱注四子書，非漢儒所能夢見。而說經則漢儒近古，各有師承。至於古人詩文，各有短長，但當取其精華，不

必分唐界宋也。」生平以禮法自持，一望而知為有道之士，鄉里婦孺無不知關先生者。

關棠 讀易劄記 一卷 存

國圖藏謝鳳孫 1915 年木活字漢陽關先生遺書本

中科院藏民國初刻西泠印社全書本

臺北成文出版社 1976 年無求備齋易經集成影印 1915 年鉛印本

臺灣文聽閣圖書有限公司 2009 年林慶彰主編民國時期經學叢書本

◎關棠《師二宗齋遺集》卷二《讀易劄記序》：易學雖賾，漢宋貶之。漢易之存者，京房、王弼、孔穎達、李鼎祚四家而已；宋易之精者，程子一家而已。然唐史徵之《口訣義》又在四家之外，為漢易孤本，國朝講漢易諸大家均未及之。朱子《本義》又易傳之羽翼，而近世講漢宋二家均議之，其實未深於《本義》者也。光緒乙未，為楊生蔭樾講易，因取《口訣義》及《本義》互證，鉤其要義，條說以暢厥旨，或意有所會，亦附記焉，所以補漢學之未備而求宋學之助也。他日諸同學取漢四家之書詳考而約取，一以程《傳》為經而以所錄者緯之，則易說可備。國初之專講漢易而未詳者固不及此，即嘉道以來，李氏之《集解纂疏》、秦氏之《易象通義》，均不能外矣，豈非易學之總樞哉？！

◎周按：此書以唐史徵《周易口訣》為宗詮釋六十四卦，或解一二爻，或解三四爻，或不解象辭僅釋象傳，或不釋爻辭僅釋象傳。徵引《程傳》、《本義》而匡其謬誤。

◎關棠，字季華。湖北漢陽人。光緒十一年（1885）舉人。曾官羅田教諭，改浙江知縣。又著有《關季華先生尺牘》、《師二宗齋遺集》。

關捺生 周易味根錄 四卷 首一卷 存

山東藏光緒中西書局石印五經味根錄本

◎一名《易經味根錄》。

關耀南 澄園讀易略例 四卷 存

江西省博物館藏光緒十八年（1892）信州學舍靜妙軒刻本

◎關耀南，江西清江（今樟樹市西南臨江鎮）人。咸豐九年（1859）進士。

關子菜 讀易觀天 二卷 存

宣統二年（1910）刻本

◎是書首言正易，明授受源流。次古圖書，明畫卦取則。次方圓圖。

◎關子菜，字少尉。廣東南海人。戶部主事。

觀頬道人 焦氏易林吉語 一卷 存

清刻閩竹居叢書本

◎觀頬道人，閩中人。

觀頬道人 連山歸藏逸文 一卷 存

清刻閩竹居叢書本

◎是書所輯頗簡略，且不注出處。

管幹貞 讀易一隅 二卷 存

乾隆大觀樓刻本

南京大學藏松厓全集〔註12〕本

◎孫星衍《孫淵如先生全集‧平津館文稿》卷下《資政大夫兵部侍郎兼都察院右副都御史總督漕運管公幹貞行狀》：著有《書經一隅》《易經一隅》《問禮一隅》《規左一隅》《明史志》《說文考異》《黃門篆說義》《玉書》《延陵志餘》《文集》《詩集》《詩餘偶存》諸書若干卷，又選刻《舊雨集》並藏於家。

◎尚秉和《尚氏易學存稿校理‧易說評議》：惟按陽湖志，榦珍作榦貞，不知孰是也。其說易不按章句，汎論概要，以箴規人事。雖按六十四卦以次立說，而實不解經。每節歸宿，不為聖王經綸天下之根本，即為聖賢防微慮患之功用。蓋曾致力於《程傳》《本義》者，屏象數而不談。然於陳、邵圖書之說則亦不及，在談義理者猶不失為雅正，惟識太淺陋。篇首言秦漢間說易凡二十餘家，其書皆亡，惟京房以卜筮獨存。按西漢易說至魏晉多亡，而孟喜、京房至唐尚存，不獨京氏。若云近代，則京易祇存易傳三卷專言占筮，其解易之書無一存者。又云房以後書存者惟《太玄》說似創實亦言易也。夫《法言》擬《論語》、《太玄》擬《易》，在當時即謂之僭，比於吳楚之稱王，何來

〔註12〕或誤題《松厓文鈔》。

似創乎？又云：《易》以太極生兩儀，兩生八，以至六十四卦，參天倚數；《玄》以一生三，三生九，九九八十一首，知參天而不知兩地。雖以人為八十一首之始，然天地能生人，人不能生天地。斯說也尤為謬妄。《太玄》一生三，三生九，九九八十一，以斯為知參天不知兩地；將《易》一生兩，兩生八，八八六十四，則知兩地不知參天矣？又《太玄》以中為首始，中即所擬易之中孚也，豈以中為天地中間之人乎？是於玄首命名，尚不能悉，而竟敢侈談若是。是皆因理學家莽大夫三字橫亙於胸中而妄疑，其書之亦陋也。謬妄如是，不惟空疏之無足取矣。

◎管幹貞（1734～1798），管幹珍，字陽復（夫），號松厓。江蘇陽湖（今武進）人。乾隆三十一年（1766）進士。選庶吉士，授編修，預修國史，任撰文。甲午分校順天鄉試，乙卯分校會試，丁酉典試貴州，旋充教習庶吉士，四十五年改陝西道監察御史，巡視西城，調京畿道御史，五十一年遷鴻臚寺少卿，旋選通政司參議，後官至漕運總督加兵部侍郎右副都御使銜。以清節著。工畫。著有《五經一隅》《說文考異》《明史志》《黃門篆說義》《玉書》《延陵志餘》《詩餘偶存》《松崖文鈔》《松崖詩鈔》《舊雨集》《樂府源流》諸書。

管閣 易經文稿 佚

◎李紱《穆堂初稿》卷二十五《故平安知縣管公墓誌銘》：所著書曰《天成子》，藏於家，文集、《易經文稿》及《藝文萃》、《字學正訛》、《左傳句解》、《四書約講》、《五經要義》等皆並行於世。丁丑冬卒，年七十有七。

◎管閣，字弗若。江西臨川人。

管宏淳 秋林讀易 佚

◎乾隆《杭州府志》卷五十七《藝文》一：《秋林讀易》（國朝秀水教諭海寧管宏淳右民撰）。

管愷 大易淺解 佚

◎光緒《撫州府志》卷六十《人物志》：所著有《四書括》《大易淺解》。

◎光緒《江西通志》卷九十九《藝文略》一《國朝》：《大易淺解》，管愷撰（《臨川縣志》。字愚公，號旗山）。

◎管愷，字愚公，號旗山。江西臨川人。父國謙從羅文止學，得其傳。

光成采 大易旁通 十二卷 存

清刻龍眠叢書本

◎道光《續修桐城縣志》卷之十六《人物志・文苑》：著有《浣易》《四書典故通》《月出吟詩草》《杏窗文集》。

◎光成采，字雲五，號筠峰。安徽桐城人。時亨曾孫。康熙四十三年（1717）舉人，雍正二年（1724）進士。又著有《四書典故通》《月出吟詩草》《杏窗文集》。

光成采 浣易 佚

◎道光《續修桐城縣志》卷之十六《人物志・文苑》：著有《浣易》《四書典故通》《月出吟詩草》《杏窗文集》。

光聰諧 稼墨軒易學 一卷 存

國圖藏道光刻本

國圖藏光緒刻稼墨軒集三種本

◎光聰諧（1781～1858），字律原（立元），號栗園，晚號遂園。安徽桐城人。嘉慶十二年（1807）舉人，十四年（1809）恩科進士，選庶吉士。歷任刑部主事、湖北荊宜施道、直隸布政使，皆有政聲。以經學名，然於詩、古文、詞均有述作，劉淳《雲中集》引鮑桂星：「桐山今日文章道德惟閣下深得惜抱老人之傳。」又著有《稼墨軒文集》不分卷、《有不為齋隨筆》十卷、《管窺錄》二卷、《栗園詩稿》一卷、《遂園詩鈔》。

光聰諧 易圖說 一卷 佚

◎同治《桐城縣志》：著有《稼墨軒集》詩文集／外集、《易圖說》，已刊行。

歸起先 易聞 十二卷 首一卷 存

浙江、山東、遼寧、南京藏乾隆六十年（1795）歸朝煦玉鑰堂刻本

上海藏光緒玉鑰堂刻本

◎康熙《常熟縣志》卷十八《邑人》：所著有《詩經通解》行世，《易聞》若干卷、《學庸語孟大旨》、《老莊略》、《參同契悟真篇考證》若干卷，自著古文詩集若干卷，藏於家。其所考訂及手錄本千餘卷不具列。

◎歸起先，字裔興，號律菴。晚著《易聞》成，又自號易民。德明子。崇禎十五年以《詩經》舉於鄉，十六年中楊廷鑒榜進士，十七年授刑部主事提牢。

貴昌 讀易管窺 佚

◎希元原注《荊州駐防志》卷十一《人物志》：著有《讀易管窺》《勉學日記》待梓。

◎貴昌，蒙古鑲紅旗人。授徒數十年，專講程朱之學，門下多列庠序、登賢書者。

桂陵 易詮 佚

◎光緒《黃州府志》卷三十二《藝文志》：《易詮》，蘄水桂陵撰（《縣志》）。

◎桂陵，湖北蘄水人。著有《易詮》。

桂文燦 易大義補 一卷 存

廣東藏光緒刻南海桂氏經學本

南海桂子白先生遺稿十一種三十一卷

◎宣統《南海縣志》卷十一《藝文略》：《易大義補》一卷（國朝桂文燦撰。據《桂氏經學叢書》）。

◎宣統《南海縣志》卷十九《文學傳》：十一年四月，楚中大吏以文燦積學敦行、經濟宏通請旨宣付史館立傳。四月二十九日奉諭云：「已故湖北鄖縣知縣桂文燦，同治年間進呈所著《經學叢書》，奉旨留覽，特予襃嘉。嗣應詔陳言，亦多可采。其潛心經術、講求實學，足為士林矜式。著准其宣付史館，列入《儒林傳》，以為研經者勸。」文燦學兼漢宋，晚得尺寸柄，蒞官僅三月餘日，未竟其才，齎志以歿，論者惜之。著有《先正典型》二卷、《四書集註箋》四卷、《子思子集解》一卷、《朱子述鄭錄》二卷、《八行輯要》八卷、《語類》二卷、《易大義補》一卷、《詩箋》、《禮注異義考》一卷、《周禮通釋》六卷、《箋膏肓評》一卷、《起廢疾評》一卷、《發墨守評》一卷、《論語皇疏考證》十卷、《重輯江氏論語集解》二卷、《孝經集證》四卷、《孝經集解》一卷、《經學博采錄》十二卷、《毛詩傳假借考》一卷、《毛詩鄭讀考》一卷、《詩古今注》二卷、《春秋左傳集注》一卷、《禹貢川澤考》四卷、《毛詩釋地》六卷、《春秋列國疆域圖考》一卷、《羣經輿地表》一卷、《廣東圖說》九十二卷、

《四海記》一卷、《海國表》一卷、《掌故紀聞》二卷、《周禮今釋》六卷、《讀史紀要》二卷、《說文部首句讀》一卷、《奏疏》四卷、《牧令芻言》二卷、《在官要覽》二卷、《疑獄紀聞》一卷、《海防集覽》二卷、《節孝錄》十四卷、《宰鄅公牘》二卷、《潛心堂文集》十卷《詩集》二卷、《桂氏大宗譜》二卷、《家譜》四卷、《都山日記》四卷、《四言曲禮》一卷、《女誡》一卷、《好生古訓》一卷、《三字孝經》一卷、《年譜》一卷、《家訓》一卷。

◎葉昌熾《奇觚廎文集》卷上《桂氏遺書序》（代）：廣南自阮文達公設學海堂，課士以通經之學，於是方聞贍學之士後先輩出，林先生伯桐、侯先生康，其魁能也。繼之者為陳蘭甫先生，蘭甫弟子著錄甚眾，桂君文燦尤知名。君嘗為湖北鄅縣知縣，光緒十一年署兩湖督臣卞公，以公潛心經術，奏請宣付史館，列入《儒林傳》，得旨俞允。越二載，口口奉命來視粵學，牒校官邦之先哲遺書未刊者其以進，於是君之子坫上其父書都若干種。余受而讀之，實事而求是，博涉而多通，其於蘭甫先生，猶鄭門之有臨孝存矣。君於羣經無所不甄綜，而尤精《易》《詩》《孝經》《孟子》，謂惠氏《易大義》今祗有《中庸》二卷至《禮運》一卷有目無書，江鄭堂補《周易述》而《大義》猶闕，於是本惠氏之例為《易大義補》一卷。

◎周按：是書蓋補元和惠定宇之闕。

◎桂文燦（1823～1884），字子白，號皓（昊）庭。廣東南海人。早年師從陳澧，潛心經學。道光二十七年（1847）以解經拔第一，補第子員。道光二十九年（1849）中舉。同治元年（1862）進呈所著《經學叢書》，奉旨留覽，上諭：「所呈各種箋注考證，均尚詳明。《群經補證》一編，於惠棟、戴震、段玉裁、王念孫諸經說多所糾正，薈萃眾家，確有依據，具見潛心研究之功。」曾兩受曾國藩聘校刊《殿本十三經注疏》、《通志堂經解》，曾氏贊其「不獨為粵中翹楚，抑不愧海內碩彥」。光緒十年（1884）知湖北鄅縣，未幾病逝。著有《易大義補》、《毛詩釋地》、《周禮通釋》、《論語皇疏考證》、《孝經集證》、《群經補證》、《經學博采錄》、《子思子集解》、《四書集注箋》、《潛心堂文集》、《廣東圖說》等。

郭承銚 周易經傳解 十二卷 佚

◎光緒《湘潭縣志》卷十《藝文》：《周易經傳解》（郭承銚撰。承銚有傳）。

◎郭承銚，字伯庚。湖南湘潭人。靜默篤實，不求科舉。湘鄉劉錦棠禮

聘之至新疆幕府，數月遽歸，未幾卒。

郭承鋥 周易觀象 佚

◎光緒《湘潭縣志》卷八《列傳》百二十四：初治《春秋》，見方苞書多與己合，遂改治《周易》，日讀一爻，著《周易觀象》。

郭程先 周易平說 二卷 卷首一卷 存

國圖、南京、中科院藏咸豐五年（1855）郭珠焜刻本

四庫未收書輯刊影印咸豐五年（1855）郭珠焜刻本

◎每卷前題：共城郭程先雪齋著，男珠焜香泉補註。

◎唐鑑弁言：天下之理，平實而已。平則當下即是學問，實則反身乃有更。夫一涉支離，去道遠矣。夫子曰「學易可以無大過」，可知易道之不可離乎平實也。艾生尊兄以人生日用之常、脩己治人之事發為《平說》，是善學吾夫子者也，非有實學、為實功，安能得此？當共勉之。弟唐鑑謹識。

◎序：易之義有交易、變易之不同，而實歸於不易，總欲人恐懼脩省、與時偕行者也。蓋自伏羲仰觀俯察，近取身遠取物，而八卦始畫，因而重之，遂成六十四卦。卦者著天下之時也。文王作《彖辭》統論一卦之理，周公作《爻辭》又析言之。卦與卦、爻與爻時未嘗不各異也。孔子讀易至韋編三絕、鐵擿三折，作十翼以明其義，蓋實見時義之變化無窮，故假年之願至老而不衰也。易歷四聖人之手而成，故足以通天下之志、定天下之業、斷天下之疑，學者誠不可不知。然人必實能用易，方可謂知易，其言之亦必親切有味。求之當世，往往難之。吾友郭雪齋先生，夙承家學，究心於易，歷有年所。余前在都門，嘗親聆其緒論，足令人言下啟悟，洵與敷衍陳言者不同。癸丑春，余蒞任蒲吾，聘先生主講天桂書院，朝夕切劘，獲益彌多。先生時以易學勖及門，尤諄諄望學者之實踐，而學者又慮先生之講論久而易忘也。乙卯夏，受業諸生請將先生所著《周易平說》付諸剞劂以永其傳，而求序於余。余益歎易學之感人甚深，先生之著述尤足啟迪後學，而為講易者所莫能外也。顧余猶有厚望於諸生者，聖人言學易可以無大過，非懲忿窒慾、遷善改過不可謂學易，非自彊不息、因時而惕不可謂學易，易豈輕言學哉？諸生宜由是編以深求先生之心，而勉為實踐焉可矣。是為序。咸豐五年歲次乙卯立秋後八日，內鄉王滌心子潔謹序於平山官署之退思堂。

◎序：昔聖人雅言之教不及於易，論者遂以易道精微，非初學所能窺，

不知精微之蘊無非易簡之旨，其道貫乎天人，其理通於上下，其事切於倫常日用，無在非易，亦無時非易。吾夫子以生知安行之詣，猶欲假年學易，期無大過。吾人生聖人之後，學聖人之學，顧可置而弗講乎？蘇門郭雪齋先生，理學名儒，主講平邑天桂書院，一時多士景從，文風丕變。乙卯夏，門弟子輩出其所著《周易平說》提綱一冊，將付剞劂，問序於余。余識淺才疏，於易學一道茫乎未之有得，何足以測高深？無已，聊即管見之所及者略陳之。竊按世之說易者，或拾術數之緒餘以狃於浮淺而不知其非易之精也，或窮事理之隱怪以自詡神奇而不知其非易之正也，其甚者又或侈爻辰、卦氣、飛伏、納甲之談以致失潔淨精微之旨，易學之不明實由於此。今是書以《平說》命名，在作者不自滿假，或以為平無高論矣，乃閱之則見其反覆推勘，委曲詳盡，語無事乎艱深，意必衷諸至當，平其心以闡易理之奧而理得其平，平其氣以明易之綱而義得其平，平其情以觀易之象、玩易之占而象與占更無不各得其平，庶幾其平之義也。蓋實驗諸身心而非徒託空言者比，不已升周邵之堂入程朱之室哉？學者誠取是書而卒讀之，則於卦爻之義既探本以窮源，自條分而縷析，舉四聖人之微言奧旨無不瞭如指掌。由是身體力行，奇而不詭於正，變而不失其常，以期合於進退存亡之道，其有裨於身心性命者豈鮮哉？此雪齋先生誨人不倦之苦衷也，竊願與門下士共勉焉。是為序。咸豐五年歲在乙卯季夏，平山商鎔季陶氏謹序於師竹齋之南窗下。

◎序：《易》之一書，予自束髮就傅時業已講習弗輟，第講習則有之，洞徹則未也。雖通覽羣說，屢經考辨，終覺有時而明者旋有時而昧，無他，道理精微，非實有心得未易喻也。乙卯季夏，天桂書院肄業諸生，挾書一冊名曰《周易平說》，謂是山長雪齋老夫子所著。諸生以其明白易曉，將付諸梓人，刊刻問世，敬祈一言以為序。余曰：「余學識疏淺，筆硯久焚，其又烏能序夫子之書哉。雖然，當為勉強就之。」因而逐次展玩，自始迄終，每讀一篇如晨鐘暮鼓，每聞一義覺石破天驚，闡羲、文之奧妙，發周、孔之情思，其言簡而該，其旨詳且盡。於虖，此《平說》也歟哉？統諸儒先之講說，謂胥賴是編以啟其鑰可也。余茲有感矣。夫讀書數十年，功名未成諉諸命運，學問未成將誰咎乎？因思大聖人韋編三絕，猶欲假年學易，吾儕何人夫，豈無意？惟是資質既遜中材，講家復少善解，遂覺僕病未能耳。咸豐癸丑，得《讀易備忘》一書，為邑侯子潔王老父台所著，開示後學，誠為有益。今復得夫子之書，如生公說法，頑石點頭；如白傅為詩，老嫗能解。相見恨晚，不其然乎？學者果

能再四研求，身心體驗，將見由明而誠，盡人合天，達則以易道教天下，窮則以易理善其身，則是書之為功豈不鉅哉！咸豐五年歲次乙卯蓮月，嘉陽王燮宇調元氏謹序。

◎刻平說補註小引：道光乙巳，煚隨侍家君於涉邑清漳書院，見家君與肄業生徒講解《周易》，聽者皆鼓舞忘倦。而煚爾時尚在幼穉，徒作矮人觀場而已。嗣家君歷主河間、瀛洲書院及山左清陽書院講習，生徒往往以《周易》相質，家君隨問隨答，各因其才分所及，反覆開導，問者無不各得其意以去。煚側聽既久，其說之淺顯者間亦明曉一二，然終不能了然於心也。自去年至今，家君來主天桂書院講習，恆以四子書與五經分日講說，除課文課詩外，講說無虛日。同學諸子皆以《易經》一書較他經為深奧，見家君著有《周易平說》提綱一冊，力請付梓，以便循習。家君既允其請，又以提綱一冊本非全書，所言未免太略，其中有未經提及者，輒口授其旨，使煚補註於後焉。又每篇卦名之下細註一行，揭明每卦所言何事。某爻為卦主亦係臨刻時所增益，家君謂此一語可以不載，即如乾卦，所該甚廣，豈止單言君道？向為諸生講說，舉此一語，不過舉其重者言之。今載於卦名之下，反令觀者為此句所拘，看得不廣。乃同學諸子咸謂有此一語易於尋求，若看到明白處，自能忘其筌蹄，不如存之以為初學指南。家君笑而頷之。刊既就，為敘其緣起如此。時值咸豐五年歲在旃蒙單閼重九後一日，男珠煚敬識。

◎跋：余自己卯至今，設教三十餘年矣。課讀之暇，探討經義，《詩》《書》也、《春秋》也、《三禮》也，以及四子之書也，雖未能透徹無遺，然摘句尋章，因文徵義，其間亦似少有所獲。獨《周易》一書，開卷茫然，即考諸先儒之論說、累代之成書，非襍即繁，終不得其統緒。茲讀山長郭雪齋先生《周易平說》一編，其詞顯而明，其旨簡而約，其義詳而盡，其理粹而精，了了數十篇，遂於六十四卦之殽列、三百八十四爻之燦陳，以及《繫辭》之上下傳，靡不撮其大綱、提其要旨，條分縷析，融會貫通，舉四大聖人作易之深心，昭然其若揭，名之曰《平說》。謂其說平平無奇耳，不知廣大精微之奧，幽深元遠之機即蘊於平平無奇內也。此亦如子思子作《中庸》，由倫常日用、子臣弟友推之而參天地、贊化育，以及上天之載，無聲無臭，胥包括靡遺焉。爰是商之同人，捐貲刊刻，以期廣為流布，不惟可以訓當時之士，並可以為後世之學易者昭示於無窮，而先生傳經之苦衷庶乎藉是以傳云。時咸豐五年歲在乙卯六月，蒲吾郭滋樹之謹跋。

◎參閱同人姓氏：倭仁（艮峯，蒙古），高鎮（豫峯，羅山），王滌心（子潔，內鄉），高欽中（恆蹊，項城），郭祥瑞（玉麓，新鄉），衛榮光（靜淵，新鄉），杜來錫（榮三，新鄉），劉道衡（鑑堂，輝縣），商鎔（蓮舫，平山），王燮宇（調元，平山），郭滋（樹之，平山）。

◎參校及門姓氏：郭廉清（雲溪，平山），郭申田（西園，平山），王之增（益亭，內鄉），王之筠（松亭，內鄉）。

◎捐貲助刊姓氏：商鎔、王燮宇、郭滋、郭廉清、賈崇德、陳鳳翔、王際昌、郭申田、秦渭川、商樸、王育春、郝元禮、劉應昌、劉時雨、秦萬齡、李春芳、蘇中玉、馮鳴昌、郝瑞光、李泮林、張如陵、何鳳三、李步雲、石步雲、丁清泰、吳夢熊、韓益興、武旺、劉南星、李吉祥、郝鴻儒、王慶雲、王瑾、丁福泰、李苑、陳正誼、楊開泰、宗瑞麟。

◎《續修四庫提要》：總全書所說，似墮義理之窟，迷而不能出。至所謂易理者，不惟不詳，且多違背，而象數更不待言矣。

◎郭程先，字雪齋。河南輝縣人。咸豐十年（1860）進士。歷主河間瀛洲、涉縣清漳、山左清陽、平山天柱諸書院講席。

郭恭驤 周易采芳集 十二卷 存

　　華東師大藏清鈔本
　　中央黨校藏清鈔本（存八卷）

郭光文 易經啟蒙注 二卷 佚

◎同治《九江府志》卷三十六《文苑》：性聰慧，喜讀書，尤邃於易理。博採諸說，以《本義》為主，貫串融會，一洗支離穿鑿之弊。高安朱相國每過郡，必先人走約，往復論易輒竟夜。其論制藝，一秉先正所選《江西試藝錄》及《古今文範》，皆為時所宗尚。暮年目無見，日使人諷誦其側，口授而書之，著有《四書註註》《周易本義註註》《易學啟蒙箋註》《易經象說》《詩經比興說》《對盧隨筆》《寸知錄》諸書數十卷。

◎光緒《江西通志》卷九十九《藝文略》一《國朝》：《周易本義箋註》二十二卷、《易經啟蒙註》二卷、《易經象說》一卷，郭光文撰（《德興縣志》）。

◎郭光文，字豹章。江西德興人。康熙戊寅拔貢。任德興縣教諭。又著有《四書註註》四十卷、《學庸註註摘要》六卷。

郭光文 易經象說 一卷 佚

◎光緒《江西通志》卷九十九《藝文略》一《國朝》：《周易本義箋註》二十二卷、《易經啟蒙註》二卷、《易經象說》一卷，郭光文撰（《德興縣志》）。

郭光文 周易本義箋注 二十二卷 佚

◎光緒《江西通志》卷九十九《藝文略》一《國朝》：《周易本義箋註》二十二卷、《易經啟蒙註》二卷、《易經象說》一卷，郭光文撰（《德興縣志》）。

郭篯齡 三易三統辨證 二卷 存

國圖、山西藏同治九年（1870）刻本

◎民國《莆田縣志》卷二十二《藝文志》：《三易三統辨正》二卷（清郭篯齡著。存）。

◎郭篯齡（1827～1888，一說 1825～1886），字祖武，又字子壽，隱於廣業里瓢湖村，因自號山民。福建莆田人。郭尚先子。以鄉貢選為同知，候補浙江。誥授中憲大夫。又師從陳采屏治易。著有《讀左疏證》一卷、《吉雨山房詩文集》十卷、《山民隨筆》二卷。

郭篯齡 山民學筮草 一卷 佚

◎郭嗣蕃《蘭石公年譜》：次男篯齡字子壽，黃夫人出，廩貢生，浙江候補同知，著有《周易從周》九卷、《筮法從周》《山民學筮草》《周易從周述正》《易林伐山》《讀左疏證》各一卷、《吉雨山房詩文集》、《山民隨筆》各十卷。

◎民國《莆田縣志》卷二十二《藝文》上：《筮法從周》一卷、《山民學筮草》一卷（清郭篯齡著）。

郭篯齡 筮法從周 一卷 佚

◎民國《莆田縣志》卷二十九《理學傳》：又著《筮法從周》《周易從周述正》《山民學筮草》《易林伐山》各一卷、《讀左疏證》一卷、《吉雨山房偶草》二卷、《山民隨筆》十卷、《筆辨口露》四卷、詩文集各四卷、詩餘一卷。

郭篯齡 易海歸宿 二卷 佚

◎民國《莆田縣志》卷二十二《藝文志》：《易海歸宿》二卷（清郭篯齡著。存）。

郭籛齡 易林伐山 一卷 佚

◎民國《莆田縣志》卷二十九《理學傳》：又著《筮法從周》《周易從周述正》《山民學筮草》《易林伐山》各一卷、《讀左疏證》一卷、《吉雨山房偶草》二卷、《山民隨筆》十卷、《筆辨口露》四卷、詩文集各四卷、詩餘一卷。

郭籛齡 易說醒 四卷 首一卷 存

天津藏同治十一年（1872）重刻本

郭籛齡 周易從周 十卷 存

北大、上海、南京、天津藏光緒十年（1884）刻吉雨山房全集本

臺中縣文聽閣圖書有限公司 2010 年晚清四部叢刊第二編影印光緒十年（1884）刻本

◎自序：人在天地，太倉稊米耳。而聖人作易以與天地並稱，謂之三才，此豈謂其氣、其形、其質足以相並乎？亦謂其才之千變而萬化者，可顯可幽，可舒可卷，可遠可邇，可久可速，可止可行，可參天地，可贊天地，如天地之才，其接於人者亦由其才之大，非止以其形氣之大，遂能周於人物之外，復在人物之內，範圍不過，曲成不遺，以至如是之神也。故三者雖大小不侔，可以並論。不獨非論其形其質，亦非專論其氣也。蓋氣形質萬無可以相易之理，才必能易，然後始極其神，此易之為易、其卦其爻所以必取於三者之才也。漢宋儒者不知此說，專言其氣。陰陽男女即易之所謂天地人，將由是以言其才者，乃舍男女，專言陰陽。陰陽本為天地之象，非若寒暑溫涼可謂之氣。至舉才之消長動靜而相易者，以動為陽，以靜為陰，以消為陰，以長為陽，不悟與易言陰陽皆兼動靜消長者必不可合，且以易為專言陰陽，不及男女，則天地人不備。強以一畫一才，二畫一才謂之三才，並易明言六爻之動三極之道，六爻非它，三才之道，剛柔想推而生變化，剛柔立本，變通趨時，明言三才者皆不顧矣。又謂氣生於數，數始於一，陽一而實，陰二而虛，與易之爻數統計三爻，九六七八統計六爻，二百一十，有六百四十有四，統計二篇之策，萬有一千五百二十，皆剛盈為三、柔虛為二之所積實，必以三二乘之而後可得、必以三二除之而後可盡者，絕不相涉，故於用九用六，漢學至以既濟九畫當之，宋學至謂惟用九六不用七八，並七日來復、八月有凶之義明指不變之爻者，皆不能曉。漢以象變之數謂之九宮，宋即以其數謂之洛書；漢以大衍之數附會五行，宋即以其數謂之河圖。不悟以去五為五行本數，是五行本數皆

當為一，既不可通於五行，獨去十成之十，尤不可通，固不得謂為天地自然之數也。然則氣數之說出於漢宋，出於讖緯，不出於包犧、文王、孔子明矣。包犧由剛柔而畫為卦爻，文王由剛柔而繫以辭，孔子由剛柔而為之傳，卦之名皆取於剛柔也，彖象之辭與傳皆所以明其剛柔也。蓋其象為天為地為人，而其才之為剛柔者，則所以明天地人之道也。氣數之說出於漢宋，非《周易》之舊也。六經之中惟《易》夫子親為之傳，後來學者，於夫子之傳當若他註之有疏，悉如其意疏之，使人易曉；不當如漢宋之紛紛也。不揣固陋，專註夫子之傳，為註九卷，附辯一卷，題曰《從周》，於夫子之傳未能盡為發明，然於漢宋之說，其顯悖於傳者，疏通證明，固已不遺餘力矣。光緒十年歲在甲申暮春之初，郭篯齡謹識。

　　◎民國《莆田縣志》卷二十二《藝文志》：《周易從周》九卷（附錄一卷。清郭篯齡著。家藏刻本存。《續梅花百詠》坿記云：先生學究天人，尤精於易，著《周易從周》，以經釋經，無一語穿鑿坿會）。

　　◎民國《莆田縣志》卷二十九《理學傳》：尤邃於易，嘗謂六經中惟《易》乃夫子自為之傳，後學者於夫子之傳當如他經之有疏，如其意而疏解之，不當別立學說，轉晦經旨。故三易三統及漢學之卦氣、爻辰、納甲，宋學之龍圖、河洛先天、啟蒙考誤《說卦》《序卦》《雜卦》之譌誤者皆著論以正之，因著《周易從周》九卷附辨一卷。其釋三才，謂六爻皆兼三才而兩之，乾健坤順，所謂才也，卦名即象，故曰象者才也，卦名即言其象之相，卦才即言其才之相，易皆以經釋經，無一語穿鑿附會。其作是書也，嘗夜分不寐，瞑坐如僵，家人呼救始覺。其於易也，性命視之矣。

郭篯齡　周易從周述正　一卷　存

　　國圖、山西藏同治九年（1870）刻本

　　南京藏光緒刻本

　　◎民國《莆田縣志》卷二十二《藝文志》：《周易述正》一卷（清郭篯齡著。存）。

郭階　易注音疏　六十四卷　存

　　光緒刻春暉雜稿本

　　◎《遲雲閣文稿》卷二《易注音疏凡例》：

　　一、前以吾師劉伯山先生著有《經傳通義》，是書即以其說易者為之椎輪，

並以《周易通義》名，不敢忘師訓也。嗣思名同師鄰於僭，且體例異於《通義》，易其名曰《易注音疏》。

一、專家之書，自漢迄國朝已往諸賢，其說之精確者悉引入。即諸經史子集雜書，於易義有關者亦錄之，不分門戶之見，而時彥之書不與焉。

一、作易學師承表，旁行斜上以溯其源而別其派。

一、作易學師承說，略引各家所主之說，定其是非。

一、統論易義者為總論。

一、採諸家之說，其是非介乎疑似，不能遽斷者，作存疑。

一、各節之下，詮釋之詞分為五類：首文字，次聲音，次訓詁，次象數，次義理。間有蒙見所及，加「階案」以別之。

一、易緯雖駁雜，然亦間有可發明經義，不無可採。惟是書別擇甚難，必專習始能明其說。擬俟《注音疏》告成，另採其說之精者，別為一書，以與經相表裏。

《易注音疏》已燬於五河災，俟他日補撰（自記）。

◎郭階光緒十五年《春暉雜稿》自序：階自弱冠以來喜編輯，曾為《六書分類略釋》四卷、《重文釋》一卷、《易注音疏》六十四卷、《兩江使者政書》五卷，《四部識小》及駢散文古近體詩未定卷者頗多。或同治元年武家墩毀於寇，或光緒十五年五河燬於火，所僅存者惟光緒丁丑周霞仙大令昂駿所刊《大學釋》一卷、《中庸釋》一卷、《學庸識小》一卷。今夏無事，略有更易，就其本而雕易之。又存有《周易漢讀考》三卷，並尋出詩文書稿及尚記憶者，均付手民，統名之曰《春暉雜稿》。非敢聞世，因友人索觀者多，免鈔胥之繁，藉以就正有道耳。

◎郭階《天均巵言》：階生平所為之書，如《說文六書分類略例》四卷、《重文釋》一卷、《易注音疏》六十四卷、《兩江使者政書總略》五卷，《四部識小》及駢散文古近體詩未定卷者頗多。或同治元年武家墩毀於寇，或光緒十五年五河燬於火，所僅存者惟《周易漢讀考》三卷、《大學釋》一卷、《中庸釋》一卷、《學庸識小》一卷。

◎郭階，湖北蘄水人。又著有《大學古本釋》一卷、《中庸釋》一卷、《學庸識小》一卷、《周易漢讀考》三卷敘一卷、《郭光祿公〔註13〕年譜》二卷《行述》一卷《讀史提要錄評》一卷、《天鈞巵言》一卷、《老子識小》一卷、《莊

────────────

〔註13〕沛霖。

子識小》一卷、《芹曝錄內篇》一卷、《遲雲閣詩稿》五卷《文稿》五卷、《集選詩》一卷。

郭階 周易漢讀考 三卷 敍一卷 存

國圖藏光緒十五年（1889）刻春暉雜稿本

續四庫影印上海藏清光緒十五年（1889）刻春暉雜稿本

◎敍：兩淮運使郭雨三先生從軍定遠，城陷死之。其孤副郎子貞尚幼，寓居東臺，從劉伯山明經受學。嗣聞定遠克復，子貞將之皖負父骸，道出淮上，介其師書初來見余，并以所著《周易漢讀考》就正。余嘉其少年續學，留存齋中。子貞即驅車遄行，值逆匪犯淮西鄉途遇賊，馬衝突，幸未戕害，行李衣屨鈔掠一空。而是卷以質余獨存。殆由子貞尋親之孝、嗜學之篤，若陰有護持之者。噫，亦異哉！易雖言數，而理在其中矣。憶嘉慶壬申之歲，余年十九，肄業書院，阮文達公為漕帥，發策問漢易十五家之學，余對萬餘言，院長江鄭堂師評云：「不佞三復足下之策，摭羣籍之精，抉經師之奧，當今之世，如足下之好學深思者，有幾人哉？」其激賞如此。策題孔子作十言之教，謂十言即十翼，見《韓敕碑》。余案《左傳》定四年疏，伏羲作十言之教，八卦及消息是也；漢碑皇羲統華胥前閭九頭以什言教，仍指伏羲十言，非謂十翼，駁策題為誤引。文達大歎服，惠以《經籍纂詁》諸書。今匆匆五十年，每歎虛衷愛才，前輩真不可及。子貞以陸機作賦之年，闖虞翻飲灸之恉，世有如文達其人者，必進而嘉許之。賤劣如余，何足以張其學哉？！余少好訓詁，撰《周易解故》，藉以證明小學。今老矣。咸豐癸丑，余以團練保淮，橫被仇誣，羈繫揚州七閱月。仰荷聖恩，省釋歸田，著《周易述傳》。晚學潛心於持身涉世、用人行政之要，輒有所得。其釋坤之六五云：「易之理無所不賅，坤居尊位，宋代如章獻慈聖宣仁母后秉政臨朝，未嘗不贊成治理。坤為母而正君位，體裳下之義，求賢審官，柔而得中，元吉之所以大也。」亦補《程傳》之所未備。方今聖上沖齡，兩宮訓政，先機之兆言若合符，亦可見通經之非無用已。子貞以節義之蔭行，見策明清，時佐維新之邦治，窮理盡性，以易學為拜獻先資。因書弁言以歸之，並質之伯山以為何如也。同治紀元春三月，年世弟山陽丁晏敍，時年六十有九。

◎敍〔註14〕：自來通經者以大義為重，說經者以小學為先。漢儒所以必

〔註14〕又見於劉毓崧《通義堂文集》卷二，題《郭生子貞周易漢讀考序》。

精小學，正欲明其大義耳。未施小學之功而遽言大義已得，則不知途徑安識門庭？但誇小學之業而不尋大義所歸，則僅守藩籬弗窺堂奧。蓋不明大義則難溯微言，古之人固以小學為始基而非以小學為止境。沉潛於經學者所當由訓詁聲音文字而進求大義之通，況易冠羣經，其大義貫徹天人，尤儒者當務之急哉！蘄水郭生子貞，從游有年，於余言最為篤信，頃以《周易漢讀考》乞余裁定。余考《尚書大傳》有云：「十有三年始入小學，見小節焉，踐小義焉；年二十入大學，見大節焉，踐大義焉。太師取大學之賢者登之天子。」鄭司農注云：「古者適子恆代父而仕也。」生年正弱冠，行將筮仕服官，所學者不係乎空言而係乎實踐，此書之作，固欲循治經之途徑，得漢易之門庭。而余所望於生，則更在不囿小學之藩籬，漸登漢儒之堂奧。誠以漢學可貴在乎大義之克明、漢儒之尊在乎大義之克踐。是故西漢朱槐里深於孟氏易，有折角之能，其壓五鹿而服之者，實由於勁直之鋒足奪阿諛之魄；東漢戴侍中深於京氏易，有奪席之譽，其駕諸儒而上之者，實由於謇諤之氣足愧緘默之流。即以此書所載言之，其中精如鄭荀、博如虞陸，固遠勝於王肅之依託、王弼之空疏，而究之鄭、荀、虞、陸諸君，其聲望迥超乎肅、弼者，蓋以立身行道有合於大易之微言，故處則為名儒，出則為良佐，斷非肅、弼之矯枉誣輕薄所可躋攀。信乎讀易者，重心得尤重躬行，而非徒恃口耳之學也。昔吾鄉李彥平刪補房氏《周易義海》，有存古之功，其所作《識字說》云：「讀書須識字。」固有讀書而不識字者如孔光、張禹，非不讀書，但不識字。孔光不識進退字，張禹不識剛正字。識者歎其垂戒深切，以為名言。尤欽其去就超然，在乾道間名列四賢之首，可謂不負所學，克踐斯言。生今者志在本經術以修己治人，盍即就漢讀之異同，涵泳其大義？觀於需讀為秀，戒其躁進，可以明待時而動之義焉；榮讀為營，戒其貪祿，可以明抱道自重之義焉；矢得讀為失得，戒其附麗，可以明安命不惑之義焉；一握讀為一屋，戒其詭隨，可以明特立不懼之義焉。由是觸類引申、顧名思義，庶幾乎讀書識字之能事，無愧於彥平之所言矣。況當日與彥平同時湛深經術者以胡邦衡為最顯，邦衡所著有《易傳拾遺》《春秋集善》，其經學得自蕭子荊之傳，荊之嘗戒邦衡曰：「學不可辱，毋禍吾《春秋》乃佳。」厥後邦衡讜論匡時，風裁卓立，真能以《周易》首乾之義發《春秋》尊王之微，論者稱其師弟之於《春秋》非徒以口講耳受。余於子荊所學雖有志未逮，然生既篤信余言，安得不以邦衡相勉？異日者出而從政，無負初心，宗董子之正言而鄙孫宏之曲學，推賈生之篤論而懲貢禹之巧

言，既慕漢儒研經，復効漢儒飭行，不獨學期心得，由大義以溯微言；抑且事尚躬行，出明體以求達用。則此書之輯，正可策勵身心，安見玩辭觀象之勤，非即進德修業之助也哉？咸豐辛酉十二月朔，儀徵劉毓崧撰。

◎後序：經傳子史為漢儒所注者均有音讀之例，或言讀如、讀若，或言讀為、讀曰，或言當作、當為，並有關於小學，而羣經居四部之首，《周易》又居羣經之先。漢讀之功尤為最鉅，後儒動疑漢人易注涉於穿鑿支離，不知此例固孔子所開，卜子、孟子所述，漢儒亦猶行古之道也。蓋經莫古於易，孔子承三聖而作翼，乃傳箋注疏之肇端，其中詮釋卦名即音讀所自昉，而問答之際亦嘗以音讀為言。當日親炙孔門、列文學之科而發明章句者，實惟子夏。今所行《易傳》雖非原書，然《詩序》具存，尚可推見其音讀說經之例。後此，孟子私淑孔門，上承道統，先儒謂孟子得仕止久速之宜，最深於易，可謂知言。而其辨析字義之源亦不外乎音讀，今試以音讀三例各從其朔言之。孔子《序卦傳》云：「蒙者蒙也，物之穉也。」此即謂蒙字讀如蒙穉之蒙。《乾鑿度》載孔子之說易曰：「易，易也，變易也，不易也，佼易立節」（下文云管三成德，為道苞籥。易者，以言其德也，此其易也；變易也者，其氣也；不易也者，其位也），此即謂易字讀如變易、不易、佼易之易。子夏《詩大序》云：「風，風也，教也，風以動之，教以化之，上以風化下，下以風刺上。」此即謂風字讀如風教、風動、風化、風刺之風。《孟子·滕文公》篇云：「徹者，徹也。」趙注云：「徹猶人徹取物也。」此即謂徹字讀如徹取之徹。若夫孔子剝象傳云：「剝，剝也」（《序卦傳》上云：剝者剝也）、《序卦傳》上云：「比者，比也」、《禮記·哀公問孔子》篇云：「孔子對曰：冕而親迎，親之也，親之也者，親之也」（《郊特牲》篇亦云「親之也者，親之也」，又云「夫也者，夫也。夫也者，以知帥人者也」，以夫也釋夫，與以親之也釋親同義），兩剝字、兩比字、兩親字上下相同，在當日必有輕讀重讀之殊、長言短言之別，此讀如、讀若主於說音之例也，即漢儒易注莧讀莧爾而笑之莧所自出也。孔子咸象傳云：「咸，感也。」感從咸得聲，此即讀咸為感。夬象傳云：「夬，決也」（《序卦傳》下云：「夬者決也」、《雜卦傳》云：「夬，決也。」），決從夬得聲，此即讀夬為決。兌象傳云：「兌，說也」（《說卦傳》第四章云：「兌以說之」、第五章云：「說言乎兌」，《序卦傳》下云：「兌者，說也」），此即讀兌為說。《繫辭下》第一章云「象也者，像此者也」（第三章云「是故易者象也，象也者像也」，《釋文》云「眾本並云：像，擬也。孟、京、虞、董、姚還作象。」），象從像得聲，此即讀象為像。蓋所訓之字即取由本字

諧聲者加以偏旁。自來文字訓詁之例，無偏旁在先，可以通稱；有偏旁者在後，各有專屬。故舉通稱之字訓以專屬之字，此讀為、讀曰主於更字說義之例也，即漢儒易注庶讀為遮之所自出也。《公羊傳》載孔子訂魯史之訛，謂伯于陽當作公子陽生（《春秋》：「昭公十有二年春，齊高偃帥師納北燕伯于陽。」《公羊傳》：「伯于陽者何？公子陽生也。子曰：『我乃知之矣。』在側者曰：『子苟知之，何以不革？』曰：『如爾所不知何？』」何休注云：「子謂孔子。知公誤為伯、子誤為于，陽在，生刊滅闕。此夫子欲為後人法，不欲令人妄億錯。」）；《呂覽》載子夏訂衛史之誤，謂三豕當己亥（《呂氏春秋・察傳篇》：子夏過衛，有讀史記者曰：「晉師三豕渡河。」子夏曰：「非也，是己亥也。夫己與三相近、豕與亥相似。」至於晉而問之，則曰：「晉師己亥渡河也。」）此當作、當為主於改字正誤之例也，即漢儒易注寡讀作宣之所自出也。是可知音讀導源於孔門，而體例特詳於《易傳》。此聖賢垂教之準繩，俟百世而不惑者也。我朝經學昌明，鴻儒蔚起，講求漢讀者尤為彬彬。如《三禮》、《毛詩》、《呂覽》、《淮南》皆經編輯，而《周易》尚無專書，識者謂易道廣大深微，門徑岐出，非得精心果力者熟於漢易之例以釋漢儒之讀，則不能疏通證明。江都任漢卿先生有志於斯，草創將成，值粵寇至而蹈止水之節，稿本散佚，無從訪求。吾友蘄水郭君子貞篤志擘經，尤邃於易，爰取《釋文》、《集解》等書之涉及漢讀者，條舉件繫，博採參稽，成《漢讀考》三卷。其中最精確者，如據爻辰消息卦氣之例謂鄭康成《詩箋》嫌于無陽之說與易注嫌于无陽之說不同，易注成於晚年，當以易注為正。據泰卦上艮為虎互坤為文，謂彪蒙之彪取虎文彪炳為義，據泰卦上體為坤逸象坤為包為康為虛，謂包荒之荒當讀為康，而訓為虛。據《說文》祀訓為祭無已，謂祀字由已得聲，蓋時祭一周則歲且更始。商人謂年為祀，取時祭終訖之義，是祀字取義於巳，以證損初九爻辭祀事通作巳事。可謂融會貫通、有功經術者矣。君以余嘗從事於經也，書成屬序。余謂漢儒存音讀而不易字，合於聖人之多聞闕疑，其篤實慎重之心非後世憑臆改經者可比，因揚推言之，以間執俗儒之口，且欲使後之治經者曉然知音讀本於孔子，猶《爾雅》出自周公，既信《爾雅》之不可無，即當信音讀之不可少，於以實事求是，由小學以上溯大義微言，庶乎循轍識塗，不致流於郢書燕說也夫。咸豐辛酉十二月望，儀徵劉壽曾序。

◎後序：原夫一畫開天，懸象綜貫三之數；兩儀建極，包羲握生萬之權。六書出八卦而孳多，八體因六爻而漸衍。坤居土位，會意從申；坎肖水衡，象

形流戌。由軒倉以逮宣籀，小學相沿；自周孔以至商駬，斯文未墜。洎乎鹿奔函谷，忽擯儒林；龍起新豐，重興雅道。西京講易，派分施、孟、梁邱；東觀談經，源溯費高京氏。鳳歷延洪於四百，專門之緒日隆；鴻都增廣乎三千，就塾之徒雲集。遞相祖述，各有師承。音臚新舊之殊，字判古今之別。流傳既廣，同歸者《周易》之塗；注釋遂繁，異讀者漢儒之學。是以童牛有角，鬱林論起於景升；豬豕無牙，高密說開於平子。訟辭咥躓，馬君推假借於聲音；否卦營榮，虞氏辨偏旁於韻部。宋從事校互岐之字，寇誤為戎；姚太常繹上下之文，化當改作。謙之六四，康成則以撝代宣；艮之九三，慈明則易勤為動。凡斯所讀考索良難，若不繩以象占證之鳥篆，何由識其聲類究厥指歸？顧後儒立異，論甘者忌辛；末學紛爭，是丹者非素。輔嗣蹈空背謬，但詡清談；子雍作偽心勞，多參妄說。疑一屋為漢儒穿鑿，本伯厚之失詞；斥九師致易道衰微，亦文中之誤語。譬諸誇藏冰而不思積水，侈祭海而不念先河，徒作大言，終非定論。所幸資州《集解》猶扶漢易之微，吳郡《釋文》尚記漢儒之讀。前此懋堂段氏開門徑於《周官》，墨莊胡公繼軌輪於《儀禮》；近則安宜張子曾釋《毛詩》，曲阜孔君復疏《戴記》。惟於《周易》尚乏新編。吾友蘄水郭子貞，企踵前修，折衷古訓，爰輯漢儒之說，定著七家；藉稽周代之音，勒成三卷。名之曰《周易漢讀攷》。條分縷析，博採旁搜，擇善以從，虛心而論。訂祗坻於《爾雅》，平邱正詩傳之訛；核慊嗛於《公羊》，學海讓經神之確。冥與鳴為同部，爻無重出之詞；撌與戠為轉聲，卦有旁通之法。闡晉義則詩援齊國，摧去手而為崔；釋巽辭則賦引魏都，孫從心而成愻。豕羸蹢躅，繫金柅而警婚儀；馬錫蕃遮，艾木蘭而知獵禮。毫釐詳察，驗艮狗之為拘；形似嚴分，識兌羔之是養。他若甲居人宅，辨荒鳥火亞之切音；丑值天淵，駁匪鮪潛逃之曲說。頤正過顛之錯簡，由對待成例以推；豐多旅寡之變文，據前後叶音以斷。需根大壯，實往來消息之機；損互震坤，兼錯綜流行之理。言皆探本，事必有徵。所謂好學深思心知其意者，今於君見之矣。予與君應求合道，斷金符麗澤之占；講習同方，攻玉叶他山之誼。謬承屬予，勉綴斯辭。萃厥菁華，著之簡策。述家學則我懷沛國，待補成周四德之例言；衍《洞林》則君紹宏農，續修盛漢三蒼之雅訓。咸豐辛酉小除夕，儀徵劉貴曾序。

　　◎張文虎序：羅舉古讀，折衷一是，旁推曲證，坦然明白。無破碎襞襀之敝。雖天公獨優，亦由能秉師說，沉潛觀玩，一隅三反也。不佞少誦羲經，如墮雲霧，求之朱子《本義》、程子《易傳》而不能盡通，求之王氏注、孔氏

疏而不能盡通，求之漢人卦氣、納甲、飛伏、旁通、升降、爻辰、互卦而知其
說，求之《太元》、《元包》、《皇極》、《啟蒙》而更茫乎不知其畔岸。乃浩然歎
此經為絕學矣。讀大箸始愧鄉者是未用心。五十學易，今過其時，輒呼負負。
同治甲子首夏，南匯張文虎校讀於皖城賓館。

◎楊峴序：段茂堂氏為《周禮／儀禮漢讀考》，《儀禮》引而未竟；胡墨
莊氏為《儀禮古今文疏證》以竟之。大箸搜小學之奇觚，發故書之薀蘊，辨博
貫穿，方駕段、胡，視鑿空逃難者，傷乎不可以道里計。甲子秋七月，歸安楊
峴拜讀並記。

◎莫友芝序：段若庸氏為《周禮漢讀考》以明假借聲詁，深得小學治經
之要，於羣經皆欲為，而僅《儀禮》引其端，他則力未之及。蓋闢此涂軌以待
後來好學深思之士卒業久矣。子貞甫及弱冠即能師段氏法，有《周易》成書。
雖推引稍煩，而不以字妨經、不以經妨字之意，固豁如也。他日更一一遍諸
經，皆輕車熟路矣。同治甲子秋八月，獨山莫友芝讀過識。

◎劉恭冕序：貫弗羣言，折衷至當，以此治易，當本之為疏義矣。彼偏
舉一家或空言義理，視此奚啻霄壤？丁卯仲冬，寶應劉恭冕通讀一過。

◎王大經序：融會漢學，折衷己意，洵足成一家之言，惟治經務切於身
心，《程傳》雖偏主義理，而於脩德行道之要實有大益。以君年少好學，試於
研貫之下，虛心以讀者之，當必有所進於此者。同治戊辰轉漕津沽，與君共
事，得讀一過，用以奉復。當湖王大經謹識。

◎序：國朝漢易之學倡於張文詁，其集中所載惟虞氏易最詳，餘則略標
梗概，未加詮釋。他如惠氏半農《易說》、定宇《周易述》，皆力遵漢學，家譜
相承。段氏玉裁雖無專集，而散見於《說文解字》者往往猶存古義。至高郵王
氏父子尤博大宏通，觸處洞然，有戴侍中奪席之能，不但精於訓詁而已。大
箸本數儒之說而又旁疏曲證以申明七家絕學，可謂勤篤而有功於漢儒矣。然
漢自武帝訖於原始，傳業者浸盛，枝葉蕃滋，一經說至百餘萬言，所以招後
儒聚訟。不知秦灰以後，師弟傳經，類皆口授，故不免辭說之繁。今則漢世諸
書因歷年綿遠，每多散失，其尚在者不過存什一於千百，果能去其糟粕擷其
菁華，正可棄瑕錄瑜以登賈、鄭之堂。而猶不免傷煩者，所謂漢儒博而不精，
與宋儒精而不博，均有所歉。若能持其平而會其通，則觀象玩占即所以窮理
盡性，豈患他岐哉？余嘗持此以語世之詆漢學者，子貞從事實踐，將有心得，
其進境原未可限量，必不至河漢斯言也。故樂嘉其志而因縱言及之。同治七

年歲在戊辰夏閏四月，愚弟羅惇衍識於津門行館。

◎自序：漢儒說易各有師承，而其由小學以貫通大義微言則同歸一揆。惜乎各家之注唐時已漸殘缺，至宋而愈失其傳。王厚齋志切表微，輯錄鄭康成之注，其扶持古義可謂有功。然其自序云：「康成箋《詩》多改字，注易亦然。如包蒙為彪矇、豕之牙為互、荒讀為康、蕃庶讀為蕃遮、皆甲宅之皆讀為解、一握為笑之握讀為屋，其說近乎鑿。」此則識有所偏，未可奉為定論，蓋漢讀非無穿鑿，然如厚齋所舉鄭注數條，則皆精鑿之言，不得目為穿鑿。欲求古義者正宜先考漢讀之異同，蓋小學指歸即微言大義所在也。階賦質魯鈍，幼時讀書或作或輟，年十四受業於儀徵劉伯山師，講授羣經，獲聆緒論。次年復示以所著《通義堂文集》、《筆記》等書，見其中說經之文有《周易》履霜讀為禮、莧陸當作莧睦等篇，始知經學以小學為基。是時先君期望甚殷，不責以科舉速化，而勉以根柢經術。自憨學業無成，緬溯高曾以來累葉經學之傳，不克負荷，追懷先訓，感奮交並。咸豐辛酉夏，校閱漢易異同，不揣昏瞀，擬裒集音讀，爰請於吾師，檢錄文集、筆記中說易各條，以為矩矱。此則薈萃前人舊說，定其去取，加以引申，仿段氏懋堂《周禮漢讀考》之例輯《周易漢讀考》，惟漢儒易注久經散佚，後儒就羣書所引編次成帙者，家數無多，就中孟長卿、京君房、劉景升三家雖章句猶存，而音讀無考；其可考者惟馬季常、鄭康成、荀慈明、宋仲子四家，亟宜採錄。至陸公紀雖曾居孫氏幕府，然其卒於鬱林，在孝愍帝之時孫氏尚未建國，故自撰哀辭，仍稱有漢志士，則公紀猶是漢人，其易注故漢易也。虞仲翔雖卒於孫氏建國之後，然其易注實成於孝愍帝之時，有《奏上易注表》二篇及孔文舉《答示易注書》，是仲翔雖終為吳人，其易注則漢易也。姚德祐仕吳最久，據《三國志・吳主傳》及《陸遜傳》，其枉見流徙在赤烏七八年間，其時東漢雖亡，蜀漢仍在。自來哀輯唐人詩文者，五代諸人例得附錄，蓋以後唐、南唐接踵而起，唐祀猶未墜也。蜀漢統緒之正不但迥異於後唐，抑且遠過於南唐，則孫、吳諸人之著述何妨附列於漢人之後？是德祐雖本係吳人，其易注仍漢易也。故三家之音讀一體採錄，以著漢易之異同。至於王肅生於東漢之末而長仕曹魏，其注中音讀不存，故無從錄。范賢雖生於蜀漢之世，而及仕李成，故其注中音讀雖有，亦不復錄。若夫趙賓雖生於西漢中葉，而自附孟君，然其改箕子為荄茲早為諸儒所攻，弗合於師法，則無庸錄也焉。韓子夏雖生於西漢初年，而其釋褐褕為古文繻字，音讀實出薛虞之記，無與於原書。薛氏既未詳何時之人，韓

傳亦非復當時之本，今更不必錄焉。凡所錄七家之音讀共得五十六條，分為三卷。其間依據各書者必標明所自，舊說不同者或參訂以折衷，或並存以俟考，就管見所及，從而疏通證明。其有未詳者，則謹守闕疑之義。是書始於弱冠，成於今歲，雖不敢附著作之林，然數十年之用心亦良苦矣，藉以自勖勿替師傅、勿忘先訓。庶幾由小學以漸識經學之門徑，為子孫開先路云爾。同治三年甲子仲春，蘄水郭階自識。

◎郭嵩燾《郭嵩燾全集·日記》同治元年八月廿七日：蘄水郭舜民、慕徐竹林至，同寓行台。慕徐為雨三觀察之子，受經學於儀徵劉伯山，年二十，博學能文，所著《周易漢讀考》三卷已成書矣。自序謂仿段氏懋堂《周禮漢讀考》之例，薈萃前人舊說，定其去取，加以引申。所採錄專主漢儒音讀，馬季長、鄭康成、荀慈銘、宋仲子、陸公紀、虞仲翔、姚德祐七家音讀可考見者得若干條，略就所見疏通證明；其孟長卿、京君明、劉景升、王肅諸家章句雖存，而音讀無考；范賢仕及李成去蜀漢已遠，雖有音讀，亦不復錄；趙賓自附孟君，然其改箕子為荄茲，音讀弗合於師法；韓子夏釋褍為古文縟字，音讀實出薛虞之記，無與於原書，故皆不錄。少年得此，亦足奇矣。

郭捷南 易要詁 二卷 佚

◎民國《莆田縣志》卷二十二《藝文志》：《易要詁》二卷（清郭捷南著。見道光《通志》）。

◎郭嗣蕃《蘭石公年譜》：著有《易要詁》二卷、《禮記要詁》六卷、《四書要詁》三卷、《律呂考》一卷、《叢書守雅集》五卷、《近光樓詩文集》若干卷。

◎郭捷南（1760～1820），字邦賢，號仲伊。福建莆田城內書倉（今荔城區鎮海街道鳳山社區書倉巷）人。附貢生。以子尚先貴，敕封承德郎，翰林院編修，晉贈奉政大夫，例贈資政大夫。以詩文名於時。又著有《禮記要詁》六卷、《四書要詁》三卷、《律呂考》一卷、《叢書守雅集》五卷、《近光樓詩文集》若干卷。

郭楷 夢雪草堂讀易錄 五卷 存

上海藏嘉慶二十四年（1819）刻本

◎錢儀吉《衎石齋記事續槀》卷四《郭雪莊（楷）讀易錄序》：物生而後有象，象而後有滋，滋而後有數，象數者，物生而後見者也。易始於太極，未

見物也。然而天人之道備，聖人體焉，為象以明天道；君子學焉，觀象以盡人道。諸儒闡其義，蓋各有所宗法，而要不可偏廢也。善乎亭林顧氏之言也，曰：「孔子論易，見於《論語》者二章而已。曰『加我數年，五十以學易，可以無大過矣』、曰『南人有言曰：「人而無恒，不可以作巫醫。」善夫！「不恒其德，或承之羞」，子曰：「不占而已矣。」』是則聖人之所以學易者，不過庸言庸行之間，而不在乎圖書、象數也。」予謂孟子之言性善，即本乎繼善成性；言封建井田，舉古人用意大略而歸于潤澤。所謂通其變使民不倦，神而化之使民宜之也。先儒謂孟子深於易，夫寡過者所以復性，有恆者乃能通變，孔孟之道一而已矣。武威郭雪莊先生之為是錄也，以周子之言立人極者為學易之始，博覽宋元明諸儒之說，錄其精粹語，自程《傳》、朱《義》外又數十家，近若胡氏《易研》、盧氏《易審》，亦有所節取。大旨主於立人之道，窮理盡性，期合于孔孟之旨。前列卦圖，稍參明人錯綜之說，亦本於孔子之言，發揮旁通。及泰、否反其類者，特後人異其名耳。蓋設卦觀象，非象無以成易。先生之學，不偏主一義又如此。雪樵中丞以是錄屬予為序。因言先生學之醇、養之邃，通籍未幾，休神里巷，行仁義而誦聖言，晬盎之容，見者皆不衣自煥。先生之得於經者深矣。校讀既竣，爰識數語以歸中丞。

◎潘挹奎《夢雪草堂詩稿序》：乾隆時，經學號為復古，先生所著《夢雪草堂讀易錄／讀詩錄》，所承多用宋元以來先儒舊說，不為非常可喜之論，而犁然有當于人心。《易錄》楊果勇侯芳已刊行〔註15〕，《詩錄》未畢，其他文散佚甚多。

◎郭楷（1760～1840），字仲儀，號雪莊。涼州府武威縣北鄉校尉溝人。師從孫俌〔註16〕，為牛運震再傳弟子。乾隆末從吳鎮習詩、古文於蘭山書院。乾隆五十一年舉人、六十年進士，任河南原武縣知縣，辭歸教學，任靈州（今寧夏靈武）奎文書院山長，與知州楊芳燦唱和。又任涼州天梯書院山長。又嘗為甘肅提督楊芳西賓，教授其子弟。又著有《讀詩錄》及《夢雪草堂詩稿》八卷、《續稿》三卷、《靈州志跡》四卷。

郭其昌 易解圖說 佚

◎同治《贛州府志》卷六十三《藝文志》：郭其昌（贛縣人。有傳）《易解

〔註15〕《夢雪草堂讀易錄》，嘉慶二十四年由楊芳校對、出資刊行。
〔註16〕武威進士，號韋西。精經義，制藝「理醇辭雅」。

《圖說》《史評》。

◎同治《贛縣志》卷三十七《人物志》：敦行力學，補郡庠生，屢躓棘闈，鍵戶課兒，所著有《史評》《易解圖說》。

◎郭其昌，字文欽。江西贛州人。避亂山中絕粒死。入祀忠義祠。著有《易解圖說》《史評》。

郭圩 易經集義 佚

◎郭圩或題郭圩。《易經集義》或題《易經集異》。

◎孫葆田《山東通志》卷百二十七《藝文志》第十：是書見本傳。

◎郭圩，字蘭畦。山東濰縣（今濰坊）人。嘉慶十年進士。選授思安知縣。又著有《禮耕堂制義》。

郭清霞 參同契證易解 佚

◎屈大均《翁山易外》卷二：屈子曰：吾嘗讀《參同契》而知古神仙之學皆得之於易。易之道，廣大精微，與天地相準。得其一端，可以出有入無為神仙，況於吾儒得其大中至正者乎？王文成云：「吾儒亦有神仙焉，顏氏子是矣。」昔孔子贊易，謂顏子其殆、庶幾，至以列于《繫辭》，直接夫伏羲、神農、黃帝、堯舜、文王之統。夫何嘗以其年之弗永而置之乎？夫復卦為天地之根本，造化之心因之而見，以顏氏配復之初，即配乾之初也。乾之初潛龍勿用，子曰龍德而隱者也。夫龍而潛、人而仙雖一陰陽變化不測，亦何嘗一息而不在人世哉！今讀易而恍然見庖羲以下九聖之神明洋洋耳目之間，與日月同其盈虛，與四時同其消息，而亦何疑〔註17〕於顏氏之子乎？魏伯陽氏得斯意，故其於易，動則循乎卦序，靜則準乎象辭，表以為曆，終而復始，遂以窮神知化通德三光而蟬蛻人世。今觀其書，言言歌敘大易，絕不及《道德》《南華》一語，誠可謂能尊三聖者。但其言秘奧幽渺，非知夫易之源者不可以知其流。今方外士有知《參同》而不知易者矣，未有知易而不知夫《參同》者也。朔方郭子少習丹家言，篤信《參同》，玩味十餘年，未達其旨。其後南遊至韶陽，師事彬如郁先生，得其後天象數之傳。因以所聞詮釋《參同》，以易為證。予讀之，以為易傳也，不知其為《參同》之傳也，噫，亦至矣哉！因謂郭子曰：「子之師彬如先生，殆儒而仙者也。吾聞其在高涼，夢有

〔註17〕「何疑」二字原為雙行小字。

潘茂名真人者為講益卦，至水道乃行，豁然有省，歎曰：真人於我神友，我於真人心師。因建仙易亭於鑒江之上，以識所得。臨終無疾，過子丹霞之堂，朗誦《定性書》，端坐而逝。噫嘻，此非伯陽之所謂化形而仙、淪寂無聲者乎？今子之於易也，合天人而一之，貫佛老而通之，其將為顏氏子乎，為伯陽乎？使仙家得子以如仙，何如吾儒得子以為儒乎？孰正孰偏孰修孰短，子之智必能辯之。

◎民國《東莞縣志》卷五十三《寓賢略》：郭清霞，佚其名。寧夏人（《翁山詩註》）。明季官遊擊（《陳阿平家傳》），嘗隨總督孫傳庭與闖賊戰郟城，復再戰潼關。傳庭及參贊喬元柱陣歿，總兵白廣恩叛，清霞走河南（《翁山詩註》）。遂至粵，隱居邑中之東湖，以女妻陳阿平（《陳阿平家傳》）。居恆甘貧樂道，究心《老子》及《參同契》。後授易學於郁文初。郁字彬如，嘗謂高州守，夢仙人潘茂名與談易理，因得先聖絕學者也。清霞因是以易言老，為《老子注》及《參同契證易解》，屈大均為之序（《翁山詩文外》）（按屈大均、陳恭尹俱有贈郭清霞詩。屈詩云：「我昔遊太華，亦上終南山。為尋仙人清霞子，那知乃在東湖間。本是紫髯一將軍，家在賀蘭臨塞雲。赫連臺畔時遊獵，花馬池前成典墳。曾逐孫公大司馬，血戰黃巾郟城下。七日霖雨真可憐，三軍糧絕淚頻灑。潼關再戰功垂成，天妒孫公使結纓。為忠只有喬參贊，作叛何多白總兵。清霞此時河南走，黃石兵書嘗繫肘。英雄且戰且學仙，曠達一吟一飲酒。九聖微言久寂寥，神明幽贊暮還朝。王弼天人談不倦，莊周蝴蝶夢相邀。東湖水自羅浮落，石室燒丹汝新作。要將雞犬共沖雲，莫使嫦娥先竊藥。潘茂名、郁先生，千年象數相傳授，後天之學汝尤精。至人變化無生死，一龍一蛇誰得似。曼倩何妨謔浪多，老聃不在虛無里。夏日荷花滿湖綺，玉琴三弄鴛鴦起。我言素女即丹砂，君欲雲英化為水。」陳詩云：「丈夫名不千年朽，此身須後千年老。秦皇漢武儞何人，神仙不在蓬萊島。郭侯少小明陰符，胸中熱血為洪爐。鑄成寶劍無所用，卻羨丹砂來海隅。盡日著書言易體，竹里柴門長不啟。十年客邸絕經營，百口何曾少薪米。誰云大道貴同塵，猶自徘徊戀舊恩。彭澤但題新甲子，灞陵寧識故將軍。雌雄龍吼門前水，文武火凝煙氣紫。白髮無憂上鬢生，壯心只惜同灰死。雖然不死亦奚為，我心未說君應知。待予手弄扁舟日，乞爾山中五色芝。」〇又按梁佩蘭《六瑩堂集》有《贈郭青霞詩》，即清霞也。）

◎郭清霞，佚其名。寧夏人。明季官遊擊，嘗隨總督孫傳庭征戰。後隱居東莞。後歸江南而卒，其屬數十人仍寓莞。

郭生瑞 郭氏註易 佚

◎民國《續修萊蕪縣志·選著》載其自撰《註易經序》略謂：瑞自三十二歲丁亥年處館劉宅領樂老劉先生教，謂：「學者不可以不學易。易道不明，不可以言學問。而學易之要，入手惟在乾坤。二卦有頭緒，其餘便遊刃有餘矣。」瑞始有志於學易，思《體註》所以釋《本義》也，由是朝夕觀玩，至五十而茫然無得也。自五十一後，棄舉業而絕意軒冕，聞《易經來註》甚佳，因買而悅心研慮者數年，乃知易道不外承乘比應、奇偶錯綜、象變辭占而已。明乎此，始得其門而入矣。由是每閱一遍，即得一遍旨趣，時覺有置身天堂之樂焉。自六十九三月十五後，始決意註釋。大要以《來註》為宗，取其善於取象也。兼集前賢之說而折中損益，衡於至當。間以竊附管見，以補前賢之所未逮。先作各卦全旨者二年，至七十一又看《正解》一遍，擇而抄錄之。七十二作串講。七十三又作疏解。七十四、七十五始合而抄錄之，成卷帙焉。又云：此書先用序卦，見卦次之不可亂；次列主爻，見六爻之各有所重；每卦以夫子大象之辭為主，見聖人作易非侈言天道，乃示人以學易之功、用易之方也。至疏解中每爻必有引證，似與易象之理不合，然舉一可以類推，亦未始非取象意也。且學者觀引證事實則於爻辭，不致恍惚無據，亦可以為博學多識之一助。至歲次乙亥，瑞年八十，又將《春秋左傳》擇其緊要者註之於《易》，使人知《周易》為體，《春秋》為用，二書之旨，合而為一焉。

◎《縣志》又錄吳嘉懿《郭氏註易序》略謂：至咸豐間，數經兵燹，卷帙散逸，其不同六丁者幾希。賴先生四世孫布清恩譜公克瓚家學，搜羅散失，命次子抄錄，越數年而功始竣，命長子編輯。所謂先業相承，析薪而克負荷者也。

◎郭生瑞，字子祥，號照藜。山東萊蕪人。

郭時峻 說易 佚

◎光緒《黃州府志》卷三十二《藝文志》：《說易》，蘄水郭時峻撰（《縣志》）。

◎郭時峻，湖北蘄水人。著有《說易》。

郭士棟 大易解 二卷 佚

◎乾隆《新鄉縣志》卷第二十一《藝文志》上：《大易解》二卷，郭士棟撰。《四書解》十卷，郭士棟撰。

◎乾隆《新鄉縣志》卷第三十一《人物傳》下：從楚黃易羲侯、金沙張公亮學。潛心理窟，以濂洛關閩為宗。著《大易四書家藏解》。

◎郭士棟，字公隆。河南新鄉人。參政郭澆子，郭士標弟。順治九年（1652）貢考。授知縣，因母病未赴任。又著有《四書解》十卷。

郭署明　象義爻義　佚

◎陳阜東主編、王萍主修、李廬琦副主修《吉安地區志》第 5 卷：郭署明，清邑增生，贈奉政郎，《象義爻義》。

郭嵩燾　周易辨例　四卷　佚

◎劉聲木《桐城文學撰述考》卷四「郭嵩燾撰述」：《周易辨例》四卷（已佚）。

◎郭嵩燾（1818～1891），派名先杞，乳名崧齡（齡兒），字伯琛，號雲（筠）仙、筠軒、仁先、南嶽老僧／老人、玉池山農／老人，學者稱養知先生。湖南湘陰人。又著有《毛詩餘義》二卷、《大學章句質疑》一卷、《中庸章句質疑》二卷、《玉池老人自敘》一卷首一卷、《使西紀程》二卷、《湖南金石志》三十卷、《湖南褒忠錄初稿》不分卷、《新寧江公行狀》一卷附《江忠濟行狀》一卷、《胡文忠公行狀》一卷、《養知書屋日記》不分卷、《郭侍郎奏疏》十二卷、《郭侍郎洋務文鈔》四卷、《罪言存署》一卷、《莊子箋注》、《湘陰縣志稿》、《劍閑齋師門答問》一卷附手札、《養知書屋集》、《郭筠仙侍郎條議》一卷、《養知書屋函牘》不分卷、《郭氏佚書六種》。

郭嵩燾　周易內傳箋　七卷　存

湖南師範大學藏稿本

湖湘文庫郭嵩燾全集羅益羣點校本

◎周易內傳箋序：聖人贊易以後，至漢孟喜之易孤行，焦贛、京房之流附之以亂聖經，而易之晦於天下者數百千年。程子《易傳》最為純實，亭林顧氏謂自漢以來易學之精尚未有及《程傳》者。今就其全書觀之，蓋一以尊陽抑陰為義，執一隅之見以持古今之變，其於聖人順陰陽之幾以窮天道人事之變而盡裁成輔相之宜者，則固未有得也。本朝諸儒表章虞氏之易甚至，其書視漢諸家之易為稍純，而其侮慢聖經則一。船山王氏《周易內傳》以爻繫卦、即卦明象，辨吉凶得失之原，明象辭占變之學，直上溯聖人贊易之蘊，使易

之道稍明於天下；又晰占易、學易二義，以為《大象》者聖人學易之書，皆於數千年之後心領神悟，貫通其義，漢宋諸儒未有能及之者。不敢謂其書於聖人贊易之本旨無稍出入，而其大體則已純矣。是書始刻於湘潭，流傳未廣，旋毀於兵。原書於諸經皆有撰述，言易者四種，曰《周易內傳》、曰《周易外傳》、曰《周易大象解》、曰《周易稗疏》。今特取其《內傳》刊而行之，以竢後之讀易者有所取正焉。咸豐十一年秋八月，湘陰郭嵩燾讀竟敬識。

郭嵩燾 周易釋例 一卷 存

光緒二十四年（1898）養知書屋刻郭氏佚書六種本

湖湘文庫郭嵩燾全集羅益羣點校本

◎參嵩燾子郭焯瑩《郭氏佚書六種‧敘目》。

◎周易釋例敘：聖人明言《易》之為書不可為典要，唯變所適，而於復六三、巽九三皆曰「頻」，豫上六、升上六皆曰「冥」，臨上六、艮上九曰「敦」，復六五亦曰「敦」，否九五曰「休」，復六二亦曰「休」，豫上六曰「有渝」，隨初九亦曰「有渝」。反復求之，而確然有以知其通。朱子《本義》以大訓元，以宜訓利。聖人贊易，義亦通焉。而乾《彖傳》、《文言傳》明釋為四德，卦德兼者，乾、坤以下七卦，而觀、晉、睽、姤、井、艮六卦不及卦德。卦德多言「亨」而爻多言「利」言「貞」。言亨者，否初、否二、大有三、隨上、大畜上、升四、節四六卦而已。言元皆連吉，元必吉也。而比卦專言元，謂元吉為大吉，則家人四「富家大吉」、萃四「大吉無咎」、升初「允升大吉」何以稱焉？聖人觀象繫辭，必非苟焉而已。乃稍比次易義，推而衍之。焦氏循《易通釋》，其辭博辨而不窮矣，而頗病其舍本義而專取義於互卦。參伍以變，錯綜其數，未聞錯綜其言也。漢儒之釋經也，強經以就己之說。焦氏之弊，以易從例。今之《釋例》，以例從易。無當於易之高深，而以經釋經，由象以通其詞，由詞以通其義，亦期不以己意為岐說以亂經而已矣。焯瑩謹案：思賢書局文集本「必非」二字誤倒、「而專取義於互卦」句奪「取」字。謹依《湘陰縣圖志‧藝文志》補正。惟萃四「大吉無咎」，《藝文志》誤作革四，亦依文集正焉。

　　◎條目：頻、冥、敦。

　　◎周按：頻，頻蹙也。冥，「冥豫在上與冥升在上同義」。敦，積厚也。

　　◎陳寶千《郭嵩燾養知易傳輯》，載《漢學研究》1993 年第 11 卷第 2 期，

主要輯錄《郭嵩燾日記》中論易之說，可補《周易釋例》。

郭嵩燾 周易異同商 十卷 存

中科院藏稿本

石印本

四庫未收書輯刊影印中科院藏稿本

◎閻鎮珩《北嶽山房詩文集》卷六《郭筠仙先生七十壽序》：吾楚人文章之盛始於屈原賦《騷》，其後說易以明聖道，又得舂陵周子。至衡陽王氏出，二先生之長幾為所掩。蓋其成書數十種，恢詭汪洋，大肆厥辭，宋以後諸子莫逮也。方明祚將終，門戶乖異如水火，而寇盜所在蜂起。王氏度世變不可為，自屏於衡水山谷之間，飢頓流離，貞志不忒，歿而二百餘年道益光顯。至於今，談者謂其忠孝大節與屈氏爭光日月，而論述六經憲章宋賢，有功於斯道尤大，故非苟焉為詞辯以悅人者已。湘陰郭筠仙先生自少服膺王氏之學，既第進士，官翰林，益殫心經世實用，與湘鄉曾文正公、羅忠節公以古賢志行相切劘……當乾嘉之間，士好古而不根於道，剽掇章句碎義以嘩世取寵，而反詆聖賢心性之學為空虛無據，猖狂恣睢，冒利忘恥，後生和而應者千百喙相屬也。先生以為邪說之蔽陷萌始一二人，而飆流浸益蔓衍莫制，蓋嘗憂憤太息，反復與學者剖辨，俾知遺外程朱以論學，猶拒垣牆而植蓬蒿，終身不離乎覬覦之徑，雖有才智穎然特出者，亦歸於謬惑昏棄而已矣。昔船山生有明季世，忿士大夫違道趨利，祖襲申、商餘緒，以破壞國家之元氣，故其言奮發蹈厲，如驚雷之破蟄而出，聽者莫不悚然動容。先生值羣情波靡之日，慨然揭正學為宗，扶植風教，放距詖淫，其持議雖與船山不同，而矯邪曲以還之中道，其趣一也。

郭壇 經冶堂易義 存

臺灣史語所藏嘉慶十九年（1814）刻本（與春溪詩稿合刻）

◎《旭齊文鈔‧郭岱封先生傳》云：「傳錄失之。」又云：「棲霞郝戶部懿行方以經師碩望主張聲氣，生平契納並皆海內績學，而山左獨引其鄉牟明經廷相及先生為執友。明經乃先生同歲生。」

◎郭壇，字岱封。山東濰縣（今濰坊）人。乾隆六十年（1795）優貢，考授主簿。素懷淡泊，不營仕進。每治一經，既遠搜古誼，兼亦旁及近代論述，博綜眾說，嚴擇慎取，並參以心得，為文有法度。又著有《經冶堂解義》。

郭維國　易說　存

◎三種十二冊。

◎郭維國（1863～1921），字禮先。陝縣原店村人。貢生。博覽群書，精研易理。與同時薛勉、曲著勳稱陝縣三大手筆。嘗任教陝州中學堂。著有《易說》三種、《禮先詩集／日記》。

郭維清　周易約鈔　佚

◎《中州藝文錄》《河南通志藝文志稿》著錄。

◎郭維清，字直甫，號靜庵。河南洛陽人。同治諸生。

郭嶷然　河洛經世書　存

光緒刻本

范茂松、張柳星1936年撰榮河縣志卷二十四附本（題脽上郭嶷然石潛甫述）

◎《山西通志》卷一百三十九《人物》、光緒《榮河縣志》卷八《人物》下：博綜經籍，著《中庸衍義》《河洛經世》、《地理中庸》諸書，《栢崖稿》亦成一家言。

◎郭嶷然，字石潛，號栢崖。山西榮河人。庠生。

郭一標　大易日鈔　佚

◎道光《濟寧直隸州志》卷八之二《人物志》二：有《大易日鈔》傳於世。

◎民國《濟寧直隸州續志》卷十八《藝文》：郭一標《大易日鈔》（前志存目。新《通志》載一標嘗語其弟子鄭與僑：大易三百八十四爻總不外一潛字，會得乾之初體，六十四卦一以貫之也）。

◎郭一標，號次立。業儒有行，教授生徒。

郭英元　讀易日記　四卷　存

山東省博物館藏1928年濟南慈濟印刷所鉛印本（二卷，題《郭超凡先生讀易日記》）

◎子郭射斗輯。前有射斗及萊陽于元芳、文登叢漣珠及射斗門生王克昌、李鴻漸、陳華玉諸序。

◎郭射斗序略謂：先君在時，著有《讀易日記》一書。詳於象數變互錯綜之法，悉依《來注》。每擬鈔錄數本以公諸同人，詎意民國六七年間遞遭兵匪之亂，而原書盡失矣。近來無事，偶閱《周易折衷》，每遇先君子摘錄之處，輒戚戚有動於心，恍如當日之親承提命也。回憶先君之所記，雖不能盡悉其詞，而大意猶能志之。爰不揣孤陋，按其意而錄其詞。雖非當日之原文，猶可即此以想見先君之遺教焉。

◎宣統《重修恩縣志》卷八《人物志》：著有《讀史續論》《讀史手錄》《讀易日記》《學稼瑣言》《讀書作文譜》。

◎宣統《重修恩縣志》卷九《藝文志》：郭英元《讀易日記》四卷、《讀史續論》、《讀史手錄》、《學稼瑣言》、《讀書作文譜》。

◎孫葆田《山東通志》卷百二十七《藝文志》第十：是書見《縣志》。

◎郭英元，字超凡。山東恩縣人。諸生。喜讀書，尤嗜宋儒程朱之學。

郭有守　易經四書醒宗　佚

◎嘉慶《旌德縣志》卷九《藝文志・書目》：《易經四書醒宗》（郭有守）。

◎郭有守，安徽旌德人。著有《易經四書醒宗》。

郭昭　周易解義　佚

◎光緒《江西通志》卷九十九《藝文略》一《國朝》：《周易解義》，郭昭撰（《龍泉縣志》）。

◎郭昭，字西屏。江西龍泉人。著有《周易解義》。

郭鈔　易易錄　佚

◎陳慶鏞《籀經堂類藁》卷十一《郭榴山（鈔）易易錄序》：吾閩漳州自宋陳安卿大儒受知紫陽講學北溪，闡實踐之要功，闢虛無之異說，一時稱南來吾道。嗣是師友淵灝，遞相傳述。前明如黃石齋、何元子兩先生著書名于世，皆能發前人所未發。近郭米山大令持其尊丈右房先生手著《易易錄》一編問序于余。余讀之，其事則日用行習之常，其理則儒者粹精之語，而其衯為《天地訢合》《天人合一》諸圖則本於北溪之學。北溪之論太極曰：「太極只是理，本圓，故太極之體渾淪。以理言則自末而本、自本而末，一聚一散而太極無所不極其至，此渾淪太極之全體也。唯其沖漠無朕，天地萬物皆由是出；及天地萬物既出，又復沖漠無朕，此渾淪無極之妙用也。」聖人一心渾淪太

極之全體，而酬酢萬變，無非太極流行之用，是天人合一之旨也。夫聖賢之道無他，體諸心之謂仁，施諸當之謂義，止諸節之謂禮，達諸事之謂知，踐講寶之謂信，全而合之之謂道，心得乎道之謂德。聖人之所為，不過君臣、父子、夫婦、昆弟、朋友與日用易知易從之事，如是焉已。孟子曰：「聖人，人倫之至也」，又曰：「人皆可以為堯舜」，堯舜與人同耳。堯舜無難知難從之事，而人卒不如堯不如舜者，道在邇而求諸遠，事在易而求諸難，于是鹵莽滅裂之言盈天下，張道益熾而離道益岐。先生是書，確歸醇正，其解《語》《孟》也，表諸當而不為雷同之見。其論身心也，要諸實而不為高遠之言，自洒掃應對以及存心養性諸節，言之能詳。以是知先生之所以私淑于北溪之學，而石齋、元子諸儒其流風餘韻猶有存者。先生弱冠遊膠庠即屏諸俗務，著書自娛。未三十已歸道山，設天假之年，其所為當必更有進于是者。爰敘而歸之，願是書之行于世也。

郭鍾熙　周易纂要　佚

◎光緒《清遠縣志》卷十三《藝文》：《周易纂要》（國朝郭鍾熙撰。存）。

◎民國《清遠縣志》卷十八《藝文》：《周易纂要》（清郭鍾熙撰。存）。

◎郭鍾熙，字載榮，號榕石。廣東清遠人。道光辛巳舉人。官廉州合浦訓導，兼署欽州學正。丁內艱歸，主邑書院講席。同治四年授德慶州學正。又著有《教諭語纂要》一卷、《竹趣館詩集》二卷、《焚餘詩草》二卷、《思訓錄》一卷、《榕石文集》。

虢元良　周易晰源圖示例說　不分卷　存

普林斯頓大學葛思德東方圖書館藏乾隆敦平樓刻黃墨二色套印本

H

韓登鏊 周易解 佚

◎民國《單縣志》卷九《人物志》：著有《中庸綜義》《周易解》二種。歿後王縣昂採眾議，謚曰貞安先生。門人周磊為之說曰：嗚呼，自易之學不傳，士遂不知有命，而守弗貞；《中庸》之學不傳，士遂不循其本，而履弗安。道之不可與入純粹也。宜乎先生研精於易者久、涵濡於《中庸》者深，人見其剛毅自立，第服先生之介，而不知已由介而進於貞；人見其色笑可親，第欽先生之和，而不知已由和而進於安。彼貞曜之竣節、安道之畸形不足方矣！

◎韓登鏊，字維金，號巨山，又自號過亭，門人私謚貞安先生。山東單縣人。性恬淡有雅操，取與不苟。咸豐時卒。

韓逢吉 周易易簡注 存

鈔本

◎韓逢吉，字旋元。河南鄢陵縣人。

韓夢周 周易解 佚

◎一名《易解》。

◎道光《來安縣志》卷九《名宦志》：著有《易／春秋／大學／中庸注解》、詩古文、《制義》行世。

◎彭紹升《二林居集》卷十《韓長儒墓表》：夢周自七歲入家塾，諸經皆兄口授。

◎劉聲木《桐城文學撰述考》卷一「韓夢周撰述」:《周易注》□卷。

◎孫葆田《山東通志》卷百二十七《藝文志》第十:是書見王克捄所撰《墓誌》。

◎陳用光《太乙舟文集》卷八《韓理堂先生墓表》:韓理堂先生,乾隆間萃然為宋儒之學者也。蓋自湯文正、陸清獻以宋儒之學興于國初,雖其所從入於朱陸者各異途,而立身制行皆闇然為己,無標榜以為名者。然清獻尚兢兢守程朱家法,懼世之為陸王者師心自用以為學術患,集中學術辨及與湯文正書是也。自為漢學者興而世乃樂以宋儒為詬病矣。先生當漢學未甚盛之時故所言不及為漢學者之失,而惟守清獻家法,其言曰:「自平湖之說出,為陸王者未嘗不氣為之下。豈平湖之辨異人哉,以其所樹立知尊程朱之無獎而大有功,其闢陸王為非徒然也。」嗚呼!觀先生之言如此,豈徒以口舌爭為衛道者哉?故吳中彭尺木先生嘗曰:「國家明德醇懿,涵養百餘年,其應徵于士類者於韓、閻兩公見之。」閻為昌樂閻考功循觀,韓謂先生也……用光少時從魯山木舅氏學〔註1〕,嘗寄質文字于先生,又嘗從舅氏所得先生所寄《史記例意》,始知《史記》有震川之學。先生于山木未嘗面,而歲以書問相往來,用光于先生亦未之面也,嘗怪近日言學者輒相勵以漢儒訓詁,並無及陸王之學者。使先生於近日,其所致辨者不在陸王而在漢學矣。用光既慕先生而恨未得見其人,今去先生沒時星逾一紀矣,乃撮先生為學為政之大者以應賈侍御聲槐之屬,而表于先生墓前之隧。至其族系子姓則備載于墓誌銘,茲不具云。嘉慶十九年十二月,翰林院編修新城陳用光表。

◎韓夢周(1729～1798),字公復,號理堂。祖籍雲南,自明中葉遷山東濰縣。與閻循觀並稱山左二巨儒。乾隆壬申舉人,丁丑進士,丙戌令滁州來安縣。以蝗災罷官,歸居程符山,四方學者從之學,輒舉宋儒之學以為教。其論制義舉業,以為有說經之文有自得之文,於自得之文則舉顧端文、陸清獻。夢周為韓愨(字長儒)弟,與滕綱、閻循觀、法坤宏、任瑗、汪縉、魯潔非、彭紹升、羅有高、戴震等多所交遊。又著有《中庸解》、《大學解》、《理堂文集》、《理堂詩集》、《理堂日記》、《理堂制藝》三編、《近思錄述義》、《養蠶成法》一卷、《圩田圖三記》一卷、《陰符經解》一卷、《山木集尺牘》八卷、《理堂藏書目》一卷等。全集後由門人陳官俊、陳廷鈺出資刊刻。生平可參劉鴻

〔註1〕陳用光《太乙舟文集》卷八《魯習之哀辭》:君姓魯氏,諱嗣光,字習之。吾外祖晚含山人淮之孫,而吾舅氏山木先生仕驥之第三子也。

翱《韓理堂先生集序》（代王廷珍作）、宋書升《韓理堂先生未刊葉序》。

韓名漢 河洛淵源 佚

◎乾隆《昌邑縣志》卷六《人物志・文學》：著《河洛淵源》《陰符經解》，詩有《南中》《京邸》《故園歸來》。

◎光緒《昌邑縣續志》卷八《藝文》收錄其《河圖洛書說》《洪範九疇說》《經星說》《緯星說》《帝王乘運數說》諸篇可參。

◎韓名漢，字素翁。山東昌邑人。順治八年貢生。生而穎悟，書過目不忘。既長，博及群書，工草隸，善書畫，以恩貢授廣東陵水令。

韓名俊 周易圖說存稿 一卷 佚

◎民國《濰縣志稿》卷三十七《藝文》著錄。

◎韓名俊，山東濰縣（今濰坊）人。

韓松 易學啟蒙 一卷 附錄一卷 存

國圖、上海、南京藏乾隆五十四年（1789）刻易義闡附錄本

◎韓松，一作昭松，字雪庭。奉賢蕭塘人。乾隆歲貢。與同里顧棟善。

韓松 易義闡 四卷 存

國圖、上海、南京藏乾隆五十四年（1789）刻本

◎光緒《重修奉賢縣志》卷十一《人物志》二《儒林》：家貧力學。著《易義闡》，又《續萬姓通譜》及詩文若干卷。

◎光緒《重修奉賢縣志》卷十七《藝文志》：《易義闡》（國朝韓昭松著）。

◎《中華文史論叢》1979 年第 4 輯（總第 12 輯）王伯祥遺稿《庋稼偶識》：我家自上海遷來京師後，湜兒就學於燈市口育英中學，挾書出入於冷灘舊肆間，頗喜檢拾殘冊，歸以呈予。此乾隆刻本《易義闡》四卷即自冷肆購來者。書凡三冊，中冊已缺，不知何人鈔配，尚精整。雖高頭講章，而大體平實，無險怪之談，亦此中翹楚也。不見名家著錄，正以韓雪亭無赫赫之名耳。

韓希琦 易經解 四卷 佚

◎道光《武城縣志續編》卷十《前志列傳》：性嗜學，兼通斗數。著有《易

經解》四卷、《論語解》四卷、《學庸管見疏》一卷待梓。

◎韓希琦，字錦堂，號半耕。山東武城人。嘉慶丙辰恩貢。與侄孫龍鼎有二韓之名。

韓希愈 易卦尋源 一卷 存

泰州藏 1947 年四川石印本

韓怡 讀易傳心 十二卷 存

國圖、山東藏嘉慶十三年（1808）木存堂刻本

中山大學藏清鈔本

◎目錄：卷一（上經）乾坤屯蒙需訟師比小畜履。卷二（上經）泰否同人大有謙豫隨蠱臨觀。卷三（上經）噬嗑賁剝復無妄大畜頤大過坎離。卷四（下經）咸恒遯大壯晉明夷家人睽蹇解損益。卷五（下經）夬姤萃升困井革鼎震艮漸歸妹。卷六（下經）豐旅巽兌渙節中孚小過既濟未濟。卷七（大傳）繫辭上傳。卷八（大傳）繫辭下傳。卷九說卦。卷十序卦上。卷十一序卦下。卷十二雜卦。

◎校刊姓氏（不及次序）：趙蒒湖（立忠）、李南英（華甲）、鄒肇礌（文璜）、唐竹苑（聯變）、蔣豐玉（廷珍）、吳錫萬（元駱）、嚴筠亭（士鉉）、王德昌（吳積）、李古菩（椿）、陳錦堂（洪緒）、李郭五（倫。一名仁發）、吳卜云（晴江）、李霖若（甲才）、茅三峯（元輅）、李聚五（學奎）、盧獻南（日珍）、楊金殿（文鑑）、張舸齋（鉉）、鄒若人（文瑗）、左灼亭（煌）、袁詠康（廷桂）、魯子山（銓）、吳載揚（蕢江）、丁德涵（陰淦）、趙筠齋（念祖）、丁聖泉（陰洙）、丁漪園（陰淇）、張寶岩（鋆）、孔同甫（繼溥）、孔竹嶼（繼溥）、鄒晴舫（文琳）、鄒論園（文瑛）、鄒蔚華（文玢）、鄒藥莊（文瑞）、周豫川（湛）、朱漱泉（芳）、李屈庵（蟠根）、包瑞封（祥符）、唐毓才（培英）、左與三（增齡）、左芝堂（增瑞）、左本泉（增譽。更名增堉）、趙菩波（湧泉）、趙艾軒（湧嵐）、徐修來（思敏）、吳在郊（濬）、姚宇周（浦）、蔣樹三（廷珠）、曹烑農（鏞）、張五雲（承緒）、程楚南（廷桂）、嚴翰飛（士翼）、吳正專（震）、張實庭（煜）、鄒公眉（錫純）、蔡弈堂（之淦）、吳昃塘（培烺）、胡敬存（學功）、鄒景韓（文琦）、左輯庭（增寧）、吳會南（岷江）、嚴薏浦（璟）、吳佩蘭（柏材）、李雨三（作霖）、張宇清（澂）、陳古芸（書曾）、鄭惟一（兆儀）、李植三（槐）、李浦雲（棟）、韋琢雲（廷璋）、呂樹南（寶珊）、方翼雲（振）、王靜山（壽元）、王布咮（正元）、李振

之（振）、丁占吉（肇年）、支普逸（慕林）、陳恂齋（蓍松）、丁克成（勳）、嚴希唐（文安）、李汝霖（清瑞）。

◎讀易傳心緣起：甲辰臁，薦齒胄成均，言志和聲，其專職也，因退而學詩。既十年，充然若有得。甲寅承乏，與諸弟子肄業及之前輩蔚齋先生，前鄭司農裔也。籍隸蕭山，學傳毛氏，尤明易理。閒謂予曰：「聞國政者《詩》，見天心者《易》。《易》之為書，子曷為弗讀？」因示目孟長卿《卦氣圖》、毛西河《太極辯》。《易》本予家世專經，十歲學書計，即粗窺大義。後應僮子試，先君子口陳而手畫之，曲傳孔子之心，目開示文周之恉，未可更僕數。而《太極辯》目乾為太極、坤為兩儀，則未之前聞也。《西河全集》既不載，真偽亦无足深論，然因端有觸，重循舊業，樓羅曩賢舊說，覃精積思，轉覺于經若離若合，芒无依據。妄謂《大傳》有曰：「易與天地準」，又曰：「乾坤其易之門」，時目天地形體乾坤互變懸心目閒。欲索其解，曲摹其狀，寢食相將，遽彌年載。匪直蔚齋前輩之說幾若忘之，即諸舊說亦罔不忘之矣。豈誠得意得言乎哉？竊喜學求知《詩》，因《詩》求《易》，要非蔚齋前輩有以開予，則亦于詩終焉耳矣。將繼述是輕，故特志其緣起云。嘉慶丁巳中秋，丹徒後學韓怡雲卿氏書于成均南學。

◎讀易傳心後序：十翼而後，說易者自子夏傳迄今二千三百餘年，中閒圖書傳注流傳于世，為予所經見者百七十餘家。雖其異同各自有據，然學漢學者叛于理，學宋學者背于經，乖離析亂，求其折衷一是，能見孔子之心而得文周之義者，李資州《集解》而外，《漢上易傳》為庶幾。而其書則準《太玄》，且參納甲，雜目術數，擇焉不精，于作易贊易數聖人，並有知之未真、信之不竺者。輒不自揣，謹依費直傳例，目十翼解說上下經，更呂卦辭爻辭互相發明于《大傳》《說卦》《序卦》《雜卦》《彖象傳》《文言傳》之下。昔惟聖知聖，今目經證經，期不謬先聖作易贊易之恉而止。其于漢宋諸儒圖書傳注有不叛理而合經意者，亦收采不遺，然必目孔子十翼為宗。遇有難明，又旁引子史它說曲論之，俾共覿大聖人心事如仰青天白日，非故持不根之論、設无當之言，專己自貴，故與漢宋兩家相離齬也。起乾隆甲寅春，迄嘉慶辛卯秋，凡八閱歲成書。十二卷外，集得圖說三卷，通凡十五卷。後之君子覽觀焉，或亦目知予心之所存。丹徒後學韓怡序竝書。江寧劉文模鐫。

◎摘錄卷末引用姓氏（清代部分）：毛奇齡（字大可，號西河，蕭山人）、惠

士奇（字天牧，號半農，吳人）、楊陸榮（青浦人）、任啟運（字翊聖，號鈞臺，荊溪人）、惠棟（字定宇，號松崖，士奇子）、喬萊（字子靜，號石林，寶應人。著有《易俟》十八卷，而以《文言》《象象傳》連文，又不解釋《繫辭》《說卦》《序卦》《雜卦》，既未得為完書，其卦變圖又僅取來知德六十四卦反對，按之象傳，意恉亦皆不合，殊无足觀也）、江聲（字叔澐，號艮庭，吳人）、鄭豹文（一名鳳儀，字蔚齋，號南榮，蕭山人。著有《周易大義圖說》）。

◎光緒《丹徒縣志》卷四十六《藝文志》一：韓怡《讀易傳心》、《讀詩傳譌》三十卷、《四書釋字》。

◎韓怡，江蘇丹徒人。乾隆四十五年副榜舉人。任國子監學正。

韓怡 讀易傳心圖說 三卷 存

國圖、北大、上海、南京、山東、湖北、中科院藏嘉慶十三年（1808）木存堂刻本

中山大學藏清鈔本

◎目錄：卷一河圖、洛書、河圖八卦、太極相生圖、六十四卦橫圖、六十四卦圓圖、賁卦天文圖、律通五行八正之氣圖、十二律相生圖、十二月爻辰圖、陽律陰呂合聲圖、太玄八十一首圖、六十律相生圖、乾坤交錯成六十四卦圖、天道以節氣相交圖、十二辟卦七十二爻值七十二候圖、乾用九坤用六圖、乾六爻圖、坤初六圖、坤上六天玄地黃圖。卷二坎離得天地之中圖、京房六十四卦圖、卦變反對圖（八篇）、六十四卦相生圖、陰陽升降卦變圖、定正陰陽升降卦變圖、鄭氏卦變證經圖說（定正案附）、四畫互十六卦圖、五畫互三十二卦圖。卷三鄭蔚齋前輩易尚漢學、天地人竝立為三、易準乎天地、璣衡之制、天地側立圖、天地平視圖、禹成五服建萬國圖、周禮九服圖、每州建三等國圖、九州中州圖、八線表全圖、六十卦值六十年甲子圖、六十卦值十二月之六十甲子圖、六十卦值六十日甲子圖、六十卦值六十日變七百二十時圖、揲蓍占法、周易論變。

杭世駿 道古堂增訂易經旁訓 三卷 存

光緒十一年（1885）銅板印本

◎杭世駿（1695～1773），字大宗，號堇浦，別號智光居士、秦亭老民、春水老人、阿駿。室名道古堂。浙江仁和（今杭州）人。雍正二年（1724）舉人，乾隆元年（1736）舉鴻博，授編修，官御史。乾隆八年（1743）因言事革

職，以攻讀著述為事。乾隆十六年（1751）復原職。晚年主講廣東粵秀、江蘇揚州書院。工書善畫。著有《兩浙經籍志》、《石經考異》、《續方言》、《歷代藝文志》、《經史質疑》、《諸史然疑》、《史記考證》、《兩漢書疏證》、《三國志補注》、《晉書補傳贊》、《詞科掌錄》、《北史寨稂》、《文選課虛》、《道古堂文集》四十八卷、《道古堂詩集》二十六卷、《榕桂堂集》、《榕城詩話》等。

杭辛齋　讀易雜識　一卷　存

　　山東藏 1919 年鉛印海寧杭氏易藏叢書本（末附勘誤表）

　　山東藏臺北成文出版社 1976 年無求備齋易經集成影印 1919 年鉛印本

　　遼寧教育出版社 1997 年新世紀萬有文庫張文江點校本

　　嶽麓書社 2010 年民國學術文化名著簡體橫排標點本

　　吉林人民出版社 2014 年中國學術文化名著文庫簡體橫排標點本

　　北京聯合出版公司 2015 年民國大師文庫本

　　吉林出版集團股份有限公司 2017 年中國學術名著叢書簡體橫排標點本

　　江西教育出版社 2018 年本

　　◎目錄：易以道陰陽。老子之易。易緯。諸子之易。九師易。《參同契》。《火珠林》。《子夏易傳》。漢有兩京房。易遺論九事。宋古易五家。蔡廣成。六大卦。八音異同。王儉之謬對。制器尚象。天地十二馬。魚鳥相親。姤之魚。離木科上槁。巽木之精。咸艮之象皆取諸身。咸感兌說。逆數。屯七夬七。光為氣始。歷數卦氣。八卦合天地之象。禮數。《周官》皆本於易。

　　◎杭辛齋（1869～1924），名慎修。浙江海寧人，故學者又稱海寧先生。光緒十五年（1889）縣試第一名，補博士弟子員。光緒二十六年（1900）入北京國子監。後考入同文館，棄科舉，習新學。與嚴復、夏曾佑等創辦《國聞報》。曾從陳書玉、李蒓客遊學京師，充文淵閣校對。

杭辛齋　杭氏易學七種　二十卷　存

　　國圖藏 1923 年上海研幾學社鉛印本（題易藏叢書）

　　九州出版社 2005 年九州易學叢刊周易工作室簡體橫排點校本（附錄一卷）

　　◎子目：易楔六卷、易數偶得二卷、讀易雜識一卷、愚一錄易說訂二卷、沈氏改正揲著法一卷、學易筆談初集四卷二集四卷。

杭辛齋 學易筆談初集 四卷 存

山東藏 1919 年鉛印海寧杭氏易藏叢書本（末附勘誤表）

山東藏臺北成文出版社 1976 年無求備齋易經集成影印 1919 年鉛印本

天津古籍書店 1988 年點斷本

遼寧教育出版社 1997 年新世紀萬有文庫・近世文化書系張文江點校本

臺灣文聽閣圖書有限公司 2009 年林慶彰主編民國時期經學叢書本

嶽麓書社 2010 年民國學術文化名著簡體橫排標點本

吉林人民出版社 2014 年中國學術文化名著文庫簡體橫排標點本

北京聯合出版公司 2015 年民國大師文庫本

吉林出版集團股份有限公司 2017 年中國學術名著叢書簡體橫排標點本

江西教育出版社 2018 年本

◎目錄：

◎學易筆談序：海寧先生之於易，得異人傳授，又博極諸家傳注，故能竟委窮源，而獨見其大。先生於書無所不讀，故能探賾索隱，鉤貫於新舊之學，而獨得其通。昔嘗聞之先生曰：「易始於包犧氏，備於神農、黃帝，大明於文王、周公、孔子。漢人去古未遠，其卦氣、飛伏、陰陽、消息，皆有所授受，非能自創。孔子贊易，專重人道，以明立教之旨。故三陳九德，以人合天，而筮法僅略言及之。朱子乃謂易為聖人教人卜筮之書，豈知方耶？然河洛為易象所取則，漢學只詆為偽造，朱子獨取以冠經首，是其卓識，亦有不可及者。」又曰：「道家祖黃老，淵源悉出於易。其七返九還、六歸八居，度數與卦象悉合無論矣。所異者佛產印度，耶穌生於猶太，而《華嚴》之乘數，《金剛》之相數，一八、三六、百零八之數，及七日來復、十三見凶之數，亦無不與卦象悉合。而釋言地水火風、西謂水火土氣，即易之乾坤坎離，更為明顯。時之先後、地之遠近，皆略不相蒙，而數理之大原，乃無不與易相合。然則易之所以為易，不從可識乎？」又曰：「易如大明鏡，無論以何物映之，莫不適如其來之象。如君主立憲，義取親民，為同人象；民主立憲，主權在民，為大有象；社會政治，無君民上下之分，為隨象。乃至日光七色，見象於白賁；微生蟲理化物質，見象於蠱。凡近世所矜為創獲者，而易皆備其象，明其理於數千年以前。蓋理本一原，數無二致，時無古今，地無中外，有偏重而無偏廢。中土文明，理重於數，而西國則數勝於理。重理或流於空談而鮮實際，泥數或偏於物質而遺精神。惟易則理數兼賅，勝上道而形下器，乃足以調劑中西末流之偏以會其通而宏其用，此則今日學者之責也。」嗚呼，此足以見先生之學矣。國會蒙塵，播遷於粵，議政之暇，獲與龔君煥辰、張君知競、徐君際恆、王君用賓、張君效翰、郭君生榮、關君秉真、凌君毅、凌君銳、陳君爕樞、胡君兆沂、張君相、吳君崑、陸君昌烺、彭君漢遺、萬君葆元、劉君汝麟諸同志組織研幾學社，相約治易，恭請先生主講。先生既著《易楔》以明易例，其微言大義之未盡者，別為《學易筆談》若干卷，授之同人。同人竊以世界文明莫古於中國，而易象所自起則猶在中國未有文字之先，一畫開天，列聖繼起，制作大備，莫不以易為準，斯誠世界文明之祖，而吾國人士所宜深切講求以與世界相見者也。乃自漢以來，學者非遺象言理失其本源，即離理言數淪為小道。蓋晦盲否塞，至於近日亦已極矣，茲何幸得先生為之發揮光大也。同人不敢自私，相與醵金，先以初集四卷付印，用公同好，俾世知有先生之學，與夫易之所以為易也。樓海追隨同人，學無心得，謹以素所

聞於先生者，弁諸簡端，並志其緣起如此云。中華民國紀元八年九月，後學狄樓海拜手敬序。

◎學易筆談述恉：易道至大，易理至邃，辛齋之愚，何敢妄談？顧念吾師忍死狉狞，克期以待，密傳心法，冀綿絕學，又曷敢自棄？丙辰出獄，爰搜集古今說易之書，惟日孳孳，寢饋舟車，未嘗或輟。丁巳以後，國會蒙塵。播越嶺嶠，議席多暇，兩院同人，合組研幾學社於廣州之迴龍社，謬推都講。計日分程，商兌講習。雖兵戈擾攘，而課約罔閑。講義纂輯，得書若干，名曰《易楔》。而晨昏餘暑，切磋問難，隨時筆錄者，又積稿盈尺。同人艱於傳寫，乃謀刊印。釐為四卷，名曰《筆談》，蓋紀實焉。己未庚申，由粵而滬。同志之友，聞聲畢集，風雨一廬，不廢討論。以續前稿，又得四卷，另為二集。借閱傳鈔，恐多遺失。適前印之書久已告罄。同人請合兩集與《易楔》、《易數偶得》、《讀易雜記》諸稿，均以聚珍板印行。始於壬戌八月，至十月杪，《筆談》八卷工竣。爰紀顛末，並述旨如左：

一、承學之士，不廢筆札，談論所及，擇要綴錄，聊以備忘。除初集第一卷於臨印時略有增減以明源流外，餘悉隨時編訂，並無先後次序。

二、講易與詁經不同。詁經當有家法、有體例，義不容雜。而講易則以闡明卦爻象數之原理原則，但以經文為之證明。故凡與象數有涉，足與易道相發明者，博采旁搜，不限時地，更無所謂門戶派別也。

三、易本法象於天地。乾易坤簡，易知易能，雖見仁見智，各隨學識之深淺而異，要無不可知之理。自象義不明，學者無所適從，幾視易為絕學，而不敢問津，致易簡之理日即湮晦。本編有鑒於斯，立說皆取淺顯明白，務期盡人能解，不敢以艱深文淺陋也。

四、孔子贊易，身逢亂世，行危言遜。有因時忌不能顯言者，不得不以微言大義隱寓於象數之中，與《春秋》同一例也。後人不察，悉以文字求之，孔子憂天憫人之苦心湮沒盡矣。歷代學者，如邵康節，如劉青田、黃姚江，均抱此隱痛而未敢昌言者也。鼎革以後，世雖亂而言可無諱。發歷聖之心傳，彌前賢之遺憾，維世道而存絕學，不可謂非千載一時之良機。剝極必復，時乎不再，幸我同人勿自暴棄以負天心也。

五、卦因數衍，數緣象起，象由心生。易準天地，廣大悉備。雖人事遞演，世變日繁，要不能出乎此象數之外。故洲殊種別，文字語言萬有不齊，維數足以齊之；宗教俗尚各有不同，惟數足以同之。兩千年來，數學失傳，宋後

言易者往往以邵子先天數為易數，數理繁賾，固非短紮所能盡。然於舊說之顯然牴牾者，不能不援據象數以為商榷，非敢故翻成案也。

六、占筮固易之一端，而聖人修易以明道，實非盡為占筮。孔子贊易，紹述文周，以人合天，兢兢寡過，豈導人於趨吉避凶哉！朱子以占筮為易之本義，未免偏見。而《大衍》揲蓍之法，自唐以後，於卦一再扐兩端立說互歧。往諸數理並多遺憾。未敢盲從以誤後人。

七、至誠之道，雖可前知，惟道本一貫，學無躐等。必正心修身，能盡人之道以合天，斯天人契合，感而遂通，百世可知，初無二理。若一知半解，妄談禍福，自欺欺人，實學易之大戒。兢兢自筬者，竊願以此勉人。

八、盡性至命乃易學之極功，孔子之聖猶韋編三絕，但云寡過，罕言性命。後生末學，更宜踐履篤實，下學上達。同學講習，竊本斯旨。初集刊布，朋自遠來，往往以只言象數，不談身心性命相責。但愚尚以象數之未能盡明為憾。果象數通解，則身心性命之理胥在其中，更無待言說為也。

九、形而下者謂之器，形而上者謂之道。凡有形可指者皆器。道本於心，未可以言盡焉。故八卦因重，羲、農法天以垂象；兩編十翼，周、孔立言以明道。然未可遽執卦象經傳以為道也。譬諸升高必以梯，而梯非高；求飽必以飯，而飯非飽。宋後講易，開口言性理言道統，是猶指梯而稱高、看飯而說飽也。今之談道者無宋人之學而立說更高出宋人，自誤誤人，更不待言。願學者共明斯旨，各求實學，返諸身心。勿好高騖遠，循前車之覆轍焉。

十、潔淨精微之學，非潛修靜養，未能深造。勞人草草，敢言心得？惟匯積年涉獵所得，聊供同學參考之便。深望海內鴻碩時加匡正，幸得學與年進，尚擬賡續，以供采擇。

十一、世道陵夷，聖學中絕。人欲橫流，罔知紀極。謹願之士，苦身心之無所寄託，蒿目時艱，恒懷消極。或附托西教，或皈向佛門。而仙靈神鬼、導引修養，及飛鸞顯化之壇宇，遂遍於域中。影附風從，是丹非素。不知我國固有之學，貫澈天人，足以安身立命。保世滋大，概群藉而羅萬有者，悉在此一畫開天、人文肇始之《易經》。存人道，挽世運，千鈞一髮，絕續在茲。弘道救世，責無旁貸。惟我同人，自奮勉焉。歲在壬戌冬至之月，海寧杭辛齋補識於海上寄廬。

◎摘錄《學易筆談》卷一《美國圖書館所藏之易》：美國國會圖書館，以四十萬金鎊，專為購買中國書籍之用。除前清殿版各書為清政府所饋送外，

其餘所採購之漢文書籍亦有數千種之多，皆為日本人所販運，直接購自中國者無幾也。友人江沅虎君，現為其漢文部之管理員。丁巳夏間回國，邂逅於滬上。云彼中所藏易部亦幾有四百種。因囑其將目錄鈔寄，以較辛齋所藏者未知如何。然彼以異國之圖書館，而其所藏，視本國《四庫》所有至兩倍有半，殊足令人生無窮之感也。

　　◎摘錄《學易筆談》卷一《漢宋學派異同》：自來言易者不出乎漢宋，二派各有專長亦皆有所蔽：漢學重名物，重訓詁，一字一義，辨晰異同，不憚參伍考訂，以求其本之所自。意之所當，且尊家法，恪守師承，各守範圍，不敢移易尺寸。嚴正精確，良足為說經之模範。然其蔽在墨守故訓，取糟粕而遺其精華。且《易》之為書廣大悉備，網羅百家猶恐未盡，乃株守一先生說，沾沾自喜，隘陋之誚云胡可免？宋學正心誠意，重知行之合一，嚴理欲之大防，踐履篤實操行不苟，所謂和順於道德而理於義，窮理盡性以至於命者，亦未始非義經形而上學之極功。但承王弼掃象之遺風，只就經傳之原文，以己意為揣測。其不可通者，不憚變更句讀。移易經文，斷言為錯簡脫誤。此則非漢學家所敢出者也。元明以來，兩派對峙，門戶攻擊之陋習，雖賢者亦或不免。甚者以意氣相爭尚，視同異為是非。不但漢學與宋學相爭訟也。同漢學焉，尊鄭者則黜虞，是孟者則非荀。同宋學焉，而有洛蜀之辯駁、朱陸之異同。其下者更或依巨儒之末光、蒙道學之假面、為弋名干祿之具者，尤不足道矣。

杭辛齋 學易筆談二集 四卷 存

　　山東藏 1919 年鉛印海寧杭氏易藏叢書本（末附勘誤表）
　　山東藏臺北成文出版社 1976 年無求備齋易經集成影印 1919 年鉛印本
　　天津古籍書店 1988 年點斷本
　　天津古籍出版社 1988 年據研幾學社鉛印本影印本（附三種）
　　遼寧教育出版社 1997 年新世紀萬有文庫・近世文化書系張文江點校本
　　臺灣文聽閣圖書有限公司 2009 年林慶彰主編民國時期經學叢書本
　　嶽麓書社 2010 年民國學術文化名著簡體橫排標點本
　　吉林人民出版社 2014 年中國學術文化名著文庫簡體橫排標點本
　　北京聯合出版公司 2015 年民國大師文庫本
　　吉林出版集團股份有限公司 2017 年中國學術名著叢書簡體橫排標點本

江西教育出版社 2018 年本

◎序：客難余曰：「理莫邃于易，物莫大於天地，今者行星之說發明，地球繞日、月繞地球，眾見確鑿。吾子治易，易說天動地靜、天圓地方、天地日月對待，多與現象午，其何說之辭？」余曰：唯唯、否否，不然。天元也，无也，故曰乾元用九，見羣龍无首。又曰乾元用九，乃見天則，天之蒼蒼，其正色邪？吾人視力窮極之際線，搆此渾圓虛狀。其實无之所在即天之所在，无極也，太極也，北辰也，大一也，天元也，无在无不在，故曰天在山中。天本大虛，可見者日之實，離也者，萬物皆相見，故曰代表天為主體，所生為星。星繞地行為月，後天離居乾位、坎居坤位，乾坤升降成離坎。太極生兩儀，老陽退居西北，故王育說天屈西北為無，《說文》曰，東日在木中也、果日在木上也、杳日在木下也。帝出乎震，相見乎離，滋荄乎明夷。大有之火在天上，革之火在澤中，明夷之明入地中。言日、言火、言明皆以離代乾之作用，故曰天與火同人。建寅之月辟泰，次大壯，次夬，次乾，次遘，次遁，次否，十二辟中，具乾體者七卦。及觀而乾消，及復而乾息，復之象曰七日來復，乃七乾來復，故恆言以幾日為幾天，至日閉關，商旅不行，后不省方，乃全世界休以待息之通義。臨倒為觀，觀辟八月，故臨之象至於八月有凶。至者，鳥飛自高下至於地，倒之古文，此聖人觀象之微悟也。若夫動靜方圓，易說極顯，坤之象曰坤至柔而動也剛，明言地體之動至靜而悳方，方限於悳，則形圓可知。

又曰承天而時行，承天即繞日之碻詁。時於古文為告，從日從出，出訓往，地繞日往東西轉動為晝夜，南北升降成寒暑，故曰與時偕行、與時偕極。《三統曆》曰：大極元氣，含三為一，天也、日也、乾也、元也、无也，義一而各有所指也。虞翻氏以元詁乾，故六爻發揮，旁通之正，歸本於乾元用九，要成於既濟定。公羊氏以元統天，收春秋張三世。文致大平，撥亂反正，《文言》之各正性命，保合大和，地球百年之運，必有一日實現。知幾其神，經將為識。余聞渚先生沐羲氏之論易如此。海寧先生通古今中西以治易，為今世哲學家。余讀其《筆談》，沕乎其邃也，蕭乎其未有涯涘也。逃空虛者，聞人足音跫然而喜，況有馨欬其側者乎？茲邁其二集脫藁，問敘於余。書以質之。民國八年十二月，新化羅永紹。

◎嚴復《學易筆談二集序》：辛齋老友別三十年矣。在光緒丙申丁酉間創《國聞報》於天津，實為華人獨立新聞事業之初祖。余與夏君穗卿主旬刊，而王菀生太史與君任日報。顧余足跡未履館門，相晤恒於菀生之寓廬。時袁項城甫練兵於小站，值來復之先一日必至津，至必詣菀生為長夜談。斗室縱橫，放言狂論，靡所覊約。時君謂項城他日必做皇帝，項城言：「我做皇帝必首殺你。」相與鼓掌笑樂。不料易世而後預言之盡成實錄也。次年《國聞》夭殂，政變迭興，遂相契闊去。今夏偶於友人案頭獲睹，云為君之新著。展卷如遇故人，攜之而歸，未暇讀也。冬寒多病，擁爐攤書，閱未終卷，愜理饜心，神為之旺。而友人又致君意，謂二集亦已脫稿，乞為序言。自維素未學，而君之所言乃與吾向所學者靡不忻合。憶當年余譯斯賓塞爾諸書，皆發表於《修辭》，屬稿時相商兌。得君諍論，益我良多。今我顧何益於君之書，言之奚為？然聲應乞求，又烏得無言。嗚呼！予懷渺渺，慨朋舊之多疏；千古茫茫，欣絕學之有托。述陳跡，證夙聞，亦聊況於雪泥鴻爪云爾。庚申冬日，幾道嚴復。

杭辛齋 易數偶得 二卷 存

山東藏 1919 年鉛印海寧杭氏易藏叢書本（末附勘誤表）

山東藏臺北成文出版社 1976 年無求備齋易經集成影印 1923 年鉛印易藏叢書本

學苑出版社 1990 年河圖洛書解析本

◎目錄：

卷一：數由心生。本一始一。一數不變。久。一三五。二四六。七。九六。五六。半。平等。中數不變。盈虛消息。卦爻數合天地體數。句股。四十五。甲巳乙庚。六合三合。

卷二：數名數量。陽順陰逆。五幹六支。乾易坤簡。圓方互容。龍圖分合。其用四十有九。反返。始一終六。坎一震一。乾始巽齊。七九易位。立體立方。聲律聲應出於圓方。琴徽距離之數。

◎緒言：孔子刪書，斷自唐虞，堯舜以前，文獻無徵。所賴以僅存者，獨伏羲氏一畫開天、肇啟文明之八卦。因卦而演數，由數而定象，心源萬古，層累衍繹。上古剙世制作之淵源暨其推行之次序，猶得按跡追尋，悉其梗概。故《連山》《歸藏》，文雖久佚，而卦象猶存，均可依建端造始之或子或丑、經卦列首之為艮為坤，以得其綱領所在。而全經意義，亦不難因此類推以得其指歸。然非孔子十翼之傳文，無以證明。惟兩漢易學已無完書，唐宋以後望文生義，象且失傳，數於何有？間有推原河洛、研索數理者，以偏重於五行之生成刑克，而於數理之本體，反昧焉不講；又或以邵子先天數或梅花數惧為易數，於是糾紛淆雜，更難疏解。蓋《皇極》與《太玄》皆極深研幾，精通理數，迺假易以演其自得之數，非以其數注易也。如算學巨子，邃於算理乃自能造法以馭一切，雖與古法同一得數，而方式不相因。若不明算理不辨異同，但求方式執甲馭乙，其能通者鮮矣。易數晦盲，沈沈千載，率由於此。辛齋愚不自量，鑽研蟇藉，偶獲一隙之明，恍然易數非他，與九章十書初無二理，與西來之《幾何原本》及近今之代數、微積，尤一一脗合。古今中外之種種算術，無不根本於河洛之百數、大衍之五十，而古聖人相傳之修身齊家治國平天下之道，無不由於絜矩，即無不以數理為之節度。更悟孔門忠恕一貫之道，皆實有其理實有其數，非空言心性所能了解也。堯之傳舜、舜之傳禹，皆曰天之曆數在爾躬，實古聖帝王相傳之心法。自易道不明，數與理離析為二，數乃流於小道，理亦等於虛車。禮崩樂壞，政失其綱，不得不以申韓名法之術補苴一時。逮名衰法弊，而世道人心遂不可問矣。嗚呼，此豈一朝一夕之故、一洲一國之憂哉？竊恨管窺蠡測，莫盡高深，又迫於憂患，困於升斗，未能洗心滌慮，竭誠致一以從事於斯學，因數明道，發揮十翼之微言大義，以昭示天下，畀古聖人制作之大本大源，一一與天地法象相參證。窮年矻矻，未獲深造。偶有所得，聊自疏錄，以備遺忘。而同志借觀，以為即淺見深，道所未道，慫恿刊布以廣見聞。爰不慚撐陋，櫛比舊稿，以付手民。百丈繭絲發

端於一緒，源泉萬斛濫觴於涓流，歐亞交通，不乏明通博雅之君子，能觸類引伸竟斯大業，以慰余弘願者，不辭衰老，忻然執鞭以從之矣。

杭辛齋　易楔　六卷　存

山東藏 1922 年研幾學社鉛印海寧杭氏易藏叢書本

山東藏臺北成文出版社 1976 年無求備齋易經集成影印 1923 年鉛印易藏叢書本

◎目錄：易楔卷一：圖書第一：太極，周濂溪之太極圖，古太極圖，來氏太極圖，易有太極是生兩儀圖，河圖洛書。易楔卷二：卦位第二：先天八卦、後天卦；卦材第三；卦名第四。易楔卷三：卦別第五：內卦外卦，陰卦陽卦，貞卦悔卦，消卦息卦，往卦來卦，對卦，覆卦，交卦，半對卦，半覆卦，上下對易卦，上下反易卦，互卦，辟卦、月卦，命卦，聲應卦；卦象第六：大象，本象，廣象，逸象，補象，參象，五行象，意象、影象。易楔卷四：卦數第七：先天數，先後天八卦合數，天地範圍數，八卦成列數；卦氣第八；卦用第九：乾坤二用，世卦月卦，月建、積算，八卦五行之用，十二卦地支藏用。易楔卷五：明爻第十；爻位第十一：六位、六虛；爻象第十二；爻數第十三；爻變第十四；爻辰第十五：京氏六爻納辰圖、鄭氏爻辰圖；爻征第十六：六親，六神，六屬；運氣第十七。易楔卷六：正辭第十八：動靜，剛柔，順逆，內外，往來，上下，方圓，進退，遠近，新舊，死生，有無，中，時，位，德，變，通，當，交，幾，至，道，命，理，性，情，教，用，以，之，孚，稱號。

◎題辭：孔子學易以五十，先生五十學有成。文王演易居羑里，先生學成慶更生。易學茫昧幾千載，言數言理漢宋爭。先哲絕學天不絕，先生入獄易再萌。陵谷變遷梟傑出，羅織黨獄囚橫縱。累緤非罪坦然臥（先生於乙卯冬月抗議帝制被捕入獄），晨起張目瞿然驚。李鐵拐街三元店（先生在北京李鐵拐斜街三元店被捕，而獄中老者於旬日前即以竹箸畫字於獄地上曰：李鐵拐斜街三元店。而三元店為先生向所不到之地，是日偶然偕友同往，不一時即禍作，而老者旬日前已識之，其數之果前定耶），炭筆刻畫字分明。有客掀髯猝然問，相見恨晚肝膈傾。為覓替人衍家學，忍死須臾坐愁城。當時生命共如髮，達觀大可齊殤彭。朝聞道怡夕可死，風雨如晦雞自鳴。口講指畫日不足，深夜時雜鐵索聲。先生夙慧幼穎悟，神機妙解泯距迎。景純命盡或尸解，未濟指示悟二程。

環球交通文化進，科學日出彌昌明。先生言易羅萬有，鏗鏗不數楊子行。發揮剛柔變動奧，該括聲光化電精（讀《學易筆談》可見一斑）。青出於藍冰寒水，新說舊解疇抗衡。我來羊城始識面，見面傾倒勝聞名。七月七日乞巧節，玄奧妙理象數呈（先生謂七夕之說出自道家，根於易之象數，特衍其義，見《筆談》二集，皆前人所未發也）。先生降生適是日，後比定庵前康成（前清龔定庵與後漢鄭康成皆於七月七日生）。為作長歌寫心曲，願佐先生晉一觥。戊午七夕，為辛齊先生五十初度，時國會自由集會於廣州，同寓長隄增沙之迴龍社，風雨聯床，昕夕無閒。飫聆緒論，時得忘荃之趣。越年，同人結社曰研幾，請先生講演，纂輯講義，成書若干卷，曰《易楔》。即書此詩簡末，以誌鴻爪。見齋弟秦錫圭。

　　◎序：書之有楔，非古也，迺以楔古聖人之易，無乃不倫？曰：不然。楔也者，契也。上古結繩而治，後世聖人易之以書契，百官以治，萬民以察，蓋取諸夬，夬，決也，故治事察物，非契莫決。後人製器尚象，廣契之用，而楔興焉。工師以一手之力，能正頃仄之巨廈，藉方寸之木能移萬石之輪囷，費力少而程功多者，何莫非楔之用哉。兩漢以來治易者無慮數千家，其書不盡傳，傳者又不可盡讀。其真能發天人之祕奧、得象數之體用者，又輒犯時王所禁忌搜毀，雖藏諸名山，無或倖免。自明永樂定為監本，專取《程傳》《朱義》為矜式，有異辭者即為畔聖，途徑愈隘經義益晦。康熙《周易折中》雖稱漢宋兼收，實偏重宋學。乾隆《周易述》固純取漢儒之說，而簡略殊甚。清初黃梨洲、毛西河、朱竹垞、胡東樵及高郵王氏等，皆極淵博，亦顧時忌不敢昌言，但搜訂逸文纂集訓詁，以資攷證，於精義罕有發揮。道咸而後文綱稍疏，惠氏、張氏專明虞易，而焦理堂之《易通釋》、端木國瑚之《周易指》、桐鄉沈善登之《需時眇言》皆能獨抒己見。端木之書流傳不多，沈氏書最後出，為海內學者所罕覯。學者欲彙集羣言，由博返約，頗非容易。辛齋憂患餘生，學植淺薄，何足妄語高深？幸得師友之助，又藉奔走國事，周歷都邑，廣搜博采，得書日多。昕夕研求，略明塗徑。戊午己未，國會南遷，議席多暇，同人有感於天人之際，非闡明易理無以續垂絕之世道、存華夏之文化，結社講習，號曰研幾。計日分程，競相傳錄。自春徂秋，體例龐具。惟人各載筆，詳略互殊，纂集編訂，裒然成帙，稱曰《易楔》。比年以來，復有增益。同人數數借鈔，恆苦不給。乃醵貲付印，重為排比，分訂六卷，第論卦爻象數名位之方式，為初學讀易之一助。或亦得舉重若輕、事半功倍之效。能用楔者人，而楔

固無與焉，夫烏敢以楔易？壬戌冬十一月朔越五日甲子，辛齋識於津浦鐵路車中。

杭辛齋 海寧杭氏易藏叢書 二十卷 存

山東藏 1922 年研幾學社鉛印本

◎計七種。

杭辛齋 愚一錄易說訂 二卷 存

上海研幾學社 1923 年鉛印易藏叢書本

◎序一：吾海寧彈丸地，百年內得名世者二人焉。前有李紉秋先生善蘭，後則吾畏友杭君辛齋是也。李以算學名，歐美學者未能或之先也焉。著有《則古昔齋叢書》，並譯《幾何原本》後六卷，文筆清剛拔俗，為算學所掩，以諸生薦授工部郎中，充同文館天算教授，俸結與客卿等，都人士皆稱為異數，惜吾不及見。而辛齋則吾兄事者垂四十年，幼同閭閈，初學為文章，即追隨恐後。同應童子試，君五冠其曹，一時杭慎修之名大噪，而君歉然若不足。遊學京師，從陳書玉、李蓴客兩先生遊，充文淵閣校對，得盡窺祕籍。肄業同文館，習天算理化，而學益進。乃盡棄舉子業，以天下之重自任。覺世牖民，鋤奸去惡，直聲震海內。而吾以家貧親老，奉檄江右，風塵僕僕，誦天下何人不識君之句，不禁感慨系之矣。辛亥鼎革，吾亦棄官歸。浙省光復，一夕成功，兵不血刃，而駐防五千人負隅抗命，遂開戰釁。彈雨橫飛，全城震動。或勸增韞修書招降，而使者半途中彈死，書不得達。眾知旂人素重君，環請入營招撫。君慨然無難色。於是效葉公之免冑，馳汾陽之單騎，冒險突入，片語解紛。城市居民得免兵燹禍，君之力也。君未嘗言功，功亦不及。次年當選眾議院議員入都，樸被蕭然，無改書生本色。於是始知君修養之有素，固非純盜虛聲者比也。帝制議起，網絡密布，君負重名，居虎口，人皆為君危，而君夷然不屈如故。吾時宰太康，擬聘君修邑志為避地計，書未發而君被逮之報已至。驚魂失措，顧無可為力。幸吉人天相，轉禍為福。翌年都門握手，恍如隔世。而君室中插架堆案，几席臥榻，無非《易經》，而每出必捆載以歸。賈人叩戶送書者，亦無非《易經》。而君每得一書，必盡閱之，恆達旦不寐。始知君獄中得易學之祕傳，故致力之勤如此。比年以來，中外言易學者必首君無異詞者，千秋不朽之業，與李紉秋先生可謂後先輝映矣。而易道之大非算學可比，則此中又不無軒輊也。吾既不習算，又不知易，何敢

贊一詞？第君之生平，則吾知之較詳，所述雖一鱗一爪，要皆真實無妄，當亦論世尚友之君子所樂聞也歟？民國紀元十有二年春正月，通家弟陳守謙識於京師。

◎序二：《周官》太卜掌三易之法，一曰《連山》、二曰《歸藏》、三曰《周易》。顧炎武氏謂夫子言庖羲始畫八卦，不言作易，而曰易之興也其於中古乎？又曰當殷之末世、周之盛德耶？當文王伐紂之事耶？是文王所作之辭，始名為易，《連山》《歸藏》非易也。而云三易者，後人因易之名以名之也。其說甚是。但既同掌以太卜，又均稱之曰易，而經卦、別卦之數又同，自必同為衍卦之辭，故桓譚謂《連山》八萬言、《歸藏》四千三百言。今雖無傳，而秦漢以前必有其書，且不僅《連山》《歸藏》已也。《周易》之為書亦非一種，餘杭章太炎氏謂《易》之為書廣大悉備，然常用止於別著布卦，與三兆、三夢同掌於太卜。自仲尼贊易而易獨貴，故《六藝略》有《易經》十二篇，《數術略》著龜家復有《周易》三十八卷。此為周世有兩易，猶《逸周書》七十一篇別在《尚書》外也。觀此可知三易源流。《周易》固卜筮之書，而孔子所贊則自為一書，雖具卦爻象數，實所以明道立教，非為占卜之用，故十翼僅大衍一章言揲蓍布卦之方，占事知來，明極數定象之用，此外未嘗一言及於卜筮。而其神妙莫測者，則不言陰陽五行而無一言不與陰陽五行相合，無一言及於氣運飛伏而無一爻不與氣運飛伏相符。此所以為造化之筆，而韋編三絕者也。漢人去古未遠，京、孟所傳卦氣納甲、八宮飛伏，要必有所自。或為《周易》別本，或為《連山》《歸藏》之遺，皆未可知。孔子所謂法象莫大乎天地、懸象著明莫大乎日月者，亦可知古易取象之梗概，京虞之學未嘗或畔於孔子也。魏晉而降漢易浸微，王弼掃象，唐學黜鄭，南宋以後言象數者又雜以《皇極經世》，於是易學遂分漢宋兩派，門戶之見水火日深，千年以來其病未已。有清一代經學稱盛，顧（炎武）、黃（梨洲）、毛（西河）、胡（東樵）諸氏，博極羣書，力闢宋學，足一洗空疏之弊。而邵氏先天之數，雖別樹一幟，而其圖書及先天卦象，要皆與本經說卦及納甲相互證，未可一筆抹煞謂華山道士偽造也。其後調停於漢宋之間稱折中派者，亦鮮有發明。所同病者，以經學道統為頭銜，俯視一切，謂術數小道不足以言易，寧易理之不明，終不願小道異端之分吾片席，為千秋俎豆之玷焉。所謂賢者過之，愚者不及。乾坤簡易之道，百姓日用而不知，先儒固執之咎無可諱焉。《愚一錄易說》兩卷，象州鄭

小谷先生全集經說之一種，其立論皆有根據，不為空談。宗漢而不囿於漢，亦近今易說之善者也。手寫一帙，以實吾《易說叢鈔》，適議政多暇，並附拙見以後，為同學之商兌。壬戌之秋，《學易筆談》《易楔》諸書既先後鑄板以應各方同志之需求，並以此書附印，就正有道。或更能訂吾說所未當，庶刮垢磨光，理以辨而益精，於易學不無微末之畀也。壬戌冬十二月，辛齋識於海上研幾學社。

◎卷一首識語：鄭小谷先生，西南樸學巨子也。與德清俞蔭甫先生，年齒科名相先後者無幾，而文學亦不亞於俞。顧僻處五嶺以南，又不求聞達。名山掌教，不與朝士巨老通聲氣。致江左以北鮮知其名者，所著書亦罕見。余客羊城，於徐君久成處得其全集，高可等身，於羣經諸子皆有論箸，博雅淵懿，各有心得。假讀一過，良愜素心。版本亦佳，坊間存書頗多。余方專事易部，力不能兼蓄羣書。乃手鈔其《愚一錄易說》二卷，間有異義，或意有未盡者，逐條疏訂，並附拙見，以資商榷云爾。戊午冬日，辛齋識。

郝錦 易問 二卷 存

九公山房類稿本

◎一名《九公山房易問》。

◎卷首題：錦于菴父授，侄凝然公求父同述。

◎易問序：嗟乎！易至今日亦大厄哉！蓋其為易有二，在術數家曰吾用以卜筮也，各以其例配定吉凶福禍而已，其於天道人事進退之道，蔑如也。在學士家曰吾用以制舉也，制舉知帖括捆幅耳。夫以一人一目之見，而欲窺經三聖歷三古之義，以風雲月露之裁而欲形協萬類、通三才之奧，其實難矣。不得已又另闢一膚雜畸固之說以便塾師之傳習、文字之格套，于是象與爻異詞、爻與爻異詞、六十四卦異詞、三百八十四爻異詞矣。孔子曰：「八卦而象出其中，極其數，遂定天下之象。」夫使易非象，則捫盤揣盂之智而鏤冰剪綵之誤務也。若象外設象，則又書蛇之足而寫馬之角矣。夫今之所制舉者，皆象外之象也，膚雜而不精潔，畸固而不錯綜，求其因爻定象從象詮理、合於易簡、應乎陰陽，豈不鮮哉？吾友郝于菴，起家《尚書》，尤好讀易。蓋自髫年受易尊公若虛先生，遂殫精積慮，求索之即不至鐵鏑三折、韋編三絕，然亦與年終始矣。而其子若侄輩，又能世其家學，每以所見異同疎密于象數之間。積久成冊，曰《易問》。問也者，有問而後有答也。卦不必全、爻不必

備，隨其所問之易而答之，故曰《易問》也。今讀其書，異者同之，疎者密之，密者疎之，其精潔若金堅玉潤，其錯綜若物遷序代，要期因交定象，從象詮理，而不為膚見雜論、畸情固辭，即崇門與否而述者以豁、執者以通。其正大可以質信往聖，而創關亦可折衷來茲。昔商瞿受易孔子，而其後若橋、若問、若孫、若何，遞相傳授，王弼、鄭玄為尤著。乃若家學淵源，則梁丘賀受京氏易以授其子臨、高相治易以授其子康，而二家之易遂炳若日星矣。于菴之為是書也，不敢泯若虛先生之教，而傳其子若姪輩，殆猶賀之授臨、相之授康歟？其子若姪輩亦不敢泯于菴之教，則又不啻無恤懷簡子之詞、清臣尊黃門之訓矣。他日寓內將豔稱郝氏易，則茲編不朽也夫！龍眠任天成玉仲氏拜題。

◎郝錦，字綱卿，號于菴。安徽六安人。崇禎十年（1637）進士，曾任江西豐城知縣、福建道監察御史，以病辭歸，結廬九公山隱居以終。善書法。又著有《毛詩偶釋》《尚書家訓》《九公山房集》《九公山房帖》等。

郝醴 周易俗說 四卷 存

新鄉藏光緒十三年（1887）鈔本
◎是書由其子繪青繕錄。
◎光緒三年自序略謂：今以俗說說易，不過取俗淺易曉，聊以破村塾之俗談，庶不至視《易》為天書耳。
◎民國《獲嘉縣志》卷十二《人物》：著有《周易俗說》《勸世瑣言》《同山雜俎》諸書。
◎楊彥修序略謂：析義理不鄰腐闊，論象占不涉偽瑣，平淡委曲，纖細畢該，與《八卦餘生》有互相發明處。
◎郝醴，字瑞泉。河南祥符（今開封）人。咸豐壬子舉人。任獲嘉教諭，攝訓導七年。在任二十四年，卒於官。

郝寧愚 易經便覽 佚

◎民國《齊河縣志》卷三十四：《甌香館四書講義》〔註2〕、《易經便覽》、《書經便覽》、《春秋便覽》，右俱郝寧愚著。
◎郝寧愚，字義偁（希柴）。山東齊河人。

〔註2〕一名《甌香館講義》。

郝宜棟 易經解 佚

◎道光《濟南府志》卷六十四《經籍》:《易經解》,齊河人郝宜棟撰。

◎孫葆田《山東通志》卷百二十七《藝文志》第十:《府志》載是書,稱其淹貫五經,於易尤邃。

◎郝宜棟,字丹楹。山東齊河人。乾隆十八年(1753)舉人。

郝懿行 易說 十二卷 存

清華大學藏稿本

北京大學、山東大學、上海光緒八年(1882)東路廳署刻郝氏遺書本

續四庫影印上海藏光緒八年(1882)郝氏遺書本

山東文獻集成影印光緒八年(1882)東路廳署刻郝氏遺書本

◎前有牌記、上諭、奏摺。各卷卷首題:棲霞郝懿行學。

◎牌記:光緒八年十二月由順天府進呈《易說》。東路廳同知郝聯薇恭繕。

◎上諭:光緒八年十二月初六日,內閣奉上諭:前據順天府府尹游百川呈進已故主事郝懿行所著《春秋比》等書有旨留覽。茲復據兼管順天府府尹畢道遠等續進郝懿行及其妻王照圓所著各書,當交南書房翰林閱看。據稱郝懿行覃意纂述,闡明古義;其妻王照圓博涉經史,疏解精嚴等語,郝懿行所著《易說》《書說》《鄭氏禮記箋》、王照圓所著《詩說》《詩問》《烈女傳補註》均著留覽。欽此。

◎奏摺:兼管順天府府尹臣畢道遠、順天府府尹臣周家楣跪奏為照案代進書函恭摺仰祈聖鑒事,竊照升任倉場侍郎、前順天府府尹游百川於光緒七年十二月進呈前戶部主事郝懿行所著《春秋說略》十二卷、《春秋比》二卷、《爾雅義疏》十九卷、《山海經箋疏》十八卷並附《圖讚》一卷《訂譌》一卷,奉上諭:「前據順天府府尹游百川呈進已故主事郝懿行所著書四種,當交南書房翰林閱看。據稱郝懿行學問淵博,經術湛深,嘉慶年間,海內推重,所著《春秋比》《春秋說略》《爾雅義疏》《山海經箋疏》各書,精博邃密,足資考證。所進之書即著留覽,欽此。」仰見聖朝闡明經學,搜採遺編,儒者以為至榮,海內傳為盛事。臣等所屬東路同知道員用候補知府郝聯薇係前戶部主事郝懿行之孫,茲復據郝聯薇將其祖山東登州府棲霞縣廩膳生、乾隆丙午優貢生、戊申舉人、嘉慶己未進士、戶部江南司主事郝懿行所著《易說》十二卷一

函、《書說》二卷一函、《鄭氏禮記箋》四十九卷一函，其祖母登州府福山縣人、戶部主事郝懿行之妻王照圓所著《詩說》七卷一函、《列女傳補註》八卷、《女錄》一卷、《女校》一卷共一函，敬謹繕寫裝訂，稟請恭代呈進。臣等伏察易教書教禮教詩教見天道人事之本原，婦德婦言婦容婦工有往行前修之矜式，今據所著等編，青箱夙守，彤史并詳，幸逢文治之隆，復得成書如右。伏冀上供乙覽，下示千秋，羽翼儒林，將鄭氏之經師踵起，維持坤教，與班昭之《女誡》同傳矣。謹將裝訂成書共六函計二十八本恭摺隨同上進，伏乞皇太后、皇上聖鑒。謹奏。

◎易說目錄：卷一周易上經。卷二周易下經。卷三彖上傳。卷四彖下傳。卷五象上傳。卷六象下傳。卷七繫辭上傳。卷八繫辭下傳。卷九文言傳。卷十說卦傳。卷十一序卦傳。卷十二雜卦傳。附《易說便錄》。

◎易說序：四聖人之書，一言而盡，曰時而已。蓋聖人因時闡易，學者玩義以趣時，雖聖愚異稟，涫漓殊勢，至於會意愜心、考辭尋理，如登周、孔之堂，諄乎臨父兄師保，思何深哉！前世說者，輔嗣稱最。自伊川、考亭發揮六爻，旁通四象，羲皇之旨，曠若發矄矇矣。然程子略象數而言理，朱子主卜筮以明義，大致固已懸殊，矧考亭之學淵源堯夫，其於伊川雖大體紹述，然而同歸殊途，豈易要諸一致？又《本義》之作，其文簡而不煩，蓋將陶鎔程《傳》，瀝液羣言，然在淺學薄權牽義拘文、略窺半豹、坐失全牛者多矣。私竊病焉，爰罔恤蕪陋，竊操學海之蠡，私竄文囿之雉，又復薈萃儒先，汎濫眾說，當其切理厭心一得之愚，輒乃搴其蕭艾，登其荃蕙，雖知取舍乖方，亦復情難自禁者也。昔孔氏疏《詩》，既列己意於前，復取毛傳鄭箋各附篇末，昭其慎也。今用其例，愚說大字單行，其傳義異同用細字夾注其下，以還舊觀。蓋欲竊效沖遠之疏《詩》，終不敢如輔嗣之注《易》。壬子仲冬長至後，郝懿行書。

◎孫葆田《山東通志》卷百二十七《藝文志》第十：是書刊於光緒壬午，由順天府尹進呈，奉旨留覽。經傳次第，悉依朱子所定古本。其訓釋皆博采儒先，折衷程朱而斷以己意，大抵明白簡要，無穿鑿附會之談，亦不雜以術數圖書之說，擷漢宋之菁華而刊其蕪累，誠學易者之津梁也。末附《易說便錄》，則所輯王應麟、顧炎武說易諸條。

◎郝懿行（1757～1825），字恂九，號蘭皋。山東棲霞人。嘉慶進士。官戶部主事。著有《爾雅義疏》《易說》《書說》《春秋說略》《春秋比》《詩經拾

遺》《鄭氏禮記箋》《汲塚周書輯要》《山海經箋疏》《竹書紀年校正》《晉宋書故》《荀子補注》《曬書堂筆錄》《曬書堂筆記》《曬書堂詩文集》等。

郝懿行 易說便錄 一卷 存

光緒八年（1882）東路廳署刻郝氏遺書本

◎錄顧寧人《日知錄》三易、重卦不始文王、卦變、互體諸條及王伯厚《困學紀聞》數條。

郝永青 太極真傳 一卷 存

山東藏清鈔本

何國材 心易圖測 一卷 佚

◎同治《建昌府志・人物志》卷八：著有《心易圖測》《聖學入門》《研幾錄》《左傳經世擇要》等書。

◎同治《建昌府志・藝文志》卷九：《心學釋疑》二卷、《心易圖測》一卷、《研幾錄》一卷、《聖學入門》四卷、《左傳經世測要》八卷（俱新城何國材著）。

◎光緒《江西通志》卷九十九《藝文略》一：《心易圖說》《研幾錄》，何國材撰。

◎何國材，字維楚。江西新城黎川人。諸生。年五十病卒。

何國材 研幾錄 一卷 佚

◎光緒《江西通志》卷九十九《藝文略》一：《心易圖說》《研幾錄》，何國材撰。

何鴻器 述翼 佚

◎民國《南陵縣志》卷三十《人物志・文苑》：著有《周易彙疏》《述翼》《直疑》《易案》《易卦圖說》《塾本古本大學》《古聖學則》《定性書註》《守約編》《續近思錄》《老莊讀本》《南華道經》《艮齋口義》《守齋劄記》《印鴻集》《印泥集詩文》《旁通錄》《衛生集》《雜錄》等書。

◎民國《南陵縣志》卷四十三《經籍志》：《周易彙疏》《述翼》《直疑》《易案》《易卦圖說》《塾本古本大學》《守齋劄記》《古聖學則》《定性書注》

《守約篇》《續近思錄》《老莊讀本》《南華道經》《艮齋口義》《印鴻集》《印泥集詩文》《旁通錄》《衛生集》《雜錄》。

◎何鴻器，號克庵。安徽南陵人。邑廩生。入大學，博覽經史，有會心處輒手錄之。晚年尤潛心性理，以濂洛關閩為宗。

何鴻器　易案　佚

◎民國《南陵縣志》卷四十三《經籍志》：何鴻器字克庵，廩生，詳《文苑》：《周易彙疏》《述翼》《直疑》《易案》《易卦圖說》《塾本古本大學》《守齋劄記》《古聖學則》《定性書注》《守約篇》《續近思錄》《老莊讀本》《南華道經》《艮齋口義》《印鴻集》《印泥集詩文》《旁通錄》《衛生集》《雜錄》。

◎民國《南陵縣志》卷三十《人物志‧文苑》：著有《周易彙疏》《述翼》《直疑》《易案》《易卦圖說》《塾本古本大學》《古聖學則》《定性書註》《守約編》《續近思錄》《老莊讀本》《南華道經》《艮齋口義》《守齋劄記》《印鴻集》《印泥集詩文》《旁通錄》《衛生集》《雜錄》等書。

何鴻器　易卦圖說　佚

◎民國《南陵縣志》卷四十三《經籍志》：何鴻器字克庵，廩生，詳《文苑》：《周易彙疏》《述翼》《直疑》《易案》《易卦圖說》《塾本古本大學》《守齋劄記》《古聖學則》《定性書注》《守約篇》《續近思錄》《老莊讀本》《南華道經》《艮齋口義》《印鴻集》《印泥集詩文》《旁通錄》《衛生集》《雜錄》。

◎民國《南陵縣志》卷三十《人物志‧文苑》：著有《周易彙疏》《述翼》《直疑》《易案》《易卦圖說》《塾本古本大學》《古聖學則》《定性書註》《守約編》《續近思錄》《老莊讀本》《南華道經》《艮齋口義》《守齋劄記》《印鴻集》《印泥集詩文》《旁通錄》《衛生集》《雜錄》等書。

何鴻器　直疑　佚

◎民國《南陵縣志》卷四十三《經籍志》：何鴻器字克庵，廩生，詳《文苑》：《周易彙疏》《述翼》《直疑》《易案》《易卦圖說》《塾本古本大學》《守齋劄記》《古聖學則》《定性書注》《守約篇》《續近思錄》《老莊讀本》《南華道經》《艮齋口義》《印鴻集》《印泥集詩文》《旁通錄》《衛生集》《雜錄》。

◎民國《南陵縣志》卷三十《人物志‧文苑》：著有《周易彙疏》《述翼》《直疑》《易案》《易卦圖說》《塾本古本大學》《古聖學則》《定性書註》《守約

編》《續近思錄》《老莊讀本》《南華道經》《艮齋口義》《守齋劄記》《印鴻集》《印泥集詩文》《旁通錄》《衛生集》《雜錄》等書。

何鴻器 周易彙疏 佚

◎民國《南陵縣志》卷四十三《經籍志》：何鴻器，字克庵，廩生，詳《文苑》：《周易彙疏》《述翼》《直疑》《易案》《易卦圖說》《塾本古本大學》《守齋劄記》《古聖學則》《定性書注》《守約篇》《續近思錄》《老莊讀本》《南華道經》《艮齋口義》《印鴻集》《印泥集詩文》《旁通錄》《衛生集》《雜錄》。

◎民國《南陵縣志》卷三十《人物志・文苑》：著有《周易彙疏》《述翼》《直疑》《易案》《易卦圖說》《塾本古本大學》《古聖學則》《定性書註》《守約編》《續近思錄》《老莊讀本》《南華道經》《艮齋口義》《守齋劄記》《印鴻集》《印泥集詩文》《旁通錄》《衛生集》《雜錄》等書。

何焜 周易集說 佚

◎道光《重修儀徵縣志》卷三十四《人物志》：著有《周易集說》《左氏一得》《四書精萃》《拳石山房制義》《詠梅館試帖》。

◎道光《重修儀徵縣志》卷四十四《藝文志》：《周易集說》《左氏一得》《四書精萃》，何焜撰。

◎何焜，字炳光，號擔雲。以歲貢官淮安訓導。

何泠艮 古本易註 四卷 佚

◎光緒《武陽志餘》卷七《經籍》：《古本易註》四卷、《繫辭傳輯》六卷、《易象注》六卷（並佚），國朝處士何泠艮所撰。

是鏡曰：《易》自漢以來，諸家雜出，求諸畫象之初，愈離愈失。先生特舉羲、文、周、孔四聖之易各自為卷，又輯上下《繫傳》與《說卦》《序卦》《雜卦》諸儒之說，錄其精要者另為一編，使學者知四聖之易何以分何以合，融會貫通，無非欲人求之吾身、反之吾心，則易為吾心之易，而非卦象之易矣。

《經籍錄》：先生初名毓仁，字元植，鼎革後改今名。字宛中，一字中湄，號艮所。武進卜弋橋人。明萬曆間諸生，國朝康熙間卒。有自撰年譜，稱《古本易》作於乙未，時順治十二年也。及甲寅，更就此本為之注，名《四聖易注》。則《古本易注》或又名《四聖易注》歟？是鏡撰傳但稱有《古本易注》

四卷，故從之箸錄。《繫辭傳輯說》年譜作《繫辭傳義》，又云「後入《易傳發明》」，而年譜無《發明》一書，故亦從是氏。《易象注》年譜云始于乙卯成于辛酉，而是氏撰傳無之，今從年譜箸錄。又洪氏《經籍志》載《古本易注》二卷、《繫辭傳輯說》一卷，卷數不符。考是氏撰傳已云未見此書，疑此書佚久矣，卷數之差，或傳聞之誤也。然考《易注》自序，則是氏為可信云。

何泠艮 繫辭傳輯 六卷 佚

　　◎光緒《武陽志餘》卷七《經籍》：《古本易註》四卷、《繫辭傳輯》六卷、《易象注》六卷（並佚），國朝處士何泠艮所撰。

何泠艮 易象注 六卷 佚

　　◎光緒《武陽志餘》卷七《經籍》：《古本易註》四卷、《繫辭傳輯》六卷、《易象注》六卷（並佚），國朝處士何泠艮所撰。

何夢瑤 皇極經世易知 八卷 首一卷 存

　　山東藏光緒十三年（1887）上海校經山房刻本
　　◎光緒《廣州府志》卷九十二：《皇極經世易知》八卷（國朝南海海何夢瑤撰）。
　　◎何夢瑤（1692～1764），字報之，號西池。廣東南海人。雍正八年（1730）進士。歷官義寧、陽朔、岑溪、思恩縣令。嘗主粵秀、端溪諸書院，寓高要最久。精醫。又著有《醫碥》、《本草韻語》、《婦科良方》、《幼科良方》、《算迪》等書。

何其傑 卦氣起中孚圖 一卷 存

　　天津藏光緒十二年（1886）刻景袁齋叢書本
　　◎何其傑，字俊卿。陝西山陽人。同治甲子（1864）舉人，官至內閣中書。又著有《山邑先後加復學額志》一卷、《淮郡文渠志》二卷（與何慶芬同撰）、《景袁齋課藝》三卷（《山鹽阜安四院課藝》一卷、《龍城書院課藝》一卷、《鳳鳴書院課藝》一卷）、《景袁齋叢書》九種。

何其傑 周易經典證略 十卷 末一卷 存

　　光緒十二年（1886）刻景袁齋叢書本

續四庫影印湖北藏光緒十二年（1886）刻景袁齋叢書本

◎序：易象原始，三古聖師。鄭、虞論贊，惠君宗之。旌德補罅，羽斯翼斯。末學越袳，滯固是嘻。勉摭一得，大雅正茲。光緒十一年夏五月，山陽何其傑。

◎凡例：

一、注易之書汗牛充棟，漢宋聚訟，棼焉如絲。末學蒙陋，竊以易之存本因為卜筮之書，自不能舍卦象而專談義理也。是編純以他經解此經，或藉證子史諸集，皆與易義辭異而義同者，或時有採輯，解易各家注釋則列入夾注中。

一、引《易》之書以《左氏》為最古亦最富，編中謹列全段，庶可以觀其象而玩其詞。

一、是編次第悉遵《折衷》，敢云好古，實亦遵王，且惠氏志也。

一、是編雖據惠氏、江氏本，然訛舛雜出，謹更正之。此外蒐採所及，與鄙見合者即存之，均略具苦心焉。

一、是編之末附列四圖，似尚明爽，用便初學省覽。

一、是編本名《證略》，略則不能詳備，舉一遺十，蠡測是譏，維有道教之。

◎目錄：卷一上經。卷二下經。卷三上象下象。卷四上象下象。卷五上繫。卷六下繫。卷七文言。卷八說卦。卷九序卦。卷十雜卦。卷末圖說附。

◎卷末諸圖說：卦氣起中孚圖、納甲值月侯圖、爻辰簡明圖、消息簡明圖。

◎卷末末題：男福震，孫栚／炳／壬森、瀛／桂森，曾孫法庚同校刊。

何琦 易經講義 佚

◎道光《滕縣志》卷八《人物傳》：所著有《易經講義》，錄萃諸家之說，以辨析於一是。又有《周禮／左傳》讀本，兼採眾說，附以己意。

◎孫葆田《山東通志》卷百二十七《藝文志》第十：《縣志》載是書云：錄萃諸家之說，以辨析於一是。

◎何琦，字友韓，號幾軒。山東滕縣人。諸生。與張倬章為道義交。著有《易經講義》《周禮讀本》《左傳讀本》。卒年九十二。

何秋濤 周易爻辰申鄭義 一卷 存

湖北藏光緒五年（1879）淮南書局刻一鐙精舍甲部稿本

山東藏光緒十四年（1888）上海蜚英館石印續經解本

山東藏光緒十四年（1888）江陰南菁書院刻皇清經解續編本

山東藏臺北成文出版社 1976 年無求備齋易經集成影印光緒十四年（1888）江陰南菁書院刻皇清經解續編

山東藏臺灣新文豐出版公司 1983 年大易類聚初集影印光緒十四年（1888）刻皇清經解續編本

續四庫影印湖北藏光緒五年（1879）一鐙精舍甲部稿本

◎卷首云：易之取象于互卦消息者，鄭與諸家同。至以爻辰為說，則康成之所獨。元和惠氏、嘉定錢氏、武進張氏皆有纂述以明其義例，溯其源流。高郵王氏、江都焦氏獨起而攻之，抉剔訿瘢，摧堅陷銳，比於《箴膏肓》、《發墨守》，可謂辯矣。竊意易涵萬象，不可執一，爻辰之法於古必有所受，推之鐘律攷之次舍往往相協，則鄭之立義不可誣也。特其書殘闕，徒見於諸家所援引，或不免有迂曲穿鑿之處，諸儒攻之，誠中其短。然自輔嗣易行，鄭學久已微絕，蒐采者有古誼于千百，夏鼎商彝，固不以剝泐譌闕見棄矣。因補苴罅漏，設為問答，以窮二家之辨。要知于易之正義非徒申鄭，亦竊效筦闚云爾。

◎其末云：是知高密論易理象兼賅，其言爻辰也，譬之納甲、卦氣，不可盡廢，而亦不可專用，在善學者擇取之耳。然則攻爻辰之說以為無與于經者固未免于矯枉過正，而執爻辰之說欲強經義以從爻辰者亦皮傅之學，豈真知康成者哉？

◎文後有《爻辰圖》並《圖說》。其《圖說》云：定宇惠氏以爻辰及值宿分為二圖，皋文張氏合而為一。今按惠圖太略，張圖增之是已。然攷鄭康成傳費氏易，費氏有《周易分野》，書雖不傳而《晉書・天文志》注及《開元占經・分野略例》皆引其宮度之說，自應據以立圖。張圖乃用陳卓所定宮度，既在費氏之後，又乖鄭君之恉，於義未安，今故改定茲圖。其《八卦八風方位易明圖》不復載，增十二次之名，與鐘律節氣相比附，庶使鄭氏一家之學瞭若眂掌。覽者詳之。

◎黃彭年《陶樓文鈔》卷七《刑部員外郎何君墓表》：道光中京師言宋學者則有倭文端公、晉文正公、何文貞公、吳侍郎廷棟、邵員外懿辰、丁郎中彥

傳，言漢學者則有何編修紹基、張州判穆、苗貢生夔及君鄉人陳御史慶鏞，言古文詞者則有梅郎中曾亮、朱御史琦、王都御史拯、馮按察志沂。君專精漢學，而從諸公游處未嘗以門戶標異。其於經史百家之詞、事物之理考證鉤析，務窮其源委，較其異同而要歸諸實用。

◎何秋濤，字願船。世居福建光澤福民坊。年二十舉於鄉；逾年試禮部，為貢士；又逾年殿試，授刑部主事，益廣交游博覽強記，學乃大進。又著有《孟子編年考》、《朔方備乘》八十卷（再燬於火，終未能存世）、《尼布楚城考》、《王會篇箋釋》、《元聖武帝親征記》、《禹貢鄭氏略例》、《津門客話》、《一燈精舍經釋》、《一燈精舍文集》、《一燈精舍詩集》、《一燈精舍甲部稿》。

何榮袞　來易考辨　佚

◎民國《宿松縣志》卷四十二下《篤行》：著有《觀星圖說》《來易考辨》，宣統間遭洪水漂沒，士林惜之。

◎民國《宿松縣志》卷四十二下《篤行》：何榮袞，字士貞。安徽宿松人。附貢生。品端學粹，為文淹博，教授蘄宿間，名噪甚。著述宏富，嘗纂《叢善堂警心編》梓行勵世。

何圖書　周易銘　佚

◎同治《彭澤縣志》卷十一：解任歸，杜門著述，有《明察須參》《經務通旨》《天涯識路》《石麓溪聲》《周易銘》等集，郡邑受業大司成王傳為之序。

◎同治《九江府志》卷三十五《儒林》：著述有《明察須參》《經務通旨》《天涯識路》《石麓溪聲》《周易銘》等集。

◎何圖書，字學傳。江西彭澤人。貢生。官江西鉛山訓導。勤於植品，以古人自律。又著有《經務通旨》《明察須參》《天涯識路》《石麓溪聲》等。

何焞彥　易經遵孔八晳類稿　十二卷　存

清華、四川藏光緒七年（1881）四川南部何氏湖北巴東刻本〔註3〕

◎易經遵孔八晳類稿序：六經皆聖言之籍，其體乎道則同，其為教則各

〔註3〕前有光緒二十一年武陵王以敏《魂北集序》。

有其旨。《易》之為書也，文王蓋取諸伏羲畫卦而觀象繫辭焉。伏羲之畫卦也，通天地，畫人事，括萬類，其用無方，其旨不可得而幾也。文王取諸卦象爻象繫辭焉，以類其吉凶，其用大，其旨遠，然而其所為書則卜筮之書也。古之有大事必卜，有疑必卜，兩可必卜，慎之也，決之也，從乎神之，命以安其命也，燭乎萬幾、定乎萬事也，一其心志也，以全乎德也。易之為用大矣，蓋如是焉爾。周衰，聖後荒亡於秦，錯亂於後代，漢人釋之，擇焉不精，解焉不詳。晉尚元虛，襲老而歸儒。傳而至於宋，則一主於義理之說，虞氏六籍混同，聖言汎濫，引乎修身治世之教。經不必有可訓通，可謂明易道之體而不達易書之用矣。渺搜幻涉，隱求旁鑿之徒又從而恠雜之。然則後之學者，其孰從而遵旨，其孰從而解惑之？彥宣何子研易之道，究乎百家，不可得者三十年，而後憬然曰：易書者，聖人設卦觀象繫辭焉而明其吉凶者也，孔子固有明訓矣。於是攷策稽辭，著為《易經遵孔八晢類稿》八卷，正為卜筮之書究乎羲卦文辭之旨、申乎吉凶悔吝之說、本乎卦爻之位，以明其象。原乎六書之義以釋其文，一遵孔子之訓以明易書之旨。隱幻旁渺之跡、錯雜汎濫之辭，悉掃而空之，於是乎聖人設易之教，微而顯焉，曲而著焉，若几楊列於宮中，而蔬食陳於席上，可日用而飲食之也。雖不敢謂纖悉皆合乎聖言，然而其義則得矣。可謂當仁不讓，有功聖經也。今夫聖人之道洞幽致微，而不出乎物類人事之理者也。聖人之言，旨深意遠而不出乎匹夫匹婦之情者也。所可以為天下法也，所可以為萬世學也。若必艱深其意而恍惚其詞，使莫求乎其際以成其高也，則將焉用彼語也？！是豈文王孔子之經哉？世有學士，覽何子之所晢，肯非予言？光緒九年歲次壬午秋八月，崇慶朱淑澤晦子序。

◎自序：《易》非專尚理數之書，乃言象而備乎筮占者，當名辨物以彰往察來者也。然其象非漢人消息、納甲、卦變、爻辰諸說，乃卦爻一定之象，為萬事萬物之所常有者。苟明乎此，則不必言理數而理數自在其中。蓋天地人物事理時數皆在象之中也，故一象具賅萬象焉。又非漢宋人之所謂理氣象數也。則《易》之為書也，豈僅理數云乎？《論語》云《易》為寡過之書，蓋以夫子五十學易之說言之；又云為卜筮之書，卜筮則則誠卜筮矣，亦豈奇門六壬太乙諸占所可同年語哉？然則《易》之書維何？曰聖人明天道察民故於天人相與之際、吉凶悔吝之機，析其微芒而徵其符合，乃藉天道以明人事，欲天下萬世皆盡人之事，以合天之道而咸歸於中正焉。故觀其會通，行其典禮，

直以易筮掖其窮理盡性以至於命耳。否則亦不失為君子，必不至陷入於小人，此易之教也，亦即易之學。自文王興易書，周家八百餘年，文人輩出，學易者不知其凡幾，乃今載於《左氏傳》者，猶無一能識其意蘊，況後世乎？我夫子以天縱之資，集大成之聖，稽文王易書所有之類，言其正象，又言其貳象，欲人識化裁推行焉，可謂不厭詳盡矣。乃後之說易者，一病於漢人之文辭龐雜而出乎易之外，再病於宋人之平正通達而浮於易之中。而漢易之弊流為讖緯術數，宋易之弊流為方技釋老，遂使明白了當、修身事親、知人知天之學，內聖外王之道，幾等於無用焉。徒使天下士詫為神奧難知，而易之教遂不明不行。嗟乎！是豈但焦、京、王、韓之咎哉？或曰：「以子之言，然則《易》與四子書異乎？否乎？」曰：是則同者也。苟深悉四子書之道，果身體力行而有得焉，至誠亦自然如神矣，不必以易筮為占也。否則欲入聖賢之域，或力有所不及、智有所不逮，有所疑焉，然後取決於易筮也。故夫子曰以通天下之志、以斷天下之疑、以定天下之業。雖然，書名曰《易》，其實非易易者也，夫子又曰：「聖人以此洗心退藏於密，吉凶與民同患，然後神以知來，知以藏往。」非倖致也，故又曰「其孰能與於此哉」，古之聰明睿智神武而不殺者夫！此神而明之，存乎其人，默而成之，不言而信，存乎德行之所以難也。果臻乎此，則我夫子從容中道之境、從心所欲不踰矩之境矣。然此境豈易至哉？故果明乎易之道者，達則為聖賢之君相，窮亦為聖賢之師儒也。或又曰：然則易即《大學》格致誠正修齊治平之書乎？曰：此猶其大略也，於《中庸》《論》《孟》《詩》《書》《春秋》《禮》《樂》，以及歷朝之史冊、昭代之憲章，凡德教之所施、政令之所措，無乎不括焉，故無乎不可筮。即下而至於瑣屑細微，凡有關乎吉凶悔吝之正者，文象爻辭之象皆可開而化裁推行之，無不受命如響焉。故夫子又曰：「百姓日用而不知故，君子之道鮮矣。」此易書之道所以於至當之中而寓其至神者也。然則漢易之穿鑿，雖言災異以警人主，非易義也；宋易之醇正，雖言道德而多泛論，亦非易旨也。至於諸圖數則，莫不徒假易之名焉，吾皆不敢取。焜髫年聞先叔父談卦畫奇偶即九六，即有志窮易，乃始讀朱子《本義》而苦之，不過苦其不解象耳。繼讀來氏《集註》，而仍苦焉，又苦其牽強於象也。繼又讀邵子《皇極經世書》，鑽研一年餘，始驚其繼，繼知其泛，再則掩卷啞然也。又繼乃寢饋四庫經子部諸易說，又搜覽各省諸易注凡四庫之所未收者，如是者三十年，乃憬然焉。於是專究心於羲之畫、文之辭、孔子之言，而此中乃豁然矣。光緒己卯夏，焜由粵西解組還次巴東，

晤朱晦子大令。晦子喜我之學而助我之成。客其署年餘，安閒無一事，遂以所得者著為此編，書成，題其名曰《易經遵孔八晢類稾》。蓋即例圖象數占疏學集八者，非敢云著作也，亦非好與先賢辯也，不過欲與博於易而有疑者，以孔子之言共質焉。苟堅執漢宋門戶之見，或確守陳、邵、李、楊及各家宗派而深信不疑者，觀此其亦廢然返乎？倘由是而之焉以共造其極，則凡天下之占吉凶者皆莫不潛移默化而歸於中正，以仰副我朝文治之昌，主經學之教，懿乎鑠哉，萬世大同矣。是為序。光緒七年歲次辛巳，南部何焜彥宣氏自識於巴東縣署。

◎易經遵孔八晢類稿全部目錄卷之首：

自序、例晢、圖晢、象晢、數晢、占晢、疏晢、學晢、集晢。

例晢卷之一：易經例晢、遵孔例晢、八晢例晢、文興易書例晢、三十并三十四序重卦象畫文彖爻辭命例晢、重卦象畫例晢、重卦象文辭命例晢、重卦象彖辭命例晢、重卦象爻辭命例晢、占用九六象辭命例晢、孔子易書稽類言例晢、稽類正言例晢、稽三十并三十四序重卦象畫文彖爻辭命類正言例晢、稽類貳言例晢、稽重卦象文序類貳言例晢、稽重卦象文盪類貳言例晢、稽重卦象彖類貳言例晢、稽重卦象爻類貳言例晢、稽八卦列象類貳言例晢、稽六爻位類貳言例晢、稽易象擬議類貳言例晢、稽易象筮占類貳言例晢、稽乾坤二卦象類貳言例晢、稽震巽六卦象類貳言例晢、稽易制器象類貳言例晢、稽易德業象類貳言例晢。

圖晢卷之二：易有太極圖晢、是生兩儀圖晢、兩儀生四象圖晢、四象生八卦圖晢（太極兩儀四象八卦爻畫晢附）、參伍錯綜通變極數圖晢、數往知來卦位順逆圖晢、八卦成列圖晢、六爻定位圖晢、天地位數相得各有合圖晢、水火交卦相逮不相射圖晢、晝夜圖晢、始終圖晢、乾坤闔闢圖晢、天地施生圖晢。

象晢卷之三：原備象晢、要備象晢、擬備象晢、成備象晢、變備象晢、通備象晢、鼓備象晢、舞備象晢、摩備象晢、盪備象晢、出備象晢、入備象晢、承備象晢、敵備象晢、與備象晢、中備象晢、爻備象晢、本備象晢、定備象晢。

數晢卷之四：天地數晢、陰陽數晢、卦爻數晢、虛位數晢、大衍數晢、筮策數晢、參伍數晢、參兩數晢、寒暑數晢、闔闢數晢、乾卦數晢、坤卦數晢、坎卦數晢、離卦數晢、震卦數晢、艮卦數晢、巽卦數晢、兌卦數晢。

占晢卷之五：楚動占晢、二動占晢、三動占晢、四動占晢、五動占晢、上動占晢、動貳占晢、動參占晢、動肆占晢、動伍占晢、皆動占晢、不動占晢、化裁占晢、推行占晢、極深占晢、研幾占晢、當名占晢、辨物占晢。

疏晢卷之六：文興易書、三十序重卦象畫文彖爻辭命疏晢。

疏晢卷之七：文興易書、三十四序重卦象畫文彖爻辭命疏晢。

疏晢卷之八：孔子易書稽類言、稽類正言、稽三十序重卦象畫文彖爻辭命類正言疏晢。

疏晢卷之九：孔子易書稽類言、稽類正言、稽三十四序重卦象畫文彖爻辭命類正言疏晢。

疏晢卷之十：孔子易書稽類言、稽類貳言、稽重卦象文序類貳言疏晢、稽重卦象文盪類貳言疏晢、稽重卦象彖類貳言疏晢、稽重卦象爻類貳言疏晢、稽八卦列象類貳言疏晢、稽六爻位象類貳言疏晢、稽易象擬議類貳言疏晢、稽易象筮占類貳言疏晢、稽乾坤二卦象類貳言疏晢、稽震巽六卦象類貳言疏晢、稽易制器象類貳言疏晢、稽易德業象類貳言疏晢。

學晢卷之十一：聖功學晢、神德學晢、天道學晢、民故學晢、講習學晢、觀玩學晢、惕厲學晢、修省學晢、有恆學晢、不殺學晢、樂天學晢、知命學晢、洗心學晢、藏密學晢、敬天學晢、尊祖學晢、繼善學晢、成性學晢、崇德學晢、廣業學晢、言行學晢、飲食學晢、敦仁學晢、合禮學晢、和義學晢、周知學晢、忠信學晢、廣大學晢、閑邪學晢、存誠學晢、修身學晢、正家學晢、愛人學晢、育物學晢、師保學晢、君臣學晢、父子學晢、兄弟學晢、夫婦學晢、朋友學晢、童僕學晢、媵妾學晢、禮樂學晢、刑罰學晢、征伐學晢、祭祀學晢、耕耨學晢、田漁學晢、關市學晢、喪葬學晢、婚遘學晢、出處學晢、文章學晢、制度學晢、獄訟學晢、書契學晢、鬼神學晢、財貨學晢、天文學晢、地理學晢、鳥獸學晢、草木學晢、器用學晢、宮室學晢、邦國學晢、山川學晢、除惡學晢、尚賢學晢、補過學晢、崇功學晢、遠害學晢、興利學晢、保民學晢、懷遠學晢。

集晢卷之十二：周人易說集晢共七則、漢人易說集晢共十八則、吳人易說集晢共二則、魏人易說集晢共四則、晉人易說集晢共四則、宋人易說集晢共二則、齊人易說集晢共一則、後魏人易說集晢共二則、後周人易說集晢共一則、隋人易說集晢共一則、唐人易說集晢共七則、後蜀人易說集晢共一則、宋人易說集晢共七十一則、元人易說集晢共二十四則、明人易說集晢共

二十七則、國朝人易說集晢共四十三則。

　　◎摘錄《易經遵孔八晢類稿》卷一首：孔子之時《易》猶簡，自秦禁挾書，天下爭藏之。至西漢，《易》始出，然編者多失次，以孔言證之，固知之。《釋文》云：「秦燔詩書，《易》以卜筮者獲免。」陸氏信古太過，不足據也。果爾，則漢易有書自田何始，又何說耶？否則祖龍一炬，其意何居？況《易》能知來，豈獲免耶？故不得不更正之。惟是古今書籍，其首多有凡例之條，茲所正定者，欲明其遵孔之由，不能不詳言其所更正之故。欲疑易者一見即知，不復以聖人之《易》為難解之書，亦不致次第卒讀，猶妄加予以改經之罪。又非尋常凡例體寥寥數十語所能盡，用仿張守節《論例》、王輔嗣《略例》作《例晢》。

　　◎摘錄《易經遵孔八晢類稿》卷二首：漢人之易無圖，有之，皆後世為之者。自魏伯陽以易談丹、以圖談易，於是宋以來圖易者日多也。然而紛紜萬變，幾乎牛鬼蛇神矣。最可異者，太極河洛先後天諸圖，憑虛鑿空，與易義顯背而不知，崇之者奉為神明，和之者又深信不疑而發明之。苟叩其妙用之所在，彼亦不能久信也。惟俞氏琰《易外別傳》，以先天圖發明丹旨，猶為不失其本，蓋先天圖本丹家學也。胡朏明《易圖明辨》專攻以圖談易者，真卓識矣。茲所正定者，本不欲圖，無如舊諸圖說有太泛濫者，不得不仍以圖說之。蓋圖可也，妄圖不可也，用仿陳希夷圖方圓、朱子發圖叢說，作《圖晢》。

　　◎摘錄《易經遵孔八晢類稿》卷三首：文王作易，像象之由，孔子言之已詳矣。讀孔子「雜物撰德，非中爻不備」之語，可知文王卦爻之象亦一言以蔽之曰備而已矣。然備者非他，即「六爻相雜，唯其時物」及「六爻發揮，旁通情也」之義。不過未分類指示，僅散見於稽類貳言中耳。學者不察，不易識也。熟於六十四卦三百八十四爻固確有可憑，不誣也，苟不知形容物宜之意，則有如來氏瞿塘錯綜變化之失，與漢人消息卦氣納甲卦變及五行生剋之失適相等。今正定之，特將文孔擬形容象物宜之所以然詳細拈出而類以明之。用仿孟長卿說卦逸象、荀慈明九家補象，作《象晢》。

　　◎摘錄《易經遵孔八晢類稿》卷四首：易中雖亦言數，然自有所謂數者各不相同，其言數也，經文班班可指，非如後世之所謂數焉。漢易雖言象數，然言象者多言數者少，不過就卦爻言之，亦漫不經心於數耳，詎若宋以來諸儒先天後天之數、河圖洛書之數及《皇極經世》與夫《三易洞璣》之數之類，

徒借易之名而出乎易之外乎？今正定之，特將易中所言之數一一拈出，分類編列，欲疑易者知易中之數不過如是。文孔皆重象不重數，雖孔子曰「極數知來」，亦僅言十有八變耳，其所以遠近幽深，感而遂通，足以察來而彰往者，非數也。用仿邵康節運世數、黃道周世運數作《數晢》。

◎摘錄《易經遵孔八晢類稿》卷五首：宋人筮儀所謂分揲卦扐及十有八變諸說，與聖人頗合。又云陰陽之少者不變老者乃變，其義雖是，而其語則仍蹈襲漢人也。蓋文孔並無老變少不變之說，惟云九六則動焉。若宋人之占斷則更非焉者也，朱子《啟蒙》占斷之法亦非，而明人韓邦奇所立新法，其全變不變及一爻變者，仍遵舊法；餘則二爻變至五爻變則別創一法。然亦未當，不足據也。予屢占而斷之，從未能受命如響焉。今正定之，特將文孔占斷之蘊分類詳載，欲疑易者將有行為而以言問之，遵周、孔之旨，依問者之言以文象爻象或正或貳斷之，莫不能知未來者。用仿沈該筮例、程迥古占法，作《占晢》。

◎摘錄《易經遵孔八晢類稿》卷十一首：易之學亦多端矣，然大要不過由賢希聖、由聖希天，知來物以寡過而已。雖所重者在乎泛覽經史子集九流百氏，然尤宜熟於天道地宜人情物理，乃專習易，而習易之功，又宜盡知自周至今各家易說，剖其是非，辨其宗派，然後一遵孔子之言以釋羲、文之旨。此中乃確有所憑，否則學如未學業。今正定之，特將易中文孔之學從略撿出，並將他經中有理義與其相同者，略為比附於其後，欲疑易者力學乎此，有所遵循，身體力行之外，凡古今典籍無不當博覽而周知，物情時務無不當詳明而絟練。昔人云：「一事不知，儒者之恥」，予謂學易亦然。蓋非此則筮斷不精，亦不知易為教世書也。用仿程子《易傳》、朱子《本義》，作《學晢》。

◎摘錄《易經遵孔八晢類稿》卷十二首：易自文王以後孔子以前，迄今三千餘年，能解文王易者惟孔子一人；能解文孔易者百無一二。自周以來，眾說互殊，皆抵死不得其旨。言象有流弊，因改而言理，又言史、言事、言道、言禪、言術、言數者不一而足，雖間經名賢之品題，謂某某數驗、某某理正，大半皆強為之說也。今正定之，將自周至今說易各家撮其大要，指其小疵，並謹遵《簡明目錄》所考論，稍變其體例，欲疑易者逐一觀之，不惟古今易說，便於省覽，亦相形之下，方識《遵孔》解易之確。其餘諸史所載百家所紀，有引用易語而無所發明者，或傳其易說僅言卷帙不知宗旨者，又乾隆後

沿襲漢宋輯著成書，猶未收四庫者，概從略。用仿晁公武《讀書志》、陳振孫《書錄解題》，作《集晢》。

《易經通註》，順治十三年大學士傅以漸等奉敕撰。世祖以永樂《易經大全》繁而可刪、華而寡要，因命以漸等刊其舛譌、補其闕漏，勒為是書。

《日講易經解義》，康熙二十一年大學士牛鈕等奉敕撰。用宋代經筵講義之體，發揮要旨，疏通證明，不取莊老之虛無，亦不取焦、京之術數，惟即辭占象變敷陳人事，以明法天建極之實功。御製序文特揭以經學為治法之義焉。

《周易折中》，康熙五十四年大學士李光地奉敕撰。自董楷析朱子《本義》附於《程傳》，十二篇舊第復淆。是編恭稟聖裁，改從古本，足正千古之譌。大旨根據程朱而參考羣言，務求至當，實不偏主一家，允為說易之準繩。

《周易述義》，乾隆二十年大學士傅恆等奉敕撰。以本御纂《周易折中》而推闡之，故名《述義》。大旨謂易因人事以立象，故不涉虛渺之說與術數之學，其觀象多取於互體，尤能發明古義，漢易宋易至是而集其成矣。

焻謹按我朝文治之盛、經學之昌，實前代所未有，列聖易說尤邁隆古。攷《崇文書目》以唐太宗文冠其首，本尊尊之體宜然，因仿之，弁我朝三聖之易教為海宇萬世之法守焉。

◎摘錄《易經遵孔八晢類稿》評《四庫》經部易類：自周漢至於今，說易者無慮數百家。國朝《四庫》所錄者猶百七十餘家，自世有漢學、宋學之分，於是有漢易、宋易之別，謂漢易主象、宋易主理、邵易主數，又有漢易、魏易、晉易、唐易、宋易五易之稱。不知漢易著象，於義、文、孔子之旨相去固尚遠也。自王弼改言理，後之宗王者舉此則遺彼，舉彼則遺此，相去益非近矣，而邵子之言數則更甚焉。朱子《啟蒙》示人，不必以孔子之易為文王之易，將《本義》前圓圖、方圖反復玩味，無惑乎？學易者雖窮極《四庫》易說，而終身不能入易之門也。

◎何焻彥，字彥宣。四川南部縣人。

何文綺 周易從善錄補註 佚

◎何文綺（1779～1855），字樸園。廣東南海煙橋人。嘉慶十五年（1810）舉人、二十五年（1820）進士。官至兵部主事，因修築桑園圍出力，加員外郎銜。道光二十二年（1842）主粵秀書院，成就眾多。咸豐初，與兩廣總督徐廣

縉論事不合解職。又著有《四書講義》《課餘彙鈔》。

何焱 讀易見心 佚

◎民國《順德縣志》卷十四《藝文略》:《讀易見心》（國朝何焱撰）。

◎何焱，字筆山。廣東順德龍山人。太學生。

何詒霈 易經酌注 六卷 存

遼寧藏清鈔本

◎一名《易傳酌注》。

◎光緒《正定縣志》卷三十九《文學》:及老猶手自著書，有《四書酌注》、《易經酌注》、《書經酌注》、《詩經酌注》、《成周徹法演》、《儒醫圭臬》、《碧霞齋制藝》、《古籐軒制藝》、《課徒草》、《文心針度》、《古文傳贊》數十種藏於家。

◎何詒霈（1779～？），字春渠。河北正定人。榆林知府何夢蓮子。嘉慶甲子鄉試中舉，乙丑連捷以第十七名魁會榜，即用知縣改就教職，銓河間教授。精醫術。又著有《書經酌注》、《詩經酌注》、《成周徹法演》四卷、《擬陰騭文試帖》等。

何詒霈 易圖酌說 三卷 存

遼寧藏清鈔本

何毓福 古本易鏡 十一卷 存

國圖、北大、復旦、上海、南京、山東、天津、陝西、中科院藏光緒十年（1884）何錫園家刻本（1931年陳震福跋）

臺灣文聽閣圖書有限公司2010年起林慶彰主編晚清四部叢刊本

◎一名《周易鏡》。

◎古本易目:上經（一卷）、下經（一卷）、彖傳上（一卷）、彖傳下（一卷）、爻傳上（一卷）、爻傳下（一卷）、文言傳（一卷）、繫辭上（一卷）、繫辭下（一卷）、說卦傳（一卷）、序卦傳（一卷）、雜卦傳（一卷）。

◎易鏡總目:序例圖說（一卷）、上經（一卷）、下經（一卷）、彖傳上（一卷）、彖傳下（一卷）、爻傳上（一卷）、爻傳下（一卷）、文言傳（一卷）、繫辭上（一卷）、繫辭下（一卷）、說／序／雜卦傳（一卷併）、學易管窺（二卷附）。

◎凡例：

一、易鏡要旨：聖人知天地人本一氣所貫通，先天至善渾全，何憂何患？後天善不善殊，憂患乃起。非順性命，奚由免之。乃探原於圖書太極，得五中歸一之旨。地二之心，納乾一之性：一六智、二七禮、三八仁、四九義、五十信，倫敘即由此生，五行立命，五德為性，五倫為道與教，萬古不磨之鏡以開，此卦所由畫與重、彖爻十翼所由作也。隱怪者無足論，即凡天文地理、卜筮算數、律呂陣圖，皆枝葉耳。舍其本而末是圖，無乃傎乎？是註發明四聖救世深心，餘概無取。

一、取象根據：朱子曰：「惟先見象的當下落，方說得理，不然事無實證，虛理易差。」此誠確論。象失自漢，後之求者，如虞仲翔、來翟塘諸家，類取飛伏、納甲，假借古字諸說，參互以求合，強經就我，終不自然。不知取象根據，不出兩儀四象、卦畫各爻之間。取象由說卦來，庶不落前人求象窠臼。

一、講易徵事：易之取象，具眾理，賅萬事，細尋微意所在，乃得圓光。若舉事以徵之，無論牽強合象義難明，即吻合亦挂漏，則諸家徵事之說可按也。是書概不徵引，以存潔淨精微之真。

一、漢宋註易：經賴漢儒傳、宋儒明，厥功偉矣。惟《易》不然。鏡與象失自漢，易遂不明，固宜傳派棼如，不為元渺災祥即為黃老。至宋並象不求，直是暗中摸影，以後說愈多易愈晦，奚取焉。惜後人不學，無由至古人未至之境，適如矮人觀場，莫辨是非，不為漢蔽即受宋蒙，訛以傳訛，遂成千古不解之大惑。先儒有靈，在天得無隱憾耶？余好讀漢宋諸賢遺書，獲益多，疑亦不少。竊念道為公器，是非有真，於易隨觸以正其訛。舊有句云：「學無漢宋」，惟求是，並非好指摘也。不受古人欺欺後人，前後賢應共鑑之。

一、註易異同：易賅萬端而確有一是，註惟折衷四聖，無苟同見，無立異心，自河洛至十翼，求真命脈，一錢穿成，不使有毫髮紊，將二千餘年所失之鏡與象一洗出之，敬質四聖而俟將來。不辨異同，免滋聚訟。

一、註關學識：易道無窮，學識有限，以有限索無窮，不及，勢也。即此二十餘年以自衡，後十年之識力，較前十年差強，近兩年識力又較前二十年差強，故是註數易稿而未敢遽定。今氣漸衰，學不加進，粗訂成帙，願就有道者正焉。

◎易例：

一曰體。分陰分陽，乾得純陽，坤得純陰，六子各得一體，重為六十四卦，又各具一體也。

一曰象。天地水火風雷山澤也，推之六十四卦三百八十四爻，其取象之妙，微會之各有真也。

一曰材。剛柔之謂材，六十四卦各有所取。

一曰德。乾健坤順，餘卦可類推。

一曰時。盈虛消長之差，三百八十四爻各有所值也。

一曰位。六畫卦，初二地位，三四人位，五上天位。三畫卦，初地位，二人位，三天位。爻位五為君，四為近君大臣，三次之，二為正應之遠臣，初與上無位，非無陰陽之位，無臣位也。其初與上為卦主者，位又獨重。

一曰中。爻中惟二與五合之，故卦以中為最重。

一曰正。爻中以陽乘陽、以陰乘陰，為正。陽乘陰，雖失正，尚不至凶。陰乘陽為大不正。

一曰承。以下承上曰承，初承二，下可遞推；以剛承柔、以柔承剛皆吉。剛承剛多悔，柔承柔非吝即凶。

一曰乘。以上乘下曰乘，以剛乘柔、以柔乘剛皆吉，以剛乘剛、以柔乘柔非悔即吝。

一曰比。彼此相近為比，剛比柔、柔比剛皆吉，柔比柔非吝則凶，剛比剛則悔。

一曰應。內外相援為應，初應四、二應五、三應上，內柔外剛、內剛外柔皆應也。若內外皆剛皆柔者，為無應。

一曰變。陽交陰，隨生而變，不動則不變。

一曰化。陰交陽，合同而化，不靜則不化。

一曰包卦。六十四卦除乾坤互包外，餘卦中四畫皆包二卦，所謂非中爻不備者，此也。

◎衛榮光序：余服官山左時與松亭同年同官一省，以道誼相切劘。別後十餘年，余奉命撫吳，閱三載，其哲嗣錫園從迦河寓書抵余，以松亭同年所著《易鏡》十一卷見寄，並乞序言。余與松亭同年交最久，奚敢以不文辭。竊謂易之道，孔子十翼之言盡之矣。易者隨時變易以從道，故孔子定之以中正。以二五為中之象，以陰陽當位為正之象，非中正無以明乎吉凶悔吝之理。蓋

吉則一，而凶悔吝居其三，君子修之吉，小人悖之凶，而情偽之相感、動靜之相乘、陰陽消長之盈虛、順逆往來之知數，不有中正之吉，何以知失中之凶、過不及之悔吝哉？自漢以來，古本為費氏、鄭氏所亂，後世因之。言易者，田何以下，則人人殊，雖各有所見，然如荀、虞之徒，象外生象，穿鑿附會，而易理愈晦。及至王輔嗣之掃除榛蕪，程《傳》出而大義顯，而《本義》同時並傳，於是說易者專言義理，而於聖人設卦觀象之義或又略焉。松亭同年之書，以聖人一中之言為本，詮發十翼之聽無遺。言象不墮夫翳障，言理亦不涉於幽渺，而爻辭卦義曲暢旁通，串如貫珠，不煩言而解，恂後學之津梁、藝林之秘笈也。觀其所注，多與先儒舊說融會貫通。自言讀易注多至百數十家，信不誣也。昔杜征南注《左傳》，頗采賈、服之說以集大成，至今習《左氏》者首推杜注，誠以用力深者收功遠也。松亭同年研精覃思，學易數十載，晚而成此一編，用力可謂深矣。而是書直揭四聖之心源，發明窮理盡性以至於命之旨，可傳於後世，其收功也豈不遠哉！光緒十年七月下澣，年愚弟古廊衛榮光序。

　　◎龍文彬序：易者人心之鏡也，中者易之鏡也。自古初以迄於今，天道之變無窮，陰陽寒暑盡之矣；人事之變無窮，吉凶利害治亂盡之矣。聖人設卦觀象，即剛柔之往來進退，推天道陰陽寒暑之消息，以明人事吉凶利害治亂之分途，夫亦曰中而已矣。中者四聖人心中之鏡，著之於象，以鏡天下萬世之人心也。合乎中則吉焉、利焉、治焉而罔忒也，違乎中則凶焉、害焉、亂焉而莫之違也；懲其違、蘄其合，則凶而吉、害而利、亂而治。人之盡也足以合天，懼以終始，其要无咎，聖人與民同患之深情，盡於茲矣。鐵嶺何松亭觀察，覃精易學數十年，晚成一編，名曰《易鏡》，即卦求象，絕無支離；即象詮理，不涉虛懸，而從圖書之中五推闡太極之真精，為萬事萬物之所從出，悅然見四聖人相承之心法即此中也，天道之陰陽寒暑、人事之吉凶利害治亂莫能外此中也。人心各具一中即各涵一鏡，知易為吾心之鏡，事之繫變而莫能裁者權之於易；知吾心為易之鏡，易之涵蘊而未盡申者言之於心。故曰仁者見仁知者見知。影雖萬變而鏡終不變者，中為之宰也。此何子解易之大指也。何子嘗與予言：「易本無奇，自傳注家索之幽渺，愈遠而愈失其真，吾非敢與前人爭勝，特病夫全鏡之明或為塵翳所封耳。」嗟哉，何子之用心可謂勤矣！唯深入於前賢之言之中，故能超悟於前賢之言之外，斯編殆欲洗諸家之塵翳而復全鏡之明焉已矣。或以好異疑之，夫豈其然？！光緒庚辰季春，永新龍文彬謹序。

◎古本周易鏡自序：易何奇？不過取民受天地之中，以生設鏡與象，令人繹其義而慎持動靜，順天以行，用免身世之憂患而已。夫五中歸一，鏡也；象，形也；義，影也，無鏡何以觀象？無象何以索影？漢兩失之，派衍支離，固無足怪厥後求鏡乏人。間有求象者率涉浮雜，不求象者徒向暗中捉影，偶有求而得者仍屬是非參半，易之不明久矣。不敏自咸豐庚申立志註易，讀易註百四十餘種，積十餘年，茫無所得。遂屏一切，專取全易熟讀而深思之。久若有悟，又久乃見其全，始恍然曰：圖書非侈苞符也，示人之受性成形；太極非窮混沌也，示人之心統性情；乾坤非談天地也，示人心之誠敬；坎離非泥水火也，示人心之智禮；震兌非專雷澤也，示人心之仁義；巽艮非僅風山也，示人心之善入而知止；餘五十六卦之錯綜非推變化也，示萬殊之事理，歸心性之一中。知易為性命本源，即知所以作易之意。四聖蓋憫後天之蠢蠢者，相率沉迷，憂患無底，不得已融三才一貫之道，照澈幾微，因象明義，俾知得中吉、失中凶，過不及則悔吝，隨時地以儆心，不使一端之或苟。人心即天，一順無弗順者。四聖人以性道救世，《易》非最切人事之書哉？然則鏡非在外，乃人固有之陽明也。形萬變，影亦萬變，而渾然至善者，不改厥明。天以此付人，人以此為人，易括其要，顯貢目前，又何怪秘之有？取古本易謹殫心力，詳為詮解，字字求真實著落，以企易知。自維學殖荒落，不敢輕以示人。友人見而快之曰：「是先後天之圓靈鏡也」，爰題曰「鏡」。光緒壬午秋月之吉，鐵嶺何毓福譔。

◎葉昌熾《奇觚廎文集》卷上《古本易鏡序》：漢初說易，施、孟、梁邱最著，三家皆本田何，自田何以上溯商瞿子木，親受業於聖門，蓋家法之來遠矣。其後京房、焦贛一變而言災異，鄭君配以爻辰，虞仲翔又益以飛伏、納甲之說，易始稍稍破碎。至王輔嗣盡闢羣言、空談名理，唐以立於學官，而漢學殆絕。宋之言易者分為三：程子《易傳》、朱子《本義》務在闡明義理，尚近篤實；至劉天民、邵康節之易，則道家之易也；楊慈湖、王童溪之易則釋氏之易也。鐵嶺何松亭觀察積十餘年之力讀易注百四十餘家，成《古本易鏡》一書。余受而讀之，其書探本於天地之中以求伏羲、文王、周公、孔子四聖人之旨，舉漢宋諸家易說一掃而空之。余始而怖，繼而疑，既復抽繹涵泳，而歎觀察之言平近篤實，仍博采諸家之精而棄其糟粕，非有所矯同立異於其間也。其所云包卦即漢儒之互體也，乘承比應則鄭、虞、九家遞傳之秘也。河圖洛書先天後天雖與邵子之說不盡同，而未嘗離其宗也。至以鏡為固有之陽明，

則又慈湖之心學。而歸本一中，推言五德，實與程朱為近。蓋易義廣大，無所不包，仁者見仁知者見知，非諸家不可以言易，非合諸家而盡融諸家之跡亦不可以言易。自施、孟、梁邱以來，諸家各有一鏡，數千百年之後塵封土化，不免翳如。觀察特取而刮垢磨光以還其本有之明，而非別有一鏡也。學者即觀察之鏡以求諸家之鏡，易之道不豁然開朗也哉！抑又攷之宋林光世著《水邨易鏡》一卷，以星配卦，謂天澤火雷風水山地八宮之星皆自然有六十四卦，穿鑿附會，至為紕繆。而觀察則不，謂乾坤非天地、坎離非水火、震兌非雷澤、巽艮非風山，其言足以箴林氏膏肓。兩鏡相引，孰明孰暗，孰正孰佹，世有善讀易者當能辨之。

◎葉昌熾《奇觚廎文集》卷上《何松亭守吾素齋詩序》（代）：鐵嶺何松亭觀察沈潛易學，著《易鏡》一書，余嘗為之序矣。頃觀察之子端臣駕部復以君遺詩乞為序。余於君之治易而知君之能詩也。夫潔靜精微，易教也；溫柔敦厚，詩教也，幾謂易之旨與《詩》之旨畦町迥別而不知其殊途同歸也。蓋作詩者在於因宜適變、比物切情，六藝之比興即六爻之取象。邵子之詩所以探天根躡月窟而仍妙造自然者，深於易也。劉斯立詩至以《學易》名集，郭青螺、曹石倉皆以詩人而有易解，則謂易無與於詩者，豈通論哉？君明於吉凶悔吝之機、進退存亡之道，撫時感事，一發之於詠歌，往往一篇之中於君子小人之所以消長、國家之所以治亂三致意焉。顧懷才不克大用，僅一試於齊魯閒。

◎讀易鏡書後：際清幼魯鈍，讀書少所解悟。大易栝苞符之秘，尤不容以淺見測。每欲取先儒傳注就有道而正之，有志焉，未逮也。何錫園司馬出其尊甫松亭先生所著《易鏡》一書梓以行世，屬為佐校勘。謹受而讀之，見其摘河洛之精，極源流之變，自圖書先後天以迄學易功效，罔不提要鉤元，瑩然見先聖觀象設卦之本義。蓋非費、王以下空譚義理者比，而又非漢後諸儒溺於象占之學者也，奚止有功傳注而已哉！憶先生官山左，以良吏而負經師之望，恒心嚮往之，以未得親炙為恨。今先生退居都門，閉戶著書，會當負笈往登先生之堂，執一經以請業，得以發其蒙而啟其悟，并悉窺先生美富之藏，是則私心之所厚幸也夫。時在光緒癸未歲冬月，膠州晚學楊際清謹識。

◎葉昌熾《緣督廬遺札（下）・致潘祖蔭（三通）・三》〔註4〕：夫子大人

〔註 4〕錄自上海圖書館歷史文獻研究所 2015 年編《歷史文獻》第 19 輯。

鈞座：謹啟者：《古本易鏡》謹擬一序，恭呈鈞誨。何君之書，意在抹倒前賢，而昌熾仍援前賢以調停立說，與作者之旨不甚相合，是否可用，伏求裁定。附繳原書一函，亦求賜收。耑肅，祗請崇安。受業葉昌熾謹啟。廿四日。

◎何毓福，字松亭。漢軍鑲紅旗人。咸豐二年（1852）恩科進士。官山東泰安知縣。

何毓福 學易管窺 二卷 存

國圖、北大、復旦、上海、南京、山東、天津、陝西、中科院藏光緒十年（1884）何錫園家刻本（1931年陳震福跋）

◎卷目：

卷一：圖書全體。河圖五行精蘊。洛書五正四偏。圖書心性之學。圖書主宰。圖書推曁。圖書中五。太極心性之合。太極源流。兩儀。四象。八卦。重為六十四卦。伏羲方圓圖。先天八卦圖。後天八卦圖。綜卦。乾坤。屯蒙需訟師比小畜履。泰否損益。同人大有謙豫。隨蠱臨觀噬嗑賁。剝復夬姤。無妄大畜頤大過。坎離。咸恒。遯大壯。晉明夷家人睽。蹇解。損益。夬姤萃升困井革鼎。震艮漸歸妹豐旅巽兌。渙節中孚小過。既濟未濟。

卷二：元亨利貞。西南東北。吉凶悔吝無咎。消息盈虛。進退存亡得喪。用九曰見羣龍無首吉文言兩贊而不及用六。誠敬。黃中。陰陽。柔剛。仁義。變化。文理幽明。始終生死。精氣游魂。與天地相似故不違。知周萬物而道濟天下故不過。旁行而不流。樂天知命故不憂。安土敦仁故能愛。範圍天地之化而不過。曲成萬物而不遺。通乎晝夜之道而知。故神無方而易無體。繼善成性。變通之謂事。陰陽不測之謂神。成性存誠道義之門。言行君子之樞機。齊戒以神明其德。崇高莫大乎富貴。窮神知化。幾者動之微吉之先見也。懼以終始其要无咎。易知險簡知阻。易貫古今。終身之易。日用之易。學易實功。學易大效。

何毓福 周易圖說 一卷 存

國圖藏光緒十年（1884）何錫園刻本

◎目錄：河圖解、洛書解、古太極圖解、太極相生圖解、相生相重圖解、先天方圓圖解、先天八卦圖解、後天八卦圖解、十二卦氣圖解、古卦變、伏羲錯卦、文王綜卦、八卦取象歌、分宮卦變歌、古三易、古重卦、孔子十翼、圖

書分合、先後天、古本易、先儒卦變、荀九家、易學源流。

◎周按：元錢義方亦撰有《周易圖說》二卷存世。

何振宗 周易集註 佚

◎光緒《江西通志》卷九十九《藝文略》一《國朝》：《周易集註》，何振宗撰（《義寧州志》）。

◎何振宗，字彝叔。著有《周易集註》。

何志高 易經本意 四卷 首一卷 末一卷 存

山西道光十六年（1836）刻西夏經義本

山東藏光緒十四年（1888）重刻西夏經義本

◎一名《易經本意圖象經傳註說》《西夏大易圖像經傳注說》。或題作《周易本義》、《西夏易注》。

◎目錄：

易經圖說卷首：易序、伏羲氏易象本圖、命象表、大衍數、筮策象數、十二經卦應辰、八卦居方、周易序卦、河圖、洛書，立象說、命象說、爻例說、占筮說、十二經卦應辰說、八卦居方說、序卦說、河圖說、洛書說、易義上、易義下。

周易上經註卷一：乾、坤、屯、蒙、需、訟、師、比、小畜、履、泰、否、同人、大有、謙、豫、隨、蠱、臨、觀、噬嗑、賁、剝、復、無妄、大畜、頤、大過、坎、離。

周易下經註卷二：咸、恒、遯、大壯、晉、明夷、家人、睽、蹇、解、損、益、夬、姤、萃、升、困、井、革、鼎、震、艮、漸、歸妹、豐、旅、巽、兌、渙、節、中孚、小過、既濟、未濟。

易傳前編集註卷三：易傳序、彖上傳、彖下傳、象上傳、象下傳、文言傳。

易傳前編集註卷四：繫辭上傳、繫辭下傳、說卦傳、序卦傳、雜卦傳。

大易演圖卷末：演圖序、易象全圖、六十四卦直列圖、直列分方圖、六十四卦反對圖、六十四卦橫布圖、六十四卦七成圖、卦變圖、上篇序卦圖、下篇序卦圖、六十四卦月令圖、六十四卦帝載圖、雜說、辨正。

◎是書依古易次序，經傳分列，惟《彖傳》《象傳》合為《彖象上》《彖象下》。釋經以程朱為宗，兼採李光地、楊萬里之說，推明義理，兼引史事。

◎何志高，字西夏。四川夔州萬縣人。閉門著書數十年，名《西夏經義》。

何志高 易經圖說 一卷 存

山西道光十六年（1836）刻西夏經義本

山東藏光緒十四年（1888）重刻西夏經義本

清南浦三塗邱刻本

河洛子 數卜傳真 一卷 存

山東藏光緒二十年（1894）原稿本

和瑛 讀易擬言 二卷 存

國圖藏清－民國鈔本

◎內外編各一卷。

◎和瑛（1741～1821），原名和寧，避諱改字潤平，號太（泰）庵（葊），諡簡勤。蒙古鑲黃旗人，額勒德特氏，乾隆三十六年進士。履歷詳《國朝耆獻類徵初編》、《清史稿》。又著有《經史匯參》二卷、《孔子年譜》、《杜律》、《鐵圍筆錄》、《風雅正音》、《易簡齋詩鈔》四卷、《回疆通志》十二卷、《三州輯要》九卷、《藩疆攬要》十二卷、《西藏志》三卷、《西藏賦》、《續水經》、《火龍攻戰略》、《金石賞》、《山莊秘課》、《喀什噶爾》、《古鏡約編》、《太庵詩鈔》、《和瑛叢殘》、《和瑛叢鈔本七種》等。

和瑛 讀易匯參 十五卷 卷首一卷 存

北大、上海、南京、山東、遼寧、湖北藏道光二十三年（1843）易簡書室刻本

臺灣經學文化事業有限公司 2014 年稀見清代四部輯刊第二輯影印本

◎方履籛《萬善花室文稿》卷五《和勤公讀易匯參序》：蓋聞蒼牙啟睿，彌綸已周。翠媯效靈，苞符斯剖。戴九履一，導精氣之先；七備八用，昭圓方之敘。故周、孔之道非神不能為，坤乾之義惟聖可以覿。至於西河傳十翼之旨，淮南徵九師之說，田、丁、施、孟以訓故為笙簧，馬、鄭、荀、劉闡微言于杓斗。虞仲翔之探頤猶契義心，王輔嗣之論經遂亡漢學，魏晉風尚咸解虛無，趙宋諸儒始標理蘊。夫考象者璇星于清都，衍極者求元珠于赤水，

察數者循環明于標幟，言感者響應比于山鐘。雖易之為道物無不該，眾說騁辭義各有得，然而金鏡在抱則妍媸易明，青萍舉握則榛蕪自闢。後三古而作，校五子之編，其必挈裘領、調徽絃而後可以綜剛柔之體、彰幽顯之情也乎！宮保和簡勤公，秉乾鑒之英，值泰交之運，中正不倚，文武是經，膺腹心于三朝，建幢鉞于萬里。立功立德，咸史之所特書；公望公才，人倫之所共仰。薛宣多密靜之思，裴楷著清通之美，嘉猷入而彤廷有耀，大節樹而絳宇未知。若乃包洞典籍、刊摘沈秘，百篇朝讀，七藝夕陳，輶軒初駕，緗素已披；幕府薦移，殺青未竟。紀蹟縣度之域，題頌雜常之皮。研精耽道，逾於白屋之儒；競景照輝，勵其丹鉛之業。煒哉不朽，蔚矣其文。公生平碩學，尤邃韋編。開金版之圖，發漆書之蘊，照哲人之淵海，遊嘉論之林藪。假年有歎，耆齒不衰。於是析元達微，類情通德，思炳既往，神鑒將來。會聖心於豪芒，識天樞於雲物。以為趙賓巧慧，欲更箕子之文；何晏倚疏，未達老生之論。儒林師說支葉繁滋，曲學謏聞陰陽踦互。乃通介于漢宋之籬，宗詣于程朱之室。博採異同，精別醇駁，運之以星歷，絣之以緯候，辨之以人事，叶之以秭算，證之以羣史，擴之以雜家，戢高庫枲衍蠕息變動之端，以質健順剝復之數，罔不從焉；裒古今治亂枉直失得之統，以麗吉凶貞悔之原，罔不協焉。油素緹筆，蓄之卅年；枕笈屋梁，勤如三絕。然後成書十六卷，名曰《讀易匯參》。是則先天後天之體用可以挹而明也，先聖後聖之表矩可以遡而見也。八索不能窮，太極無以隱。迷途舉燭，智愚悉朗；平衡量水，輕重以分。洵乎三爻之靈授千駟所不易也。蓋公歷亨衢於盛世，勵錯節於遐方。高令君敦心于六經，班叔皮斟酌于前史。率辭揆方，本隱之顯。寒泉冽井，皇極信其剛中；甘雨盈缶，蒼生渥其惠澤。馬脛雁聲之種，感若豚魚；鯨鐘蟬冕之榮，慎於虎尾。唯發揮乎易理，以寅亮于天工。豈徒嶽嶽談議之雄、區區章句之末哉？公之長嗣榆村大守，繼先烈而宣猷，寶遺經而飾治，鼎銘斯茂，手澤永懷，謀授梓工，聿宣來學。履籖獲與校讎之役，得窺爻繫之全。三復鑿胸，十旬卒業。李鼎祚之《集傳》安知統要，洼子王之《通義》自遜研深。鴻教不刊，邁商瞿三十五家之說；驪淵是萃，為我朝百八十載之書。

和瑛 易貫近思錄 四卷 存

國圖藏清鈔本

賀登選 易辰 九卷 首一卷 存

山東藏康熙六年（1667）賀氏家刻本

四庫存目叢書影印康熙六年（1667）賀氏家刻本

◎目錄：一卷乾至大有，二卷謙至離，三卷咸至姤，四卷萃至未濟，五卷繫辭上傳（十二章），六卷繫辭下傳（十二章），七卷說卦傳（十一章），八卷序卦傳（上篇、下篇），九卷雜卦傳。

◎易辰圖目：河圖圖、洛書圖、伏羲八卦次序圖、伏羲八卦方位圖、伏羲六十四卦次序圖、伏羲六十四卦方位圖、文王八卦次序圖、文王八卦方位圖。

◎姓氏：古番賀登選澹餘葺述，三餘葉應震寶持，潛川章國佐翊茲，古番史彪古裘菴，西昌陳良貞一之，古番王虬雲士、王開道俟聖，昌江方繩祖其武全閱評。

◎凡例：

一、《本義》明易之宗，何須謬測。竊謂筮占尊《本義》足矣，至於伊傳百家、考亭小註，各有精詣，不可槩置者，擇其要玅，以便省覽。

一、易本河圖，茲在象數，自列學宮，象數不講，蹶其本矣。是以特加發明，尤為要領。

一、易立虛象，謂不宜填實，恐占時拘泥也。但易原有君臣民物，王昭圖不告采，太祖曰：「彼此互推，有何拘泥？」

一、五經垂世，罔非箴規。士子入官，或怠前言。而制治利弊，因類附入。作鏡前車，凡可槩推。

一、圖書作易之原，程子謂熟讀六十四卦乃可按圖；朱子謂要知作易根原，不如且看卷首橫圖，此為要路。

一、予小子讀易者哉？荒村廿年，以紙堆撥愁疾，及烏哺捐壘，殘編觸愴，兒輩思以此亂我酸惊，強拉入梓，爰不得已，志以辰言。自執其謬，倘大君子與善為懷，不憚駁誤指迷，千里惠教，所深願企者焉。

登選謹識。

◎易辰圖引：易則河圖。河圖，易之本也。讀易須玩河圖，河圖有數，陰陽之理以顯。蓋河當天地之中，龍馬出圖，負文於背，其點五十有五，如小兒初生之髮，旋毛若星。伏羲仰觀天文俯察地理，遠取諸物近取諸身。河圖不出，亦須畫卦，得圖而決耳。其則河圖而畫卦，先儒謂除中五與十為太極，不

用其子之八數，是已。愚聞數只有五行也，其十則五行之副陰陽二氣也。然五行陰陽只是一氣，其中五之下一點即一六之水，其上一點即二七之火，其左一點即三八之木，其右一點即四九之金，其中一點即五十之土，究之只一點。金木水火，非土不生，所謂道一而已，筮卦除去五點以存五行，又除一點以存太極，其用只四十有九。何也？八卦之數也。八卦成列，乾一兌二離三震四巽五坎六艮七坤八焉。三十六溯其原則一畫之陽與二畫之陰，又加太陽之一、少陰之二、少陽之三、太陰之四為十三，合之為四十九，則中五與十當年雖無太極之名，既用其子，則其母退處宜已。看圖者，朱子謂要知作易根原，不如且看卷首橫圖。今先天第一圖是也。初只一畫一陰一陽從上加去而八卦之上各加八卦為六十四，然乾坤為易之門，六十四卦往來其間；乾坤為易之蘊，六十四卦包裹在內。陰陽無獨立之理，故一陽二陰，陰陽無對待之理，故再加一畫，此參天兩地之說也。且三畫為三才天地人也，三才始於一畫，天地人一氣也。至於文王改易伏羲卦位，離自東而南，坎自西而北之類，伏羲本日月所生，文王推日月所旺體用之義也。若洛書之與河圖體用方圓，生剋制化，互相經緯，陰陽互根，一六生水，二七生火，及崇陽抑陰，一理也。理氣數如是，而八卦成列，天動地靜，曲直縱橫，陰陽之交代消長，井然相次，天造地設，詎人所能為？乃揚子雲謂六爻之外仍可加去，歐陽子至不信河圖，知者過之如是。夫《本義》列圖取其簡易，不指出看易橫圖之門戶，此學者略之。今列其概，思過半矣。若必究其詳，自有《啟蒙》在。古番後學山蒙賀登選薰沐謹書。

◎易辰自敘：夫天以其情日與人相求，人亦以其情日與天相感，而天人感求之情，易與辰是也。孔子曰：「天垂象，聖人則之」，程子曰：「遠在六合之外，近在一身之內，暫於瞬息，微於動靜，莫不有卦之象、爻之義焉。」夫易之不可遠如是，不可假易如是，而在辭說間已哉！顧易自西河子木而後，老、莊丹竈，易日以遠。及河洛學興，經周、邵、程、朱之廓清而羲、文、周、孔之心法燦然復明於世，雖伊川主人治、《本義》主筮占，要以開物成務則一也。迨易列學宮，制歸文藝，盡刊象數。象數既廢，則奇耦陰陽變化倚伏之機、天人神鬼吉凶消長之理皆頹漶而靡所據，所謂乾坤沒而易幾乎息者。又奚異於分門角逐之流乎？竊謂筮占尊《本義》足矣，至於伊傳百家、考亭小注，由象數而窮其義類、究其底蘊，精鑿玄微，汰之則不詳，收之又太駁，爰是擇其要玅，傅以管窺妄意，一致而百慮，同歸而殊塗，敢云有獲，獨別說

書。朱子曰「星陳極拱，有翼其臨」，敢無當於什一乎？是故易無象也而三百
八十四爻其象，辰亦無象也而三百六十度其象，董子謂「天人之際，甚可畏
也」。陰陽王事之本，《春秋》五行洪範，庶徵王聖，象明月幾地赤，有明徵
矣。至於京房明易，乃塞涌水之灾；虞翻測辰，亦乖輔頰之序。一則瀆易，一
則違辰，所以言易不言辰，不尊；言辰不言易，不信。易之與辰，直在信而尊
之耳。夫易本近也，而曰辰，豈推而遠之哉？蓋引而近之也。引而近之者何？
曰誠也。誠斯明，明斯著，辭宣諸象，象本諸身，所謂求言自近，以人占天。
若推而遠之，與易於其近，則包羲氏之易邈矣。順治甲午浣花之吉，古番後
學賀登選謹書於上港之浣雪齋。

◎易辰序：生生之謂易，易者生生而不窮者也。天人亦然。此其所以百
千萬世用之而無盡藏也。羲、文、周、孔四聖之易晦蒙千載，至周、邵、程、
朱而始出。其先得而用之者，顏、曾、思、孟與子房、鄦侯之流也；後得而用
之者，文山、疊山、文清、敬齋諸先生，雖後先之作用不同，而用易則一也，
學士家以朱子《本義》為宗，《本義》亦引而未發。夫易有太極神明，十翼皆
生於孔子，非僅解注成說已也。鄱陽賀澹餘先生，由西臺巡方南國，得請予
養太夫人歸田，十載，著《易辰》一書，則深得易生生之意者也。即以乾坤二
卦言之，如潛龍象人心，前此未有。邵子云「筮數五十，其用四十有九」，除
一不用，於此見聖人之心不相孚耶？九四太子則暗與胡文定合。亢龍則謂逆
鱗徑尺曰亢，象武；坤之六五黃裳象后妃；疑龍象媧操雉莘，又豈先儒所及
發耶？如此之類，六十四卦每每見之。彼其由柱史南北直指大猾弋玘，蔑銓
制而遷官，剗徽寧而發鑛，使不得遂。觸忤權佞，竊票縱逋，欲中傷之。而朝
端大臣，公道難泯，是以張冢宰以太平城功敘晉僕少，又竊票獲逋。再序，竟
得允請以歸里，豈非有得於易之用者乎？不佞家世學易，漫述《易石》一集，
於時督屯奔走，遂有關西廉訪之命，卒卒未竟。讀先生書，若可不述矣。蓋其
間不泥前言，造化生心，非勞薪所得研者，遂携梓人至任，校正發刊，將與不
佞肇建聖宮，興文進業，兩相光贊，以昭後學，不有裨歟？是以不揣愚鹵而
序之簡端。峕順治丁酉菊月之吉，賜進士中憲大夫陝西按察司按察使河東通
家弟瞿鳳翯頓首拜書。

◎溧陽治弟宋之繩序：易自秦火幸存，其傳於漢代有田何、焦贛、費直
三家，今世單行者則費氏易耳。慨韋編之微言既絕，諸儒異同蜂起，聚訟紛
如。或為圖解辯疑，或為訓傳意蘊，或曰外義，或曰正誤，曰索曰鈐曰原之屬

亡慮數百家，其言非不恢奇冥覈，而求其合於經者蓋亦寡焉。夫經者如日月之行於天，有不可易，故曰易。而其間必有躔度次舍，必有樞衡附麗，則諸家之說苟能翼經以傳世者，猶之乎其緯也。余少而玩易，未能窺經緯之精微，及讀楊誠齋所著《易傳》，迪然有當乎心，吞然有得乎解也。其序曰：「《易》為聖人通變之書，惟中為能中天下之不中，惟正而能正天下之不正，中正立而萬變通矣。余因以為天下之理盡乎易之剛柔，過剛者不全，過柔者易染，惟中且正足救其失以矯其偏，洒孔子繫辭云剛柔者立本，又云變通者趨時，此豈悖乎其義若後世隨流俛仰以赴運會云爾哉？」誠齋既原本中正，苞括指歸，復以列代事蹟旁注側出於其間。即以一乾卦論之，以潛龍為虞舜之陶漁，以乾惕為元公之負扆，其它皆鑿鑿中綮。則誠齋固得史家之法以附著於經者，其功蓋不淺矣。鄱陽賀澹餘先生讀易馬跡山中，不入城市數年而《易辰》遂成，貽書餉余。余受而卒業，嘆先生之作何其似誠齋也。君子之於言也綜諸衷，其衷也必綜諸道。先生出則無負於民，處則無負於國，是其無不正也；安貧而無怨於其色，樂道而無懟於其口，是其無不中也。然則先生之胸中不且具夫全易哉？故其為書也，宗宋儒而不宗漢人，取傳註而不取詁疏，無穿鑿附會之解，無踦駁支離之病，至國家之盛衰、人才之消長，以及邊防內外之堅瑕緩急，皆捃摭漢唐宋已事，其美足鑒者，某則吉無咎；其惡足戒者，某則凶悔吝。不憚博稽曲證，務合於陰陽倚伏進退存亡之大，而詮釋名義援據精詳，則又所謂因象以明理因理以知數者。即以繼明道、考亭無難，豈董似誠齋而已也？使非先生是書，則列聖之傳不幾晦而先儒之學不且汩也乎？是誠能以緯翼經者也，其名辰也固宜。先生清剛仁惠，嚮以直指按江北，與余有知交之素，故為敍列之如此。至於易之精微，余自知終未可以有言也。

　　◎序：通身皆易，通天地皆易，通古今皆易，易其可以言盡乎？亦曰學易，而伏羲不得之文周，文周不得之孔子，各以其所身至者為易，易亦隨其所至而即在，故易義散言之天人鬼神，統言之元亨利貞，不得其用，種種皆寐語耳。賀澹餘先生學易而身體之，固有見於天地古今之無往非易也。長安風塵撲面，先生官大行，縕袍敝履，鍵戶研思者有日，持斧江南，德施方普，遭時否革，退處芝山鄱水之間，嘉遯而掃周流之跡，故其說易也，援聖人憂患之心，通以潛惕之精神，其義岡弗，匠心深切，即其闡繹諸儒，無非發明己意，以抒四聖人之蘊而實有關天人倚伏、生民理亂、賢奸得失之故，本天以

驗人，即理以徵事，可卜可筮，俯仰皆見，夫亦猶極之不可動焉。王鄭諸家弗論，程朱兩先生言因以兼著而易始明，學易者始實見有所以立體而致用，其庶幾不為麻語乎？夫學易莫大於乾龍，上古聖人具龍德，必受命而位乎天位，楫遜道衰，乃散處於潛見惕躍間。吾夫子，見龍者也，時舍也而不疑於所行，墮都出甲，莫展其用，即畏匡圍蔡，信斯文之在茲，至於今想見文明天下一人而已。此吾讀《易辰》信學易如夫子身試焉，而天地古今莫能外焉者也。同郡眷弟葉應震頓首拜書。

◎敘：蓋易書在兩漢時說者紛紛，舉為象數、飛伏、卦體、互變之說，穿鑿固執而不可通。而輔嗣、伊川又專去象而論理，考亭作《本義》，以為聖人立虛象以盡易用，始於卜筮而理畢備焉，故《本義》之書，言簡而旨具，取潔淨精微，不背易之為教而已，旨是繼而言易者乃斷然以《本義》為宗也。作者卜筮之本意既明，自立可見，其理與象又卒不可廢。此時儒者益稍稍附起，其為說既多無所折衷，欲以示後學，不亦誤哉？番郡賀先生，嗜古講學，見道宦臺，中当持斧請養以歸，遭時多故，執高節不仕，乃益研經籍，而尤精於易，謂尚文辭既蹶其本，專卜筮亦秘其藏，乃本先賢之精意，出以獨見，辭必有所據而象必有所歸，使讀者知爻象之初、事理之要，題曰《易辰》，甚得大易時中之旨而鬯言之。其卷帖視《本義》如僅增三之二焉，如是目盡易而易之義乃盡，於是則於易之潔淨精微尤可見焉。蓋漢儒易說至《本義》出，辭而闢之，可不存也。宋以還儒者易說，至先生是編出，而其餘亦可無觀也。佐於先生為後進，亦唯是竊是經之皮毛以倖冀博一舉，初不知其堂奧何等也。徒以急升斗之祿，捧檄來從先生於鄉，得進讀先生是書，乃益顧首己向所挾敝帚區區齊給。及觀此，則昔人黿龜之喻也。佐何幸復得贅一言以附不朽？則又先生之命也。是為敘。潛川晚學章國佐拜書。

◎易辰序：朱子曰：「易，變之義。」董子曰：「天不變道亦不變」。非不易，孰與易之？非窮極，其必易之數則不能見其不易，故莫不變，惟天莫變，惟天古之至人，取極於天，起象於數，相與交分，相與互搆，以求其盈虛消息，以得其進主輔，而後乃垣野可辨，山澤可奠，經絡可候，蓋一衷於親、義、序、別、信五教之理，而參兩變化，不可紀極，故曰唯變所適。適也者，適也，適之於一成而不可易者也。是故天下之治莫大於禮，禮莫盛於周，周禮莫著於易。焦、孟以來，為易者不可勝數，有宋邵子獨底其盛。朱之於邵，則猶述而不作者。要之，述之於作，亦猶禮之於易，亦猶五教之於參兩，亦猶

不易之於易而已矣。昔饒氏三峯先生為紫陽羽翼，饒州萬年縣，雙峯之故里也，歷訪遺裔，湮沒不振。子賀子，鄱人也，顧能振起絕緒，嫻熟朱邵，自成條理。蓋潛思三十餘年，黜漢唐，宗宋，著《易辰分圖書》上中下十卷，依經論說五卷曰《易辰》。夫生今之世作今之官，其航海而迷東西乎？得賀子人品如此，有斗依魁杓而識嚮方，心不啻足矣。又安知其思慮靜正，遂已植髀寫笠，引勾度股，上達於極以庶幾毫芒而不爽者乎？敬問賀子某某辰為年來耕牧所得，某某辰為六條計察所得，譬如北辰十二辰取衷焉，自當絕勝諸家人之巧力，固不可以尋丈計也。不揣固陋，聊附不朽。旹康熙丁未夏月穀旦，青徐翟世琪頓首拜撰。

◎易辰敘：道原於天地、傳於聖人而備於易。易也者，範圍天地聖人者也。聖人不能去易為聖人，天地不能去易為天地，即聖人亦不能去易而別有經天緯地也。故天地之道可一言而盡也。一者易之根也，天地之全體也，其初無爻象無文字，而推之，其數無窮，六十有四，三百八十有六，其象無方，龍馬龜麟昆蟲草木，形形色色變變化化，易之不測，天地之不測也。不測者何也？為物不貳，故不測也。作易之聖人以天地還之天地，以萬物予之萬物，無所增也，無所減也，一以貫之者也，不離乎一而位焉育焉，是以有功於天地萬物也而合其德合其明合其序合其吉凶，聖人渾身皆易也，豈猶以爻象文字為易耶？理學名儒主敬主靜之學皆不離乎一而以天地萬物為任者也。無極者一固無極也，無妄者一固無妄也，後學之宗也，羲、文、周、孔之功臣也。後之儒者餘文鑿句，拾其餘馨，非不表著於時，而體備不至，所謂爻象而易文字而易者也。若澹如賀先生，歷仕歸田，產不百畝，室無重廈，貴而降，貧而樂，示余易卷者四，經先生參悟二十餘年而成帙，其間精義微言原流一貫，不障於理，不泥於數，不滯於象，告鬼神而通晝夜，其庶幾焉。功在先賢，澤及來茲，非爻象而易、文字而易也，以天地萬物為己任者也。授之梓人，公之天下後世，易道之傳其有賴乎？！旹康熙丁未歲季春之吉，賜進士文林郎知鄱陽縣事陞任滁州知州晚學生鄭邦相頓首拜書。

◎易辰序：孔子曰：「五十以學易，可以無大過矣。」嗟乎，易豈易言哉！易自奇偶而三之、六之，天人相與之微已盡，于是後世聖人懼天道之弗彰、人事之不齊，不得已而繫辭焉，故曰作易者其有憂患也。嗣後紛紛聚訟，說愈繁而理愈鑿，理愈鑿而易愈晦，惟明道、考亭輩稱為羲孔功臣，他如老、莊丹竈失之虛無，京、房、管輅之徒又以術數測理，瀆謬滋甚，是無異乎以管窺

天，其去易何啻什伯也。然則易終不可言乎？不知風雨晦明，天不可測而其垂象示人，終古不易者，七政是也。窮變通久，人事靡常而盡性盡物，剛柔克協，則五倫之理實著于厥躬是也。苟使盡人以達天，由其可測以幾於不可測，則陰陽變化之機、吉凶消長之理一以貫之。周子曰「天下無性外之物」，君子脩之吉，小人悖之凶。程子曰「遠在六合之外，近在一身之內」，易庶幾不遠乎？雖然，易豈易言哉？！易稱「視履考祥，其旋元吉」，履吉之道正在不廢考驗耳。學者于五倫未經考驗，通身俱是過尤；即經考驗，通身仍是過尤。誠能鑒前人已歷之休咎，而時效之時改之，知之無不明，處之罔弗當，忽不覺其與天為徒矣。此澹餘賀先生《易辰》所由著也。先生蚤年掇危科、歷清要，由大行以晉柱史，自河洛秦晉岷蜀以暨金陵，跋歷中外，埋輪澄清，偉績勁操，史不勝書，其即易之泰乎？厥後以就養太孺人，依依膝下幾二十餘載，生平雅道自淑，澄懷鎮物，韜光潛實，其即履之九二乎？公立憲明倫，身乎易矣，而又上下古今，出其巨識，參究本義，彙成一書，以示來學，使羲、文、周、孔之心傳光昭如日月。余讀而嘆曰：大哉言乎！公之言易曰：「本諸河圖，妙在象數，以辭宣諸象，象本諸身」，蓋以身備倫物之全，通變萬象，皆於是乎出，其在盡人以達乎天也。如此，筮占宗《本義》，刪定諸家支蔓，歸于至要。蓋以經如七政之在天，必緯麗得所而後萬世為昭。公該博于約，以緯翼經學，是由其可測以幾夫不可測也如此，豈若繁鑿虛無為易開瀆謬之門哉？其辭簡，其義晰，內可貫乎格至誠正之微，外可達乎齊治均平之效，內聖外王，直與真西山《衍義》等書並功於世也。而又吐納張司空之十乘、李鄴侯之萬籤，援據往事，縱橫八面而應之，使讀者發皇耳目開拓心胸，良由公之積澡於經史者深、悱惻於天人者切歟？或曰公自酉戌起家，逡巡三十餘年始出《易辰》以惠世，厥或以晚見公集為嘆，而不知公之得力正在此。松柏歷冰霜、凌霄漢，皆以晚故也。孔子所云假年學易，其在斯乎？昔人有言曰：「五倫間有多少不盡分處」，讀是書，篤踐彝倫，由反身而誠之實備，以深契夫天人休咎之微旨，則《易辰》為功於天下後世豈不偉哉？今而後，易可言矣。峕康熙丁未孟夏，同邑年家眷弟史彪古頓首拜撰。

◎易辰跋：《易辰》者何？吾邑澹餘賀先生言易之書也。澹餘起家風雅，飛聯碧漢，持志簡肅清准，其陳情予養，嘉遯林泉，弌十年來奉慈親色咲之餘，所早夜而寒暑者惟易是耽，蓋行無新啄，蒼蘚盈堦，趺坐小樓，即樵吹燼

酒自得，目遇有聲者、詩無言者。是故其刜獲也恖如縷塵，其旁通也事非吹影。蓋取上下千百年古人成敗利鈍之轍，以發揮其胸中進退存亡之道，而不僅拾牙慧于解人、合殘縷于機女者。昔賢曰：「天有光為星，無光為辰。」邵子曰：「辰經天之世。以辰經世，則世之世也可知矣。」然則澹餘言易而兼括曰辰，洵謂古今旦暮，千古之前萬古之後，將有曠世而相感者乎？莊偕澹餘筆楮忘年，書垂成而竊讀之，盥之薔薇。書告成，而尾識之。壽名梨棗，惠我友朋，夫固非弌世弍世之業矣。旹康熙丁未端陽前五日寅吉，古鄱蕭莊妙嚴氏謹跋。

◎易辰書後：天之有辰也，猶人之有心。天有三百六十纏而辰為之極，人有五官七情而心為之宰。其在於易，則所謂無極而太極者是也。北極者天之辰，太極者易之辰，至誠者心之辰。天也人也易也，莫不各有其辰。然非有悟於易之辰者必無以體天之辰於心，而非有得於心之辰者亦無以會易之辰於天。古番賀澹餘先生為東南理學首倡，其自臨民率屬以及居家訓徒，一以至誠相與，此其心辰固已與天與易參之為三、合之為一矣。念年來寄跡臨泉，著書自娛，而尤篤意於易，出其心所獨得，參以先儒論說，合訂成書，顏曰《易辰》。讀其書，有伏羲之易，有文王之易，有周公之易，有孔子之易，既不泥文以解羲、泥孔以釋周，而且一卦有一卦之蘊，一爻有一爻之蘊，亦不使外卦矛盾於內卦、爻義牴牾於卦義，周之精、邵之大、《程傳》之言理不言占、考亭之言占不言理，此殆兼之矣。其兼采眾說而折衷於一是也，如辰之統星而星之光皆辰之光也。其獨抒己見以發前賢之所未逮也，如星之拱辰，有一定之辰而乃不迷於無定之星也。是書也，始於子丑成於午未，蓋歷二十年之雞鳴風雨，而以其躬行身體之易衍千百年來羲、文、周、孔之心，至是書成，手授予曰：「汝太祖養默、汝祖思默俱以羲經起家，子於此其必有說。」予受讀而卒業焉，不禁怡然神往曰：此殆先生之自寫其心辰乎？先生之心以誠為主，嘗告予曰：「剛則無欲，剛，天德也；至誠無息，則剛矣。天道如是，易道如是。」先生以心之辰合天之辰，衍易之辰，讀是書者，有能以《易辰》而悟天辰，由天辰而不迷於吾心之辰，是則先生之志也夫！予小子何敢言易，惟是以蘭譜之誼得立雪於先生之門，十餘年來，服膺先生之心辰為最久而最悉，故述其所以，拜手而書於《易辰》之左。昌江門人方繩祖頓首拜題。

◎四庫提要：是書以三百八十四爻取象之義，雜引史事以證經，蓋仿

《誠齋易傳》之例，而深切則不及之。其以乾初爻為象人心，乾四爻為象太子之類，亦頗穿鑿。自序謂「易無象而三百八十四爻其象，辰無象而三百六十五度其象」，故以「辰」名其書焉。

◎賀登選，號澹餘。江西鄱陽人。崇禎甲戌進士，官至監察御史。

賀貴初 易學圖說補遺 存

廈門藏 1948 年湘沄源石印局石印本

賀勉吾 周易卦序之研究 八章 存

西安正報社 1944 年鉛印本

臺灣文聽閣圖書有限公司 2009 年林慶彰主編民國時期經學叢書本

◎目次：一總論〔註5〕，二論方圖，三論錯綜互，四論卦變化，五論策數，六論變動數，七論經卦，八論卦序。

◎高越天《中國書綱》：近人賀勉吾著，以方位圖參數理說明卦與卦之相互關係，據根科學方法以闢神祕思想，堪稱以數解易之良著，較觀象察理者為新，惜現僅存孤本。

◎周按：是書成於 1930 年春，有圖四十七、表二十九、算式七，末附載十節。

賀南鳳 易經簡義 佚

◎乾隆《潮州府志》二十九《文苑傳》：邃於易，著《易經簡義》、詩賦古文辭若干卷。

◎民國《新修大埔縣志》卷第二十五《列傳》八《儒行》：尤潛心於易，著《易經簡義》、詩賦古文辭若干卷。

◎民國《新修大埔縣志》卷第三十五《藝文志》：《易經簡義》（清賀南鳳撰。未見。據舊志本傳）。

◎賀南鳳，廣東大埔三河人。康熙二十九年歲貢。

賀濤 易說 佚

◎劉聲木《桐城文學撰述考》卷四「賀濤撰述」：《易說》□卷、《書說》

〔註5〕概述伏羲八卦、六十四卦之次序、方位四圖，及文王八卦之次序、方位二圖，以《序卦》為文王六十四卦之次序。

□卷、《儀禮鈔》□卷、《文章大觀》□卷、《輿地圖說》□卷、《韓昌黎年譜》一卷、《國語記》□卷。

◎賀濤（1847～1911），字松坡。直隸武強（今河北武強）人。師從吳汝綸、張裕釗。官至刑部主事。又著有《賀濤文集》四卷、《賀先生書牘》二卷。

賀貽孫 易觸 七卷 存

山西藏咸豐二年（1852）敕書樓刻水田居全集本

◎一名《易經觸義》。

◎卷首有易經總論一篇：聖人作易，義在扶陽抑陰，其次俱是教人當善處憂患。所以言吉者一而言凶悔吝者三，然悔字又是不好中之好字眼，乃由凶而趨吉也。吝則反是。六十四卦俱伏羲所畫，其八卦是小成，由八卦而演為六十四卦則是大成。六十四卦之名與六十四卦之《彖辭》俱文王所言，而六十四卦之《爻辭》又皆周公所作，六十四卦之《彖傳》與《大象》《小象》俱孔子所著也。凡畫卦，自下而上，故以下畫為初也，初三五為陽位，二四上為陰位，陰數六老而八少，陽數九老而七少。陽主進，九者進之極；陰主退，六者退之極。老變少不變，故以凡陽爻為九，凡陰爻為六。九居陽位，六居陰位，謂之正則吉，否則不正而凶。凡卦惟二五謂之中，餘皆不中。六爻有內外之義，下三畫為內，上三畫為外。又有天地人之義，上二畫為天，中二畫為人，下二畫為地。又有承乘比應，上三畫為之乘，下三畫謂之承，兩相連為之比，初與四對、二與五對、三與六對謂之應，如陽對陰、陰對陽，則為有應，反是則為無應矣。又有反對正對之義，反對是覆其卦也，如屯卦覆轉就是蒙卦，所以屯蒙相連也。需訟以下皆是此義；惟乾坤八卦不能反對，則正對矣，正對從變上看是以陽易陰、以陰易陽，如乾變坤、頤變大過、坎變離、中孚變小過是也。又有交錯之義。每卦之中去其初上，以中四爻互為二卦，卦中假象多從互卦內推出來，如需之二爻互三四為兌卦，兌為口舌，故曰「小有言」之類。易理難窮，此特發蒙之要語爾。

◎《清史稿》：著有《易觸》、《詩觸》、《詩筏》、《騷筏》，又著《水田居激書》。

◎賀貽孫（1605～1688），字子翼，號水田居士。江西永新禾川鎮人。與萬茂先、陳士業、徐巨源、曾堯臣結社豫章。明亡，隱居不出。順治初巡按御史笪重光欲舉應鴻博，乃剷髮衣緇，結茅深山，無復能蹤跡之者。晚年窮益

甚。又著有《水田居文集》《水田居存詩》《水田居掌錄》《水田居典故》。

賀雍 易注 佚

◎閻鎮珩《北嶽山房詩文集》卷十一《賀九峯傳》：本好宋五子書，克己力行，忍欲自強，晚歲嘗撰《易注》，未就而卒云。

◎賀雍，號九峯。湖南湘鄉人。

賀自莘 周易經傳 八卷 存

山東藏道光三年（1823）繪素堂家塾刻本（版心題繪素堂雜錄）

◎同治《蒲圻縣志》卷四：留心易學，於經傳多所發明。

◎賀自莘，字志堂。湖北蒲圻人。嘉慶十六年（1811）貢生。宋修弟子。敦品勵行，恪遵師訓。

洪榜 明象 佚

◎江藩《國朝漢學師承記》卷六：榜少與同郡戴君東原、金君輔之交，粹於經學。著有《明象》，未成書，終於益卦。

◎民國《歙縣志》卷七《人物志·儒林》：粹於經術，因鄭康成《易贊》作《述贊》二卷。又著《明象》未成書，終於益卦。其解《周易》，訓詁本兩漢，行文如先秦。

◎洪榜（1745～1780），字汝登，號初堂。安徽歙縣虹源人。乾隆三十三年（1768）舉人。賜內閣中書。與兄洪朴稱二洪；又與兄洪朴、弟洪梧有「同胞三中書」之譽，時稱「三鳳」。與戴東原、朱笥河交厚。諸藝皆精，力辟釋老。尤擅經學，謂治經須從小學入手。又著有《四聲韻和表》五卷、《示兒切語》一卷、《周易古義錄》、《書經釋典》、《詩經古義錄》、《詩經釋典》、《儀禮十七篇書後》、《春秋公羊傳例》、《論語古義錄》、《初堂讀書記》、《初堂隨筆》、《許氏經義》、《迎鑾日課》二卷、《初堂遺稿》四卷、《新安大好紀麗》四卷諸書，惜遺文存者無多。

洪榜 易述贊 二卷 佚

◎江藩《國朝經師經義目錄》：《易述贊》二卷（洪榜撰）。

◎方東樹《漢學商兌》卷下：於易則有胡渭《易圖明辨》、惠士奇《易說》、惠棟《周易述》《易漢學》《易例》《周易本義辨證》、洪榜《易述贊》、張惠言

《虞氏義》《虞氏消息》。

◎江藩《國朝漢學師承記》卷六：因鄭康成《易贊》，作《述贊》二卷。

洪榜 周易古義錄 佚

◎江藩《國朝漢學師承記》卷六：其解《周易》，訓詁本兩漢，行文如先秦，又明聲均，撰《四聲韻和表》五卷、《示兒切語》一卷。江氏永切字六百十有六，是書增補百三十九字。又以字母見溪等字注於《廣韻》之目，每字之上以定喉吻舌齒脣五音。蓋其書宗江、戴二家之說而加詳焉。平生著述甚多，皆未卒業。著有《周易古義錄》《書經釋典》《書經古義錄》《詩經古義錄》《詩經釋典》《儀禮十七篇書後》《春秋公羊傳例》《論語古義錄》《初堂讀書記》《初堂隨筆》《許氏經義》諸書。

洪榜 周易義說 五卷 存

山東藏道光梅華書院刻初堂遺稿本

二洪遺稿本

山東藏臺北成文出版社 1976 年無求備齋易經集成影印道光梅華書院刻初堂遺稿本

◎是書分《明象》上下二篇，又因鄭箋《易贊》而作《述贊》上中下三篇，凡五篇。其《明象》至損益而止，似未卒業。

洪大猷 易經會解 佚

◎民國《濟陽縣志・著述》著錄（撰者題洪偉烈）。

◎洪大猷，字偉烈，晚號南林居士。山東齊河人（一作濟陽人），嘉慶丙寅歲貢。精於為文，尤嗜畫，遇名人筆翰，輒不惜重價購之，藏諸筐笥，珍如至寶。晚歲好靜，闢南林居之。曾摹二十四孝圖並其文鐫之以行世。

洪大猷 周易引鑑 佚

◎民國《濟陽縣志・著述》著錄（撰者作洪偉烈）。

洪飛 易經宗旨 一卷 佚

◎道光《徽州府志》卷十一之四《人物志・文苑》：篤志正學，著有《易經宗旨》，家貧未梓（《婺源縣志》）。

◎道光《徽州府志》卷十五《藝文志・婺源》：洪飛《易宗旨》一卷。

◎洪飛，字元起。安徽婺源（今屬江西）官源人。邑庠生。

洪嘉植 匯邨易說 十五卷 佚

◎民國《歙縣志》卷十五《藝文志・書目》：《匯邨易說》十五卷、《春秋解》二十卷、《去蕪詩集》四卷（俱洪嘉植）。

◎道光《徽州府志》卷十五《藝文志・歙》：洪嘉植《匯邨易說》十五卷。

◎道光《徽州府志》卷十一之四《人物志・文苑》：著有《易說》十五卷、《春秋解》二十卷。

◎民國《歙縣志・儒林》卷七《人物志・文苑》：著有《易說》十五卷、《春秋解》二十卷。

◎洪嘉植，字去蕪。安徽歙縣虹源人。以布衣而談理學，負時譽，名公卿嘗上章薦舉，辭以親老不就。

洪理順 易說 佚

◎光緒《漳州府志》卷四十一《藝文》一：《易說》《東山行業》，洪理順撰。

◎洪理順，字爾章，號又季。福建龍溪人。順治十四年（1657）舉人，瑞安知縣。

洪聯壁 易書詩春秋輯解 佚

◎光緒《撫州府志》卷七十六《藝文志》：《易書詩春秋輯解》（洪聯壁撰）。

洪其紳 易通 六卷 存

山東藏嘉慶二十五年（1820）玉東小圃刻本

國圖、南京藏道光九年（1829）玉東小圃刻本

◎一名《道定易通》。

◎陶澍《陶澍全集・印心石屋文鈔》卷七《洪氏易通序》：昔仲尼以六藝垂教，而易不列於雅言，門弟子無傳焉。非無傳也，聖人設卦，觀象繫辭焉以明吉凶，剛柔相推而生變化，其傳盡於是矣。又曰：「居則觀其象而玩其辭，動則觀其變而玩其占，是以自天佑之，吉無不利。」其傳盡於是矣。夫卦之體八而已，伏羲十言之教乃加消息。無消息則無變化，而易之用不行。是故易

之道，變化之謂也。變化者剛柔相推之謂也。左氏之占筮、焦氏之爻辰、京氏之宗廟遊魂、荀氏之升降上下、虞氏之旁通反對，皆是道矣。自王輔嗣以老、莊說易，遯於元虛，漢經師相承之遺法僅見於唐資州李鼎祚《集釋》而不列學官。至明儒來知德始以錯綜為說，而其端稍啟。國朝西河毛氏，因有悟於剛柔相推之一言，求之內外往來，而其義大著。但「聚卦」、「子母」等名，論者猶以不經少之。嗣是惠定宇之《周易述》兼采九家，張皋文之《虞氏義》專主仲翔，漢易之復興蓋無有盛於今日者。然如帝乙、高宗、性命、德行、百姓等象，一字一卦，支離破碎，反不若弼說之為愈矣。黔中洪定山先生，早入承明，出典大郡，澹於榮利，旋賦《遂初》，學易數十年，韋編之好，老而彌篤。所著《易通》薈萃各家，宗主推易，其說由乾坤生十辟卦，由十辟卦推生以成六十四卦，條理秩然，而於《彖傳》賁之「柔來而文剛」、「分剛上而文柔」，渙之「剛來而不窮，柔得位乎外而上同」者，無不吻合。其後世一切附贅駢枝之說則悉不敢以汩四聖之經旨也。余於易無所得，竊以漢人言象數、宋人言義理，不可偏廢。無義理則象數為誕，離象數則義理為虛，二者交譏。夫說經期經明而已，士有以是為門戶，域於其中，齗齗相攻伐，為不可解也。先生是書庶乎免矣。

◎《續四庫總目提要‧經部‧易類》：其書六卷，《生卦圖說》一卷、《卦對演述》四卷、《述卦詹言》一卷。其紳以為說易諸家於卦變一宗某卦自某卦來，其說不一，即一人之書，一卦之來亦多歧出，又或多並其例以求湊合，愈涉安排而失自然。遂生旁通，取其對舉互勘，為圖以明之，而卦變一目了然，殊不可以紊經病之也。其圖語諸家卦變有相同而不相同者，蓋根底既得，次序自然不假安排，徵之各卦象傳罔不吻合，即以剛柔往來上下相易之爻名卦。按虞翻說无妄曰：「遯三之初，此所謂四陽二陰，非大壯，則遯來也。」毛奇齡云：「仲翔所說本之焦贛，故曰所謂。」據此，漢儒雖無圖，而卦變鑿鑿可引稱如此。證之茲圖，蓋不謀而合。益見其紳構思之精。又後儒論卦變不一，學者無所適從，見《彖傳》有剛柔往來上下之文，遂欲盡作虛象，如孔穎達、王安石之說。作《乾坤主變圖》，其所解乾往坤來、坤往乾來，三陽三陰之卦二十，四陽四陰之卦五，無不一一與其紳圖合。然何氏圖以為四陽四陰以下不從乾坤生，無取往來上下之義，無圖亦無解。其紳是書解剛柔相易，固無往而非乾坤奇偶之所為。毛氏以為何氏四陽四陰後皆不盡合者，俱可執是書而驗之矣。

◎《玉屏侗族自治縣志》：一生著有《臺海事略》四卷、《霞城臚誦》二卷、《易通》六卷，均藏南京圖書館。

◎洪其紳，字敬書，號敬（定）山。貴州玉屏人。乾隆三十五年（1770）恩科貴州鄉試解元，四十三年（1778）進士。選翰林院庶起士，散館授檢討，改主事，升禮部郎中。嘉慶九年（1804）任浙江台州知府，十五年（1810）卸任，二十年（1815）冬復任，先後任台州知府〔註6〕十餘年。道光十年（1830）重宴鹿鳴。

洪啟鳳　易玩　佚

◎民國《重修婺源縣志》卷三十四《人物》八《文苑》一：著有《詩葩》《易玩》《經文稿》《客譚》《經義集要》《古詩十九首解》各若干卷。

◎洪啟鳳，字邦維，號澄齋。安徽婺源（今屬江西）虹川人。乾隆歲貢生。少受學於江永。邃於經學。享年八十五。又著有《詩葩》《經義輯要》《客譚》《古詩十九首解》《經文稿》。

洪守美　易說醒　四卷　首一卷　存

華吐居洪家原刻本

國圖、北京師範大學、吉林、天津、內蒙古、中國中醫科學院藏同治十一年（1872）新豐士族涇縣洪汝奎重刊本

◎嘉慶《涇縣志》卷二十六《藝文》：洪守美《易說醒》四卷（《明史‧藝文志》。溫陵曾化龍有序）、《易經揆一》（錢、鄭二《志》。宣城施閏章有序）。按《明史‧藝文志》有洪守美《易說醒》四卷，而舊志俱作《易解醒》，不載卷數，今從《明史》。

◎洪守美，安徽涇縣人。著有《易說醒》四卷、《易經揆一》、《調元要錄》。

洪梧　易箋　二卷　佚

◎民國《歙縣志‧儒林》卷七《人物志‧文苑》：著有《易箋》二卷及詩文集。

◎道光《徽州府志》卷十一之四《人物志‧文苑》：著有《易箋》二卷。

〔註6〕《續四庫總目提要》謂官至杭州知府，誤。

賦古今體詩最富，藏於家。

　　◎洪梧，字桐生，一字植垣。安徽歙縣虹源人。乾隆庚子召試舉人，授內閣中書。庚戌成進士。改翰林院庶吉士，授編修。乾隆乙卯典浙江鄉試。奉敕同纂修《全唐詩》，出知山東沂州府，時又稱同胞刺史。慈和詳慎，恤民愛士，有蒲鞭示辱之風。歸主講安定梅花書院。

洪業等 周易引得 存

民國鉛印本

上海古籍出版社 1986 年影印本

洪頤煊輯 歸藏 一卷 存

嘉慶刻問經堂叢書本

洪應紹 易解 佚

　　◎道光《徽州府志》卷十五《藝文志》：洪應紹《易解》。

　　◎民國《歙縣志》卷十五《藝文志・書目》：《易解》、《詩解》、《四書解》四卷（俱洪應紹）。

　　◎洪應紹，安徽歙縣人。著有《易解》、《詩解》、《四書解》四卷。

洪垣 周易玩辭 佚

　　◎道光《徽州府志》卷十五《藝文志・婺源》：洪垣《周易玩辭》。

　　◎洪垣，安徽婺源（今屬江西）人。著有《周易玩辭》。

侯炯曾 易解 三卷 佚

　　◎光緒《嘉定縣志》卷二十四《藝文志》一：《易解》三卷（侯炯曾著。弟岐曾參陸元輔曰：此書專為治舉業者作）。

　　◎侯炯曾，嘉定（今屬上海）人。著有《易解》三卷。

侯汸 學易折衷 佚

　　◎光緒《嘉定縣志》卷二十四《藝文志》一：《學易折衷》（侯汸著）。

　　◎侯汸，嘉定（今屬上海）人。著有《學易折衷》。

侯起元 固村觀玩集 二卷 存

北京大學、中科院、首都圖書館藏嘉慶十二年（1870）刻本

四川藏光緒六年（1880）四川德陽方氏刻本（方以直增訂）

◎或題《固村觀玩集稿》。首都圖書館題四卷。

◎同治《德陽縣志》卷三十二《儒行》：潛心墳典，尤篤志於《易》。探賾索隱，極深研幾，著有《固村觀玩錄》行世。

◎是書僅釋六十四卦，卦各一篇，《文言》僅釋數處，其餘不與。演繹義理，以程朱為宗。

◎侯起元，字榦甫，號固村。四川德陽人。乾隆戊子（1768）舉人。大挑就琪縣、廣安州教諭。丙午（1786）丁父優歸，歷掌綿竹、羅江、德陽教正。銓，又以奉養不出。至嘉慶八年（1803）丁艱服闋，始任江蘇漂陽知縣。律己清廉，慈惠治民。以漕運罣誤歸，不幹世網。

侯廷銓 周易簡金 三卷 存

南京藏嘉慶二十年（1815）刻本

◎光緒《寶山縣志》卷十《人物志‧文學》：少好左氏學，著《春秋氏族攷》及《周易簡金》，《續修潛溪志》補柏氏所未備。

◎侯廷銓，字季華。寶山（今屬上海寶山區）大場人。侯秉仁子。嘉慶十年（1805）副貢生。精理學。又著有《四書彙辨》二卷續二卷、《春秋疑義》一卷、《春秋列國考略》一卷、《春秋氏族略》，又續修《錢溪志》，又輯《宋詩選粹》十五卷。

侯位 讀易隨記 一卷 佚

◎孫葆田《山東通志》卷百二十七《藝文志》第十：《州志》載是書，稱其深於易，凡習易者多就正之。

◎侯位，字宜在。山東濟寧人。諸生。

侯運昌 周易印心圖贊 不分卷 佚

◎《中州藝文錄》卷三著錄。

◎《中州先哲傳‧文苑》著錄作《周易印心象傳》：為學不事標榜，以克己慎獨為本，靜坐省心為要。議論明透，最善誘人，深通經術，尤邃於易。

◎侯運昌（1652～1711），字敬偉。河南杞縣人。運盛弟。康熙二十五年

拔貢。鄉試屢不第，遂絕意仕進。

胡柏齡 太極圖補註 佚

◎嘉慶《太平縣志》卷六《宦業》：著有《太極圖補註》一編。

◎嘉慶《寧國府志》卷二十《藝文志・書目》：《太極圖補註》一編，胡栢齡著（太平）。

◎胡柏齡，字堅仲。安徽太平（今黃山）人。家貧力學。康熙丙子領鄉薦，授福建武平令。

胡秉虔 卦本圖考 一卷 存

山東藏同治十二年（1873）吳縣潘祖蔭京師刻滂喜齋叢書本

山東藏光緒十四年（1888）南菁書院刻皇清經解續編本

山東藏 1936 年上海商務印書館叢書集成初編據藝海珠塵本鉛印本

山東藏臺北成文出版社 1976 年無求備齋易經集成光緒十四年（1888）刻皇清經解續編本

山東藏臺灣新文豐出版公司 1983 年大易類聚初集影印皇清經解續編本

◎序：爻主動，動則變，乾則變坤，坤則變乾也。其有一爻變者，如《左傳》所載觀之否、師之臨類，觀四爻動則變否，師初爻動則變臨也。至於一卦之內兩爻互易，如《彖傳》所言剛柔上下者，先儒亦謂之卦變。以《繫辭傳》有云「上下無常，剛柔相易，不可為典要，惟變所適耳」，故朱子云：「就卦已成後用意推說，以見此為自彼來，非真先有彼卦而後有此卦也」，又云：「若論伏羲畫卦，則六十四卦一時俱了，雖乾坤亦無能生諸卦之理。若如文王、孔子之說，則縱橫曲直反覆相生，無所不可」，又云：「非是聖人合下作卦如此，自是卦成了自然有此象」，其說精矣。但謂縱橫曲直反覆相生無所不可，似乎說得太寬，故《本義》於卦變歌十九卦之外又有云「又自某卦某卦而來」者，東牽西曳茫無畔岸，未免啟後人憑肬說經之漸。今詳攷諸儒之說，案之於經，是者從之，漢人解易多云「此本某卦」，或云「此卦本某」，今亦依用，遂命曰《卦本圖攷》云。

◎俞樾《賓萌集》卷五《胡春喬先生遺書記》：續溪胡氏自明諸生東峰先生以來，以經學世其家，代有撰述。八傳而至春喬先生，諱秉虔，字伯敬。以名進士官刑部主事，後改就本班，以加縣起家，官至甘肅丹噶爾同知，所至有治聲，詳見其孫肇昕所譔行畧。先生自幼嗜學，宦游京師，出彭文勤、朱

文正、阮文達諸巨公之門，而吾鄉姚文僖、高郵王文簡、武進張皋蘭先生皆其同年友。故其學有根柢，尤精於聲音訓詁之學。所著有《周易小識》八卷、《尚書小識》六卷、《論語小識》八卷、《卦本圖考》一卷、《尚書序錄》一卷、《毛詩序錄》四卷、《漢西京博士考》二卷、《甘州明季成仁錄》四卷、《河州景忠錄》三卷，又有《經義聞斯錄》《槐南麗澤編》《月令小識》《四書釋名》《小學卮言》《對床夜話》《惜分齋叢錄》《銷夏錄》、文集詩集各如干卷，詳見其從子培暈所纂《遺書記》。嗚呼！先生之學可謂博矣！樾于同治七年主詁經精舍，而先生之從子曰培系子繼以先生遺書來，凡五種：曰《卦本圖考》、曰《尚書序錄》、曰《甘州成仁錄》，皆原記所有者；曰《古韻論》三卷、曰《說文管見》三卷，皆原記所無者。

　　◎胡秉虔（1769～1832），字伯敬，號春喬。安徽績溪人。嘉慶四年（1799）進士。官刑部主事，改知甘肅靈臺縣，升丹噶爾同知，卒於官。又著有《繩軒讀經記》。

胡秉虔　周易小識　八卷　佚

　　◎光緒《重修安徽通志》卷三百三十五《藝文志》：《周易小識》，胡秉虔著。

　　◎《清史稿》卷四百八十二《列傳》二百六十九《儒林三》：秉虔自幼嗜學，博通經史。嘗入都肄業成均，夜讀必盡燭二條。尤精於聲音訓詁，著《古韻論》三卷，辨江、戴、段、孔諸家之說，細入毫芒，塙不可易。《說文管見》三卷，發明古音古義，多獨得之見。末論二徐書有灼見語，蓋其所致力也。他著有《周易／尚書／論語小識》各八卷、《卦本圖考》一卷、《尚書序錄》一卷、《漢西京博士考》二卷、《甘州明季成仁錄》四卷、《河州景忠錄》三卷。

胡潮　易參訂　二卷　佚

　　◎道光《徽州府志》卷十五《藝文志‧婺源》：胡潮《易參訂》二卷。
　　◎胡潮，安徽婺源（今屬江西）人。著有《易參訂》二卷。

胡楚善　易理淵源一貫　三卷　存

　　光緒二十六年（1900）刻本

胡淳 易觀 四卷 佚

◎四庫提要：是編惟解上下經。大旨謂聖人作易，使學者研究卦爻，推吉凶悔吝之由，以知進退存亡之道，故孔子稱假年學易，可無大過。至於求諸卜筮以決從違，乃為常人設，非為君子設也。故其說掃除圖學，惟玩六爻。然皆隨文生義，未能融會貫通。其謂《繫辭傳》「河出圖，洛出書，聖人則之」句為漢儒言讖緯者所竄入，更主持太過矣。

◎胡淳，字厚庵。山東慶雲人。乾隆元年（1736）進士。授知蒙自縣，未任而卒。

胡粹純 周易便覽 三卷 佚

◎民國《泗陽縣志》卷二十三《傳》二《鄉賢》：胡粹純字錦完，著《周易便覽》三卷、《窮理省身集》三十卷。孫家駒字千里，廩監生，博極羣書，精易數，善風鑒（清河吳諫著《抑抑堂詩文集》，其札記有《胡翁別傳》，略云：胡氏世攻經，翁能傳其家學，而獨以技術顯，蓋由易以通之卜筮、及於推步而旁涉夫堪輿）。

◎胡粹純，字錦完。江蘇泗陽人。

胡道問 易義外編 三卷 佚

◎光緒《江西通志》卷九十九《藝文略》一：《周易原篇解》十二卷、《易義外編》三卷，胡道問撰。

◎胡道問，字近思。江西會昌人。又著有《在軒文集》八卷。

胡道問 周易原篇解 十二卷 首一卷 存

中科院藏乾隆二十六年（1761）胡斯廊刻本（李蒼厓、董恆巖鑒定，馮蓼園評點）

四庫未收書輯刊影印乾隆二十六年（1761）胡斯廊刻本

◎目錄：卷首考、傳、凡例。卷之一伏羲卦象篇。卷之二文王彖辭上篇。卷之三文王彖辭下篇。卷之四周公爻辭上篇（乾至謙）。卷之五周公爻辭上篇（豫至離）。卷之六周公爻辭下篇（咸至困）。卷之七周公爻辭下篇（井至未濟）。卷之八孔子繫辭上篇。卷之九孔子繫辭下篇。卷之十孔子文言上篇、孔子文言下篇。卷之十一孔子說卦篇。卷之十二孔子雜卦篇、孔子序卦篇、大易吟二首、十翼贊十首。

◎周按：卷首二篇：考一篇、傳一篇。《考宋儒所定古文周易本》「備考宋代先儒所定古文易本，見經傳相離，實始於宋，並非漢田何之舊」，列王叔原、呂微仲、晁說之、呂伯恭、吳仁傑五家；《前漢書儒林費氏本傳》辨「嵩山晁氏等以分經附傳深罪乎費氏」之非。

◎序：《易》之為書，無所不包，仁者見仁知者見知，理象數之說紛若，而究未足以盡易也。蓋專言理者拘於墟，專求象者涉於鑿，專推數者流於讖，學者生千百世之下，欲求千百世以上之情，若胸無獨得，徒依舊說以揣測，前聖之心或幾乎息矣。會昌胡子道問著《周易原篇解》，其深思力索垂廿十年而書始成。前參政蒼厓李公、觀察定巖董公見而深契之，定崑因囑余為點定。余初以是經舉，而登第後七年簿領，業日荒落，今又衣食奔走，窮病相繼，心緒棼亂，亦何能窺是經之奧妙哉？第觀胡子所著，喜其心所獨得，有出於尋常思議之外者。其分羲、文、周、孔之易為五篇，孔氏之易為七篇，以求合古易十二篇之數，即起呂汲公、成公諸公於今日，當亦心折。則吳氏之論所不能破者也。其分《大象》另一篇，確能發探御纂《周易折中》之論以釋伏羲卦象，則汝楳趙氏昔嘗有此意而未能得其義者也。其以之卦、互卦釋《爻辭》，多與《小象》相符合，非同穿鑿附會，則《周易小傳》與《易小傳》諸家所解而不能相通者也。至其闢先天河洛之數為黃老之學，俱能洞悉其原委，實明其所以然，則歐陽公、陸象山諸君子所未嘗揭以示人者也。蓋能另闢奧窔而不詭於理，獨窺象蘊而不泥於古，用心亦良苦矣。廼為點定而授之梓。及書成，李公久歸滇南，董公又作古矣。嗟乎！士之遇不遇有命，而一書之成亦多知己聚散之慨焉。余亦將北行，生乞一言以為序。予知是書之出，天下後世必有知而進之者，賞析之樂，寧獨蒼厓、定巖與余三人乎哉？！乾隆辛巳小春朔日，筆峯樵寄馮渠書於虔州之濂溪書院。

◎凡例九條：

一、古文易本凡十數家，其篇次離合各不同，要皆必求合乎十二篇之數。今之所編十二篇，不敢有心違異古人，亦不敢勉強分裂聖經，實因伏讀御纂《周易折中》釋《大象傳》數語，遂悟伏羲之易當另為一篇，則文王、周公、孔子之易亦當各為篇數，編之得十二篇，未知與施、孟、梁邱、田何諸古本有合與否。

一、史遷云：「西伯拘羑里演《周易》」，則文王《彖辭》雖極簡要，其旨意實難研究。《繫辭》明云「易之興也，其於中古乎？作易者其有憂患乎？」

又云：「易之興也，其當殷之末世、周之盛德邪？當文王與紂之事邪？」故此之釋《彖辭》，欲研窮文王憂患之情，因引中古之運會，與文王與紂之事以實之，殫精竭慮，以意逆志，有所未通，嘗廢寢食以求其合，觀者幸鑒其苦衷焉。

一、卦有互體，先賢以為創自漢儒，鄙而不論。然《春秋傳》載周史為陳侯筮，遇觀之否曰：「坤土也，巽風也，乾天也，風為天於土上，山也」，艮為山，是二三四互成艮之象也；晉獻公筮嫁伯姬於秦，遇歸妹之睽，史蘇曰：「震之離亦離之震」，震之離謂震變為離也，亦離之震謂二三四互成離而震乃變動為離也；崔武子筮娶棠姜，遇困之大過，陳文子曰：「夫從風，風隕妻，不可娶也」，夫從風，坎變巽之象，風隕妻，三四五互成巽以破壞兌體之象。凡此之類皆有取於互體。故此所釋周公《爻辭》也，必及互卦，並及之卦之互。若夫五行、納甲、飛伏之法，實為漢儒焦氏所創，其說另見於外篇，固不敢以之釋經。

一、八卦之象載於《說卦》，非此則涉穿鑿，然亦有不可忽者，如巽之為魚《說卦》無明訓，乃姤之下體巽也，其取象則曰「包有魚」、「包無魚」；剝之五爻變巽也，其取象則曰「貫魚」，是則確然可據者。外此《說卦》所未及，斷不敢附會。

一、《繫辭》為聖人所作，其理有條而不紊，其序井然而不亂，與《大學》《中庸》二書相似，乃「聖人有以見天下之賾」一章，明當與「自天祐之」節相聯，前賢知其錯簡而不正，遂令《繫辭》上篇之文若棼而無次，今特序而正之，以復聖人之舊。

一、《雜卦》當在《序卦》之前，古來從無此說，第聖人贊易，由乾而坤而八卦而六十四卦，然後及於上下篇之序，理所宜然。若以《雜卦》為終篇，似聖人贊易，於易義既完之後復起一例，竟屬易之贅旒矣。故不可以不正之。

一、河圖洛書先天後天傳自希夷，是宋之前未嘗有也。宋儒釋易鄙漢儒之言象為穿鑿，至其以圖釋易竟不自知其穿鑿也。夫諸圖俱屬丹家祕訣，其理與天地造化相通，自不可廢，但於經文則無涉耳，故特列之為外篇，以見易理之精在於辭不在於圖也。

一、是本所注與諸家不同。諸家知易為聖人憂世覺民之心，究未析聖人有四，其憂世覺民之心亦自不同。蓋伏羲之世上古也，文周之世中古也，孔

子之世春秋也，其民有淳薄之不同，其憂亦有詳略之異，故此之注卦象必求伏羲憂世覺民之心，於《大象》必求孔子教人學伏羲之意，注《彖辭》必求文王憂世覺民之心，於《彖傳》必求孔子教人學文王之意，注《爻辭》必求周公憂世覺民之心，於《小象》必求孔子教人學周公之意。外此如《繫辭》二篇，必條分縷析，孰為贊伏羲之易孰為贊文周之易，總不敢囫圇以塞臼。

一、是編之注始於甲子九月，成於丙子十月，經十三年思索，薰凡四易，丁卯草創初備，即呈方伯彭公，既蒙許可。己巳再呈驛憲李公，曾上白部院舉題經學，後竟不果。辛未呈督學湯公，當蒙誨諭，指其瑕疵。至丁丑呈觀察董公親閱之後，命呈蓼園馮公詳加評定。自念一介書生，僻處荒野，管窺所得，屢蒙大人鑑賞，亦何幸哉。今次男斯廊謀弁剞劂，非敢出以炫世也，蓋嘗觀梁山來氏《易註自序》云：「德因四聖之易千載長夜，乃將纂脩《性理大全》，去取其間，更附以數年所悟之象數，以成明時一代之書，是以忘其愚陋，改正先儒注疏之僭妄，未暇論及云」，其自任之心如此，道問亦將竊比云爾。道問謹識。

◎序〔註7〕：《易經》十二篇見於《漢書・藝文志》，顏師古曰：「上下經與十翼也。」蓋本於班史「文王作上下篇，孔子為之《彖》、《象》、《繫辭》、《文言》、《序卦》之屬十篇」，遂以注之而不知非也。玩班史此段文義，乃志《易經》為伏羲、文王、孔子所作，故繼曰「人更三聖，世歷三古」，其言文王作上下篇，所以別於伏羲之卦畫；其言孔氏之十篇，所以別於文王之《爻》《象》，非以文王作上下篇為經文止上下二篇也。自顏注一誤而易本以上下經為二篇，遂膠固而不可析。宋儒嵩山晁氏為古易本，因謂《彖》《象》與經始各為一書，分經附傳由於費氏。然《漢書》言劉向以中古文《易經》校施、孟、梁邱經，或脫去「無咎」、「悔亡」，唯費氏經與古文同，則經傳相附由來已久，曷嘗由於費氏也。東萊呂氏考定古文《周易》，亦知費本真為孔氏遺書，而其篇次離合復用晁書而不依費本者，亦以費本編之止有七篇，與班史十二篇之數不合耳。今觀呂本所編孔子《象傳》，列《大象》於《小象》之前，玩其文義既不相承，讀其音韻亦不能叶，因三復御纂《周易折中》所云「《彖辭》《爻辭》之傳專釋文周之書，《大象》之傳則所以示人」，讀伏羲之易，忽有悟曰：此乃夫子作以解羲易之辭也。古本之易，伏羲卦象殆各為一篇也乎？遂取《大象傳》與伏羲卦象合而觀之，其意義既適，文辭亦類，乃信而不疑焉。

〔註7〕又見於同治《會昌縣志》卷三十一《藝文志》。

又取呂本所編文周象爻之辭而讀之，見其前後亦不相承，且有文王繫以亨利而周公直指為凶，如履六三之類者，乃又悟曰：周公之易殆非文王之易，其亦各自為篇者乎？於是分上下經之文為伏羲《卦象》一篇、文王《彖辭》二篇、周公《爻辭》二篇。伏羲卦象即以《大象傳》附之，文王《彖辭》即以《彖傳》附之，周公《爻辭》即以《小象傳》附之。蓋此三傳，孔子原作以解三聖之易，不可各自為篇也。外此則《繫辭上》《繫辭下》《文言上》《文言下》《說卦》《雜卦》《序卦》皆孔子贊易之辭，宜各自為篇，合之共得十二篇，而三傳七贊又與先儒十翼之言相合。因益悟曰：《易經》十二篇，此其原本也乎？今試讀《上繫》《下繫》之文，則統贊三聖之易之辭也。《文言上》則專贊乾卦也，《文言下》則專贊坤卦也，《說卦》則通贊乾坤六子也，《雜卦》則通贊六十四卦也，《序卦》之辭專贊上下篇之義，孔子讀易，作此以終篇，故篇末繫以「終焉」二字，以此為殿，又何疑焉？若夫伏羲畫卦，原不知有文王之《彖辭》；文王演易，原不知有周公之《爻辭》，三聖所作各不相謀，其當各自為篇，又何疑焉？乃知費氏易本異於施、孟、梁邱者，非由於分經附傳，不過於每一卦將羲、文、周三聖之易合而為一，以便學者之觀象玩辭。又以孔子《大象》不可列於文王《彖辭》之前，故附於《彖傳》之後。而後之學者遂不見有古十二篇之易。究之，十二篇之易其臚列於費本者，試取一卦觀之，不先後井然乎？因思宋儒呂、晁諸公慕古《易經》十二篇之名，未嘗細參《漢書》以讀費本，而徒執顏注以為斷。雖朱子《本義》亦從東萊所定，惟御纂《周易折中》發千古之蒙，使天下後世學者猶得以恭頌而窺其奧也。今更定古本《周易》，名之曰《原篇解》，所釋多與《傳》《義》不合，非敢自異於程朱也，蓋井蛙所見，亦自各具一天云爾。峕乾隆十六年歲次辛未春王正月上元日，會昌後學胡道問書。

◎同治《會昌縣志》卷二十二《人物志》：力學能文，十應鄉試不售。世習易學，道問尤精其業，著《周易原篇解》十二卷、《羲易外篇》三卷。書成，就正彭方伯家屏。乾隆三十九年諭旨訪遺書時，副使秦承恩欲以所著《易解》備採，既而不果。年五十僅膺歲薦。次子斯廊校刊《易解》及《在軒文集》八卷，尚遺未刻詩古文制藝稿藏于家。

胡典齡 周易名象 二卷 佚

◎孫葆田《山東通志》卷百二十七《藝文志》第十：是書見《續修府志採

訪冊》。

◎《續修歷城縣志・藝文考》作《周易明象天地人》三卷，注云：胡榮寶鄉試硃卷履歷。《續修府志採訪冊》作《周易名象》二卷。

◎胡典齡，字汝白。山東歷城人。乾隆丁酉舉人，官師宗知縣。

胡定之 大易圖說 四卷 佚

◎光緒《黎平府志》卷七《文苑傳》：著書識見最精，能發前人所未發。其著《大易圖說》，朗如列眉，當世欽其學。

◎胡定之，貴州新化所人。舉人。性嚴毅，博聞強記。知岳池縣。里居閉門，一意著述，吟詠不絕。又著有《鶴溪集》等，又纂修《五開衛志》《永從縣志》。

胡方 周易本義闡旨 八卷 首一卷 存

上海、南京、廣東、湖北、山東藏嘉慶十七年（1812）蘭桂堂盧觀恆校刻本

伍元薇刻嶺南遺書本

叢書集成本

四庫未收書輯刊影印嘉慶十七年（1812）蘭桂堂盧觀恆校刻本

◎序：曉亭盧公既歿之明年，其令嗣東川水部以所刻金竹胡君《周易本義闡旨》一書示余。余受而讀之，竊謂宋儒注經，略故實而專言義理，說者病之，惟易獨不然。易自輔嗣之學行，其義幾遯於莊老，不有朱子《啟蒙》之作，則著策占變之法不明於世，而又不欲以術數之微流於納甲、飛伏之幻，乃作《本義》以相為表裏，然或以威嚴奧旨莫測其淵。今見胡氏此書句梳字櫛，義例昭然，俾後之學者一覽而知，則胡氏誠朱子之功臣矣。予乃因盧公之志竊有感焉。今夫士之跧伏閭里，矻矻窮年，皓首一經，每有所得，筆之於書，方其下一意立一說，未嘗不自詡以為羽翼前人啟迪來者，足以傳之無窮，顧或終其身而不能卒業矣，而子孫不能世其學，門弟子不能廣豈傳，以致遺藁散佚，湮沒而不彰者，何可勝道！我朝稽古右文，海內祕籍咸歸四庫，其以易學名者，如光山胡文良公著《周易函書》，身後數十年得以奏御，邀易名之典。方今聖學高深，近以鮑氏《知不足齋叢書》校刊益夥，特予表揚。嶺南僻陋，士之有志斯文者或苦於無書，使咸喻盧公之志，蒐名山之藏，付之剞劂，作者之孤詣以傳，讀者之見聞愈廣，上以副昌明之治，下以消侉陋之風，

俾士氣駸駸日上焉，其亦採風者之厚幸也夫！嘉慶十有九年歲在閼逢閹茂，粵東督學使者南昌彭邦疇。

◎序：朱子《易經本義》一書，言近指遠，潔靜精微，學者每難驟窺其奧。吾鄉金竹胡先生為之闡旨，發凡起例，提要鈎元，於《本義》隻字單詞，無不有以究極其理而深得立言之蘊，間自抒所見，引伸觸類，多發前人所未發，其羽翼經傳啟迪後人，功甚鉅也。壬申秋，先生元孫捷登奉其家藏鈔本示余，余嘉其不忘手澤，因為編校並錄《本義》於經文之後以便參閱，謀付梓以行世，庶聖經賢傳、微言奧義昭若日星，而金竹之苦心用以不沒。讀是書者亦得有所感發云。嘉慶十七年歲在壬申冬十月，後學盧觀恆謹識。

◎胡方，字大靈，世稱金竹先生。廣東新會人。康熙歲貢，講求義理之學。又有《信莊子辯正》六卷、《鴻桷堂詩集》五卷、《梅花四體詩》一卷、《文鈔》一卷、《信天翁家訓》一卷附錄一卷。

胡方 周易本義註 六卷 存

國圖藏道光三十年（1850）南海伍氏粵雅堂刻嶺南遺書本

山東藏 1936 年上海商務印書館叢書集成初編據嶺南遺書本排印本

續四庫影嶺南遺書本

山東藏臺北成文出版社 1976 年無求備齋易經集成影印道光三十年（1850）南海伍氏刻嶺南遺書本

◎伍崇曜跋：右《周易本義註》六卷，國朝新會胡方大靈撰。按《南澗文集》稱先生由番禺籍補諸生，久之，充歲貢。講求義理之學，敦崇實行。僑居南海之鹽步，學使惠天牧艤舟村外，遣吳生者至其家求一見。急揮手曰：「學使未蔵事，不可見。」出吳門而局其門。試竣，仍介吳生，則假一冠投刺，至，長揖曰：「今日齋沐謝知己，年邁無受教地，不能執弟子禮。」遂起。惠嘗語吳生曰：「胡君貌似顧寧人，豐厚端碩，皆富貴福澤之象。不於其身，必享大名於身後。」後於嘉慶朝請從祀縣學鄉賢不果，至道光朝卒從祀郡縣學鄉賢於粵臺。《鄭雅錄》稱門人私謚文介先生，著有《四書說》、《莊子註》、《唐詩註》、《鴻桷堂詩文集》。何西池箋其《梅花四體詩》，謂皆寓言，講學如白沙子之以詩為教也。惠學使取其制義合明季澄海謝霜厓元汴、番禺梁未央朝鐘文刻之，名曰《嶺南文選》。南澗又稱惠學使上薦疏於朝，略曰：「人品端、學術醇，一介不苟，五經盡通，能詩工書，註《四書》及《易》」，即是書

也。多所開發，接理學之傳，其教人從日用酬酢求義理，從尋常應對見文章，大要以力行為主，不徒語言文字也。惜其年衰老，不能效奔走之勞，尚足備羽儀之用。伏乞賜之命服，併依古養老之禮，令有司月致羊酒以寵異之，俾士子咸知讀書立品，實雍正四年事也。學使以漢學世其家，所著《易說》，《四庫提要》稱其雜釋卦爻，以象為主，有意矯王弼以來空言說經之弊，徵引極博，學有根柢，其精研之處實不可磨。是書專註朱子《本義》而顧推重之如此，知通儒說經原不分畛域也。已經刻者，竄亂分註《本義》中，名曰《周易本義闡旨》，釐為四卷，卷帙厚薄參差，茲從呂四如上舍假得手寫稿本，無闡旨名也，且實作六卷，與阮《通志》同，謹仍之，略為校勘而重梓焉。道光己酉餞春日，後學伍崇曜謹跋。

胡鳳丹　古周易考　無卷數　存

山東藏退補齋刻本

◎胡鳳丹《退補齋文存》卷一《古周易序》：吾郡先賢呂成公以博學魁儒躡濂洛諸賢而起，於羣經之微言大義咸有發明，垂為著述。其最有功於先聖者，則《古周易》一卷尤昭然若揭日月而行。自康成、輔嗣合《彖》《象》《文言》於經，後之學者取其便於誦習而古本遂束之高閣。先生旁搜遠紹，因嵩山晁氏書之舊，參互考訂，定為上經、下經、《彖上傳》《彖下傳》《象上傳》《象下傳》《繫辭上傳》《繫辭下傳》《文言傳》《說卦傳》《序卦傳》《雜卦傳》十二篇，坿以音訓，而古本易遂還其故。今從《志堂經解》通中錄出重梓，匪獨為吾鄉道學光也，抑亦海內窮經之士所快覩而欽寶者矣〔註8〕。

◎胡鳳丹（1828～1889），初字楓江，後字月樵，一字齊飛，別號桃溪漁隱。浙江永康（今永康市）溪岸人。初任金華知府，以附貢生入貲為兵部員外郎。同治五年（1866）以道員補用。應李瀚章邀創崇文書局，領補用道銜。光緒元年（1875）任湖北督糧道，三年（1877）被誣辭官歸杭州，築十萬卷樓，杜門著述。輯《金華叢書》。撰《金華文萃書目提要》八卷、《黃鵠山志》十二卷、《大別山志》十卷、《鸚鵡洲小志》四卷及《桃花園志》、《退補齋詩鈔》、《退補齋詩文存》、《永康十孝廉詩鈔》等。子宗懋輯《續金華叢書》。

〔註8〕原評：修辭立其誠，易教也。此則足當一誠字（何國琛）。朱子《周易本義》亦用古本，朱子常贊東萊是真勇於學者。得此二書與世傳《易》本相比輔，遂如經緯之相須，文亦幽贊神明，獨搜窔（趙熙文）。成公此書實存千年絕學，作者具有深意（林壽圖）。

胡鎬 周易管窺 四卷 存

湖北藏道光二十六年（1846）上元王氏刻本

◎胡鎬（1762～1847），字聖基，號心齋。江蘇上元人。嘗久館江寧甘氏津逮樓，閱其藏書十數萬卷，窮涉博覽，遍探窔奧。治經兼漢宋兩家之長，尤邃於易。於經義多所解釋，多有裨傳義。嘗應江寧布政使康基田聘，校修版《玉海》於瞻園。道光二十四年恩賜副榜。著有《群經說》二十餘卷，壽陽祁韻士為刊《說易》一種、《文集》若干卷。

胡化中 四聖傳心錄 佚

◎道光《徽州府志》卷十五《藝文志・績溪》：胡化中《四聖傳心錄》。
◎胡化中，安徽婺源（今屬江西）人。著有《四聖傳心錄》。

胡煥宗 讀易記言 二卷 存

山東藏 1924 年武昌文藻齋鉛印本（佚名批點）
◎胡煥宗，字奉六。河南潢川人。

胡滉 周易纂註 佚

◎同治《霍邱縣志》卷十五《藝文志》六《著述》：胡滉《周易纂註》，其子英手錄本。
◎胡滉，安徽霍邱人。著有《周易纂註》。

胡積善 岑構堂易解 十二卷 存

國圖、上海、天津、南京、山東、青海藏道光十二年（1832）胡會禮岑構堂刻本〔註9〕

◎各卷卷首題：襄平胡氏積善粹齋甫著，男文齡錫九編次，孫會禮率曾孫書衡、保、成、同校刊，後學楊世轂芰湖、忻崇德慎齋、王任道笠山、朱楫蘭舫、張用霖時齋、張仙保佑之同校。

◎周按：據封面題「道光壬辰年鐫」，並記「前刊字多舛錯，今悉更正無譌」，知此版乃重刻本。然初刻本未見。

◎跋：禮在髫年，見家中圖書四壁，先祖日處其中，非伏几謳吟，即操

〔註 9〕附乾隆三十九年受業門人修仁題並書《粹齋夫子像讚》。

管著述，否則危坐默誦詩書，雖盛暑嚴寒，蓋未嘗一日閒也。斯時也，先祖
職居臺諫，先君亦已舉戊子孝廉，朝夕侍側。禮亦隨侍左右，問字之餘，必
殷殷指授，庭幃之際，藹如也。有如此賢祖父，為子孫者何幸如之。痛哉！
禮方七歲而祖見背，次年而父亦即世，兄弟姊妹亦相繼而歿。兩年間，遭家
不造，曷此其極也。所存書籍不過十分之一二，不惟不知愛惜，亦且不知何
為愛惜。及稍有知識，檢理舊書，悉無全部者。亂紙堆中得有草稿數束，知
為先人手澤，因而類分之，見。見有日紀錄數本，卷面題曰：作德心逸，日
休；作偽心勞，日拙。內逐記年月日，所有一日之陰晴風雨及此日之一言一
行，纖記備載。未更記以○、×｜，蓋自行考察功過者。又有典試蜀粵河南紀
程三卷，亦紀以年月日，某日行若干里、某處尖、某處宿，凡往返所經，山
川草木風土人情以及古人事蹟，莫不考據詳明，毫無遺漏。並有鑒史諸子以
及詩賦等書。平素集錦者亦復不少。然皆斷簡殘編，莫能次序。此部《易解》
草稿亦零落不全。復徧處搜羅，始得完璧。奈皆草書，難于識認。且顛倒錯
亂，塗改模糊，望去茫然。前人之跡幾于泯矣。此實禮之不肖，咎將安貸乎？
不得已，持就老成故舊而正之。僉曰：「嘻！此吾師少年初稿也，晚年復有定
稿，汝父曾編次之，欲刊未逮，含恨而終。且吾師當日所著作者，固不僅此，
汝豈俱未之得耶？」繼而曰：「噫！是矣。汝父捐館之日，汝年尚幼，或不知
收貯，遂致散軼乎？然此編雖係初稿，亦吾師之苦心孤詣，宜珍藏勿失。」已
而嘆曰：「吾師之生也，幼而聰穎，長而好學，誠所謂口不絕吟於六藝之文，
手不停披於百家之編者也。當是時，名儒巨卿悉出門下，積夫子之稱遂名震
一時。有執經請業者，欣然教誨，至忘寢食。諄諄切切，務令各得其所而去。
於是遊其門者幾徧天下，至今猶有以不得及門為憾。而吾輩之得所成就者，
不知凡幾。汝乃後人，僅能得此，亦可傷矣。」禮聞而誌之，徧訪於世交中，
迄無知者。壬辰秋，禮任全陽，書雲史過署，見而奇之，力勸禮付梓。於是
同友人王笠山、楊芰湖、張時齋、朱蘭舫、忻慎齋、內弟張佑之朝夕校對，詳
細考訂，悉照本文繕就，未敢增減一字。閱數月竟能成卷帙。此書上下經有
象象合解者，有因爻位相應相比互解者，其《繫辭》《說卦》諸傳則有數節連
解者，有數章合解者，難以分註章句之下，故卦則先冠全卦，傳則先冠一章，
或數章數節而後統註之，遂以《易解》名編。按粹齋公生於康熙丁酉年，此
書篇尾悉註己未庚申兩年月日，至乾隆甲子始登賢書，乙丑成進士。所謂少
年初稿者，洵不誣也。至壬辰年壽五十六歲而卒，今六十年矣，此書復成於

壬辰年，豈冥冥中有所呵護耶！又所謂先君曾編次者，禮未敢忘先人所有事故，仍刊為錫九公所編次，以付梨棗，垂示子孫，非敢出以問世也。至于公之居心行事，有修世伯諱仁公已題於像額。所留遺者，賸此一斑耳。故併像讚亦附刊于後，後之人宜世守而永保之，予實有厚望焉。嗚呼！所謂定稿者，抑就此稿而為定乎？抑復有所更改修飾而為定乎？或歸於愛惜者尚存天壤乎？抑歸於不愛惜者遂致湮沒乎？又未知今所編次者，與前編同乎？抑畧同而或全不同乎？九原有知，無以告慰先人，不愈增先君之遺恨乎？此誠為先君之所恨，而禮之不肖也，亦實禮之不幸也。道光十二年歲次壬辰仲冬月，孫會禮謹識。

◎自序：《周禮》言易有三，《連山》《歸藏》《周易》，今之易則《周易》也。卦乃伏羲所畫，而重卦疑亦為伏羲所重。至於六十四卦之名，經中既無明文，而先儒皆以為文王所定。蓋八純卦天地雷風水火山澤，所謂通神明之德、類萬物之情者，乃畫卦時即有，而蹇、解、暌、家人、噬嗑、頤、大小過之類，皆後世之事，所謂其稱名也，雜而不越于稽其類其衰世之意。且《周易》所定之陰陽卦，固與先天不同，而六十四卦亦皆以後天圖為總領，故以卦名為文王所定為是。爻辭先儒以為周公所繫，蓋作易者其有憂患乎？周公居東，當憂患之時，故為周公所繫也。先儒言易有四義：不易也、交易也、變易也、易簡也。今看易簡意輕，而易當兼不易、交易、變易三意。不易者陰陽之體，交易者陰陽之互根，變易者陰陽之流行。而先儒又言易只是交易、變易，不合言不易，蓋既言易，而不當言不易。交易者體也，變易者用也，交易變易，易之體用備矣。《易》之為書，義理象數本無不備，漢以後諸儒如焦贛、京房、管輅輩，單言象數。自王輔嗣起而正之，專言義理，一洗從前之窠臼。故程子教人讀易，必先看王氏註也。惟《本義》兼而有之，義理宗程，象數宗邵，又提出卜筮為作易本意。朱子亦自得意，而謂為天牖其衷也。文王卦辭乃言六畫卦之材質，所謂象者材也，原始要終，以為質也。夫子作傳以釋文王之意，故折衷於乾象傳之言，乃推卦象卦位以發明之。此句最精，一以見象傳之作，非空言義理，而必有所據依。一以為屯蒙以下諸卦之總例，亦與易為卜筮而作相表裏，皆學易者所當先知也。乾隆庚申年八月，粹齋氏記。

◎胡積善，字粹齋，一字宗韓，號構山。襄平（今遼陽）人。乾隆甲子舉人、乙丑進士，散館授編修，由中書歷廣西道監察御史。

胡際飛 圖書圖考 二卷 佚

◎光緒《黃州府志》卷三十二《藝文志》：《圖書圖考》二卷，蘄州胡際飛撰（《州志》）。

胡具慶 讀易自考錄 一卷 續編一卷 存

山東藏光緒二十四年（1898）孫叔謙刻本

◎自序：自漢氏以來，談易者何啻數十百家，而其理終有闡發不盡、其象終有摹寫不盡、其數終有推測不盡者。惟退而返諸身心，乃覺六十四卦卦卦皆吾身心之模範、三百八十四爻爻爻皆吾身心之針砭，而日用行習間乃無時非體易之實學、無往非用易之實功矣。具慶賦姿愚暗，雖性嗜書而苦無實得，至於易中廣大悉備之蘊，尤未能窺見其萬一也。第於誦習之際，每讀一卦輒以此爻自問其身心之合否；每讀一爻，輒以此爻自證其身心之是非。吉無咎者，則思以為法；凶悔吝者，則思以為戒。每有自奮、自勖、自惕、自警之語輒筆而記之。自甲申以來歲置一冊，凡讀書偶有所見者遂日記於其中。積而久之，殊自覺其所記之繁。乙丑秋秒歸自京師，幽居多暇，爰取向時所記，悉芟而焚之。猶有焚而未盡者散置敝篋中。既又念其平時自奮、自勖、自惕、自警之意不欲盡加毀棄，因取其中說易之語，命侍書彙錄一冊，而題之曰《讀易自考錄》，以見余之讀《易》，於其萬理、萬象、萬數之無窮者皆未能有所發明，惟用以自考吾身心云爾。至於某日所記，則仍記其日於逐條之下，用存向時初志以志不忘。

◎胡俟齋先生年譜十二年丁卯六十三歲：往別銀臺趙公，以《讀易自考錄》就正焉。公平時讀易，每有所得，輒誌數語以反身自省。皆隨手劄記，未有成書。久之日夥，因取從前所論，彙而輯之，以成一編，名曰《讀易自考錄》。書成，因見趙公以就正之。

◎胡具慶，字餘也，號俟齋，又號發庵。祖籍河南容城，後遷至杞縣。乾隆七年（1742）中明通榜，十二年任陝西石泉知縣。私淑孫奇逢。與新安崔衡、浙江海寧許季覺交而為畏友。治學尤精《易》《禮》《書》。曾謂「浩然之氣當以卓然之志貫之」。又謂朱子窮物理、陽明致良知，均是要恢復人之本性而已，末學強分界限。又著有《四書愓中錄》《尚書日思錄》《孝經章句》《孝經外傳》《儀禮經傳通解》《禮記類詮》《洪範論》《荀子大醇》《子產言行錄》《正學論》《求志山房詩文稿》等。

胡匡定 周易臆補義 七卷 佚

◎道光《徽州府志》卷十一之四《人物志・文苑》：於易尤深。祖廷璣著有《周易臆見》，因覆攷諸說，更為補義，分注其下，成《周易臆補義》七卷。又著有《霽嵐集》一卷。

◎胡匡定，字性山，號霽嵐。安徽績溪市東人。入庠後刻苦自勵，博涉羣書。與修縣志。

胡匡衷 周易傳義疑參 佚

◎道光《徽州府志》卷十一之三《人物志・儒林》：幼受《易》庭訓，著《周易傳義疑參》十二卷，發明宋學，而謂先天圖非經所有，不敢信也。

◎道光《徽州府志》卷十五《藝文志・績溪》：胡匡衷《周易傳義疑參》。

◎胡匡衷，字寅臣，號樸齋。安徽績溪人。

胡良顯 周易本義晰 無卷數 佚

◎四庫提要：是編皆推衍朱子《本義》之旨，而經傳次序仍用王弼之本。至於經文字句，如坤卦初六小象「履霜堅冰」句上增「初六」字，《文言傳》後「得主而有常」句中增入「利」字，漸卦《象傳》「漸之進也」句刊除「之」字，雖其說本於朱子，然《本義》但注於句下，未敢逕改，良顯乃據以筆削，亦可謂信傳不信經矣。

◎胡良顯，字忠遂，別號得岑。湖北漢陽人。康熙辛卯舉人。官武城縣知縣。

胡懋德 周易講義 佚

◎同治《新昌縣志》卷三十一：胡懋德《四書集成》《周易講義》。

◎光緒《江西通志》卷九十九《藝文略》一：《周易講義》胡懋撰（《新昌縣志》）。

◎周按：《江西通志》卷一百一《藝文略》一又著錄：《四書集成》，胡懋德撰（懋德見易類）。據《新昌縣志》，則知《江西通志》之《周易講義》條著錄胡懋誤脫德字。

◎胡懋德，江西新昌（今宜豐）人。

胡樸安 易經學 存

貴州藏民國油印本

◎緒論〔註10〕：此是我民國十一年所編《易經學》之緒論。當時已以《易經》為學術史，但是仍束縛於歷代易學家之說，不過本此立場，以整理歷代之《易經》而已。茲錄於後，以見我對於《易經》思想變遷之跡。易經學一名詞，在學術上不能成立。易者，簡易也，變易也，不易也。合簡易、變易、不易三義以為名，用以表示易之廣大無所不包，神妙而不可測。然以為學術上之名詞，則殊為不當。《易經》一書，溯原其始，只是太古之文字，為一切思想事物符號之用。《繫辭》云：「古者包犧氏之王天下也，仰則觀象於天，俯則觀法於地，觀鳥獸之文與地之宜，近取諸身，遠取諸物，於是始作八卦，以通神明之德，以類萬物之情。」通神之德者，記錄思想者也；類萬物之情者，記錄事物者也。故《乾鑿度》以☰為古天字，☷為古地字，☴為古風字，☳為古雷字，☵為古水字，☲為古火字，☶為古山字，☱為古澤字。其實八卦不僅為天、地、風、雷、水、火、山、澤之符號，推而廣之，更為一切之符號。觀《說卦》所記可知也。據方氏申所輯逸象，其為符號為一千四百七十一之多，可知太古以八卦為符號之用，而有文字之價值，有文字而後典章制度約略可備。許叔重所謂始畫八卦、以垂象憲是也。行於一時者謂之象憲，傳於後世者謂之簡冊，有簡冊而後有歷史。八卦記錄思想與事物，雖無簡冊之形式，已約有歷史之精神焉。有歷史而後有過去之觀念，有過去之觀念，而後有未來之思想，而學術即於是萌芽焉。又太古之所謂象憲者與後世之政治不同。制器用一也卜吉凶二也。罔罟取諸離，耒耜取諸益，交易取諸噬嗑，衣裳取諸乾坤，舟楫取諸渙，服牛乘馬取諸隨，重門擊柝取諸豫，杵臼取諸小過，弧矢取諸睽，宮室取諸大壯，棺槨取諸大過，書籍取諸夬。所謂「以制器者尚其象」是也。古者事必有卜。國家大事，悉以卜決之。設卦觀象，繫辭明凶吉，居則觀其象而玩其辭，動則觀其變而玩其占。所謂「以卜筮者尚其占」是也。制器用，卜吉凶，皆古時政治之大者，而皆原始於易。由是論之，易為上古學術之總。不過單簡而粗淺耳。自文王、孔子以後，更經歷代學者之研究，單簡者日以繁賾，粗淺者日以精深。於是《易經》一書遂成為廣大無所不包、神妙而不可測也。吾人今日研究《易經》，宜以分析之方法研究之，當視《易

〔註10〕摘自《周易古史觀》附錄。

經》為學術之史，不當視《易經》為神秘之書。以分析言之，八卦為文字之祖，固為文字學之範圍，即《易經》之用字用韻釋義，亦當麗於文字學焉。以言者尚其辭，固為文章學之範圍，即《易經》之參伍錯綜以成文，亦當麗於文章學焉。《易》為上古思想之緣起，固為哲理學之範圍。即《易經》之所謂玄隱微潛幾深等，亦當麗於哲理學焉。孔子言學易無大過，固為禮教學之範圍，即程子以易為修身、齊家、治國、平天下之道，亦當麗於禮教學焉。《易》為上古之歷史，固為歷史學之範圍。即一切制器尚象，亦當麗於歷史學焉。《易》為上古卜筮之書，固為藝術學之範圍。即周、邵之圖，亦當麗於藝術學焉。以分析之方法而研究《易經》，則《易經》一書，與歷代研究《易經》之書，皆為吾人參考之資料，所謂學術史而非神秘書也。知此則知易經學名詞，實嫌籠統而無成立之價值。然則茲編仍名易經學，何也？不得已面名之也。中國學術分類，為編者所創。當茲學術改革之際，新者未立，舊者不能遽廢，故仍以易經學名之。一方面為舊者之結束，一方面為新者之引導也。何謂易經學？易經學者，關於《易經》之本身，及歷代研究《易經》之派別，並據各家之著作，研究其分類而成一有統系之學也。何謂《易經》？《易經》者，卦、彖、爻，而又附之孔子之十翼也。業資四聖，時歷三古，是《易經》非一人之所造，亦非一時之所造。然卦以示象，爻以示變，辭以明吉凶，皆有彼此關係之故。由乾坤而生六子，由八卦而為六十四卦，皆為交互錯綜之故。非如《書經》之分虞夏商周、《詩經》之分風雅頌、《春秋》之分十二公，前後不相涉也。乾坤，天地之道、陰陽之本，故為上篇之首。坎離之交，故為下篇之終。匪僅此也。觀《序卦》一篇，六十四卦之次序，皆有確然不可易者。是故非統讀全經而不能明《易》也。卦以示象，爻以示變，卦與爻合之為一，分之為二。卦之取象，旁通相錯。乾與坤為旁通，而否泰則為乾坤相錯之卦；坎與離為旁通，而既濟、未濟則為坎離相錯之卦。凡相錯者，卦義每彼此互證。爻之變動在於位，當位則吉，失道則凶。何謂當位？二、五先行，初、四、三、上應之。如乾坤二卦，二之五，乾為同人、坤為比；四之初，乾為家人、坤為屯；上之三，乾為革、坤為蹇，此之謂當位也。何謂失道？不俟二、五，而初、四、三、上先行。如乾坤二卦，二、五不行。四之初，乾為小畜、坤為復；上之三，乾為需，坤為明夷，所謂失道也。是故不通六十四卦不能明一卦，不通三百八十四爻不能明一爻也。所以研究《易經》本身，當合全書而研究之，雖其結果，以分析之方法求一有統系之學術。當其初，宜總觀其全體，不可

支支節節以說之也。

胡樸安 周易古史觀 二卷 附錄一卷 總說一卷 存

山東藏 1947 年樸學齋叢書第二集本

山東藏臺北成文出版社 1976 年無求備齋易經集成影印 1942 年鉛印樸學齋叢書本

上海古籍出版社 1986 年標點本

上海古籍出版社 2005 年蓬萊閣叢書呂紹綱導讀本（附錄）

上海古籍出版社 2006 年世紀人文系列叢書本

臺灣文聽閣圖書有限公司 2009 年林慶彰主編民國時期經學叢書本

◎目錄：總說（元亨利貞、利涉大川、有攸往、西南東北、密雲不雨自我西郊、先甲後甲先庚後庚、卦爻說）。卷上乾（乾坤兩卦是易之緒論）坤屯（自屯卦至離卦是原始時代至商末之史）蒙需訟師比小畜履泰否同人大有謙豫隨蠱臨觀噬嗑賁剝復無妄大畜頤大過坎離。卷下咸（自咸卦至小過卦為周初文武成時代之史）恒遯大壯晉明夷家人睽蹇解損益夬姤萃升困井革鼎震艮漸歸妹豐旅巽兌渙節中孚小過既濟（既濟未濟兩卦是易之餘論）未濟。

◎自序一：樸安年十三四歲時讀宋朱熹《周易本義》，一日問塾師曰：坤卦上六，龍戰於野，其血玄黃。普通之血皆是紅色，何以龍血獨玄黃？究竟龍是何物？或曰：龍戰已久，其血已乾，故有玄黃之色？」塾師無以應，第曰：「龍是神物，現在無有。」一日又問曰：「履卦卦辭，履虎尾不咥人，亨；六三，履虎尾，咥人，凶。同一履卦，而虎有咥人不咥人之分，是何緣故？」塾師曰：「不咥人，所以亨，咥人，所以凶也。」又問曰：「童男貞女，人所恒言。觀卦初六，童觀，小人道也；六二，窺觀女貞，亦可醜也。是觀童男不過小人之道，窺觀女貞則為可醜之行，聖經早已言之矣。"塾師怒曰：「豈有聖經而為如此之言乎！」余曰：「男女構精，萬物化生，豈非聖經之言乎？精究竟是何物？如何構法？既構之後，何以能化生萬物？」塾師氣極不言，而盛怒有加。時適晚餐，余取一醃肉食之，喟然歎曰：「聖經真不可信也！」塾師詢問何故。余曰：「噬嗑六五：噬乾肉，得黃金。假使這塊肉內得有黃金，豈非發了一點小財？」塾師曰：「爾真是書癡。」因唪然一笑而罷。自是之後，余對於《易經》，滿腹狐疑，遂不之讀。三十歲以前，除《周易本義》外，關於《周易》之書，任何一種皆未見過，不過聞人言《周易》是一種神秘不可知之

書而已。三十歲以後始讀王弼《易注》、孔穎達《正義》、李光地《周易折中》、程頤《易傳》、李鼎祚《周易集解》、李道平《周易集解纂疏》，始略知易學有漢宋之分。王弼易學雖異於漢，而宋儒亦不宗之，惟程《傳》略有相似之處。但余雖讀過四五種易，而於易之大義仍茫然也。於是擱置不讀者又數年。民國五年，杭辛齋出袁世凱之獄，自言在獄中得易學真傳。民國七、八年，辛齋集合國會同人講易於廣州，於是講易之風，盛極一時。上海有設《周易》學社者，其所編講義，凡潛水艇、轟炸機，無一不歸納於《周易》之中。迷信時代，以《周易》為符咒可以駭鬼，今則以《周易》為兵器可以打人矣！此種奇怪之說雖未見於辛齋之書，而君主立憲為同人象、民主立憲為大有象、日光七色見象於賁、微生蟲變化物質見象於蠱，乾位南方，乾為冰，是早知有南冰洋；化學之分劑與象數合，此等之說，在辛齋易書中時時見之。余素有好奇之心，為此等奇怪之說所刺激，於是又引起我之讀《易》。久之毫無所得，又久之恍然自悟曰：縱有是說，不過偶合而已；即有合者，亦不過一大輪廓而已，決不能當科學書讀也，亦決無科學之價值也。但《周易》究竟是件什麼東西，既不是《尚書》之紀事，又不是《春秋》之紀年；既不是《詩》之言文，又不是《禮》之言制。無已，只好把他當作卜筮之書。《周易》之卜筮見於《左傳》頗多，惜古卜筮之法無由徵驗。於是又取正續《清經解》中《易》若干種讀之，以為在易漢學家書中，必可徵得若干古法也。不讀則已，讀則卦氣、消息、辟卦、納甲、世應、飛伏、貴賤、貞悔、蒙氣等說，一時弄不清楚。時余方長教國民大學，學生請開《周易》一課，尚時好也。余若以杭辛齋之書作課本，再穿鑿附會以說之，頗足以投一般學生之嗜好，余心竊不以為然。於是自編一《易經學講義》，共二十三章：（一）緒論、（二）命名、（三）釋惑、（四）論卦、（五）論爻、（六）論象、（七）十翼、（八）論互體、（九）論變卦、（十）論比例、（十一）辟圖、（十二）讀易法、（十二）兩漢易經學之派別、（十四）二國晉南北朝隋唐易經學之派別、（十五）宋元明易經學之派別、（十六）清代易經學之派別、（十七）易經之文字學、（十八）易經之文章學、（十九）易經之哲理學、（二十）易經之禮教學、（二十一）易經之史地學、（二十二）易經之藝術學、（二十三）研究易經之書目。余編此講義，不採用奇怪之說，亦不抒自己之意見，使學者讀此講義後，各以自己學力去認識《易經》而已。除《緒論》一章外，自《命名》至《論比例》九章，係《易經》中重要各部，採取各家之說成之，俾學者由此可以略知《易經》之大概。《辟圖》

一章本胡渭、萬斯同之說，以河圖洛書、先天後天、六十四卦方圓諸圖，是邵康節之學，而非易學。自《讀易法》至《清代易經學之派別》五章，俾讀者由此可略知易經學之變遷。自《易經文字學》至《易經藝術學》六章，是我所有整理中國舊書之方法，無論《書經》、《詩經》、《三禮》、《春秋》，皆用此種方法整理之。可惜只做成《易經學》、《詩經學》兩種。其他《書經》、《三禮》、《春秋》三種只好祈諸來者而已。最後一章，附關於《研究易經之書目》終焉。但是此種計畫是失敗的。學生大半好新奇之說，我這本講義既無新奇之說，又不能言《易經》是一種什麼書，學了以後有什麼用處。學生往往質問我，實無辭以對也。教了一年毫無影響。平居嘗自語曰：《易經》究竟是件什麼東西？如以為自然科學、機械科學之緣起，則太不成話；如以為哲理之書，不過《繫辭》中一部分；如以為卜筮之書，雖於古有徵，到了現代已無有價值。況且《大象》所言，如屯卦君子以經綸，需卦君子以飲食宴樂等，絲毫無一點卜筮意義。其他六十二卦《大象》皆如是。《序卦》一篇，古人以為偽書，亦絲毫無一點卜筮意義，則偽之者對於易之思想，又何如也？《繫辭》上下傳亦大半絲毫無一點卜筮意義者。以卜筮說《易》，如宋之朱熹《易本義》，甚且如日本之高島《易斷》，於我心終覺不然也。畜之愈久，思之愈深，愈不得其要領。遇有善易者，不惜虛心請益。各本所學而言，或言象，或言數，或言理，或言事，或言先天後天，頭頭是道，而道路太多，愈使我墜入五里霧中而不能出。於是發憤讀《通志堂經解》內宋儒《易經》若干種，有時覺其理論極好，有時又覺其迂闊不近於事情。譬如在窗子格內看天，終不能打成一片也。於是開放大膽，做《大象說》一篇、《序卦說》一篇，藏之篋中，不敢示人；因無論漢學家、宋學家皆未有如此以說《易》者也。民國二十八年四月，猝犯腦溢血症，幸而不死，半身偏枯，遂成廢人。又以《周易》消遣。因憶杭辛齋言：「焦循宗漢學，能申合六十四卦之爻象，無一字一辭不相貫通；紀大奎宗宋學，而能闡發性理與六十四卦之爻象，變通化合，尤為歷代講易家所未有；端木國瑚後起，更合漢宋於一爐，一一以經傳互證，無一辭一字之虛設。」於是又取焦理堂之《易通釋》、《易圖略》、《易章句》，紀慎齋之《易問》、《觀易外編》，端木鶴卿之《周易指》，細細讀之，一年而畢。焦氏旁通、相錯、時行三例善矣。其尤善者，六十四卦、三百八十四爻，凶者可變為吉，厲者可變為無咎，惟成兩既濟，本卦既不能升降，他卦亦不能旁通矣。蓋人者，天地之動物也。內部思慮不動，外部手足不動，即為廢人。聖人有以見天下之動，而觀

其會通，惟動然後能會通。寂然不動者，非不動也，不亂動也。二五先行，初四三上從之，即不亂動。焦氏謂之「當位」。初四三上，先二五行，即是亂動。焦氏謂之「失道」。惟不亂動，故能感而遂通天下之故。今人手足不勤，外部不動也；思慮不用，內部不動也，遂成兩既濟矣。焦氏之精意如此。似未有人為之明白表而出之耳。紀慎齋之易，不過河圖洛書、先天後天貫串說之而已。端木鶴卿之易，雜卦、錯卦、之卦、反卦、命卦、繫卦、聲韻卦，其例極密，其意轉晦。竊謂易不當如是說也。計余藏有《易經》四百餘種，涉獵者三百餘種，細讀者五十三種，皆加朱點，撰有提要。於是喟然歎曰：古今說易之書約計二千餘種，余所有者不過五之一，曾經涉獵者不過七之一。以意度之，能將一部《周易》，說明究竟是件什麼東西者，必無有也。即焦氏之書，於人生哲學，不過一大輪廓而已。豈《周易》真是一部神秘不可知之書乎？於是更放開大膽，本《序卦》之說，於古史立場而解說之：屯卦是草昧時代建立酋長之事，蒙卦是酋長領導民眾而教誨之之事，需卦是教導民眾耕種之事，訟卦是民眾爭奪飲食而訟之事，師卦是行師解決兩團體互相爭鬥之事，比卦是開國之初建萬國親諸侯之事，小畜卦是建國以後會獵之事，履卦是以履虎決定履帝位之事，泰卦是履帝位以後巡狩朝覲之事，否卦是天子失德諸侯不朝之事，同人卦是民眾聚會謀覆共主之事，大有卦是推一人為之長組織民眾之事，謙卦是會合民眾教以稼穡之事，豫卦是建侯行師檢閱軍隊之事，隨卦是大有之民眾隨豫之侯以行征伐之事，蠱卦是征伐歸來教民眾以孝之事，臨卦是君主登位臨民之事，觀卦是以神道設教之事，噬嗑卦是用獄治民之事，賁卦是男女會聚結為夫婦之事，剝卦是洪水為災廬舍剝毀之事，復卦是因水災遷徙復其故業之事，無妄卦是新居始定未甚安寧之事，大畜卦是以田獵濟耕種之窮之事；頤卦是以耕種自養之事，小過卦是改土穴為房屋建築房屋之事，坎卦是因建築房屋掘土所成之坎、蓄水設險以守之事，離卦是坎上置籬以鞏固防禦之事，咸卦是男女正式婚姻之事，恒卦是夫婦正居之事，遯卦是擇鄰遷徙之事，大壯卦是努力生活之事，晉卦是擴充國力之事，明夷卦是文王蒙難之事，家人卦是組織家庭之事，睽卦是一夫多妻之家庭乖睽之事，蹇卦是諸侯皆來決平之事，解卦是文王決平諸侯訟獄之事，損卦是文王節儉自損之事，益卦是損己益人、文王得民心之事，夬卦是文王分決一切之事，姤卦是婚媾往來之事，萃卦是會聚眾家庭立祖廟之事，升卦是萃功告成、民眾上升為國盡力之事，困卦是南征受困之事，井卦是推行井田之事，革卦是周革殷命之

事，鼎卦是周革殷命以後正位之事，震卦是正位以後自治以治民之事，艮卦是遷徙殷頑使之各安其土之事，漸卦是殷頑遷徙以後教以組織家庭之事，歸妹卦是殷貴族之女歸於男家之事，豐卦是擴大殷頑組織家族之事，旅卦是殷頑不安其居、散而羈旅於外之事，巽卦是羈旅於外之殷頑順時而入之事，兌卦是殷頑來歸說以勸之之事，渙卦是教殷頑立祖廟之事，節卦是立祖廟以後教以禮文有節制之事，中孚卦是會聚殷頑田獵示信之事，小過卦是頑民自獵之事。乾坤兩卦是緒論，既濟未濟兩卦是餘論。自屯卦至離卦為草昧時代至殷末之史。自咸卦至小過卦為周初文、武、成時代之史。本卦辭、爻辭、彖辭、象辭，字解而句說之，確然知其不可易也。訓詁一本文字學，除與訓詁有關係外，不採用漢宋易學家一字。即有採用者，皆是借其說以就我義。六十四卦之記事，銜接而下，毫無前後凌亂之處。且每卦爻辭皆秩然有序，而已日乃孚、先庚三日、後庚三日，皆與《尚書》之《武成》相合，斷非偶然之事也。而西南得朋東北喪朋、利西南不利東北、東鄰殺牛不如西鄰之禴祭，實受其福，皆以西南為周、東北為殷，亦斷非偶然之事也。我雖不敢過以自誇，但以古史說易，為自來易家所未有，自我啟之，為我個人之成功，則可斷言也。知我罪我，聽諸世人。民國三十一年，涇縣胡樸安自序。

　　◎自序二：樸安《周易古史觀》既付手民，先將《自序》一篇印出，分寄滬上諸友。翼日，得沈飈民先生函，知沈竹礽先生已有《周易》古史之說，見於鍾歆所輯之《周易餘說》。又得馬夷初先生函，知章太炎先生亦有《周易》古史之說，見於《制言》五十五期。樸安所藏之《周易易解》則缺少《周易餘說》，而《制言》則無其書。閱旬日，二書皆得之張氏古懽室。茲將沈竹礽、章太炎二先生之說，分錄於下。沈竹礽先生《周易餘說》釋履云：「《大傳》曰：易之興也，其當文王與紂之事耶？是故其事危。危莫危見虎，九卦處憂患，故以履為首。此以紂為虎，人即文王自謂也。故初九『素履往無咎』似微子，九二『履道坦坦，幽人貞吉』似伯夷，六三『眇能視，跛能履，履虎尾，咥人，凶。武人為於大君』似文王。文王三分天下有其二，紂之不善，去之易易耳。必強效眇之能視、跛之能履，而囚於羑里。如虎咥人之象，乃文王以服事殷，冀紂之遷善改過，德之盛也。否則如武人為於大君，以兵去而已矣。此文王之所不為也。九四『履虎尾，愬愬終吉』似箕子。九五『夬履，貞厲』似比干。上九，視履考祥，其旋元吉。旋者，似文王之歸岐。變兌，兌位乎西，岐在商之西，兌之位也。」釋家人、睽云：「家人一卦似指周室。文王囚

於羑里，幸其家齊，賴以不亡。不若紂之罪，在悅婦人，惟婦言是聽而已。睽卦似指紂事。初九，此爻似指紂之性乖，故以惡人目之。九二，此爻似指妲己入宮之初。六三，此爻似指紂無人君之度。九四，此爻孤，似指紂。元夫，似指文王。六五，此爻似指紂之不道。上九，此爻似指紂之所為，天怒人怨也。」章太炎先生《歷史之重要》演講：「至於《周易》，人皆謂是研究哲理之書，似與歷史無關，不知《周易》實歷史之結晶，今所稱「社會學」是也。乾坤代表天地，《序卦》云：有天地然後有萬物。故乾坤之後，繼之以屯。屯者，草昧之時也。即鹿無虞，漁獵之徵也。匪寇婚媾，掠奪婚姻之徵也。進而至蒙，如人之童蒙，漸有開明之象矣。其時取女，蓋已有聘禮，故曰見金夫不有躬，此謂財貨之勝於掠奪也。繼之以需，則自遊牧而進於耕種，於是有飲食燕樂之事。飲食必有訟，故繼之以訟。以今語譯之，所謂麵包問題，生存竟爭也。於是知團結之道，故繼之以師。各立朋黨，互相保衛，故繼之以比。然兵役既興，勢必不能人人耕種，不得不小有積蓄。至於小畜，則政府之濫觴也。然後眾人歸往強有力者，以為團體之主，故曰『武人為於大君，履帝位而不疚』。至於履，社會之進化已及君主專制之時矣。泰者，上為陰下為陽，上下交通，故為泰。否者，上為陽下為陰，上下乖違，故為否。蓋帝王而順從民意，上下如水乳之交融，所謂泰也；帝王而拂逆民意，上下如冰炭之不容，所謂否也。民為邦本之說，自古而知之矣。自屯至否，社會變遷之情狀，亦已了然。故曰：《周易》者歷史之結晶也。」以上是沈、章二先生視《周易》為古史之觀念。沈先生根據「《易》之興也，其當文王與紂之事耶」一語，其所云史者，是紂與文王之史，與樸安所云，上經是草昧時代至殷末之史，下經是周初文、武、成時代之史不同。章先生根據《序卦》，與樸安之根據相同；乃僅說至否卦而止，亦不過言其大略而已。要之沈、章二先生，其所根據雖不同，皆不能六十四卦具說，且不能合六十四卦之卦辭、爻辭、彖辭、象辭，字解而句說之。蓋竹礽先生易學極深，其《周易易解》十卷，無漢宋門戶之見，兼象數理三者而不穿鑿附會，明先後天同位之義，而能有此古史之觀，其思想之不束縛為何如耶？太炎先生素不研究易，其序《周易易解》云：「余少嘗遍治諸經，獨不敢言《易》。」又云：「余嘗取八卦方位觀之，知古之布卦者，以是略識中國疆理而已。」此序作於民國二十年，尚不以古史說易也。二十二年在無錫師範學校演講《歷史之重要》，始有「《周易》實歷史之結晶」云云。是太炎先生並未研究《周易》，不過根據《序卦》證明歷史之重要而已。

馬夷初先生云：「往時曾聞宋平子先生論易，於首七卦一以社會進化之義為說，往為太炎先生道平子意。」是太炎先生《歷史之重要》演講，其不知不覺中感觸宋平子之言與？惟據夷初先生言，平子亦未成書也。古來以史證易者，以樸安所知，除楊誠齋外，如清章世臣之《周易人事疏證》、查彬之《湘薌漫錄》、易順豫之《易釋》，然皆不以易之本身即史也。樸安於六十四卦之卦辭、爻辭、彖辭、象辭，除乾坤為緒論，既濟未濟為餘論外，皆是歷史記事之文，無一字不解，無一句不說，並非模糊影響之言，亦無牽強附會之語。其尤可注意者，其字之解說每合於文字學之初義，如屯卦女子貞不字之字，訟卦之訟，師卦之師，比卦之比，小畜卦之畜，同人卦三歲不興之興，謙卦卑以自牧之牧，豫卦大有得之得，隨卦之隨，臨卦之臨，噬嗑卦之噬，賁卦之賁，剝卦貫魚以宮人寵之寵，復、序卦窮上反下之窮、反，無妄卦之妄，離卦明兩作離之兩，咸卦君子以虛受人之虛，大壯卦君子用罔之罔，晉卦之晉，睽卦之睽，損卦之損，艮卦之艮，歸妹卦之歸，豐卦之豐，渙卦之渙，其他不悉舉。大概上經合於文字之初義多於下經。蓋周初文化存於今日者尚多，而不以初義目之也。其尤可研究者，竊字從穴從米，竊字雖不見於《周易》，需上六「入於穴，有不速之客三人來」，入於穴者，藏米於穴也；不速之客，不召而至之客來行竊也。則竊字從穴、從米，其形其義皆了然矣。樸安嘗根據文字學考古代之社會，其已成者有《古代之婦女》、《古代辨色的本能與染色的技術》、《古代之聲韻與言語》、《古代之狀貌與動作及思想》，在計畫中者，《古代之衣食住行》、《古代之經濟與製造》、《古代之商業與農業》，尚有其他種種。茲著《周易古史觀》，凡與文字學有關者，皆得其初義，而與從文字學考見古代之社會互相參證也。又樸安嘗根據《詩經‧周南／召南》，考見古時之家庭，而皆與《周易》中咸、恒、家人、睽等卦合。六經皆史，章實齋尚是一句空言，必如是實實在在證佐出來，與人共見，始得與人共信也。樸安往年思欲編輯《中國文化史》一書，取材於甲文、金文以及《爾雅》、《說文解字》以下之字書、辭書，至近代之《中華大字典》、《辭海》等。將每個時代之字書、辭書，分類記出某字發見於某時代之字書中，某辭發見某時代之辭書中，即定為某時代之事物與言語，成立一歷代文化骨骹，然後整理經史子集中之記載，相輔而成一部比較可信之文化史。惟事業太巨，個人斷難為力，僅在《說文解字》中記出一部分而已。茲《周易古史觀》著成，則由經部中又整理出一部分也。如精力尚能為繼，則將繼此而為《毛詩古史觀》也。民國三十一年五

月涇縣胡樸安又自序。

　　◎1986 年版前言：1946 年自春至秋，我從胡樸安師學易。他教我的就是這部《周易古史觀》。我之所以在為生活到處奔波的情況下，下決心從樸安師學易，是因為我在自學中感到這部赫赫有名的儒家經典實在神秘莫測，閉門讀書，越讀越糊塗，求知勝過了求飽的緣故。後來我知道，樸安師之所以斷斷續續地用數十年之功治易，其初始動機也和我差不多。樸安師逝世已三十七年了。今天想起他教我學易時的情景，猶歷歷在目。當時，我每星期日上午一早就去安居聽老師講課，風雨無阻。老師已經半身不遂了，自號半邊翁，但他精神矍鑠，一講就是半天，真是「誨人不倦」。每次講課，他都先把當天課程的有關參考書放在書幾上備用，由此我知道他為備課付出了多麼辛勤的勞動。他曾告訴我，他有關《周易》的藏書有四百餘種，涉獵的有三百餘種，細讀過的有五十餘種，我每有提問，他總是詳細解答，而且邊說邊翻書，查出根據給我看，使我信服。這部《周易古史觀》是樸安師的得意之作。1942年 4 月，他在寫完這部著作後曾作詩一首，詩曰：「吾年未老半身枯，縱使身枯意自如。靜裏著書神倍健，羲經說史古今無。」他又在《自序》中說：「乾坤兩卦是緒論，既濟未濟兩卦是餘論，自屯卦至離卦為草昧時代至殷末之史，自咸卦至小過卦為周初文、武、成時代之史」（《自序一》）、「六經皆史，章實齋尚是一句空言，必如是實實在在證佐出來與人共見，始得與人共信也」（《自序二》），這是他對自己這部根據文字學「無一字不解，無一句不說」的著作的概括，以古史說易，把文字學和易學結合起來進行研究，確是研究《周易》的一個重要突破。這部書最初是樸安師自己刊印的。當時只印了二百部。我曾得到樸安師送我的經他親自修改過的一部，可惜在十年浩劫中被劫去了。去年胡道靜兄建議重印這部書，並要我主其事。我覺得這個建議如能實現，是有助於對易學的深入研究的，因向上海辭書出版社圖書館商借原本，請徐小蠻同志進行整理，最後由我作了校訂工作。我想這也是後學對前輩的一個義不容辭的責任。包敬第 1984 年 3 月。

　　◎重印周易古史觀跋：實齋章氏主「六經皆史」說，此以經之為用申之也。若經之為體：《尚書》載言，《春秋》紀事，劉子玄論諸史之作，已權其流；《甫田》之什，《商頌》之篇，其為史詩，曾無疑義；《周禮》以敘政制，《儀禮》以倫習尚，蓋社會歷史之簡冊。獨《周易》之六十四卦三百八十四爻，從來視為象數之學，解作哲理之言，靡有目為《左》《史》之別撰、典林

之奇構，所以反映我先民自原始社會以迄周革殷命之全部史事者。先伯父樸安先生，覃精文字訓詁之學，深探六經之原，於《詩》與《易》尤所究心。晚年病廢，閉戶讀《易》，博稽群言，冀得通解，然鑿枘冰炭，輒多神秘可怪之論，曾無勝理愜心之談。為其不安，破中求立，久之乃悟《易》之為書，亦一古史撰作，僅奇正之背異而已。解《易》之鑰在於《序卦》。本《序卦》之說，順衙而下，前後絕無凌越；逐卦爻辭亦皆秩然有序。於是破千古之惑，為一家之言，在 1942 年撰成《周易古史觀》一書，時當晦明之際、貞元之會也。小子韶齡侍立，從先伯習訓詁、校讎之業，勉為漢學家言。暨入中歲，國家多難，大敵壓境，乃背鄉棄井，生命已置度外，學業遂荒，是以先伯易學之精微，未及侍聞，但捧成書習覽而已。移時，包君敬第英年好學，問學於先伯，遂親得《周易古史觀》之傳。傳先伯字學、考訂之學者眾，傳易學者，包君其碩果矣。久而逢四凶之厄，歷秦火之劫，包君藏書，既散不可問，余陷重獄，家徒四壁。劫後相逢，每言及先伯之治學，輒以《周易古史觀》一書難獲再睹，與共咨嗟。包君乃奮然借本校訂，付上海古籍出版社重刊，以廣厥傳，此甚盛事也。當年先伯自印之本才二百部，幾經刀火之災，存者今有幾何？真知灼見，何以廣行？自有此新刊之冊，先伯緒論乃可昭於世也。余伯兄道彥今在臺北，亦以先人鴻著乃成鴻秘為慮，因以原本影印，分贈臺島以及海外圖書機構。而海峽有阻，此間誠難得本。今以包君之力，遂克泛傳，又經標點整理，益便籀習。餘伯兄聞之，亦必德包君不置也。1984 年暮春之月，小子胡道靜稽首書後。

胡沍　學易確然錄　四卷　佚

◎自敘〔註11〕：《易》，四聖集其成，歷傳至宋，伊川作《易傳》、考亭作《本義》，觀象玩占，而其理確然不易。余自束髮誦讀，見坊本多略去象占，直填君道、臣道話頭。易無所不包，豈如是膠柱鼓瑟？始知攻舉子業者未盡乎易也。後博覽易林，求夫不失之膚不流於誕，無事鉤深索隱，而確然合乎《易傳》、不悖《本義》者，斷推熊梅邊先生真金良玉。其論辨至確者，一有所會，即明白指出，以示子弟。同里胡公定一先生，老於易者也，《繫辭》《說卦》《序卦》《雜卦》所著辨類，深得《易傳》《本義》大旨，擇其精確者手書之，與子弟互相體究，如是者有年。子弟輩有以易圖來問者，余曰：「乾南坤

〔註11〕錄自光緒《黎平府志》卷八《藝文志》。

北，天地定上下之位；離東坎西，日月列左右之門。震為雷，雷動東北；巽為風，風超西南。艮為山，山鎮西北；兌為澤，澤注東南。一卦而六十四卦，順逆相生，前人述之備矣！生生不易之理，莫非一陰一陽流行，不識大父大母，何以知其錯綜變化？」爰就天地、四時、人物確可證者，立《圖說》一篇，而陰陽災異之言不敢穿鑿附會焉。庚申，長子之校跪請曰：「父一生學易，手抄口授，訓誨子弟者，可謂苦心矣。合彙成帙，以為後人津梁。」余曰：「易學淵源，譬萬頃波濤，不能測其一勺。平昔教誨汝曹，皆其討論前輩成書，抉其確切不浮者，使汝曹不迷所往，觀象玩占，庶有以會《易傳》《本義》之旨，而知易之為易，渾然大備，確然不易也。如恐其散失而錄之，則以《確然》名編，取首夫乾之義，亦以別坊本之多涉疑似，可也。」

　　◎光緒《黎平府志》卷八《藝文志》：《學易確然錄》四卷（胡汧。存）。

　　◎胡汧（1684～1742），字息含（涵），號秦川。貴州黎平人。胡奉鼎次子。雍正乙卯科經魁、丁巳賜同進士。官酉山縣令等。

胡翹林　周易集義　佚

　　◎同治《金谿縣志》卷二十五《人物志》：著有《周易集義》《山庭古詩選》、古文詞，未刻，藏於家。

　　◎光緒《江西通志》卷九十九《藝文略》一《國朝》：《周易集義》，胡翹林撰（《金谿縣志》）。

　　◎胡翹林，字方郁。江西金溪淡山人。雍正癸卯舉人。充江南同考試官，以疾卒於途。

胡翹元　易研　八卷　首一卷圖一卷　存

　　國圖、北大、上海、南京、山東、湖北、中科院藏乾隆五十七年（1792）胡永壽饒城凝輝閣刻本

　　臺灣經學文化事業有限公司 2014 年稀見清代四部輯刊第一輯影印乾隆五十七年（1792）胡永壽饒城凝輝閣刻本

　　◎各卷卷首題：豫章胡翹元澹園氏撰述，男永壽校刊。

　　◎圖一卷（十二圖）。首凡例一卷（讀易卮言、周易像象述金針、易道精蘊經傳義例）。

　　◎卷首附《相國蔡葛山先生手書》：詳所著解，纂義確當，徵論平實，不偏主一家而能擇其雅，閱之殊愜人意。竊以易學自漢以來，解者無慮百數，

祖京、焦者流於術數，宗王、何者遁于元虛。逮周、邵、程、朱繼作，互相師授，言理言數，雖有不同，要其羽翼聖經、闡揚易教，固皆後學之津梁也。我聖祖皇帝御纂《折中》參考羣言，究極義理象數之精，蓋集古易、漢易、宋易之大成以為後儒法守，固已截斷眾流矣。然《易》之為書廣大悉備，學者苟悅心研慮，觀象玩占而有得焉，以立說垂訓，亦古聖所不廢也。自前代著錄者不具論，即如吾邑前輩黃石齋、何元子所著，皆能獨抒心得：黃探河洛之蘊，何極象數之全，近代則李安溪之《觀象》《通論》說理最精、朱高安之《傳義合訂》體裁極正，皆卓卓可傳者。今閱是編，其即之卦以觀變，頗用《易象正》，而兼古義之伏卦、互體、約象諸例；採輯斷制，又似節取《古易訂詁》，似得之黃、何二家者居多。而融會貫穿於諸家，一象一義俱有實際，非如朱子所云「朱子發、林黃中之推不合處多」者類也。篇首《義例》《金針》兩篇，極為精當。不佞于圖書之學僅粗涉其藩，何敢輕為論贊。況當頹齡暮景，日逐逐於駒塵隙影之間，即他經尚不敢議，況三古四聖大聖人所欲假年以學者，而敢以鹵莽之胸，妄為論斷乎？然賢者鑽研之深、纂述之勤，梓以問世，必有好學深思之士，慨慕愛惜而不能自已者。則是篇也，未必非吾儒鈎河搰洛之一助也。謹將全稿細閱一過，附此奉覆。

◎蔡新《緝齋文集》卷四《答胡生�元論易書》〔註12〕：詳所著解，纂義確當，徵論平實，不偏主一家而能擇其雅，閱之殊愜人意。竊以易學自漢氏以來，著錄者無慮百數，祖京、焦者曲守夫術數，宗王、何者遁入於元虛。逮有宋周、邵、程、朱繼作，互相師授，言理言數，用各不同，要其羽翼聖經闡揚易教，一掃俗儒之陋，固皆後學所宗承。我聖祖皇帝御纂《周易折中》參考羣言，務求至當，根據《程傳》《朱義》，究極理數，蓋集古易、漢易、宋易之大成以為後儒法守，固已截斷庸流矣。然《易》之為書廣大悉備，學者苟悅心研慮，觀象玩占而有得焉，於以立說垂世，亦古聖所不廢也。故自前代著錄者不俱論，即如吾邑前輩黃石齋、何元子所著，皆獨抒心得，卓卓可傳。今閱是編，其即之卦以觀變，頗用《易象正》而兼古義之伏卦、互體、約象諸例，採輯斷制，則又節取古易訂詁而融會貫穿，於諸家一象一義俱有實際，非如朱子所云「朱子發、林黃中之推不合處多」者類也。不佞於圖書之學范乎未涉其藩，何敢輕為論贊。然自受經以來，漸染鄉先生之學，恭讀皇朝聖

〔註12〕此篇與《易研》卷首所附《相國蔡葛山先生手書》實為一篇而多有不同，故並錄之。

製，且幸侍經筵，親承聖天子講析開示之日久矣，竊窺一二，有以知是編之可傳也。胡生其梓而行之以公同志，可乎？

◎光緒《江西通志》卷九十九《藝文略》一《國朝》：《易研》，胡翹元撰（《樂平縣志》）。

◎胡翹元（1726～1787），字羽堯，號澹園。江西樂平洪岩鎮曆崛山小坑村人。乾隆二十六年（1761）進士，散館任翰林院庶吉士、編修。後歷官江南道監察御史、廣東鄉試考官、戶科掌印給事中、巡城御史、光祿寺卿、巡漕御史、鴻臚寺卿、山東學政等。又著有《詩繹》《書經輯要》《周禮會通》《道德經詮注》《文選精理》等。

胡潤之 易經旁注 佚

◎嘉慶《績溪縣志》卷十《人物志·學林》：所著有《易經旁》《晚香詩集》。

◎道光《徽州府志》卷十二之六《人物志》附《風雅》：著有《易經旁注》《晚香詩集》。

◎胡潤之，字雲石。安徽績溪宅坦人。庠生。性耽經史，其精要者節鈔之，以時觀玩。嘗築晚香別業，藝時花，招名流賦詩其中，有句云：「一卷微吟摹靖節，幾行醉墨寫張顛」，其風致如此。

胡世安 大易則通 十五卷 閏一卷 存

齊齊哈爾藏順治十五年（1658）朱之俊刻本

◎每卷卷末題：孫蔚先敬刊。

◎大易則通總目：

卷之一：古河圖、易以點，傳說十二則。古洛書，易以畫，說十六則。圖書總論十九則。河圖天地交、洛書日月交，說一則。河圖參兩參伍圖，說二則。洛書參伍參兩圖，說二則。河洛參兩參伍總論二則。先天八卦合洛書數，後天八卦合河圖數，胡玉齋通釋原說三則。河洛卦位合圖，說六則。河圖配八卦五行圖，說三則。附河圖中數衍八卦，說六則。

卷之二：易有太極圖一，說十三則。圖二，說八則。古太極圖，說三則；又二圖，說三則。太極函三圖，說一則。太極函生圖，說三則。太極函卦豎圖，說三則。太極先後天總圖，說四則。太極陰陽中辨圖，說二則。太極先天內外順逆圖，說二則。後天太極圖，說一則。太極河圖，說一則。

卷之三：伏羲八卦生序圖，說二則。羲畫圖，說四則。河洛羲畫圖，說四則。河洛卦位層布圖，說五則。伏羲八卦方位圖，說十則。文王八卦方位圖，傳一說十則。後天八卦方圖，說三則。八卦三圖，說四則。伏橫員二圖，說五則。伏橫文員圖，說五則。伏文員圖，說六則。乾坤成列圖，說一則。八卦成列圖，儀象生卦圖，傳三說二則。易卦辨疑圖，說一則。八卦摩盪二圖，說三則。體用一原卦圖，說八則。羲文二卦合綜圖，說二則。文序先後一原圖，說二則。八卦配四德圖，說一則。陽卦順生陰卦逆生圖二，說二則。

卷之四：伏重因大橫圖，說八則。伏員圖，傳一說十五則。內方外圓圖，說六則。方圓，傳一說二則；又傳一說九則。月令圖，說一則；又衍圖，說一則。方錯四圖，說四則。上下綜圖一分綜圖八，說附各圖。方圓分二四，又分八，又四隅互卦，又方維錯綜四圖，說共五則。

卷之五：八卦錯綜圖，說十則。卦錯四圖，說四則。八卦因重八圖，相推八圖，說十則。卦屬相錯四圖。乾坤生六卦諸圖，說一則。六十四卦致用圖，說一則。六十四卦推盪圖，說一則。十八位卦變圖，說一則。六十四卦反對變四圖，說三則。八卦變六十四卦圖，說一則。闔闢往來八圖，說六則。六十四卦循環圖，說二則。象爻變動圖，傳一說三則。變通圖，傳一說二則。中爻互體三變圖，說四則。乾坤易之門圖，說一則。

卷之六：伏橫圖即伏易，說四則。伏易首明，說五則。乾一重卦八圖，詮義具各篇下同。兌二重卦八圖，離三重卦八圖。震四重卦八圖。

卷之七：復姤二卦圖，說六則。巽五重卦八圖，坎六重卦八圖。艮七重卦八圖，坤八重卦八圖。

卷之八：周易序卦二圖，附說八則統論一則。反覆圖三十六，說三十一則。天地水火終始圖，說二則。三十六宮圖，說三則。反對卦豎圖，說七則。文序上下相準圖，說四則。

卷之九：上下經總義，二則。上經反對象義，共九十二則。

卷之十：下經反對象義，一百五十二則。

卷之十一：孔易卦序圖，說附見二十一則。孔易雜傳上，三十四則。孔易雜傳下，五十二則。

卷之十二：日月為易圖，說五則。納甲圖，說二則。用九用六圖，說三則。渾天六位圖，說一則。觀變圖，說四則。初上皆陽皆陰，初陽上陰，初陰上陽四圖，說共二則。觀三四變，二五變，初二變，二三變，四五變，五上

變。觀二四變，二多譽，四多懼，說一則。觀三五變，三多凶，五柔危，說一則。觀三爻變，初三五，二四上，初二三，四五上，初二四，三五上。觀相近相應之變。觀相應相寇之變。觀一爻並二爻同觀。觀四爻之變。觀五爻之變，說共二則。乾，咸，以下諸卦皆就爻觀變，說二則。比，訟，說二則。履，大有，說二則。夬，剝，說三則。姤，復，說二則。否，泰，說二則。大畜，小畜，說二則。大過，小過，說三則。既濟，未濟，說二則。坎，離，說二則。中孚，頤，說二則。無妄，恆，說二則。遯，臨，說二則。謙，豫，說二則。損，益，說二則。大壯，觀，說三則。艮，漸，說二則。坤，師，說二則。晉，明夷，說二則。需，蒙，說二則。同人，睽，說二則。屯，井，說二則。家人，歸妹，說二則。蹇，解，說二則。萃，升，說二則。困，革，說二則。鼎，震，說二則。賁，噬嗑，說二則。隨，蠱，說二則。豐，旅，說二則。渙，節，說三則。卦包，說二則。

卷之十三：玩占圖，說一則。用貞占，說一則。可貞不可貞，說一則。永貞，元永貞，勿用永貞，說一則。居貞，說一則。安貞，說一則。艱貞，說一則。用悔，說一則。虩悔，小有悔，不祇悔，說一則。利貞，說一則。利有攸往，說一則。無不利，不利有攸往，說一則。勿用有攸往，小利有攸往，無攸利，利不利辨，說一則。利用，說一則。亨利貞，說一則。亨，利貞亨，說一則。元亨利貞，說一則。元亨，小亨，亨小利貞，說一則。貞吉，說一則。吉，征吉，終吉，元吉，元吉而又亨無咎，大吉又無咎無不利，說一則。論人以辨吉凶，說一則。論事以辨吉凶，說一則。元吉與吉辨，說一則。吉有它，說一則。貞吉悔亡，說一則。吉無不利，吉無咎，吉亨，貞凶，說一則。凶，征凶，有凶，說一則。貞凶悔亡，蔑貞凶，凶又無咎，凶又無攸利。貞厲，一則。厲，厲而吉，厲而無咎，貞吝，一則。吝，吝又吉，吝而無咎，可貞無咎，一則。無咎，一則。無咎無譽，無咎又吉，無咎而吝無咎與凶之辨，說二則。有孚，一則。有孚亨，有孚元吉，有孚吉，有孚無咎，有孚而厲，一則。孔易繫，稱辭，三則。剛柔，一則。重剛，一則。剛中，柔中，上下皆剛中柔中，說二則。剛中而應，柔中而應，剛柔皆應皆不應，說一則。剛來柔進，一則。剛柔相易，一則。柔乘剛，二則。剛柔度介，一則。二剛中，二柔中，一則。五剛中，五柔中，一則。剛柔位當不當，一則。剛柔消長，二則。男女，一則。五當不當位，一則。四當不當位，三當不當位，一則。統類爻變，一則。

卷之十四：觀象篇，乾象，二則。廣乾象，三則。廣坤象，三則。廣震象，四則。廣巽象，一則。廣坎象，一則。廣離象，一則。廣艮象，二則。廣兌象，一則。總二則。廣類，二十有一則。大衍，則河圖揲蓍，圖一說一。制蓍，圖一說一。揲法，圖一說六。成爻，圖一。初六，圖一說三。初七，圖一說三。初八，圖一說三。初九，圖一說三。大衍數圖二，說十六則。乾坤策，六則。蓍數揲法圖，一則。蓍卦之德，說七則。

卷之十五：天地之數五位相合二圖，說四則。參兩圖一，參伍圖二，說共九則。六爻三極，說一則。乾坤六子，說四則。大父母小父母二圖，說三則。仰觀俯察二圖，說二則。知大始作成物二圖，說三則。類聚羣分圖，說二則。類聚圖，說二則。羣分圖，說二則。知來數往圖，說六則。通知晝夜三圖，說七則。出震圖，說一則。制器尚象圖，說二十二則。散陳九德圖，說十四則。

卷之閏：羅茴江先生讀易珊瑚筯，圖七（附）說九則，序一，內篇二十八則，外篇三十三則。劉念恆先生易遺象義，乾坤序一，圖四（附）說五則，乾五則，坤三則，巽圖四說一則，蠱說一則，參伍錯綜圖一說一則。

◎大易則通凡例：

一、是編專明圖學。圖有自始，兆於點畫，淆以奇偶，變以交錯，盡乎人事之位置而一本夫圖書，固天地之苞符所自宣也。門之闔闢由樞，車之往來由轂，易以圖書為樞轂，不其然與？述圖第一。

一、圖書類析，莫勝散殊，不如是不足以致廣大。約厥指歸，原自貞一，不如是不足以盡精微。眾星共北，萬派宗東，定止信行，各詣其極，閱終始、歷夷險而未有爽，三極之道統於太極，易之蘊也。述太極圖次二。

一、太極生儀象，列卦爻而圖書有定體矣。凡易中言八卦皆櫽括六十四體而言也，故八宮分隸八卦者，其常每卦具體六十四卦者，其變自羲、文以來有然矣，非臆刱自京、焦輩也。述八卦各圖次三、六十四卦各圖次四、錯綜等圖次五。

一、伏易備於五圖，一生序二方位三橫四外員五內方，自孔傳引端，邵、朱詮次，前人罕有及者，甚至詆以方外假託之傳，以其無文字，將亦與之無文字，是伏易自在而人自悠忽遇之，豈《連山》《歸藏》《周易》《孔傳》皆脊脊簡翰乎？誠由周、孔二易以上游，象義炯然，匪可垺諸不論不議也。述伏易次六次七。

一、《周易》自漢也以來疏闡不一家矣，奚庸贅述舊圖所未備？次八反對象義所未逮，次九次十。

一、孔易僅以雜卦目之久矣。茲特疏，俾不淪於翼傳者，表微也。孔之學易，探元於始畫，並非膠柱於羲、文。可鼎立亦可孤行，不得不謂之別搆。述孔易次十一。

一、正名，達用奠位，觀變玩占，廣象大衍，易道於是乎集成。述諸圖次十二次十三次十四。

一、《易傳》未能盡圖，聊舉一隅以俟類達。述數位諸圖次十五。卷帙十五者，準河圖中數也。

一、閏編附載羅、劉兩先生所著，蓋圖象各有發明，不妨標異。《水經》酈注斯其班矣。閏云者，祖歸扐之義。

一、採輯舊說，各列氏名，不沒厥實。餘出臆測者直書。其或裒眾長以就余折衷，斷鶴續鳧，已別成一家言矣，即不復紛標所出，非敢效注《莊》之掠向、《化書》之竊譚也。

◎朱之俊《大易則通序》：不具圓通之識者，不可以作易，即不可以讀易。故窮則變變則通，易道也。得其道者窮無窮、極無極。象可通於理，理可通於數。彼河圖之與洛書，伏羲之與文王，《連山》《歸藏》之與《周易》，無不相通者矣。世人但見連山首艮從《河圖》出不從《洛書》出，大禹序《疇》從《洛書》出不從河圖出，而《歸藏》首坤、《周易》首乾種種不一，又《說卦》之「參天兩地而倚數」為解河圖，《繫辭》之「參伍以變錯綜其數」為解洛書，並圖書而為言，以悉易之妙用，疑羲、文之與禹、湯多齟齬不合處矣。不知善易者圓通無礙，於六十四卦中任取一卦為首亦無不可，且無論三易，即房、揚、京、焦之學，與邵子《皇極經世》之編何嘗不各為一家言，而究竟與易理不相悖。何則？惟其通也。更以太極言之，古太極圖出蜀隱者，陰陽各半，黑白平分；周子太極圖陰陽交互，陰中有陽，陽中有陰，然古太極圖乃靜陰動陽之體，周子太極圖乃陽動陰靜之體，亦無不相通者矣。易原自貫通，學者各執偏見，穿鑿附會自為扞格。故漢人註易數勝於理，宋人注易理勝於數，而田何、施、孟、梁丘、高、京之徒又兼象數而更為一端之說。古人之言曰：「以象談易，卜筮之書也；以數談易，推數之事也；以理談易，學士大夫之事也」，此畛彼域，支離膠固，其來已久。雖宋人疏解較漢頗純，然而九師亡易，亡猶存也；宋儒議興，魏晉唐之說蕩然矣。譬如舍政事以言書，去

性情以言詩，廢儀矩以言禮，理寧有存焉者乎？嗚呼，此秀巖胡公《則通》一書所為作也。上古聖人取法於易，皆取法於通，了通之旨，於易思過半矣。昔孔子傳易於雙流商瞿，漢唐而後代不乏人，若揚雄、趙賓、何妥，若房審權、李鼎祚、滿乾貫，若譙定、蘇軾、郭長孺、李舜臣諸賢，皆蜀產而精於易者。程氏兄弟謂易學在蜀，信然。明梁山來矣鮮屹屹窮年，始悟得錯綜二字，得未曾有。余驚以為至矣，公茲崛起，復大暢其說，繪圖闡象，尤發前人所未發，誠所謂「察乎陰陽而盡其變，通乎天地而存其神」者也，豈蜀山川之秀代生異人，天有意斯文，俾世世大明其道耶？然則今日集易之大成者其在公乎？是書出，漢晉唐宋諸儒之言象言理言數，聚訟紛紜，管窺蠡測，烏足與料天地之高深？盡束之高閣可耳！亟命梓以行，作天下人眼目，真航海之斗極、吾黨之瓣香也。余敢秘為帳中物哉？！順治歲次戊戌八月既望，汾人朱之俊謹撰。

　　◎李霨《大易則通序》：六經皆淑世之書，《詩》《書》《禮》《樂》《春秋》託於人事，而《易》獨麗於神道，此聖人因造化之自然，合人事之變動者也。蓋自一畫肇祕，儀象畢陳，設位成能，不假智力，原非姑留餘蘊以待後人之增華，是以尼山崛起，肩統六經，刪之定之修之，於易直贊之而已。贊也者，美其成也。由漢以降，諸儒代有詮詁，發明者多，汩沒者亦自不少，何則？易之興也，本自無而之有，河洛貢瑞，初無語言文字之可尋，而區區一知半解，周旋數聖人之間，不亦遠乎？然則欲探自無而有之源以返於未有語言文字之始，則莫尚於圖學矣。圖學盛於宋儒，太極一說，抉天人之奧；先天後天方圓動靜諸圖亦既犁然明備，顧簡冊散殊則多岐為慮，意旨錯出則掛漏難賅。專己者尋享千金，微中者管亡全豹，學者生千百年之後，非具洞達之識剗制之才，亦安能網羅是正，勝繼往開來之任耶！霨幼從塾師受易，窮年佔畢，不過工帖括計應科目而已，間閱諸圖，茫不解為何，故旋以不急置之。迨丙戌釋褐，廁跡館員，始獲問業於吾師秀巖先生門牆。一日值月課，先生以乾坤九六為問，同年生各以臆對，少當意者，已乃出所為《用九用六解》以示多士，而後皆霧披冰釋聞所未聞。霨於是始知易道之廣大、圖學之精微，稍欲究心，而敓於塵務，悠悠忽忽迄今十有五年。童習白紛，可勝愧恧。日者從先生之後，侍聆謦欬，較異時益親。因出一編相示，曰《大易則通》。蓋主於闡明圖學，而辭變象占之說亦罔不引伸觸長，條貫同歸。或借筏前人，或取材心匠，繪畫則燦如指掌，摘義則判若列眉，反覆縱橫，愈與畫前相印可，是

誠所謂「於羲、文心地上馳騁，不於周、孔注腳下盤旋」者也。集大成而紹絕學，厥功偉哉。先生不云乎：適廣漢者不辨東西，得指南車則不獲；入幽洞者莫知昏曉，佩照乘珠則不迷。斯編也，是亦學者之指南照乘也。卒業之餘，不禁心怦。敬綴數語簡端，期與海內後學解駁理障，摧陷疑城，以無負先生誘掖之意云。順治庚子秋日，高陽門人李霨敬題。

　　◎孫承澤《大易則通序》：粵稽唐虞以前之書，世不可見，所存者惟羲皇之卦，數之始、理之原也。而秦火不能焚，天也。自讖緯於漢、清言於晉、訓詁於唐，而易道大晦，其虐幾與秦火等。蓋羲皇當日仰觀俯察、遠取近取，劈空而為一畫。一者數之始也，畫者文字之始、理之原也。然不欲遽以理數示天下，而寓其意於一畫，曰示之以象云爾。故易者象也，象者像也，天下之理與數實按之則有盡，想而像之則無盡也，故由三畫而為八卦，由六畫而為六十四卦，變而通之，畫無盡也，卦無盡也，理與數俱無盡也，此象之所以妙也。文王象之，象此象也；周公爻之，爻此象也；夫子翼之，翼此象也。要於卦畫之外無加也，即其象而像之，以存羲皇之意耳。乃王弼起而亂之曰存象不可以得意，謂「筌所以在魚，得魚而忘筌；蹄所以在兔，得兔而忘蹄。」夫既曰「言者象之筌，象者意之蹄」，然捨筌蹄何從而得魚兔？捨象何從而得意？況未得魚兔而先捨筌蹄、未得意而先捨象，可乎？前人盡已力斥其非矣。至宋而易之四圖始出，世謂得之陳希夷，希夷傳之穆伯長，伯長傳之李挺之，挺之傳之邵堯夫，然希夷得之何人，不知所自始也。其旨曰乾一兌二離三震四巽五坎六艮七坤八，止此十六字而已。自太極兩儀四象八卦加倍而進之，八卦倍為十六，十六倍為三十二，三十二倍為六十四，要其初惟八卦也四象也兩儀也，又要其初惟太極一畫而已，故曰一者數之始，畫者理之原。書不盡言，言不盡意，而曰立象以盡意，圖者象之昭列者也，其學之存亡、易道之明晦係焉，詎不重與？井研菊潭胡先生，博極羣書，潛心理學，而尤深於易，所著《易史》已膾炙人口，乃更出《則通》一編。蓋河出圖聖人則之，此圖之所自始也；變而通之以盡利，此圖之所由傳。而編中大易諸圖悉備，而先儒之說鱗次附之。象立而意盡，有功於易也大矣。昔夫子一生學易，至韋編三絕，乃猶曰「五十以學易」，所著十翼不知成於何年，大約反魯後晚年之書也。蓋極境之變者始可盡易之變，故曰聖人之情見乎辭。先生年踰耳順而《易史》《則通》出焉，蓋其閱世也深、其寄情也遠矣。承澤養病荒山，十年抱易，師心自解，愧乏師承，今讀先生之編，不啻中流得壺，何其幸也。從此束躬砥

志，北面先生而問易，先生其許我乎？順治辛丑七月之朔，北平孫承澤書於退谷之老學菴。

◎馬晉允《大易則通序》：學易而不殫心圖學，非學易者也。易之始無所謂經，圖而已。羲皇舊以畫之，方員以布之，成列以重之，自一闔一開以至於千變萬化，易之廣大在其中，易之易簡亦在其中，文王、周公、孔子繫之以卦爻、翼之象傳，皆觀圖以著義、觀象以盡意，圖學之盛厥維成周昭昭爾。漢魏諸儒間多舛駁，數千餘年間得圖學之傳者，康節邵子一人。其言洸洋浩渺，觸處旁通，非章句之儒所及。自後世取《周易》而訓詁之，非羲易亡，《周易》亦晦矣。晉允讀易幾三十年，受業於夫子之門者亦二十有六年所，於圖學竊有志焉而未逮。己亥從夫子京邸受《大易則通》而玩之，始悟往者章句之學茫乎未涉其樊，即河南、考亭之所言圖學，似猶未登羲、文之堂也。今觀夫子此書，起河圖洛書而為天地交、日月交之說，為參伍之說、為先後天之說，以至於太極儀象生序方位、外員內方反對雜卦，悉一一圖之，絕無割裂附會之釁而皆合乎生成自然之妙，是前乎《周易》者皆羲皇之圖，後乎《周易》者皆孔子之圖也。後世讀孔子十翼，亦止曰「聖人之情見乎辭」已耳，豈知自天尊地卑以至序卦反對，其間樞紐開闔、因重橫豎莫不有孔子之圖，即莫不有羲皇之圖也。以為廣大莫廣大，是以為易簡莫易簡，是繼孔子而學易無過者，其吾夫子乎？夫子之言曰：「三聖之易則伏畫，伏畫則天。」又曰：「奇偶以通畫之變，卦重以通奇偶之變，圖之又圖以通卦重之變，兼互以通諸圖之變。」旨斯言也，隨舉一象而得圖，隨舉一圖而得義，即謂夫子此書，觀象觀變之圖也可，窮理盡性至命之書也可。順治辛丑季冬，姚江門人馬晉允頓首謹跋。

◎穆貞胤《大易則通序》：千載上下有不能盡通之，故包羲氏作，上通千載下通千載而後作《易》，《易》者聖人通天下之書也。天下一人一物一事一時不通乎易即不通乎天，乾坤或幾乎息矣。顧無一人一物一事一時不用易，而究竟未盡通乎易所自出。易所自出者何？圖是已。圖者作易之定盤星也。通乎圖以學易，譬立閨寢觀乎巷衢，耳目澄澈。學者述圖所以戴天，而不知天之高也。菊潭先生有憂之，曾作《原易》，參伍錯綜，深得古聖用九用六之微旨。今又出舊著《則通》一書，尚闡圖學，發揮大象，教人玩圖以見天。則是故由先生之書推之，則必通五圖而後可以學易；抑通五圖必先通一畫而後可以學易；抑通一畫遂通五圖遂通八卦六十四卦而後可以學易；抑不必通八

卦六十四卦與五圖，並掃除一畫焚殺龜龍，自我立畫自我開圖；抑自我另矧千百圖自我另演億萬卦，而八卦而六十四卦而方員內外順逆圖與初設之一畫總包孕於我之範圍；抑可不留易之名，自我提綱列目，而實遠契乎羲皇。大抵先生握定盤星，圓而神、變而通之爾。夫天下日生之數也，通則生，不通則不生，前生後，古生今，皇帝王霸五行正閏遞生遞克，克不得生，祇如雲仍守高曾規矩，禮樂刑政兵農錢穀，不過損益其大略。唐虞弗哂商周之多事，鄒魯弗忌黃老之無為。上通千載下通千載，靈活動盪，故人身精神嘗與日月星辰炯炯爭耀。原始要終，貞下起元，不可銷歇，則此生生之謂易也。先輩謂五經詳人，易獨詳天，易為經，五經為緯。近儒又云：「十分之易，《皇極經世》得其七八。」蓋皇者大也、中也，黃者中色也，洛者天中血脈也。黃河中天地而橫流，洛匯天地之中，龜龍分出二水，邵子取《皇極》命篇，本中宮籌策審地之宜、察天之道，理數相準，思迨過半。外此言數舍理、言理舍數，輔嗣、公明、關閩濂洛各有所偏，叛於伏易不少。文、周、孔聖代羲皇討叛，何說之不辭？不然，以神知來、智藏往之學問，而章縫飾以語言、文字、術士、徒工、卜筮、風角、雨占、青鳥、祿命、博奕、射覆伎倆，褻天甚矣。然此數端者，未始非易也。用易適以褻天，逐於末，忘厥本，則先生《則通》一書，功於羲皇何容已焉？雅安門人穆貞胤識。

◎胡世安《大易則通序》：兩間之有易也，肇統羲皇，奇偶畫之，卦之重之，縱橫布之，方員圖之，易道無遺蘊矣。《連山》《歸藏》皆通伏易之變者也，義存而象逸，文王彖其卦，周公繫其爻，孔子翼以傳，伏易無滯解矣。漢魏以來諸儒求通《周易》之變者也，義隤而象離，故自邵子昌明圖學而疑者半，朱子闡繹《啟蒙》而類引者偏漸移，而章句知《周易》不復知伏易，圖書之譯使絕矣。非易道不可通，通之非其道也。於是詮理者非膠柱之鼓瑟則多歧之亡羊，演數者非芥蒂八九之吞則顛倒三四之賦。圖未克究，奚冀其進參畫？始猶夫望洋者，目駴尾閭之洪輸，初不識溯原有星宿海也。伏易始畫，固易道之星宿海矣。乃奇偶以通畫之變，卦重以通奇偶之變，圖之又圖以通卦重之變，兼以互通諸圖之變，是伏易之變原無滯解，而非有待於《連山》《歸藏》及《周易》《孔易》之通之也。特以卦畫以前不可名，卦畫以後不勝狀，文王、周、孔繼起，因圖溯原，不得不出於言辭，示後世通變之準則有在也。三聖之易則伏畫，伏畫則天，匪一象即匪一義，諸儒必欲執一象一義以約之，去天則既遠，去易道益支，尚云畫前有易哉？適廣漠者不辨東西，得

指南車則不惑；入幽洞者莫知昏曉，佩照乘則不迷。易之有圖，何以異於指南、照乘乎？是以得其則則四達，失所則則面牆，通易之變莫不由此途出也。先聖有作，後哲接衍，端委難齊，正譌迭見，雖伏圖日陳，揣摩紛狃，率臆晷景，體用不侔，所謂未得魚兔先忘筌蹄，知伏圖之即天則見諸圖之可質，伏圖則幾矣。余研討多歷年所，於諸書紀載凡可以羽翼易道者輯之，背者鑿者刪之，撫舊者十之五，釐訂者十之二，擬補者十之三。其說稱是，析列三易，櫛比發明，或衷共長以會疏，或違羣是而達意，期於見天則而止，何敢謂道器渾涵、先後揆一？庶幾柯則不遠，易變以通，其於圖象之學當亦有小補云爾。西蜀胡世安識。

◎李蔚《胡少師墓誌銘》：公學最博，六經子史皆窮積壺奧，貫通解駁，茹青含華，自稱新家。賦堅卓尤，不屑為靡響。退朝暫息，非潑墨揮毫，即燃燭注書。

◎四庫提要：是書專主闡明圖學，匯萃諸家之圖，各為之說。雖亦及於辭變象占，而總以數為主。其闕卷則續采明羅喻義《讀易珊瑚篰》及劉養貞《易遺象義》之說也。

◎胡世安（1593～1663），字處靜，別號菊潭。四川井研人。崇禎元年（1628）進士，改庶吉士。累官詹事府少詹事。入清，授原官。順治時累官武英殿大學士，兼兵部尚書。尋加太子太保，少傅，兼太子太傅。康熙元年為秘書院大學士。以疾乞歸，加少師兼太子太師致仕。工詩文，著有《秀巘集》三十一卷（詩二十二卷文九卷）、《操縵錄》十卷、《禊帖綜聞》一卷、《異魚圖贊箋》、《異魚圖贊補》三卷、《課館集》、《南軒隨筆》、《談墨集》、《再北征》、《研北文通》、《吳越閱》、《我歸集》、《初月梭》、《華胥遺史》、《多識續詮》、《公車草衍》、《藝語》、《楚集》、《和陶集》、《嵩規》、《挪揄集》、《竹居集》、《石芝軒續集》、《寒友篇》、《度除匯紀》、《樊子句解》、《龍乘》、《菊史》、《譯峨籟》等二十餘種。

胡世安 夢易 佚

◎光緒《井研縣志》卷十一《藝文》：《夢易》《原易》（胡世安），並見墓誌，不著卷數。

胡世安 易史 八卷 首一卷 存

北京大學、東北師大藏順治十八年（1661）刻本

浙江藏雍正鈔本

◎首一卷為卦圖。

◎金之俊《金文通公集》卷一《胡菊潭先生易史序》：經經而史緯，自左氏昉也。董江都、劉中壘因有《繁露》《五行》之作，皆參互人事以求是非吉凶之合，用垂法戒。宋真西山《大學衍義》經緯昭晰，明丘瓊山補之為全書，其條貫事理，備乙夜之觀者，最著且要。獨易之為道幽圓浩頤，變化屢遷，非極深研幾，遽難以人事揣合。京房以下諸家，肆其窺索，比撮災異，以風切當世，然未免附會，近蹐駁矣。求其于理事參互之際，因經條緯，援古證今，燦若列眉，應若枹鼓者，未之或見也。菊潭胡先生以天授夙悟振起西蜀，博洽窮經，編韋啟奧，直踞子雲之席。居恆研六位之遷變，搜十翼之精微，上下數千百年間，瞭然于興衰理亂得失倚伏之故，與夫君子小人進退動靜剛柔消長之關，推移摩盪，羅布心胸，無连銖黍，既出其中正易簡之學，光贊鴻謨，建確乎不拔之業；復以藏往知來、觸類徵應，隨爻配事，撮端彰微，著明理事合一之大原。書成，名曰《易史》，間以示余而命之序。余讀而歎曰：思深哉，先生之為是編也！易而史，則全易皆史，凡易之理有一之不足範圍乎史，無以成易也；史而易，則全史皆易，凡史之事有一之不必裁成乎易，無以成史也。理之占事，以有定燭無定，其法嚴，惟嚴故起人乾乾之惕，而為悔吝凶厲之防。事之占理，以無方驗有方，其法活，惟活尤動人虩虩之震，而有補過無咎之凜。余蠡測是編中凡是非吉凶，信于既占者什之三，信于不待占者什之七。占吉而吉，占凶而凶，占非其人事之吉則理吉而凶，占非其人事之凶則理凶而吉，此信于既占者也。理經乎事，故命吉命凶者，理主之，而無俟觀于事後；事緯乎理，故形吉形凶，與夫旋吉旋凶者，事主之，而無俟玩于理先，此信于不待占者也。其間或比纍而如律，或旁通而如例，不周內以為功，不成敗以為案，舉造化盈虛消息之自然，與人事臧否應違之當然，無不呼吸通而聲響合。嗚呼，先生闡易至此，直通身是易矣；談史至此，直通身之手眼皆史矣。至先生自序有云：「陰陽互根，剛柔交克者，天運也。天生小人以厲君子，仍責君子以化小人。」又云：「往往包小人者治，敵小人者亂。以小人攻小人者得中策，以君子用小人者得上策。」尤旨哉言乎！從來世運循環，不患君子道消而患君子獨矜為君子，則每以孤而成其消；不患小人道長而患君子過絕夫小人，則每以激而成其長。剛之所以折柔之所以厲，而運祚隨之，千古一轍也，皆不知易不讀史之過也。有心世道者請反覆斯編焉，始知昔人

經緯之書咸有指歸，不得稱專美矣，又寧屑沾沾拾太圓之潘哉。

　　◎光緒《井研志》卷十一《藝文》：《易史》八卷（胡世安），自序：或問讀史之法，曰：「如讀易，以事為卦，以人為爻，而吉凶見。」問讀易之法，曰：「如讀史，以卦為事，以爻為人，而是非見。」可以知其用意所在矣（《通志》所引，今未見傳本）。

胡世安　原易　佚

　　◎光緒《井研縣志》卷十一《藝文》：《夢易》《原易》（胡世安），並見墓志，不著卷數。

胡思敬　券易苞校勘續記　一卷　存

　　民國刻胡思敬輯豫章叢書·券易苞十二卷附本

　　新文豐出版社 1960 年叢書集成續編本

　　◎胡思敬（1869～1922），字漱唐。江西新昌（今宜豐）人。光緒十三年（1887）入縣學，未幾入南昌經訓書院。光緒十九年（1893）舉人，二十年（1894）進士，二十一年（1895）補殿試，選翰林院庶吉士，改任吏部稽勳司主事。宣統元年（1909）補遼沈道監察御史，轉掌廣東道監察御史，有直聲。宣統三年（1911）春，憤而掛冠離京。後定居南昌，校輯圖書。又著有《退廬疏稿》四卷附補遺一卷、《驢背集》四卷、《丙午釐定官制芻論》二卷附錄一卷、《戊戌履霜錄》四卷、《王船山讀通鑑論辯正》二卷、《鹽乘》十六卷、《國聞備乘》四卷、《大盜竊國記》一卷、《退廬文集》七卷、《退廬詩集》四卷、《退廬箋牘》四卷、《退廬日劄》、《退廬雜考》、《古文辭類纂補》、《聖武記纂誤》、《魯論六要類釋》、《群賢師友錄》、《藝林典腋》、《經世要義》、《變雅今箋》、《國史》、《皇朝輿地通考》。又編刻校刊《問影樓輿地叢書》第一集、《問影樓叢刻初編》、《豫章叢書》。

胡思敬輯　元三家易說　十九卷　存

　　民國刻豫章叢書本

　　◎子目：元吳澄撰《易纂言外翼》八卷，附魏元曠校勘記一卷。元蕭漢中撰《讀易考原》一卷，附魏元曠校勘記一卷。元曾貫撰《易學變通》六卷，附魏元曠校勘記一卷、胡思敬校勘續記一卷。

胡思敬 周易通略校勘記 一卷 存

民國胡思敬輯刻豫章叢書本

胡嗣超 易卦圖說 六卷 存

中科院藏道光八年（1828）刻本

國圖、山東藏道光十七年（1837）香雪齋刻本

◎卷目：卷一論序卦，卷二論河洛，卷三論先天後天，卷四論太極、重卦、變卦、反對，卷五論消息、納甲、卦氣，卷六原易說、原卦說、元亨利貞說、吉凶悔吝說、卦互論、象辭舉例說、十翼說、太極圖說。附讀易雅言。

◎周按：胡氏治易，以為離道而求象數則不免於穿鑿，離象數而談道則不免於虛妄，故其書先圖後說，羅列自孟喜、京房、荀爽、虞翻至陳搏、邵雍、朱熹之十二辟卦、消息升降、易緯卦氣、河圖洛書、伏羲方圓、文王圓圖、太極兩儀四象八卦相生諸圖，節取漢宋元明清諸說以明其所宗，參以己意，論議得失。

◎周按：清崔述亦撰有《易卦圖說》一卷存世。

◎胡嗣超，字鶴生。江蘇武進人。身歷乾嘉道咸四朝，監生。遊幕京城及直隸、江蘇、山西、陝西、四川、雲南諸省，終老北京。著有《易卦圖說》、《海隱書屋四種》五卷（《海隱書屋詩稿》一卷、《海隱雜記》二卷、《名勝紀遊集》一卷、《祖塋訟案》一卷）、《傷寒雜病論》等。

胡廷璣 周易臆見 佚

◎道光《徽州府志》卷十五《藝文志·績溪》：胡廷璣《周易臆見》。

◎嘉慶《績溪縣志》卷十《文苑》：諸經皆有隨筆集說。休寧趙繼序謂其解經獨有心得而序其書。

◎嘉慶《績溪縣志》卷十一《藝文志》胡廷璣《周易臆見自序》：諸經止言理，而《易》兼言數。理本不易，以數求之，而理之截然不易處更見分明。朱子本於程子、邵子，依古經作《本義》，蓋審又精矣。然易於天地準，理數精微，蘊涵廣大，原非泥於一人一事之故，即文法圓活不滯。循序熟玩，輒生意見，特以質之古人，多有不合，終難慊志。若心不能以自信，徒為冒昧相從，或更多為傅會，而巧好其詞，張大美說，喧賓奪主，駭俗驚愚，又於經無當。故漫存所見，以與反覆質究，必俟其融會貫通，更覺朱子之意莫逆於心，方為了義。古人云：「君子之於經也，沒身而已矣。」故非一朝一

夕之事。

◎胡廷璣，字瑜公。安徽績溪市東人。以選貢入太學，祭酒翁叔元、司業彭定求見其文，以為理數精深，咸器重之。以親老不就銓。

胡庭 胡同 易疑 三冊 未見

◎阮元《文選樓藏書記》卷二：《易疑》三冊，國朝胡庭、胡同著。汾陽人。刊本。是書依經篇次，細繹辭義。

胡薇元 漢易十三家 二卷 存

山陰胡氏 1921 年輯刻玉津閣叢書甲集本

臺北成文出版社 1976 年無求備齋易經集成影印 1921 年刻玉津閣叢書甲集本

臺灣文聽閣圖書有限公司 2009 年林慶彰主編民國時期經學叢書本

◎序：玉津先生窮居陋室，自比傖民，裹足華屋，垟顏廣庭，藏書滿家，究心遺佚，廣徵遙引。于古藉淪亡之日，獨裒殘缺，張笒笙于洞庭，拯凋磨于秦火，殫心授討，不遺餘力。履嚴霜而謹幾望，處憂患而致安平。此先生之所目知幾先覺、砥石易悟、智崇效法、精義入神者也。論者謂闔者闢之基，貞者元之本，冬日之閉凍也不固，則屮木之發舒也不茂，是故進有退之義，存者亡之幾。揚埠未妨塞涂，樹荊任其滿術。縱使賈違婁空，或從事于首陽；照鄰錮疾，將自沉于潁水。肰入何休之室，見河洛讖緯之駢羅；叩陸澄之門，覩天祿石渠之戢晢。先生行坐眠食，手不釋卷。杜門卻掃，俯拾無遺。淮南九師古五子傳，京費章句所編纂，莫不多方掇拾，補其漏遺。大氐取兩漢間易家之所撰述，自手抄錄，繫以論斷，成《漢易十三家》二卷。斯誠否垢之苞桑，晚近之絕學已。夫蓲突生煙而商歌出戶，百梅亭畔，達者目為歸墟；千頃波中，人士奉為山斗。目彼易此，則又何所歉歟！門人隆昌范太沖謹敘。

◎周按：所輯凡韓嬰、蔡景君、施仇、孟喜、梁丘賀、古五子、淮南九師、京房、費直、馬融、劉表、宋衷、荀爽等十三家。

◎胡薇元（1849～1921 後），字孝博，號詩船，別號玉津居士。浙江山陰人。光緒三年（1877）進士，知四川玉津縣。又著有《三州學錄》二卷、《詩緯含神霧訓纂》一卷、《詩緯氾曆樞訓纂》一卷、《詩緯推度災訓纂》一卷、《公法導源》一卷、《道德經達詁》一卷、《湖上草堂詩》一卷、《壺庵五種曲》

五卷、《夢痕館詩話》四卷、《歲寒居詞話》一卷，皆輯入其《玉津閣叢書》甲集。

胡薇元 霜荬亭易說 一卷 存

山陰胡氏 1921 年輯刻玉津閣叢書甲集本

成文出版社 1976 年無求備齋易經集成本

◎條目：元。確乎其不可拔潛龍也。純粹精也。安貞吉。括囊。陰疑于陽必戰為其嫌于无陽也故稱龍焉。乘馬班如。包蒙吉。或錫之鞶帶。師左次。比吉。履虎尾。初九拔茅茹以其彙征吉。大往小來。升其高陵。謙亨。雷出地奮豫先王以作樂崇德殷薦之上帝以配祖考。享于西山。先甲三日後甲三日終則有始天行也。觀盥而不薦。腊。翰如。豶豕之牙。箕子之明夷。其牛掣。先張之弧後說之弧。十朋之龜。莧陸。上九鴻漸于陸。天際翔也。不如西鄰之禴祭。震用伐鬼方。一陰一陽之謂道繼之者善也成之者性也成性存存道義之門。聖人有以見天下之賾。大衍之數五十。參伍以變錯綜其數。探賾索隱鉤深致遠以定天下之吉凶成天下之娓娓者莫善乎蓍龜。陽一君而二民君子之道也陰二君而一民小人之道也。神也者妙萬物而為言者也。

◎李大鈞序：光緒三十三年冬，皇上以濟時需賢詔各部院督撫薦舉才堪大用、學有專長者，不拘官階大小有無，各舉所知，勿濫隱。於是陝西恩中丞以玉津先生應。曩時從先生遊者，趙太史熙、吳中書天成、劉度支彝銘、張大令鳴鳳諸人，謂先生深於易，進退必以其時。先生自丁丑通籍為牧令，久之始晉一階。既列保監司，駸駸有向用之勢矣，而黯然伏處，如潛龍之勿用。人皆謂先生為牧令廿年，他人咸以是躋通顯、致厚資，先生官僅四品，債負山積。同輩多自豫悅，先生獨貧乏無自存。其將以介石之貞為先生慨乎？是蓋不知先生者也。先生性坦易，曠還善說易，閎深而簡要，萃兩漢經師之說，一斷以己意，以致用於當世為歸。每出一篇，爭相傳寫，各守師說。仕即不達，已至典郡，所取士最得人。家故不裕，嘗乞假以請席，潔蘭陔之養，有終焉之志。若鴻飛天際，渺冥而深也。且夫人之品地高下，亦不盡在位祿也。充其欲富貴之心如比比者，皆先生所不願為。先生之學自其五世叔祖稚威徵君來，徵君之學得自蕺山，蕺山傳姚江之派，然則先生宗陸王，而說易屢引考亭，無門戶之見存也。使先生得位乘時，其剛方彊毅之氣必可以輔翼世道，故能進退裕如，不難自決。學術授之門人，事功留待子弟，以其暇日，登高臨流，

進德修業，視皇皇畢生者，孰得失哉？學淵自先生宰吾邑即受知，初至值水災，再至值拳匪之亂，先生撫綏安輯，不待報即發粟振飢，活數萬人。匪至，力守危城，捕獲首匪，剿平逋寇。民困，以蘇先生創致用學堂，以二千金購經史子集、輿算格致、兵農法政諸書，延師教士，分科講習，厚其膏火。公餘輒躬自教之，始終不懈。去任後，同學百餘人，於漢宋中西之學，咸得性之所近。向非先生開其先，烏能成就若此耶？且先生建學堂在戊戌春，是時朝命未下，先生獨先為之，今蜀中、成都、嘉定、寧遠、資州、縣州各學堂教習監督，大半皆先生門弟子。明見未然，知幾其神，非先生其誰與歸？當拳匪初起，蔓延兩川，守土皆諱言之，先生首捕治之，其後他州縣及代者，反諉咎於先生之發難，然匪患卒平。吾鄉人遠者或未詳其事，大鈞實見而知之。先生在開縣捕孝義會匪阮洪早等，平積年巨患，用李仲壺駕部言蠲除加倍稅三萬金，類非他牧令所肯為，行足以副其言也。先生讀書札記，諸經皆有疏證。其說易一卷尤能導河之源。學淵因述其致用之由，至於微言古義，闡發無遺，無穿鑿迂疏之弊，固學人之所共見也。吾鄉余子厚先生提學西安，兼署藩篆，敬先生之為人，因取先生此書付石印，以廣其傳。光緒戊申四月，受業資陽李大鈞敬序。

◎余堃敘：少時侍先大夫，先大夫潛擘經學，而得力於易最深。嘗舉謂堃曰：「易无咎者，善補過也。人孰無過，能補則何咎之有？」堃服膺庭訓，思本其義而發明之，僕僕未能也。山陰胡玉津太守筮仕吾蜀，故承其先德稚威先生學，以經術飾吏治，發揮政績，皆有本原。已又得讀其《道古堂集》，私心嚮往，蓋有年矣。丁未，堃承乏秦中司學職，而太守亦由藝帥奏調來秦。故國慈雲，異時舊雨，倏焉聚首，忻悵兼之。會入覲，瀕行，乃出其所著《易說》見示。堃學殖荒落，於易尤瞀迷。顧常兢兢以寡過未能是懼，讀太守此編迺益自愧不克仰承家學也。巴州余堃。

◎宋育仁序：《霜菉亭易說》讀竟。以史事說易，始於干令升，迄於楊誠齋。蓋從《繫傳》湯武革命、箕子明夷演而推之，亦易家所宜有。篇中以釋先甲後甲、大衍之數、參伍錯綜為最贍，釋包蒙觀盥而不薦為最精。箕子明夷，意存兩通，別下己意，蓋其慎也。竊以所見附箸於篇，餘篇徵引多古義古文，碻乎其有師法者乎？玉津己丑由粵西改蜀令，會育仁治蜀商務，論交。變後為寅公成都道，節相翮，交益契。問琴閣宋育仁序。

◎周按：其書有引毛奇齡、俞樾之說。

胡渭 易圖明辨 十卷 存

北大藏康熙刻本

四庫本

上海藏嘉慶元年（1796）德清胡氏刻本

山東藏嘉慶元年（1796）耆學齋刻本

山東藏道光二十四年（1844）金山錢氏守山閣叢書據墨海金壺本重編增刻本

山東藏咸豐三年（1853）南海伍氏刻粵雅堂叢書本

山東藏光緒十四年（1888）南菁書院刻皇清經解續編本

上海藏清鈔本

山東藏臺北成文出版社 1976 年無求備齋易經集成影印道光二十四年（1844）刻守山閣叢書本

山東藏 1983 年臺北商務印書館景印文淵閣四庫全書影印國立故宮博物院藏本

山東藏臺灣新文豐出版公司 1983 年大易類聚初集影印光緒十四年（1888）刻皇清經解續編本

巴蜀書社 1991 年易學基本叢書王易等整理本

中華書局 2008 年易學典籍選刊鄭萬耕點校本

九州出版社 2008 年易學叢刊譚德貴等點校本

儒藏精華編點校本

◎九州出版社 2008 年《易學叢刊》譚德貴等點校本底本用《四庫全書》本。

◎易圖明辨目錄：卷一河圖洛書。卷二五行、九宮。卷三周易參同契、先天太極。卷四龍圖、易數鉤隱圖。卷五啟蒙圖書。卷六先天古易上。卷七先天古易下。卷八後天之學。卷九卦變。卷十象數流弊。

◎易圖明辨序：予初讀易，惟知朱子《本義》而已。年垂三十，始集漢魏以後諸家傳註，與里中同志者講習，乃頗涉其津涯。因歎朱子篤信邵子之過，而本義卷首之九圖為可已也。友人德清胡朏明先生，精於明學，庚辰仲夏，示予以易圖明辨十卷，則本義之九圖咸為駁正，而謂朱子不當冠於篇首。予讀之大喜，躍然曰：至哉言乎，何其先得我心乎！予嘗謂河圖洛書先天後天羲文八卦六十四卦方圓諸圖，乃邵子一家之學，以此為邵子之易則可，直以

此為羲、文之易，則大不可。乃朱子恪遵之反若羲、文作易本此諸圖，不亦異乎？夫河圖見於顧命繫辭論語，古固有之，而後世亡之矣，今之自一至十之圖，本出陳希夷，古人未嘗語及，非真河圖也。戴九履一之圖，今之所謂洛書者，見於漢書張衡傳及緯書乾鑿度，乃太乙下行九宮圖，非洛書也，後世術家配以一白二黑之數，至今遵用不變，豈果真洛書乎。卦止有出震齊巽之位，乃孔子之所繫，而文王、周公之遺法也，安得有先天之位？此誰言之而誰傳之？天地定位一節，不過言八卦之相錯耳，何曾有東西南北之說，而欲以是為先天卦位乎？此不特先天二字可去，即後天二字亦必不可存。蓋卦位止一而無二，不得妄為穿鑿也。八卦之序，自當以父母六子為次，孔子繫辭屢言之，乃舍此不遵，以乾兌離震巽坎艮坤為次，此何理乎？太極生兩儀、兩儀生四象、四象生八卦，固出於繫辭，而實非生卦之謂也，乾坤生六子，其理顯然，而坤可置於最末乎？三男三女，可錯亂而無序乎？易但有三畫之卦，重之則為六畫，未嘗有二畫四畫五畫之卦也；但有八卦六十四卦，未聞八卦重為十六、十六重為三十二、三十二始重為六十四也。必曰一每生二，以次而加，試問易中曾有是說乎？至於卦變，惟程蘇二家為可信，古人十辟之說，予猶不敢從。若朱子之《本義》，益為支離。況與《啟蒙》之言不合，一人而持兩說，令學者何所適從？此予必不敢附會者也。凡此諸說，間與友人言之，或然或不然，讀先生此書，一一為之剖析，洵大暢予懷。而其採集之博，論難之正，即令予再讀書十年，必不能到。何先生之學大而能精如此！以此播於人間，易首之九圖即從此永廢可也。四明同學弟萬斯同纂。

◎易圖明辨題辭：古者有書必有圖，圖以佐書之所不能盡也。凡天文地理鳥獸草木宮室車旗服飾器用世系位著之類，非圖則無以示隱賾之形，明古今之制。故詩書禮樂春秋皆不可以無圖。唯易則無所用圖，六十四卦二體六爻之畫，即其圖矣。白黑之点、九十之數、方圓之體、復姤之變，何為哉？其卦之次序方位，則乾坤三索、出震齊巽二章盡之矣，圖可也，安得有先天後天之別？河圖之象自古無傳，從何擬議？洛書之文見於洪範，奚關卦爻？五行九宮初不為易而設，參同契先天太極，特借易以明丹道，而後人或指為河圖，或指為洛書，妄矣！妄之中又有妄焉，則劉牧所宗之龍圖，蔡元定所宗之關子明易是也，此皆偽書，九十之是非，又何足校乎？故凡為易圖以附益經之所無者，皆可廢也。就邵子四圖論之，則橫圖義不可通，而圓圖別有至理。何則？以其為丹道之所寓也。俞琰曰：先天圖雖易道之緒餘，亦君子養

生之切務。人曰丹家之說雖出於易，不過依倣而託之者，初非易之本義，因作易外別傳以明之。故吾謂先天之圖與聖人之易，離之則雙美，合之則兩傷。伊川不列於經首，固所以尊聖人，亦所以全陳、邵也。觀吾書者，如以為西山之戎首、紫陽之罪人，則五百年來有先我而當之者矣，吾其可未滅也夫！康熙丙戌上巳，七十四叟東樵胡渭書於頣溪客舍。

◎易圖明辨序〔註13〕：元幼學易，心疑先後天諸圖之說。庚子得毛西河先生全集中《河圖洛書原舛篇》，讀之豁然，得其原委。友人歙凌次仲廷堪謂元曰：「子知西河之辨易，未見德清〔註14〕朏明先生《易圖明辨》尤詳備也。」元識之，求其書不可得。繼在京師見四庫館書目錄之，曰其書一卷辨河圖洛書，二卷辨五行九宮，三卷辨參同契、先天圖、太極圖，四卷辨龍圖、易數鉤隱圖，五卷辨啟蒙圖表，六卷七卷辨先天古易，八卷辨後天之學，九卷辨卦變，十卷辨象數流弊，並引據經典，原原本本，於易學深為有功，元鄉往益切。丙辰視學至吳興，始求得讀之，蓋距昔〔註15〕已十六年矣。媿聞道之甚遲，喜斯編之未泯，亟命其家修板刷印，廣為流傳，以貽學者。因並識其事於篇首。至其辨圖大略，則萬季野先生序言之已盡，茲不贅論。嘉慶元年八月二十八日，浙江督學使者內閣學士兼禮部侍郎儀徵後學阮元謹序。

◎伍崇曜跋：右《易圖明辨》十卷，國朝胡渭撰。按渭原名渭生，字朏明，一字東樵，德清人。事蹟著撰具見江鄭堂《漢學師承記》，稱先生嘗謂：《詩》《書》《禮》《春秋》皆不可無圖，惟《易》無所用圖。六十四卦二體六爻之畫即圖也，八卦之次序方位乾坤三索出震齊巽二章盡之矣，安得有先後天之別哉？河圖之象自古無傳，何從擬議？洛書之文見於洪範，五行九宮初不為易而設，乃作是書云云。又云：洪範古聖所傳，如日月之麗天，有目所共覩，而間有晦盲否塞者，先儒曲說為之害也。漢儒五行傳專主災異，以瞀史矯誣之說，亂彝倫攸敘之經，其害一也；洛書之本文具在洪範，宋儒創為黑白之點、方圓之體、九十之位，書也而變為圖矣。且謂洪範之理通於易，劉牧以九為河圖、十為洛書，蔡元定兩易其名，其害二也；洪範原無錯簡，而宋儒任意改竄，移庶徵王省惟歲以下為五紀之傳，移皇斂時五福至作汝甲咎及三德惟辟作福以下並為五福六極之傳，其害三也。作《洪範正論》五卷云云。其

〔註13〕又見於阮元《揅經室集・一集》卷十一，題《胡朏明先生易圖明辨序》。
〔註14〕《揅經室集・一集》「德清」作「吳興」。
〔註15〕《揅經室集・一集》「昔」作「所聞」。

言有足與是書相發明者。先生篤志經學，著述甚夥，所撰《禹貢錐指》一書，曾呈聖祖御覽，賜耆年篤學扁，稽古之榮，至今豔稱之。顧《四庫提要》著錄是書，與阮文達《國朝儒林傳稿》，均稱視《禹貢錐指》尤為有功經學，則其推崇也至矣。咸豐壬子冬至前一日，南海伍崇曜謹跋。

◎李塨《論學》卷二：德清胡朏明（名渭）以所著《易圖明辨》相質，言今易註首河圖洛書（古河圖洛書周秦時已亡）、先天八卦方位次序、六十四卦方位次序皆本之道家魏伯陽《參同契》、陳摶《龍圖》、劉牧《鈎隱圖》，夔魅誕謾，蕪穢聖經。予曰：此皆聖學不明所致也。學明則經正，修己治人之事惟日不足，而暇造此幻渺之具耶。三元員震生（名從雲）曰：「先生學主循禮，是矣。然或謝曰：古禮難復，奈何？」予曰：古禮本不遠於人情，且禮云禮從宜使從俗，亦非銖銖優孟古人也。嘗在武林與王草堂曰：仁知孝弟尚為虛名，惟禮為實事。如仁之立人達人，則有禮制知之，舉錯有度，即禮孝弟之溫清定省徐行隅坐，皆禮也。且禮不在故迹即在當前，如此時與吾友對言，氣何似，手如何持、足如何行，布席飲食如何周旋，隨時隨地能合情理，是為禮矣。即至聖人動容，中禮亦不過從容乎此而已。若夫衣服寢居之式、揖讓玉帛之數，必銖銖古迹，或繁禮多儀，使人望而驚畏，是欲行禮而反使禮不行也。何為其然？愚之學冠、昏、士相見諸禮，皆斟酌古今，以簡易宜行為主，不敢尚苟難也。

◎程晉芳《勉行堂文集》卷五《易圖明辨跋》：右十卷胡東樵撰，辨宋以來圖書之偽。卷一河圖洛書，卷二五行九宮，卷三周易參同契、先天太極，卷四易數鈎隱圖，卷五啟蒙圖書，卷六、卷七先天古易，卷八後天之學，卷九卦變，卷十象數流弊。易圖書之偽自艸廬、震川輩皆有疑義，而未窮極其故也。及黎洲作《易學象數論》、晦木作《圖學辨惑》，而盡抉其要矣。余猶惜黎洲既以古圖為不足徵，而又自為諸象以求合乎作易之原，非所謂責人則明責己則昏乎？東樵于此旁搜博考，極辨難之力而無矜張矯厲之氣，可謂精醇之至矣。人皆知其《禹貢錐指》為第一書，不知《錐指》猶有慽者，此則無可議也。學者讀二黃、胡氏之書，又參以青溪程氏之易學三種，考之《折中》《觀彖》等書，出于叢棘，撥盡雲霾，而易之能事畢矣。

◎王嗣槐《桂山堂文選》卷十一《贈臨溪胡子朏明》：古人慎交友，一見如舊識。紛紛五交何足云，青眼不屬胸臆塞。我笑今人誇誦讀，東塗西抹駭無目。舌本猶強入談林，金銀伏獵名書簏。君家讀書忘春秋，研經穿史復旁

搜。辟如尋河探崑柱，萬里曲折窮源流。當今天子求博學，詔書頻下搜林谷。紛若牛毛入薦章，眼看蝸角遺名宿。南臺御史意不平，抽簪補牘題君名。天子動色詔吏議，吏持條例格不行。古稱立賢本無方，拔奇舉逸邦家光。有何條例執不可，爾曹蔽賢實不祥。吁嗟胡子歸去來，餘不溪邊三徑開。築室著書老歲月，千秋爾我誰在哉？我亦憂讒被放人，空齋踶壁猶精神。十年傳註讓子慎，休言車上偶相親。

◎嚴虞惇《嚴太僕先生集》卷六《胡朏明先生壽序》：朏明為思泉先生之曾孫，少孤而力於學，能世其業。高才不遇，年四十棄舉子業，肆力於古文。其為學鑽穴六經，貫穿諸史，自天文地志、兵刑禮樂以及諸子百家之書，無不涉其波而探其源，叩而擊之，沛如也，洒如也。其為書，研精覃思，忘寢與食，張皇補苴，旁搜遠紹，其精深而奧衍則王輔嗣、杜元凱也，其詳核而博洽則鄭漁仲、馬貴與也。予與朏明交二十年……居恆凝塵蔽榻，諸書之外不問一事，而其所為書鑿鑿乎如五穀之可以療飢、如藥石之可以治病，不為浮夸誕謾之言以希世而炫俗，洵可以藏之名山傳之其人而不朽矣。君之書有《禹貢椎指》、《洪範正論》、《易圖明辨》、《周易揆方》、《三易雜占法》及其他數百卷，而《椎指》一書尤其生平精力之所注。余既為序而刻之。

◎杭世駿《道古堂文集》卷四十《胡東樵先生墓誌銘》：《錐指》既成，他經以漸次及，謂《詩》《書》《禮》《春秋》皆不可以無圖，唯《易》則無所用圖，六十四卦、二體六爻之畫即其圖矣，其卦之次序方位則乾坤三索出震齊巽二章盡之矣。圖可也，安得有先天後天之別？河圖之象，自古無傳，從何擬議？洛書之文，見于《洪範》，五行九宮，初不為易而設，作《易圖明辨》。

◎翁方綱《復初齋文集》卷十三《金愚嚴〔註16〕小傳》：又修復錦江書院，增膏火，以朱子白鹿洞規條及桑弢甫大梁講院課規為士人式。蓋桑徵君調元，公所師事，嘗與盧弓甫語，同為勞餘山再傳弟子者是也。弓甫、小山二君皆與公最相善，二君皆時來予齋稱公篤志諸經，議論有根柢，惜予未能盡記憶也。其最有益者謂易八卦方位明著於《說卦傳》，不可移易；宋儒未達乾西北、坤西南之旨，乃以《先天圖》為伏羲所定方位。易注之最古者無若李鼎祚《集解》所列三十餘家皆未言及此。漢、隋、唐志亦無易圖之目，朱子謂其出自陳希夷，宋史藝文志希夷惟傳龍圖一篇。此所謂先天方位圖者，即以之屬希夷，

〔註16〕金克城，字孚中，一字恒甫。先世由江寧遷居京師。

尚無確据；而況可躐加於文王、孔子之上乎？公此論大意與胡東樵《易圖明辨》相埒。學者所宜各書一通於《周易》卷前者。近見嘉定錢辛楣行狀內亦有此論，蓋辛楣與弓甫、小山皆邇日經師之足傳信者，而愚巖公一生殫力民事，其貫穿經訓又如此。今日知公者惟小疋在也。公之第三子紹綸屬為公作傳踰歲矣，恨予筆弱不足以張之，當寄語小疋共為詳立家傳爾。

◎何焯彥《易經遵孔八哲類稿》卷十二《集晢》：胡氏渭《易圖明辨》，其一卷辨河圖洛書，二辨五行九宮，三辨《參同契》、先天圖、太極圖，四辨《龍圖》《易數鉤隱圖》，五辨《啟蒙》圖書，六、七辨先天古易，八辨後天之學，九辨卦變，卷十辨象數流弊，並引據經典，元元本本，於易學晦盲之後，亦深為有功。

◎四庫提要：是書專為辨定圖書而作。初，陳摶推闡易理衍為諸圖，其圖本准易而生，故以卦、爻反覆研求，無不符合。傳者務神其說，遂歸其圖於伏羲，謂易反由圖而作，又因《繫辭》河圖洛書之文，取大衍算數作五十五點之圖以當河圖，取《乾鑿度》太乙行九宮法造四十五點之圖以當洛書，其陰陽奇偶亦一一與易相應。傳者益神其說，又真以為龍馬神龜之所負，謂伏羲由此而有先天之圖。實則唐以前書絕無一字之符驗，而突出於北宋之初。夫測中星而造儀器以驗中星無不合，然不可謂中星生於儀器也；候交食而作算經，以驗交食無不合，然不可謂交食生於算經也。由邵子以及朱子，亦但取其數之巧合而未暇究其太古以來從誰授受，故《易學啟蒙》及《易本義》前九圖皆沿其說，同時袁樞、薛季宣皆有異論。然考《宋史‧儒林傳》，《易學啟蒙》朱子本屬蔡元定創槀，非所自撰。《晦庵大全集》中載《答劉君房書》曰：「《啟蒙》本欲學者且就《大傳》所言卦畫蓍數推尋，不須過為浮說。而自今觀之，如河圖洛書亦不免倘有剩語」。至於《本義》卷首九圖，王懋竑《白田雜著》以文集、《語類》鉤稽參考，多相矛盾，信其為門人所依附，其說尤明。則朱子當日亦未嘗堅主其說也。元陳應潤作《爻變義蘊》，始指先天諸圖為道家假借易理以為修煉之術。吳澄、歸有光諸人亦相繼排擊，各有論述。國朝毛奇齡作《圖書原舛編》、黃宗羲作《易學象數論》、黃宗炎作《圖書辨惑》，爭之尤力。然皆各據所見抵其罅隙，尚未能窮溯本末，一一抉所自來。謂此書卷一辨河圖洛書，卷二辨五行九宮，卷三辨《周易參同》、先天、太極，卷四辨《龍圖》《易數鉤隱圖》，卷五辨《啟蒙》圖書，卷六、卷七辨先天古易，卷八辨後天之學，卷九辨卦變，卷十辨象數流弊，皆引據舊文互相參

證，以鉗依託者之口，使學者知圖書之說，雖言之有故執之成理，乃修煉、術數二家旁分易學之支流，而非作易之根柢，視所作《禹貢錐指》尤為有功於經學矣。

◎譚宗浚《荔村草堂詩鈔》卷三《齋中讀書二十三首》：羲經繫辭編，八卦詳位置。厥有先天圖，部分稍同異。儻云邵氏書，亦復誰責備？惟其託古人，所以滋眾議。設疑始震川，掊擊逮胡渭。爬梳無完膚，詆毀極苛碎。從知講學家，流派常有自。立說不妨斷，勿輕參妄偽。豈有雕蟲工，而能刻鵠類？豐坊、楊慎徒，毋乃精神費。

◎胡渭（1633～1714），初名渭生，字朏明，號東樵。浙江德清人。曾與閻若璩等助徐乾學修《大清一統志》。又著有《禹貢錐指》、《洪範正論》、《大學翼真》等。

胡文璧　易解　佚

◎道光《徽州府志》卷十一之三《人物志・儒林》：尤精研易理，著有《易解》《慈訓堂集》諸書。

◎胡文璧，字東文，學者私諡貞素先生。安徽婺源（今屬江西）清華人。

胡文翰　易圖集釋　三卷　佚

◎光緒《江西通志》卷九十九《藝文略》一《國朝》：《周易正韻》、《易圖集釋》三卷，胡文翰撰（《鄱陽縣志》）。

◎胡文翰，字初白。江西鄱陽人。

胡文翰　周易正韻　佚

◎光緒《江西通志》卷九十九《藝文略》一《國朝》：《周易正韻》、《易圖集釋》三卷，胡文翰撰（《鄱陽縣志》）。

胡習悅　易經格言　八卷　佚

◎胡習悅或著錄作胡習說。

◎同治《贛州府志》卷六十三《藝文志》：胡習悅（會昌人，有傳），《易經格言》八卷、《蜑鳴草》。

◎光緒《江西通志》卷九十九《藝文略》一《國朝》：《易經格言》八卷，胡習說撰（《贛州府志》。字肖巖。會昌人）。

◎張尚瑗《瀲水志林》卷之六《文學》：著有《易經格言》八卷、《蛩鳴草》、《詩文集》。

◎胡習悅，字肖巖。江西會昌人。授訓導，不赴。以著述自娛，日手一編，不窺戶外。

胡先鉅 易學提綱 一卷 存

上海、浙江、中科院藏咸豐元年（1851）時還居刻本

上海藏鈔本（清趙樹棠校對）

◎胡先鉅或著錄作胡先矩。

◎李學勤、呂文郁主編《四庫大辭典》：此書專為學子參加科舉考試之用。書中先列河圖洛書及先後天圖、先天河洛配八卦，後天河洛配八卦各圖說。對虞氏納甲、鄭氏爻辰、宋子卦變、九家逸象、虞氏逸象等全部收入，對彖辭、彖傳、大象、小象、爻名九六等概念進行了詮釋，並錄程子上下經篇義，來氏易之上下經篇義。對所引易說之是非臧否不作任何評論。書後附列科舉考試中的易經題八股文十篇、四書題八股文各一篇，以為參考之用。此書刊行後，士子多以此為學易之範本。

◎胡先鉅，字懷仁。安徽涇縣人。

胡先容 讀易願學編 佚

◎同治《續修永定縣志》卷七《名宦》：祖杏溪、父程門皆嗜易。容承家學，購易百餘種。曰：「讀一爻歷廿餘年無間。」著有《讀易願學編》暨《楚黔苗防》諸書行世。

◎胡先容，字若谷。湖南永定縣人。咸豐六年（1856）貢生。試用訓導，歷署長沙、武陵縣教諭。

胡先容 周易本意 四卷 存

湖南藏光緒十一年（1885）刻本

胡祥麟 虞氏易消息圖說 一卷 存

山東藏同治十二年（1873）潘祖蔭京師刻滂喜齋叢書本

山東藏光緒十四年（1888）南菁書院刻皇清經解續編本

山東藏 1936 年商務印書館叢書集成初編據滂喜齋叢書本排印本（與惠棟

易例、胡秉虔卦本圖考合訂）

　　山東藏臺北成文出版社 1976 年無求備齋易經集成影印同治十二年（1873）刻滂喜齋叢書本

　　山東藏臺灣新文豐出版公司 1983 年大易類聚初集影印光緒十四年（1888）刻皇清經解續編本影印

　　中華書局 2007 年鄭萬耕據續經解本參校點校本

　　◎同治十二年（1873）潘祖蔭刻滂喜齋叢書本題《虞氏易消息圖說初稿》。

　　◎摘錄所附《與沈紱齋論虞氏消息書》：前日既聞塵教，蓬心為之豁然。燈下發篋，重將虞誼細讀，似有所得，敢質之左右。足下疑萃、大畜、蹇、睽四卦，則與乾入坤異。麟以為此正乾入坤之消息也。六爻定位，坤初在二，故虞取臨陽。臨之為卦，兌二得朋，二，偶數也，臨二為成卦之爻，其位坤初也。臨從復息，而遯麗復初，其實遯之初，陰位亦在二，坤元麗乾元，而即以乾為元，豈非二耶？其必之復初成臨上息者，正以二陽得偶數，二陰得偶象，偶與偶同氣相求，故陰得凝之而生，而豫、小畜一陰一陽者，則又以坤無元，以乾為元，故必之坤初成復上息，亦乾三息六卦例也。陰陽以定位言，只有三爻，京氏曰游魂在四，歸魂在三。夫過乎三則游魂返乎三，則歸魂非三爻而何？故大壯四、夬五、乾上，其爻辭皆無全美：在四曰貞吉，言動有悔也；在五曰中行悔亡，言過中有悔也；至上九則直曰有悔，豈非以三？則乾盈過此以往，而陰得凝之乎？虞亦謂乾以游魂索坤者，疑即此誼。復、遯之消息，在乾坤之往來，坤往則乾坤來，觀陰在四、剝陰在五、坤陰在上，坤往也，而復自此生，故三消卦皆謂之陽盈。若大壯、夬、乾，自四而五而上，乾往也，而遯自此生，故三息卦亦謂之陰虛。泰、否反類，為消息之大樞紐。否泰之間，其卦之例大約有五：爻之有正例、有變例，有非消息所生者，而又有旁通不取爻之者，並有消息不取旁通者。虞例爻之與揲蓍求卦之卦變異，二陰二陽之卦所生者必二陰二陽，三陰三陽亦然。至於豐、旅二卦，謂非泰、否所生，似亦可疑，然以意推之，則太極之初陰陽並進，只有六位，而泰、否所生者乃各有八，非周流六虛誼也。蒼牙畫六十四卦，因定六十四卦之名，有六十四卦名即有六十四卦名之誼，緣誼以起例，不可為典要，惟變所適，無達占亦無達例也。虞氏之學久為孤經，幸張先生尋其墜緒，毅然創此圖，功亦偉矣。而規模初定，惜未竟厥功。麟生不自量，竊有志於此，每苦拘文牽誼而

不能騁，得足下同心為我提偕，故敢布其區區，未知有當於萬一否？幸匡其
謬，誨其不及，幸甚。

◎錢泰吉《甘泉鄉人稿》卷八《曝書雜記》中「胡仁圃《讀周易虞氏義》」
條：少聞陸朗夫中丞緒論，喜觀《切問齋文鈔》。講求實學，尤好為深湛之思。
得張皋文《周易虞氏義》及《虞氏消息》，讀之思索累月，幾廢寢食，衍其說
為數萬言以示余，惜未及鈔錄。仁圃故善病，至是病益甚，竟不起，道光三年
某月日也。仁圃自名其齋曰省過，於朋友之過亦必規，而規余尤切。仁圃沒
後，遺稿在其妻弟趙實軒明經華恩處。余於虞氏易茫然不得其解，不能證明
仁圃之書。

◎胡祥麟（？～1823），字仁圃。浙江秀水（今嘉興）人。嘉慶十八年（1813）
舉人。少遊吳江陸耀幕，講求實學。錢泰吉目為諍友。詩學楊鐵崖、李西厓。
又著有《省過齋詩鈔》。

胡翔瀛 易大象說 佚

◎同治《即墨縣志》卷九《人物》：生有異稟，研精《周易》，於濂洛之學
別有微契……所著有《柳溪碎語》《易大象說》等書存於家。

◎胡翔瀛（1639～1718），原名良桐，又名胡桐，後更名翔瀛，字嶧陽，
號雲嶼（處士／布衣），別號二崂山人、不其二崂山人，齋號竹廬。山東即
墨人。康熙貢生。又著有《指蒙圖說》、《柳溪碎語》、《竹廬家聒》、《寒夜
集》等。

胡翔瀛 易經徵實解 一卷 存

國圖藏刻本

山東、青島、首都圖書館、廣東省立中山圖書館藏 1916 年即墨胡鵬昌鉛
印胡嶧陽先生遺書本

續四庫影印 1916 年胡嶧陽先生遺書本（無張壁田序）

◎卷首題：即墨胡翔瀛嶧陽氏著，裔孫鵬昌恭校。

◎乾隆《即墨縣志》：研精《周易》，于濂洛之學別有微契。

◎續四庫提要：此書原稿存胡氏家歷二百六十餘年，未經鋟版，故世人
知者絕少。至民國六年其裔孫鵬昌字海雲者，始以活字印行。沈茝抑鬱，久
而後彰，亦云幸矣。其書取全易卦爻辭之為吉、為凶、為悔、為吝者，徵以事
實，溯其成敗，部列而條比之，故曰《徵實解》。按《易經》原文中，如「帝

乙歸妹，以祉元吉」、「康侯用錫馬蕃庶，晝日三接」、「箕子之明夷，利貞」、「高宗伐鬼方，三年克之」之屬，原與史事相涉。傳文中如「又王以之」、「箕子以之」、「顏氏之子，其庶幾乎」諸僚，已開引史證經之先河。漢晉古注，今可攷見者，如鄭玄、干寶之徒，亦時以史事比附經文。論者謂至宋李光、楊萬里參證史事，易遂日放其論端。實則放論端者非自李、楊，特李、楊為甚耳。然李、楊之引史證經，亦未卦卦爻爻悉如是也。至翔瀛此書，則六十四卦三百八十四爻幾無一不引史事以實之，則又本李、楊之術而加厲者也。夫《易》之為書，天道人事，古往今來，一切萬事萬物之理，無所不賅無所不包，故能成其大。若徒以史事證之，則易辭與史例無異，而易小矣。汎乎翔瀛之比附，盍有不切者，如釋坤上六「龍戰于野，其血玄黃」引王莽殺何武／鮑宣、王甫殺李膺／范滂，釋小畜上九「既雨既處，尚德載，婦貞厲」引秦檜懷奸，釋泰九二「包荒，用馮河，不遐遺，朋亡，得尚于中行」引辛壬癸甲而弗子呱呱，釋蠱之「先甲後甲」為先甲如武之反商由舊／後甲如成之制治保邦，釋賁六二「賁其須」引黃霸受經於夏侯勝、茅容從學於郭林宗，釋大畜上九「何天之衢」引傅說舉版築、膠鬲舉魚鹽，釋坎六四「樽酒簋，貳用缶，納約自牖」引觸左師及田千秋事，釋睽六五「悔亡，厥宗噬膚，往何咎」引先主三顧草廬，釋鼎九三「鼎耳革，其行塞」引馬援、王猛事，釋歸妹九四「歸妹愆期」引費貽、尹和靖事。凡此諸條，經文之義與所引史事均渺不相涉，而胡氏必欲強合之，故終不免於傅會矣。

胡翔瀛 易象授蒙 一卷 存

臺灣東吳大學藏乾隆六十年（1795）鈔本（有康熙四十四年自序）

國圖藏刻本

青島、首都圖書館藏即墨胡鵬昌 1916 年鉛印胡嶧陽先生遺書本

續四庫影印 1916 年胡嶧陽先生遺書本

◎自序略謂：《周易》六十四象，皆切於日用之實，修己治人之道備。以此洗心，以此窮理，殆約而可操矣。

◎同治《即墨縣志》卷十《藝文》：胡翔瀛《易象授蒙》一卷、《柳溪碎語》一卷。

胡煦 卜法詳考 八卷 存

美國哈佛大學哈佛燕京藏雍正六年（1728）葆璞堂刻本

乾隆嘉慶間胡季堂刻本（四卷）

文淵閣四庫全書本

道光周蔭甫傳鈔河南胡氏葆璞堂刻本（四卷）

山東藏 1983 年臺北商務印書館景印文淵閣四庫全書影印國立故宮博物院藏本

華齡出版社 2007 年謝路軍主編四庫全書術數二集本

中華書局 2008 年程林點校周易函書附卜法詳考等四種本〔註17〕

◎目錄：卷一選龜，取龜攻龜，衅龜，開龜四兆，燋契，定墨，食墨，三兆，五兆，八命，八頌，祝辭。卷二龜策傳。卷三全氏三圖，方位兆頌象圖，生龜，開龜，視高，定墨，燋契，灼氣，觀兆，體色靈兆，龜卜繇。卷四吳中卜法，玉靈祕本，甲乙金兆章，形像字樣。卷五丙丁、腰金、兜財，丙丁火兆章、變形總斷。卷六三正卦，龜板金形，腰金甲乙形，腰金丙丁形，兜財形，兜財丙丁，分類總斷。卷七龜卜，總斷，分斷甲乙金兆，甲乙丙丁兜財火兆。卷八五行占，分類總占，釋象。

◎胡煦（1653～1736），字滄曉，號紫弦，諡文良。河南光山縣南向店老虎山人。康熙二十三年（1684）舉人，五十一年（1712）進士。擢南書房檢討官，五十五年（1716）擢鴻臚寺卿。雍正元年（1723）授內閣學士，五年（1727）授兵部侍郎，調至戶部充任殿試讀卷官、教習庶吉士，六年（1728）協理左副都御史攝刑部右侍郎。八年（1730）任《明史》總裁之一，入直尚書房，為兵部侍郎知貢舉。九年（1731）轉禮部右侍郎，同年六月解職歸里。乾隆元年（1736）復原職。又著有《勾股算術》二卷、《農田要務》十卷、《澹寧居三接始末》、《葆璞堂文集》四卷、《葆璞堂詩集》四卷、《韻玉函中》五卷。

胡煦　卜筮彙義　不分卷　存

中央黨校藏稿本

胡煦　卜筮精蘊　一卷　存

北大藏稿本

〔註17〕《卜法詳考》點校，以乾隆三十七年葆璞堂刻本為底本，以四庫全書本為參校本。

胡煦　澹寧三接始末　一卷　存

乾隆二十五年（1760）刻本

山東藏道光二十八年（1848）周蔭甫鈔本

胡煦　乾清宮召對始末　一卷　存

山東藏道光二十八年（1848）周蔭甫鈔本

胡煦　續約注　佚

◎《光州志・藝文》著錄。

胡煦　循環太極圖　一卷　存

乾隆二十五年（1760）刻本

山東藏道光二十八年（1848）周蔭甫鈔本

◎附《崇祀鄉賢錄》一卷。

胡煦　易解辨異　三卷　存

四庫本

國圖藏乾隆五十一年（1786）起嘉慶胡季堂刻本

山東藏道光周蔭甫傳鈔河南胡氏葆璞堂刻本

中華書局 2008 年程林點校本

◎原題《孔朱辨異》。見李元度《胡文良公事略》。

胡煦　御前講易　存

首都圖書館藏清鈔本（佚名圈點）

胡煦　周易函書　三十八卷　首十二卷　別集三卷　存

美國哈佛燕京藏雍正初刻本

乾隆三十七年（1772）四庫本

南京藏乾隆六十年（1795）胡氏葆璞堂修補本（存十六卷）

中華書局 2008 年程林點校本

◎周易函書序：方今詩書大備，聖道昭明，漢唐宋明諸儒蔚起，宜無復有遺文賸義俟諸後學者考稽詮釋矣，然日新而不已者文之運，日出而不窮者道之理，一狐之腋不以成裘，南山竹箭加之以鏃，入且更深也。安見郅莫工

瞀，千慮之一得，不足供採擇、益高深乎？譬彼古鑑雖復沾塵，揩磨之以濆
錫之礬，譬彼干將雖復埋獄，淬礪之以華陰之土，彼其質於古無加，而光彩
銳利，煥乎維新矣。古聖人遺六經教後世，固欲學者繼起有以抉其蘊、發其
光，使無至如古鑑、干將塵埋韜晦已耳。然六經皆載道之書，而《周易》實具
天人性命之理。《周易》止卦爻之設而圖象實括始終本末之全，會圖徵象，而
至理斯存，未有棄圖置象而孤標至理者也。夫圖象猶形也，理猶影也，影即
形而存，無形而影於何起？圖象猶日月也，理猶光明也，光明即日月而具，
无日月而光明何生？乃自王弼掃象，一歸諸理，宋儒因之，象失其傳，由來
久矣。未矣鮮生諸儒之後，獨能上追虞荀，廣搜博覽，益其未備，訂其舛訛，
務使理由象出，亦可謂好學深思，不為理障者矣。第於本源有所未探，則顧
小而遺大、拘末而棄本者，猶不免焉。煦復從而斟之酌之、損之益之，其有未
備、未當者，又復合諸卦象、揆諸《小象》，證以先天諸圖及繫說、雜序諸傳，
總折衷經文以求至當，斷不敢徇傳而棄經、溺理而遺象。故於其中謬誤滲漏
者又復得十之二三，以此徵象，庶云備乎？獨思來氏錯綜之說，本欲矯卦變
之非，而不知其愈離而愈遠也。今執所綜之兩卦，以一覆而為往來，是未知
往來之的旨也。夫來則必出於內而往則必行於外者也，故卦稱內為來而外為
往，謂內為來是原其所生之有自，謂外為往是究其發舒之有漸也。如謂上之
覆也，即為初二之往也，即為五，不唯垂盡之末，不可稱為方生之初；即二覆
為五，越三四而超然以往，亦未知卦氣之升逐交漸進之旨矣。即謂陰陽互根
皆由窮極而返，亦是陽極生陰、陰極生陽，安有陽之盡也復生陽、陰之盡也
復生陰乎？夫剝之與復理應相綜，來氏於此何不云剝之上九為復初九之往、
復之初九為剝上九之來乎？明知其中尚隔純坤一卦故也。若由復而剝，彼其
所隔尚有十卦，安在其一覆而即至乎？夫彼所謂錯，即古所謂伏也；彼所謂
綜，即古所謂覆也。伏有伏象，覆有覆象，緣有是象，乃為是辭，故欲達辭必
先明象。易中之象錯互皆有之，伊綜獨無，安有是理？第以綜論象可也，以
綜論往來則不可也。夫來往之理莫備於先天四圖，故煦更訂為《循環太極圖》，
又復變化卦象等七圖以發明先天之義，非臆之也，亦即先天四圖探玩既久而
有以得其旨趣，知夫太極一圖即先天圓圖之變化，而先天圓圖又即河圖之變
化。凡夫《周易》象傳中上下始終內外往來之妙用，靡不於此凝聚而會歸焉。
今觀此圖乾南坤北，天地之所以定位也，而乾坤之首易者擬之；離東坎西，
天地往來之交也，而水火之始終於易者擬之；三男附坤而成形、三女附乾而

成象，天氣所由下交、地氣所由上躋也，而泰否復姤之交不交者擬之。附坤者，首一陽之震上行而為二陽之離兌，又上行而為三陽之乾，而陽始極。附乾者，首一陰之巽下行而為二陰之坎艮，又下行而為三陰之坤，而陰始極，而復臨泰姤遘否之由微而盛、由盛而衰者擬之。其陰陽之生也皆由於內，殆夫盛而極也，始往於外而就消，而先三爻之來於下而稱內卦、後三爻之往於上而稱外卦者，擬之東南為陽，而離之中虛者居焉，則陽中有陰也；西北為陰，而坎之中實者居焉，則陰中有陽也。艮震之陽夾坤而居，則大明終始、得朋喪朋之義也。巽兌之陰夾乾而居，則先甲後甲、終則有始之義也。卦有內外，則先三後三所由分；卦歷六爻，則七日來復所自起也。其在乾而言坤、在坤而言乾，所以有卦之伏。其二之辭同於五、三之辭同於四，所以有卦之覆，其非水而言水、非火而言火，所以有卦之互也。推之而為卦象，則由初至上、由上返初，莫非此圓轉不息之機，而往來之說定矣。衍之而為歲令，則陰極而陽、陽極而陰，莫非此上下流通之故，而升降之機寓矣。循之而為月窟，而出震之三侯見於昏，出巽之三侯見於晨，莫非此陰陽更迭之理，而坎離之用行矣。返之而為天根，而先庚之先奚自來，後庚之後何所往，莫非此由中之妙、无極之理，而大化之肆應不窮者出矣。凡皆先天一圖之妙也，第以陰陽二氣環而抱之則為太極圖，以八卦之象分而布之則為先天圖耳。其實太極圖止是先天圖規而圓之、聯而屬之而成者，先天圖止是太極圖三分內外、截為八股而成者，而循環太極與先天八卦又止是河圖中奇偶之數聯屬而成者。是三圖之設非有殊者也。夫邵子所得先天四圖，其橫圖、圓圖總以明小圖一圖之妙耳，特鮮有沉潛玩索識其指歸者。宜乎來氏止認為對待不移，而未知其為流行不息者也。煕自髫齡篤嗜《周易》，研精四十餘年。近緣安學清閒，氈寒況冷，益得肆志於茲。訂訛辨誤，別異剖紛，寧謂潔淨精微之蘊遂盡是乎？然而醫翁蒠叟，率爾縱談，皆能洞達閫奧，固不必專一經以名家、首羲經而世業者，為能發四聖之心於微言不絕後也。夫子雲之《太元》，劉歆訾其覆瓿，而桓譚、侯苞謂其必傳。堯夫先天之學見疾於秦玠、鄭夬，而司馬君實且以兄事之於洛也。六宇之廣，容有起而質證是非，指瑕摘謬，號稱同嗜者乎？至其詮釋，或於傳義不必盡合，亦祈據經引傳、无悖經旨。所擬諸圖另載，不敢遽附入《約註》卷內，總求其於經義有所發明而已。觀於主司命題，百人百致，安必文字之悉相倣乃矩度而繩糾之，而所以主是文字者固无勿同也？觀於生人之面，萬形萬貌，安必耳目之悉相肖乃約求而精察之，而所以運是

形貌者固无弗類也？四聖之易，或以象告，或以辭顯，豈有殊致哉？亦要諸理之一耳，規規焉文字形貌之合无當也。旹康熙四十九年八月，光山胡煦滄曉氏自序。

◎焦循《易廣記》卷三：

胡滄曉侍郎煦《周易函書》云：六經孔子所定，舍六經而求道，舍孔子而釋經，則已無經。況《周易》者孔子假年學之，韋編猶尚三絕，此豈粗浮剽竊略觀大意所能懸揣而臆解者乎？

胡侍郎《函書》原文約以爻有四通為見伏動變，如乾初變為姤、坤初變為復，則乾之初坤之初復之初姤之初四爻相通；需初變為井、晉初變為噬嗑，則需之初晉之初井之初噬嗑之初四卦相通，其二三四五上之相通放此，是亦以旁通說易。

胡侍郎酷信圖書先天方圓等圖，以為伏羲本義如此，謂六十四卦伏羲但有圖而無名，其圖分六層，間以黑白兩色而相連不斷。至文王始斷開為六十四卦，各命以名。引《繫辭》彰往察來、微顯闡幽為指伏羲之圖開，而當名以下為文王既開而後當名，則未開以前有畫無名，其說開字為斷開，甚新。然說蠱之先甲後甲見於《彖辭》，巽至九五始言先庚，後以九五一變即為蠱也。《周易》之畫原無一字泛設，亦無一爻不可旁通，今解巽之九五似不知有蠱、解蠱之六五似不知有巽，豈二卦之義原不相通，聖人姑繫之以辭乎？夫孔子《彖傳》皆所以解文王《爻辭》者也，《彖傳》云「終則有始，天行也」，此便是解卦辭中先甲二句。今於蠱卦解為辛丁，於巽卦解為丁癸，比於終始之說天行之義，與經文左矣。此說先得我心，洵為學易者一洗唐宋以來之陋矣。

◎彭啟豐《葆璞堂詩集序》：吾師胡滄曉先生，精研《周易》，學者莫能尋其際。

◎畢沅《葆璞堂詩集序》：予少侍先大夫即聞光山有胡少宗伯滄曉先生，研精易理，弁冕經師，雖不能至，心嚮往之。比遊燕，而先生下世已久，訪其遺書，猝不可得，深為悵然。丁亥冬，予奉命監郡隴西，以綜理新疆局務留寓省垣，越一載而先生哲嗣雲坡五兄亦以陳臬來甘肅，且同理局事。暇時因出先生所著《周易函書》見眎，薈萃甚博折衷甚精，言理不失之晦，言數不失之鑿。予尋繹觀玩，服先生之學之奧且深，而予二十年之私願始得大償也。

◎胡煦《葆璞堂詩集》卷二《葆璞堂擬古》（之一）：聖學在疇昔，抉理盡深錮。六經竟實用，藝事悉該措。豈有文字科，衡材較名數。制藝一以崇，帖括相馳騖。兀兀事空文，白首死章句。所學非所宜，徒為古人誤。

◎顧宗泰《葆璞堂詩集跋》：光山胡少宗伯滄曉先生精探《周易》，其學浩博無涯涘。夫易俯仰天地，遠取近取，卦象之中即通比興之義。先生於學易之暇，時時發為詩歌，涵暢道德，吟詠性情，息於理者深，故得於心者妙。

◎乾隆三十六年十二月彭啟豐《葆璞堂文集序》：先生當聖祖仁皇帝時官翰林，數召見，嘗畫圖講易，聖祖善之曰：「苦心讀書人也。」雍正初晉位卿貳，直上書房，以經術輔導，在職有所論奏，不為靈美避就之言，大要主於達民隱、廣帝德、敦厲風俗、慎刑讞、救水旱，勤勤懇懇，若惟恐不得施於事者，誠仁人之用心也。夫易之為道深遠矣，而乾之四德其統也。元又為四德之統，故曰元者善之長也。君子之學易也，曰體仁足以長人。一言長人而合禮和義幹事皆舉之矣。觀於先生之文，曰竊窺先生之脩於隱達於事者，一本諸仁，故能總攬國家萬年長治之規，揭其體要；而求仁之功，一本之於易於。於以上感特達之知，又可想見昭代主臣一德興道勸學之美，其所謂天地交而萬物通、上下交而其志同者歟？先生論易，有《函書》九十九卷，博繪象數，辨析異同，一本其所自得。而斯集則服躬經世之言為多，要皆原本於道，平正通達，可以見之行事。其《與張孝先冉永光論易書》闡圖書之蘊，昭晰無疑，後之學者尤宜究心焉。循是得窺先生學易之門戶以推先生立言之本，然後知經術之被於民生日用，至廣以切，而徒穿穴訓詁者亦未必能發抒聖學、宣究朝廷仁恩、勤施下土如先生之明且昌也。啟豐昔以廷對受知先生，繼入翰林，而先生奉詔為教習師，曰得請業門牆，被服緒論。

◎胡煦《葆璞堂文集》卷三《與冉永光先生書》：六經為聖人傳道之書，而《周易》則聖道之大本所繫。不識從前但以為卜筮之書何也？執卜筮一見以解《周易》為當也？否耶？夫洛書與河圖，孔子謂為作易之具，而先儒以為作範之具。先天四圖既則圖書，而先儒無一相通之語。河圖既為先天，而先儒硬欲拆而為卦。易冒天下之道，而《太元》《洞極》《潛虛》《洪範》竟似易外別有一道。元亨利貞本乾之四德，而先儒說作兩件，且硬欲說成人事。用九用六本皆言理，而先儒以為說占。大明首出二節本言乾德，而先儒以為聖人。《周易》之卦悉屬先天，而先儒具執為有形有體之物。孔子彖詞來往內外，字面本皆說圖，本是一箇道理，而先儒釋為數種。坤之卦詞《文言》中得

主連讀，而先儒以後得為句、主利為句。周公爻詞悉本文王之卦，而先儒皆另為一說，不顧卦德。如此之類，自始至終，悉成訛誤。捻由以韋編三絕之書，直欲為朝樹暮陰之計耳。某於壬辰、甲午、乙未、丁酉七經召對，今聖人深契道妙，知煦不徒執儒者之說，而兢兢奉經文以為之主也，是以屢蒙俞旨，且有苦心讀書之目，煦於《周易》，四十餘年成書三千餘葉，名曰《函書》，約字一百八九十萬。第以力微，不能刊刻。今約首之五十卷為三卷以礫括大意，刻成當另期請教。

◎胡煦《葆璞堂文集》卷三《與冉永光先生書》：滑州館中別後今已十有餘年，比歲以來，有疑莫質，雖研窮書卷，道理信得幾分，而切磋琢磨，終鮮師友之力，居常耿耿。煦竊以為《周易》者聖人傳道之書也，自圖書及於卦爻皆是一箇道理，所謂一以貫之者也。河圖先天、洛書後天，故河圖合而洛書分，分者必不可合，合者必不可分。故伏羲則以畫圖，亦內合而外分，內則河圖而外則洛書也。因外分之象，便是則書，故有先天而無後天。文王未嘗畫卦，《周易》所有之卦，開大圓圖而有之者也。故孔子彖詞遂有內外往來上下進退之說，蓋言圖也。煦謂《周易》全部皆屬先天，此之故也。周公之爻，拆卦而釋之者也。既拆卦而有爻，則其釋爻宜本卦德。乃先儒釋爻僅有另說一義，不復迴顧卦德者矣。卦開於圖，則釋卦者宜本於圖，乃先儒釋卦，竟將往來字面認作卦變，而不知有圖矣。圖因於河洛，則必圖書中便具有畫卦之理，則必先天四圖便具有圖畫之妙，乃先儒釋圖絕不言則之之故，於是乎取河圖之必不可分，稱為未發之中者，而亦強拆而補之矣。於是乎先天四圖不能解圓轉不息、相依互根之理矣，不能明內外分合、初末往來之義矣。遂使圖書至卦爻一脈相通者處處打斷，得為知《周易》者乎？煦於《周易》四十餘年，成《函書》九十九卷，皆自心之獨得，特限於資力，不能剖厥就正高明，徒藏篋笥耳。向欲請教，因往來無人不便攜帶，近將《函書約》三卷付之梓人，刻成之後另寄請教。壽詩前後約三十首，并拙詩二章，乞先生正之。

◎胡煦《葆璞堂文集》卷三《與張儀封先生書》：弟耳先生名久矣，功業炳耀不足為先生重，聲譽赫奕不足為先生多，獨此肩荷聖道、搜剔逸書、表章賢聖，不啻續欲滅之燈，揭日月而麗諸天；澆欲斷之流，傾江海以沃其源也。此豈一手一足之烈耶！第念聖人之道盡在《周易》，從而學之蓋四十年矣，然自孔子迄今二千年間，而易道終晦者蓋亦有故。一晦於制義者徼倖功名，獨奉一家之言以為蓍龜。又晦於註易者獨持己見，而不能窺立言之本意原極

廣大，高也而卑視之，則止以為卜筮之書，深也而淺視之，則止以為趨避之事。又其本原之地不明，竟將本原《周易》看作極零星極瑣碎的物事，不知《周易》六十四卦均屬先天，則此後無有一卦一爻能得其解者也；不知《周易》六十四卦悉出於元亨利貞，則此後無有一卦一爻能知其來歷者也；不知彖詞獨贅乾元，則不知《周易》貴陽之義；不知爻詞特標初字，則不知原本太極之機；不知天道人事止是卦象，則滯而不靈；不知乾坤兩卦為大父母，則零星無統；不知先天出於河圖，則不知十數必全之故；不知文王之卦出於先天，則不知八字立爻之旨。須知《周易》中有六要，皆於易大有關係。若能箝攏將來，方是一箇活《周易》。合其一二猶可漸次相通，若六要俱違則無一字為真易矣。夫原泉之既濁矣而欲清其流，塵鑑之既昏矣而欲用其照也，烏可得哉？煦觀《周易》止是太極中事，原是個活的，無有一卦一爻不可以相通者也。或精或粗，隨人用之，無不靈妙。後人極力闡發尚懼不明，豈能如子雲《太元》，絕無領會，徒作奧詞，為易外之易，自飾固陋，欺天下誤後世，而漫無所可否哉？此後偽易頗多，皆《太元》為之倡始。茲之所述，雖不免有異前人，然異於儒而不敢違聖、異於傳而不敢背經，天壤之大，得一人焉為知已，聖道亦可以不孤。煦自壬辰迄於甲午，澹寧、乾清，五經詔對，荷蒙諭旨，有苦心讀書之目，而又得葑菲不棄如先生者，非煦之幸，敝書之幸、聖道之幸也。若以為無當而覆之瓿，任焉而已。外有與先生論《周易》書一篇，公餘詳細閱之，則不才註易之心或亦可以微見一班也。

◎胡煦《葆璞堂文集》卷三《與張儀封先生論周易書》：易道之晦也，皆制藝取功名之念誤之。不守一家言則以為背註而無由獲雋，故《義》《傳》而外不肯開拓一步。雖有真易至論合乎四聖之心，悉在所屏。是易之晦也，學易者晦之也。程子曰：「某於易只解得七分。」朱子晚年亦自悔《本義》之作，何嘗謂有此《義》《傳》而他書可盡廢乎？今試署而論之：易中最有關係無若往來二字，此二字不明則爻中初字之義必不得其解，初字不得其解則內外上下不得其解，內外上下不得其解則卦中之象辭爻辭無一字能得其解者矣。何也？《周易》團攏得來只是渾淪一個太極，其三百八十四爻則文王之六十四卦而周公拆之者也，其文王之六十四卦則伏羲之大圓圖而文王拆之者也，其伏羲大圓圖則先天八卦圖三加而成之者也，其先天八卦圖則伏羲擬議於圖書則而畫之者也。河圖者，卦畫未成，是太極之所寓而先天之呈露者也。以三百八十四爻回視河圖，終若絕不明類。然《繫傳》有云：「易有太極，是生兩

儀，兩儀生四象，四象生八卦，八卦定吉凶」，則固融會四聖之易，而上通於未有卦畫以前，下通於既有卦爻以後，一以貫之而莫之有違焉者矣。今試以周公之三百八十四爻攢攏而會聚之，自初至上連為一處，知未有外於六十四卦者也。故其擬爻而為之辭，亦必推本於各卦之性情而出，若使可以離卦而為之說，則初九之三十二爻止一潛龍可以盡之，而屯需畜復之初奚為而異其象也？夫周公擬爻而惟卦之從也，予故曰周公之文即文王之卦而拆之者也。今試以文王之六十四卦攢攏而會聚之，其初向內以觀其來，其末向外以觀其往，知未有外於伏羲天圓圖者也。故其擬卦之辭亦必推本於內外往來上下始終以為之據，如時謂大明終始、得朋喪朋、甲庚先後，皆其義也。若使文王可以自為《周易》而不必推準於先天諸圖，則伏羲之易久為文王之所棄，而先天諸圖當不至今日而久廢矣。因文王之卦，孔子之象莫不本之，以論往來內外上下始終，予故曰文王之卦即伏羲之大圓圖而拆之者也。今試以伏羲大圓圖揭去外之三畫止存內之三畫，又將內之三畫一加再加、各各拆之，觀其所虛之中而知太極寓焉矣，觀其初加之東陽西陰而知兩儀寓焉矣，觀其再加之南陽北陰而知四象存焉矣。又加而至於三爻而合，以觀其一陽二陽三陽、一陰二陰三陰相連之妙，則陰陽互根、初末微盛、上下內外凡《周易》卦辭、象辭、爻辭所有之妙，無義而不具於其中，予故曰大圓圖即先天八卦三加而成之者也。又試以先天八卦而比量於河圖，知未有天地以前，其渾合之機難可名狀，則合生成而渾為一處，使人知生之之理，雖其朕兆未形，而成之之理已即此在矣。伏羲深知其妙，因奇偶渾合回旋交互之機與五十居中之旨，而定為太極；又因奇偶之異畫陰陽而定為兩儀；又因上下左右已具四達之理而定為四象；又因五十居中四方止得八數而定為八卦；又觀盛陰盛陽之極於外者而定天地之位；又觀微陰微陽之生於中者而定根陰根陽之理，率皆本奇偶聯貫處熟玩而得之，故河圖有連法無拆法也。先儒不知河圖原是渾淪之物，因將伏羲觀象畫成之卦比合其數，強以拆之。夫河圖而既已拆矣，不且為後天乎？若是則洛之為後天者，亦盡可以不必出矣，姑無論圖之初出於河也，其時必未有卦象，乃顧以則圖所畫之卦附於其數而配之，則伏羲先天八卦竟可以不必立圖矣。是先天八卦之妙，反緣此一拆而俱晦矣，何怪乎後人之解先天者少也。是皆未知伏羲八卦即是河圖，而先天之妙悉在其中故也。何謂先天？其在於人，即未發之中是也。夫人當寂然不動之時固未發時也，既云未發，其於喜怒哀樂究何所有？設於未發時強以拆之曰何者為喜、何者為怒，

知必不能。夫未發之中不可拆，而獨以先天之河圖為可拆，猶得為知先天者乎？既未知河圖即為太極，原屬先天，本是無偏無倚、流行而不息的物事，則伏羲先天八卦安得不執為對待不移，而並沒其圓通之妙也？因不知先天八卦自具圓轉流通之妙，則文王拆之而作易、周公拆之而作爻，其中之圓轉流通如往來內外上下終始之說，抹索不著的，那得不執為卦變、卦綜，紛紛其說耶？夫學者之註易也，欲其適足以發明易卦、易爻之理耳，即令人人皆知此卦之變、此卦之綜、從某卦來矣，而究於本卦無所發揮，若是則即并卦變、卦綜而去之，而《周易》之理未嘗不自在也。自來註易者皆以五行納甲及《火珠林》之說，咸以其近於術也而畧之，顧又以《周易》為止是占卜之書，此皆非知《周易》者也。夫易之廣大如天地，然其中精粗美惡何所不有，豈以其為精也美也而存之、粗也惡也而胥去之？且如見豕負塗、載鬼一車、跛眇臀趾諸象，聖人之不擇言固如是乎？不知《周易》之理，精而求之則窮理盡性知命達天出乎其中，淺而求之則夫婦居室吉凶趨避之理亦出其中，初不得謂此精而彼惡也。即如納甲之說，亦是聖人知《周易》之不可易學，故即日月交光之旨以發明陰陽進退之象，此非精以審之，以觀其所生之位、所居之方，而得其進退盈虧、始終微盛之妙，豈易得其旨也。天地陰陽往復，最靈最妙無過於此，後世之術家用之而有驗，則遂流而為術耳。五行之說其初出於易之四象，其中靈妙實難盡述，自陰陽家資其生剋之說每有奇驗，後遂流而為術。又如《火珠林》所立世爻八純之卦，定於宗廟，必不可變，其後則以卦氣自下而升至五則轉為歸遊，此皆易卦以下為初、以末為上之旨，皆本於天地自然之氣化，而伏羲大圓圖所寓之妙旨。予會河圖及先天八卦相通之旨，又觀易象往來上下內外終始之妙，而作為《循環太極圖》，既與河圖先天八卦未有殊旨，而又下通於各卦各爻以達於生卦生爻之故，蓋知圓轉不息，絕無停機，一部《周易》，其中卦爻莫不如是。所以說《周易》是個活的。至其卦象歲令月窟天根皆此一圖之妙所該括者也。又玩先天之妙，更立縫卦皆先天八卦中流行不息之義也。又作為四通之十六陽卦所以發明交字生字之義，使人不迷於內外之說，而又以考一爻之旁通，有見有伏，有動有變，達於四卦，均無異旨，亦莫非流行不息之理也。聖人之道盡在易象，《春秋》易象，其大本也，所寓者天人合一之機；春秋其大用也，所寓者天人感格之理。不知易象，則學聖者無本領；不知《春秋》，則學聖者無作用。然則易學之晦明豈淺鮮事哉？煦之愚魯亦己甚矣，第以學易四十年，似亦微有所窺，故敢僭為之註。即其

所釋，亦皆考證於四聖之經，即經以解經，斷不敢執傳而棄經也。即如「先迷後得主」本為一句，考之彖辭「先迷失道，後順得常」，是以得主為常道也，聖人懼人不知得常即為得主，故於《文言》又曰「後得主而有常」，是以得主即為得常，則得主二字相連也明甚。乃顧曰主利為句，是徒在占卜上著眼，不惟小視聖人之經，是明與聖人之經文悖矣。又如坎之六四「樽酒簋貳用缶」本為三句，乃顧曰樽酒簋句、貳用缶句，因引《周禮》以為二字之證，然而孔子《小象》固曰：「樽酒簋貳，剛柔際也」，如使樽簋可自為句，豈有截下句一個貳字連上句之三字，遂硬成一句，聖人之經有如是之文法乎？又如「大明終始」節本言乾之亨由於元，「首出庶物」節言乾之利貞由於元，顧獨摘此兩節，以為指聖人，聖人之言如是之雜亂乎？又如坤卦「積善之家」節蓋言順也，順本坤德，故於坤卦言之，顧以為慎字之誤。予皆就經而正之，而斷不敢有違於四聖之旨。至後訛誤甚多，不能悉錄，皆詳辨於各卦各爻以下，亦欲使天地間尚存真易云耳。至以予為不合《傳》《義》為背時宜，予固非藉以為名也。若其博採先儒之書，不徒以為一家之說所浸沒，當必有以諒予之苦衷矣。此外有縫卦之說詳見《天根圖》，有八字之說詳見乾卦初九爻下。《周易》之中最有關係之十二卦，乾坤泰否坎離復姤損益夬剝，其所註釋皆與他例迥別。

◎胡季堂《葆璞堂文集跋》〔註18〕：先宗伯潛心經學，尤精於易。康熙壬辰年館選時蒙聖祖仁皇帝三接澹寧居講問《周易》，又於乾清宮畫圖呈覽，仰荷玉音有苦心讀書之目。後益編摩，自少至老，十數易稿，纂成《周易函書》分刊行世，海內窮經之士莫不仰而宗之。近復蒙我皇上特旨徵取，許以「究心理學」，是先宗伯之著述已足羽翼聖經、津梁後學，原不在詩文之有無、與文學士較富麗爭工拙也。夫詩以道性情，文以載道，在剽竊陳言徒矜藻采者，雖珠零錦粲，無裨實用，何貴焉？若根柢六經，彌中彪外，風雅所遺，得溫厚和平之旨、仁義之言，聞道德性命之原，是所關者甚鉅而為教甚遠也。先宗伯學易餘暇，間或形諸歌詠，發為文章，悉本經術之腴，而得之易理者尤多。通德類情，語語見道，獨標心得，不尚詞華，寔有不敢以輕心掉之、殆心易之者。惟是一生專精於易，無暇彙集。捐館時堂方童稚，未足仰承嚴命，而家世單傳，又無期功近親可以委托，殘編剩簡，幾至散軼。堂自服官後，留心搜輯，或從先世故交得見手澤，或於名賢文集獲有餘篇，隨時錄存，彙成

〔註18〕又見於胡季堂《培蔭軒文集》卷二，題《葆璞堂詩文集跋》。

草冊，特以校訂未遑，時為惴惴。往歲在甘肅，曾與秋帆畢修撰序次其詩，未竟，適調江蘇，公餘出草冊與顧孝廉星橋編次其目。時大司馬彭芝庭先生懸車里門，與先宗伯有師生之誼；嘉興宮傅錢香樹先生予告在籍，與先宗伯乃同館之交，因錄呈鑒定。兩先生俱樂為之序，星橋孝廉亦跋其後。噫！堂少失庭訓，未嘗學問，茲幸蒙恩陳臬三吳，得近兩先生之里居，就而請序，俾先宗伯遺集與《周易函書》並傳不朽，是則堂之厚幸也。因集成而述其顛末云。峕乾隆三十七年冬十二月男季堂謹識。

◎錢陳羣《香樹齋文集續鈔》卷五《誥授通議大夫晉贈資政大夫禮部左侍郎胡公神道碑》：先生生有異稟，知嗜學，多深沈之思。幼讀太極圖，見有陰陽糾鈕循環迴抱之勢，粉為一圖，與圖書卦章相為經緯表裏。年十八，志益奮，功益專，凡古人說易之書，靡不甄綜以求融合乎四聖之旨。遂以易學終其身。康熙甲子登賢書，授安陽教諭。戊子分校山左。迨壬辰始成進士。館選時，自陳能通《周易》，時大學士李文貞公易理精詳，廷臣未有出其右者。聖祖命與先生講易，無以難也。屢蒙召問，三接於澹寧居。甲午同楊公名時召見乾清宮，畫圖講易，問答數千言，有「苦心讀書人」之褒……先生立朝風節具見所存奏疏，皆有裨國計民生。其他著述，推闡易學，出其緒餘，皆卓然可傳。顧治易尤深博無涯涘。今所存《函書》多至百十卷，往往深造自得，不屑屑蹈先儒臼科。我朝經學昌明，宗工輩出，一洗前代纂修《大全》廢註疏不采、專攘宋元人成書之陋。御纂、欽定諸經，以次程式藝林，而國初說經之家，如孫退谷少宰鈔周藩灌甫遺籍成《五經翼》二十卷，納蘭容若侍衛取溫陵曾氏、隆山陳氏一十八家易義合訂成書八十卷，較之先生，其所詣淺深必有能辨之者。予後先生數年入詞館，辱先生有忘年之契；又五十餘年得見令子臬使季堂能讀父書，善承先志，將必益大其施，以仰副九重眷倚，用推原所以章顯先生之學者，皆足徵聖朝孝治之隆，俾其子孫世世仰之，而繫之詩曰：伊洛淵源，苞符奧祕。經師人師，道隆聖代。維嶽降神，闋父之裔。國重老成，鄉稱早慧。獨抱韋編，敦心默識。靜觀象材，日思爻繫。自漢以來，鄭、王同異。二百十三，部分《宋志》。其在於今，十存一二。上遡故微，下該傳義。以象弗理，久而融會。月窟天根，周情孔思。晉有阿蒙，形諸夢囈。唐則遜叟，恍傳符契。五音九弄，六甲八節（叶）。妙悟天然，引伸觸類。甲子將週，纔登上第。論易殿中，畫圖瑤砌。聖祖頷之，相臣面試。眷注有由，醽用不次。人簉月卿，出奉星使。玉尺是持，樞衡是畀。熠然生平，出

處一致。卅載公車，十年卿貳。始教安陽，以經造士（叶）。晚佐秩宗，寅清
著美（叶）。天咫如環，賞延於世。薪續將熠，俾爾昌熾。孝婦令子，顯揚終
遂。物蒙必亨，道屯必泰。我作詩辭，更申易旨（叶）。世祿之家，勸善無怠
（叶）。

◎胡季堂《培蔭軒文集》卷二：乾隆三十七年歲次壬辰十二月，堂官江
蘇按察使，接到本省撫軍何煟札，知十一月二十三日欽奉上諭何煟覆奏購訪
遺書一摺，竝將購得書籍目錄列單進呈，因憶籍隸該省之原任侍郎胡煦平素
究心理學，曾有著述，朕所深知，今單內並不見其姓名著傳，諭何煟令其再
行悉心蒐采，即行彙單具奏，欽此。仰見皇上〔註19〕萬幾之暇眷念及之，以
為究心理學，特旨徵取，此實儒臣不易得之榮，而尤為子孫者所不敢希冀之
幸事也。敬錄玉音，懸之中堂，用以鑴銘聖恩，竝昭示子孫永永弗諼耳。季堂
謹跋。

◎彭元瑞《恩餘堂輯稿》卷二《胡文良公墓補誌》：按前志公所著《周易
函書》一百五十八卷，時初勅徵校刊未卒事。蓋公書始以授門人李學裕，失
其稿。公貧不能全鑴，纔舉其約，又歲久漫漶。至是季堂乃就公手定本鑴為
五十二卷上之，今藏七閣者是也。詳見《四庫全書提要》。後之讀公書者毋以
誌疑之。公以苦心經學，上承眷知。

◎顧宗泰《月滿樓文集》卷九《葆璞堂文集序》：古之六經，古之文章也。
易曰：「觀乎天文以察時變，觀乎人文以化成天下。」故通經則未有不文者，
舍經而言文，書倉說鈴耳矣。自分經與文為二，專治經者或不工文，工於文
矣詞又或詭于經。漢儒補綴六藝，建元、元狩間，文章爛然，然而馬遷、相
如、楊雄之徒，或病其馳騁有餘而不足于道。至唐韓愈氏始能因文以見道。
宋古文盛行，乃劉子澄謂宋朝只有四篇文字，而歐蘇不及，雖亦言者之過，
要之，作文之旨歸可識矣。光山胡少宗伯滄曉先生，湛深經學，尤邃于易，晚
歲受知聖祖朝，三接澹寧居，繼繪循環太極諸圖進說御前，上有真苦心讀書
人之目。自後歷躋卿貳侍讀青宮，未嘗一日廢學。所著有《周易函書》、《韻玉
函書》、文集、詩集不下數百卷。今皇上右文稽古，特旨徵取先生遺書，且謂
「究心理學」，素所深知，眷顧之重，不隔三朝。海內震其榮遇，而不知先生

〔註19〕一本「皇上」上有「聖天子稽古右文、眷念舊臣之至意。焚香跪誦，感激涕
　　　零。伏思先大夫以易學受知兩朝，洊登卿貳，皓首窮經，手不釋卷，生平著
　　　述皆有關性命今蒙我」等字。

之深於經，用功深者收名遠也。廉使雲坡先生追紹先緒，重輯遺編，《函書》已有成刻。茲將刊《葆璞堂文集》，命泰校閱。泰謹奉全集讀之。根極理要，涵泳聖涯，玉潔而珠光，川飛而雲泳。其大篇則倫物象數禮樂幽明之故罔不旁推交通，一準于理之至當。其雜著亦咸抒寫性情，自胸中流出，淵然粹然，淳泓演迤，大遠于玩物喪志者之所為。蓋經與文之同原，自漢以後離而為二者，得先生合而一之。讀先生之文，當從布帛粟菽中知先農先蠶之辛苦，而有以窺其所自來也。昔李漢序昌黎集，謂文者貫道之器。夫文何為貫道？不知道者，則因文以求道；而深于道者，其文自道中傳出。先生邃于易，又旁通推步五行家言，其真觀天文以為人文，洋洋洒洒，獨有所得而無愧古人者乎？！

◎《左宗棠全集‧書信》道光二十六年《答賀仲肅》：《周易函書》意欲求之廣大而反失之精微，非佳書也。

◎何焴彥《易經遵孔八皙類稿》卷十二《集皙》：胡氏煦《周易函書約存》並《約註》、《別集》，原薈浩繁，漸有散佚，其已刻者亦編次無緒。此本乃其子季堂以其論易之語分為原圖、原卦、原爻、原占者編為《約存》，以其依經釋義者編為《約註》，而以《籌燈約旨》《易解辨異》《易學須知》編為《別集》。其持論酌於漢學宋學之間，與朱子頗有異同。

◎四庫提要：是書原本一百十八卷，其詮釋經文者四十九卷，冠以《原圖》八卷用解伏羲之易，《原卦》三卷用解文王之易，《原爻》三卷用解周公之易。又取先儒論說集為《原古》三十六卷謂之「首傳」。共九十九卷，為《周易函書》正集。外有《函書約》三卷、《易學須知》三卷、《易解辨異》三卷、《籌燈約旨》十卷，共十九卷為別集。別集先已刊板。正集因卷帙浩繁艱於剞劂，乃取詮釋經文之四十九卷約為十八卷，名曰《函書約注》。又取首傳五十卷約為十六卷附以《續約旨》二卷，共十八卷刊之，名曰《續集》，皆煦所手訂也。其正集原本，煦門人李學裕欲為校刊，攜其稾去。會學裕病卒，遂散佚。後別集、續集板並漫漶，其子季堂重為校訂。因正集未刊，續集之名無所緣起，且續集之《原圖》、《原卦》、《原爻》、《原古》即刪取正集之要語，非別有所增，未可目之以「續」，而別集內之《函書約》三卷，亦即正集之《原圖》、《原卦》、《原爻》撮其大義，更不可附入別集，遂以續集編為十五卷，取《函書約》三卷弁首，共十八卷，名為「約存」，蓋以正集既佚，其大義僅存於是也。又以《續約旨》二卷依《籌燈約旨》，原目散附各篇之內，合《易學須知》

三卷、《易解辨異》三卷，仍為別集。其釋經文之十八卷仍名《約注》，其為五十二卷即此本也。煦研思易理，平生精力盡在此書。其持論酌於漢學宋學之間，與朱子頗有異同。然考朱子語錄有曰：「某作《易本義》，欲將文王卦辭大概略說，至其所以然之故，於孔《彖辭》中發之，如此乃不失文王大意，但未暇整頓爾」云云，是朱子於《本義》蓋欲有所改定而未能，則後人辨訂亦未始非朱子之志也。陸游《渭南集》有《朱氏易傳跋》曰：「易道廣大非一人所能盡，堅守一家之說未為得也。元晦尊程氏至矣，然其為說亦已大異，讀者當自知之。」斯可謂天下之通論矣。

◎中華書局 2008 年程林點校本分正編、附編。正編收入胡煦《周易函書約存》十八卷、《周易函書約注》十八卷、《周易函書別集》十六卷。以乾隆六十年葆璞堂修補本（簡稱堂本）為底本，以四庫全書本（簡稱庫本）為參校本。附編收入胡煦《卜法詳考》四卷、《葆璞堂詩集》四卷、《葆璞堂文集》四卷、《澹寧三接始末》一卷、《乾清宮召對始末》一卷，胡煦主要著述已集於此書。

◎胡煦《葆璞堂文集》亦有涉經學者，如卷二河圖洛書異同辨、大衍之數五十其用四十有九說。

胡煦 周易函書別集 十六卷 存

四庫本

國圖藏乾隆五十一年（1786）起嘉慶胡季堂刻本

山東藏道光周蔭甫傳鈔河南胡氏葆璞堂刻本

中華書局 2008 年程林點校本

◎目錄：《函書約圖》（共三卷）、《孔朱辨異》（共三卷）、《易學須知》（共三卷）、《卜法詳解》（共四卷）、《籌燈約旨》（共十卷）。

◎中華書局 2008 年程林點校本目錄：《易學須知》三卷、《易解辨異》三卷、《籌燈約旨》十卷：卷一易學須知一。卷二易學須知二。卷三易學須知三。卷四易解辨異一。卷五易解辨異二。卷六易解辨異三。卷七籌燈約旨一。卷八籌燈約旨二。卷九籌燈約旨三。卷十籌燈約旨四。卷十一籌燈約旨五。卷十二籌燈約旨六。卷十三籌燈約旨七。卷十四籌燈約旨八。卷十五籌燈約旨九。卷十六籌燈約旨十。

◎周易函書別集序：經教昭如日月，而後人汩之，幾若障雲瞽霧，不可

卒解。其始原於註釋家好新立異，各執已見，而不克深維聖人遺教之本心。其繼由於後學者膠柱刻舟，固執成說，而不復折衷於聖人翼經之本旨。是猶闔戶求明而欲觀之達、屢校求行而欲遠之致也云耳。夫聖人之六經即聖人所傳之道，而《周易》尤為深邃，然孔子之十翼固在也，精求其蘊，靜會其旨，固自有確切著明、首尾聯貫、始終一義者昭於十傳，故學《周易》而不克與聖人之翼殫精畢慮，極量推求，皆旁行岐出之徑途，將愈遠而愈離其故矣。煦學易四十餘年，凡於易中卦爻圖象，莫不原本十翼，冀其不與經義相違。如曰易有太極，非謂太極為圖也，而後儒以為圖矣。但云易有太極，非謂太極之外又有無極也，而後儒復加無極矣。如云分而為二以象兩也，非謂所除之一亦有象也，而後儒以為象太極矣。如《說卦》中明有窮理盡性致命之說，而後儒但以為占卜之書矣。如彖辭之往來上下，但據摩盪時言之，非有卦變之說，而後儒以為卦變矣。此類甚夥，不能悉舉，故所發明僅有宗經而不宗傳者，業成《函書》九十九卷，工多費繁，未能刊刻，茲特取《函書別集》中所有之四種，合為一帙，用質同好。倘有是正其謬誤、指摘其瑕疵而抉剔其所由，然則煦之獲益多矣，實於同志有厚望焉。雍正二年七月初九日，葆璞堂弁語。

◎摘錄卷四《易解辨異》首云：聖人以經學傳心，六經皆孔子所定，此外皆支離旁雜，鮮能探本窮源、理歸一致矣。故舍六經而求道則已無道，舍孔子而釋經則已無經，況《周易》者固聖人之大本所存。孔子假年學之，韋編猶尚三絕，此豈粗浮剿竊、略觀大意所能懸揣而臆解者乎？乃註釋孔子之書而不折衷孔子之論，至採洛書作範之說於向歆而不察《繫傳》則圖之語，取卦變之說於虞荀而不察彖傳往來之幾，襲分爻占驗之說於漢魏而不察窮理盡性之秘旨，宗乾化而坤剛化而柔之論於蔡墨而不察乾元用九之深機，以聖人傳心傳學、天人合一之精微，僅目為究卜究占、進退趨避之作，用網百家不經之緒論而示之博、違先聖一貫之妙義而莫之非，將謂言外不傳之秘由此而明，竊恐言中無盡之藏隱而不宣者亦已多矣，安能盡合纂修本意哉？夫聖人以六經垂教，固非謂經中尚有遺義、經外尚待旁搜也，則經中之義理衷諸經而可矣。學者傳授聖經，豈謂後人之聰明上同乎聖、別出之義理遠逾於經乎？則聖人之明論衷諸聖而可矣。然則今日解經之失不在經外不能推求剩義，而在經內不能殫究精深；不在終身一書不能搜剔詳明，而在拘守一家不能旁搜博採。今執《本義》，比之諸儒易傳，特一人之書耳。我聖祖仁皇帝修明經學，

所定《周易折中》，《本義》而外，搜羅纂集不下數十百家，悉由睿慮斟酌裁定，增損而去取之，用能上發先聖不傳之秘，下垂後世無疆之教，安在一人之見、一家之言遂足洩經文未宣之蘊、表列聖不傳之心乎？煦幸得見《周易折中》之書，又獲恭聆聖訓，其於易理斯能略識大意，誠不願徒守一家言，自隘自畫，至負我聖祖仁皇帝教育人才、佑啟百代之深衷也。館課之暇，爰取舊解之不合於經者標而出之，作《易解辨異》一書，以究周易之義。倘天下之不欲從同、兢兢自守者，因之溯流窮源，以不背於經，則孔子傳經翼易之深心，昭然可見；而朱子釋經繼聖之雅意，當必有陶然其大快者矣。用依經傳之序詳辨於後。

◎摘錄《籌燈約旨序》：古今言性書莫精於大《易》，其次《中庸》，其次《孟子》。究之，大《易》不離正字，《中庸》不離中字，《孟子》不離善字。夫正也中也善也，其理一也。正則自無不中，中則自無不善，而莫不原本于天。故在易曰「乾道變化、各正性命」，《中庸》曰「天命之謂性」，《孟子》引《詩》曰「天生烝民，有物有則。民之秉彝，好是懿德」，又曰「盡其心者知其性也，知其性則知天矣」。業已同出于天，則豈有不正之性、不中之性、不善之性？何至後儒乃有三品之說、善惡混之說？方謂為吾徒者必將執《易經》《庸》《孟》以爭之，乃無端而稱說氣質之性，豈天命之外別有一性，天命自天命、氣質自氣質乎？竊意性得諸先天，氣質役於後天，氣質與性雖可并居，其實性精而氣質粗、性靈而氣質蠢，必若所云，又何異於佛家所謂作用是性、告子所謂生之謂性食色性也之說乎？夫欲為後人明性學而反為異端闢蹊徑，此宋儒之言所由未足為定論也。雖然，彼非無為而言也，其所以有為而言者，不過從《論語》「性相近、習相遠」二語起見耳。夫以無不正、無不中、無不善之性而謂之相近，則是微有不正、不中、不善者存，故不得已為之委曲遷就於其間，其用意亦勞矣。要之，相近之性無乎不正、無乎不中、無乎不善，殆如周子所分為剛善柔善者與？其實亦非也。孔子性習並言，則所言相近當是指初發時未能皆中者言之。然當此之時不中不遠，亦如孟子言「乃若其情未必皆善」云耳。然當此之時未嘗不可以為善，故謂之相近。不然，大《易》不言氣質，《庸》《孟》不言氣質，此氣質之性從何處得來乎？若乃既發以後無非是習。惟智者率其性之自然。故不為習所遷。愚者愈習愈差。更不返而求諸性。此所以不移而卒至於相遠也、《函書別集》辨論先儒同異，發明六經旨趣，有功先聖，嘉惠後人處最多。比至講明性學則尤勤勤欵欵，不禁言之

又言。印諸《易經》《庸》《孟》，無不脗合，更為程朱以來未傳之奧旨。此衍鏡所以三復而不忍釋手。敢取素所竊聞者，還以質諸先生也。曩承儀封張公之命重輯《性理全書》，卒卒無湏臾之間，故未能究其妙。茲得惠賜梓本，丙夜披讀，欣然以鮮不揣奉教敬附數言，而未知其有合否也。雍正甲辰初秋，閩漳蔡衍鏡題。

胡煦 周易函書三種 五十二卷 存

四庫本

◎子目：約存十五卷首三卷、約注十八卷、別集十六卷。

胡煦 周易函書四種 五十六卷 存

四庫本

南京藏康熙河南胡氏葆璞堂鈔本

南京藏雍正七年（1729）至乾隆五十九年（1794）河南胡氏葆璞堂刻本

北大藏乾隆嘉慶胡季堂刻本

山東藏道光周蔭甫傳鈔河南胡氏葆璞堂刻本

◎子目：約存十五卷首三卷，胡煦撰。約注十八卷，胡煦撰。別集十六卷，胡煦撰。卜法詳考四卷，胡煦撰。

胡煦 周易函書約 三卷 存

南京藏雍正七年（1729）至乾隆五十九年（1794）河南胡氏葆璞堂刻本

◎周易函書約序：《周易》非占卜之書也，淺之則格物窮理之資，深之則博文約禮之具，精之則天人合一之旨，體之則參贊位育之能。是全體大用之要歸，聖聖相傳，不言而同然之秘也。開六經之始而六經胥不能違，探六經之原而六經止分其用，其出也取之而不窮，其返也藏之而无朕。羲、文、周、孔極力闡揚，後之學者觀其象玩其辭習其占，仍如昏衢如暗室焉，可不謂難乎？夫《學》《庸》《論》《孟》皆聖賢問答，語言無過高低，抑揚承接轉換，便可直抒胸中勃勃欲洩之理，學者解釋字義，體貼語氣，亦遂可因言達意。而《周易》則圖之呈而象之設也，道寓于圖，而圖中蘊含非言可說；義寓于象，而象中包括无寔可稽。一卦之微兼六十四卦而衡之，而一卦之性情始定；一爻之細合三百八十四爻以較之，而一爻之性情始真。苟無旁通比量之法以斟酌其同中之異、異中之同，則所云微顯闡幽、同歸殊途者，固未易驟測其

深機、邃通其妙蘊也。即如乾卦稱龍而潛見飛躍之各殊，非比量于時位，詎易得其解乎？初四之潛淵、二五之飛見，非比量于天一所生，詎易得其解乎？初潛言不見之水，四淵言可見之水，非比量于內外異性，詎易得其解乎？乾初既言潛淵、坤初亦言霜冰，非比量于二初同實，詎易得其解乎？潛淵言流動之水、霜冰言凝定之水，非比量于陰陽各得之分，詎易得其解乎？固知《周易》呈圖設象，非但語言文字高低抑揚承接轉換之故也。聖人假年學之，尚至韋編三絕。非其微妙隱深、渾淪該貫，奚為一難至此？今但執文字義理，訓釋字句，體貼語氣，謂可一言半句便克顯明經旨，一歲半歲便克了當經義，煦竊以為不然。康熙五十六年丁酉五月朔旦，光山胡煦序。

胡煦 周易函書約存 十五卷 首三卷 存

四庫本

國圖藏乾隆五十九年（1794）起胡季堂刻本

山東藏道光周蔭甫傳鈔河南胡氏葆璞堂刻本

山東藏 1983 年臺北商務印書館景印文淵閣四庫全書影印國立故宮博物院藏本影印

中華書局 2008 年程林點校本

◎目錄：卷一原圖：河洛。卷二原圖：先天後天。卷三原圖：太極。卷四原圖：太極。卷五原卦：二用圖解。卷六原古：蓍法。卷七原古：變占。卷八原古：先儒易說。卷九原古：先儒易派。卷十原古：先儒易派。卷十一原古：先儒易派。卷十二原古：冒道分派。卷十三原古：冒道分派。卷十四原古：冒道分派。卷十五原古：支流異派。

◎卷首上原圖約：總義、河洛、始造甲子、五行。卷首中原卦約：體卦、之卦、名卦、重卦、元亨利貞、乾象、用九見羣龍無首吉、象、大衍、變占、卦變。卷首下原爻約：四通、生字交字索字之義、八字命爻之說。

◎凡例：

一、易象失傳自王弼始，猶幸李鼎祚《集解》一書尚存十分之一二，來矣鮮得之，已增十分之二三。煦復于《集解》《來易》兩書合證而推廣之，其于象義庶未有遺也。如遇字隣、字婚姻等字之解，及西南東北、先甲後甲、先庚後庚并月幾望之旨，悉皆取先天圓圖，非意為之也。

一、《函書》卦爻有全依古註者，皆存而不論。其全改古註者，如乾坤

坎離剝復蠱巽損益夬姤震艮既未濟及上繫之首章、并下繫之第六章，皆原本先天一圖，期與文、周、孔子之經傳絕不相違，乃始從而更定之。亦有前解半合半違，則是者存之，違者正之，期無悖于經傳而已。其說具詳各卦各爻之下。

一、《周易》之理全在象中，象則高視遠寄、包含無盡，據人事而言理，止論得一端耳。故遺象而言理，非易之理也。

一、《周易》之卦全是文王開先天大圖而得之者，故置圖而言卦，非卦之理也。

一、《周易》之卦全是先天，執後天圖而解卦，非卦之理也。

一、《周易》之象傳全是解文王卦辭，故置卦而別言人事遷就、吉凶利害之說，非象之理也。

一、《周易》之爻全由卦出，置卦而言爻，非爻之理也。

一、《周易》之《小象》全是解釋爻辭，置《小象》而言爻，非爻之理也。

一、《周易》之爻有既象以天時又象以人事者；至于《小象》，或止釋天時一邊，或止釋人事一邊，為爻辭中天時人事原有合一之理。不知此義，竟將天時人事說作兩開，非爻辭之旨也。

一、分卷之法宜如呂氏所定古本。今依程子所定，合《彖》《象》《文言》于各卦各爻，為時本刊行已久，天下學者習而安焉，倏然改易難免齟齬，故從俗便。

一、是書正集九十九卷、外集十九卷，共一百十八卷。因卷帙浩繁，無能悉付剞劂，先曾擇其要義刻成《函書約》三卷。茲復重加訂輯，取原圖原卦原爻原古首傳之五十卷約為十五卷，而列初刻之三卷于首，合之得十八卷，名曰《約存》。取解釋經文之四十九卷約為十八卷，名曰《約註》；其外集《湏知》《辨異》《約旨》三書仍另列于後，益以原古內《卜法詳考》四冊，合得二十卷，名曰《別集》，統計五十六卷，合之為《函書》全集，分之亦各成一書，以便觀覽。

◎周易函書約存序：易函萬有者也，伏羲立象以盡易，文周繫辭以盡象，孔子翼傳以盡辭，一元之理、二五之精、三極之道，旁達于天文地理人事，磕著觸著，靡不包舉，天下無二道，廣大悉備。嗚呼至矣！聖人五十學易，止曰可無大過，況膚切而貌親、道聽而塗說，遽云當乎？至後流為方技，而易道一晦。至後漬為理障，而易道一晦。至後習為帖括，而易道又一晦。滄曉胡先

生博極羣籍，覃精易理，所有裨于聖學聖道，寢食以之者幾四十年。積極而生明，積明而生悟，謂易中爻義、卦義，未成爻義，已成卦義，總會于先天四圖，而四圖之中尤莫要于圓圖，因將圓圖八卦從而拆之又從而聯之，更訂為《循環太極圖》，俾與河圖奇偶之數渾合而無間。迹疑創也，而實唯述矣。嘗謂大明終始止是震艮兩象，先甲後甲止是巽兌兩象，先庚後庚止是坤兌兩象。又云先三後三止是內外六爻，又謂彖辭中剛來柔來莫非二用之妙，胥出天心，其所謂往則自內而之外者也，初非上下兩爻交易互換，亦非初上二五三四之覆而綜也。又謂所訂之循環圖東視之有坎象、西視之有離象，原具水火絪縕既濟渾融之妙。又以坎離為乾坤既交之象，艮巽震兌為坎離既交之象。又謂雷風得乾之始，故能肖天之氣而為陰陽之始；山澤得坤之終，故能肖地之形而為陰陽之終。又謂坎之時用在乾坤二用前，因取潛龍躍淵及履霜堅冰之說，以為乾坤之初皆由水始，所以謂為天一生水。又即上下序卦始于水而生于水火者以為之證。又謂上下經所有卦爻皆從交處得來，乾坤則所交之兩象也，屯為序首便曰剛柔始交，餘卦之交可知矣。交而後用，所以周公有用九用六之文。如不解此，遂擬為卦變卦綜矣。又謂儒者之學，致虛守靜，欲其中之虛也；存誠主敬，欲其中之實也。虛中之義出于離，實中之義出于坎。朱子虛靈不昧，殆兼之矣。又謂天為一元之合，日為一奇之陽，月與地為一耦之陰，因取河洛以為證，曰陽數一陰數二也。又取乾坤兩畫為證，曰陽畫連連斯一矣、陰畫斷斷斯二矣。又取坤象以為證，謂西南東北與月同體，故言月也。又謂下弦為月輪之卯、上弦為月輪之酉，晦則正午而望則正子也，故三十日而成月。又以日月與地函于天中是謂一生二，錯行代明是謂二生三，及夫萬物資以生息，是謂三生萬物。又謂月輪之中以十五日為晝、十五日為夜，因謂元會運世歲月日時皆成于七八九六之數。又有縫卦取諸先天八卦兩縫之中，兼前合後並兩而為一，順之逆之成十六卦，因取易辭中言鄰、言遇、言用、言膚及言婚媾者以證之，謂邵子乾遇巽，地逢雷，即出于此。又以遇巽逢雷為止論三畫之卦流行之體，非以六畫之卦言也。又取天根月窟釋為二圖，以明邵子之意。又取誠明參贊、天人一貫之旨釋于天根，以明聖賢之學問所從出。又謂易中自具五行，如太剛太柔少剛少柔皆始于河洛之數。又謂五行俱由水火而生，所以謂之水一、火二，至土五居中則云火成則剛而水成則柔矣。又謂水得乾之元、火得乾之亨、金得乾之利、土得乾之貞，木居二四之間、亨利之際，故上可從剛而下可從柔。又以圓圖所虛之中

為太極，因發天根之說。又以一圖分註七義，又謂周子之圖合之于易，止有太極兩儀四象而無八卦。又謂周子之太極止是坎離兩象。諸如此種種精義，凡皆讀書嗜學，妙契本原，非由勦襲得者。其書正集別集共一百一十八卷。言象則取證于虞、荀、侯、鄭及來氏諸儒；言數則更附以《左》、《國》、史子諸集；至于爻象，別有會心，則詳辨于各卦各爻中。言必有據，不執己見，不曲狥，不故違也；觀于言，乾則以為字字說入交坤，言坤則以為字字說入交乾，以大明終始首出庶物為言乾道，非言君道；天下文明為言天治，非言人治；謂大明終始為日象，得朋喪朋為月象；西南東北為震始艮終之象。又謂易中原無一字閒文，其大要皆舉端而竟委，如言初而不言終、言上而不言下、言二三四五而不言一六之類。又以坤卦先迷後得主為句，因取象傳「得常」及文言「得主有常」之說為證。即此兩卦發先儒之未言，釋從來之疑義，知非無本致然者也。夫人之心稍留隔閡，擬烏能言、言烏能盡哉？大抵先生之于易也，豁達而不流于曠渺，精深而不泥于訓詁，博採而不役于方技，凡皆默符四聖心原，通達旨趣，故能搜奇探賾，致遠鈎深，而詳人所略，鑿鑿言之有若斯也。始予獲覽是書，僅以為講說家言，厭苦而去棄之。及觀原圖，一字一論皆具新義，乃復把玩不能暫釋。授讀三閱月，覺其旨愈永，其義益愈難竟。又時與先生遇，先生又樂為予言，故得微探閫奧，約其大槩如是。請以是書公諸海內，當時後世必有能辨之者。時康熙辛卯孟秋，黍丘李去侈書于安陽之榷嘯軒。

◎周易函書約存序：立言垂教之大，在明人倫以正人心而已。圖書之秘，古聖人啟之以待後聖，而修道之教不外于此。孟子絕不言易，然先儒謂孟子全身是易。晉人喜清言，王輔嗣注易雖漁獵老、莊，亦多深造，論者至比其罪于何晏。吾先子讀易滿萬，偏于易家之言，採取至數萬，罕有論著。成天兄弟侍側，間有叩，恒不荅。曰：「所見何嘗不通。」以為盡是便窒，易道惟廣大，故易容奸，《程傳》《朱義》惟不奸耳。不奸則能容眾說，故足貴也。老蘇作《易論》，謂用機權以持天下，直以蛙蠡而量天地之大矣。聖人假年學易，豈率人于不可窺之域耶？世儒什襲燕石，大半若此。蓋好學深思，勉庸德而謹庸言者，未易有其人也。光山胡先生博極羣書，湛精于易，獨有神契，約之又約，而成是書。成天不敏，不能熟復其全，竊疏觀其大段，足詔于來學，發前人所未發者有二。其他之奧義厄辭不與焉論：河洛皆為作易，一全一缺、一合一分、一聚一散、一無隅一有隅，先後天互發，則向之所疑，而今得明證，

一也。論八卦至六十四爻，伏羲止是圓圖；文王分列之乃為《周易》，則《歸藏》《連山》之各因時取義愈見，因作數圖以明之。《繫辭》曰：「易之興也，其當殷之末世，周之盛德耶？」又曰：「開而當名辨物」，始豁然大顯，二也。三十年前讀前輩汪堯峰集，內述某氏云：周子《太極圖》即古河圖之圖，古河圖並非若今時所傳。先兄大不然，成天殊是之，以為一三五七九二四六八十之數已涵其中，作易之蘊于此可見。周子收斂著已，聖人推開成務，體則圖而已足用，必參之于洛。先兄首肯焉。先生其亦肇悟于此耶？抑所謂不由師傳、默契道體也？顧象心而往，時或牴牾于程朱，學者每不能以無疑。嗟乎！同非自然，異非自然，自然者同而異，豈必墨守古人之言為善學古人耶？若顏、若曾，中行之質不同；若由、若點，狂者之質不同。而同育于聖人之門，則如金之在冶，朱陸之不能融也，兩不相下也，有聖人必合而一之也。安溪李文貞公《大學》《中庸》異于程朱矣，然其尊程朱也彌甚，蓋見程朱所修之道，惟明人倫以正人心，率人以行，非率人以言。且經始者難為功，踵事者易為力也。夫文王之易已非伏羲之易，周公之易又非文王之易，孔子之易又非文周之易，程朱之易又不必盡羲、文、周、孔之易，而要不越明人倫以正人心。至宇宙間凡有聰明，易中何所不具，又何所不受乎？先生貌古心夷，氣和神皎，年七十有七矣，視聽不衰，步履如壯盛，周折必以規矩，闇然之功自致于人所不見，則其資深逢原，豈眇見寡聞者所得望其肩背哉？雍正辛亥孟春下浣，顧成天撰序。

胡煦 周易函書約注 十八卷 存

四庫本

國圖藏乾隆嘉慶胡季堂刻本

山東藏道光周蔭甫傳鈔河南胡氏葆璞堂刻本

中華書局 2008 年程林點校本

◎目錄：卷一上經：卦畫原始（附易中冒道），乾。卷二上經坤。卷三上經屯蒙需訟師比小畜履。卷四上經泰否同人大有謙豫。卷五上經隨蠱臨觀噬嗑賁。卷六上經剝複無妄大畜頤大過坎離。卷七下經咸恒遯大壯。卷八下經晉明夷家人睽蹇解。卷九下經損益夬姤萃升。卷十下經困井革鼎震艮。卷十一下經漸歸妹豐旅巽兌。卷十二下經渙節中孚小過既濟未濟。卷十三上繫。卷十四上繫。卷十五下繫。卷十六下繫。卷十七說卦。卷十八序卦雜卦。

胡煦 周易函書約注合鈔 四十九卷 存

上海藏光緒十八年（1892）寶慶務本書局刻本

◎清張拱北補纂。

胡薰 周易晰言 十卷 佚

◎光緒《黃州府志》卷三十二《藝文志》：《周易晰言》十卷，蘄州胡薰撰（《州志》）。

◎胡薰，蘄州人。著有《周易晰言》十卷。

胡衍鶚考定 周易 十二卷 存

山東藏民國上海民智書局鉛印孔子書本

◎胡衍鶚，號青（清）瑞。廣東番禺人。胡漢民兄。又著有《青瑞先生遺稿》。

胡乙藜 周易原象 佚

◎民國《懷寧縣志》卷十一《文藝》：胡乙藜《周易原象》。

◎胡乙藜，安徽懷寧人。著有《周易原象》。

胡應蟾 易經闡義 佚

◎光緒《江西通志》卷九十九《藝文略》一《國朝》：《易經闡義》，胡應蟾撰（金谿縣志》）。

◎胡應蟾。江西金谿人。著有《易經闡義》。

胡映日 易象圖說 佚

◎同治《南昌府志》卷四十三《人物・儒林》：所著天文、地理、醫卜等書甚富，而《易象圖說》尤精。

◎光緒《江西通志》卷九十九《藝文略》一《國朝》：《易象圖說》，胡映日撰（謝鳴謙《程山門譜》）。

◎民國《南豐縣志》卷三十五《寓賢傳》：其學博而能精，所著天文、地理、醫卜等書甚富，尤深於象數，《周易》《參同契》貫通有獨得。

◎胡映日，字心仲。江西南昌人。汜水令胡海定子。以父死義，遂決志歸隱，避地寧都，為易堂經世之學。

胡玉縉 周易注疏校勘記續 一卷 存

復旦藏光緒二十四年（1888）稿本

◎胡玉縉（1859～1940），字綏之。江蘇元和（今蘇州）人。早歲肄業於正誼書院。光緒十四年（1888）任江陰學古堂齋長；光緒十七年（1891）舉人；二十六年（1900）任福建興化教諭；二十九年（1903）入張之洞幕；三十年（1904）赴日考察政學；三十二年（1906）補學部主事，升員外郎；三十四年（1908）任禮學館纂修，後任京師大學堂講習。民國後任北京大學、北京高等師範學校教授。抗戰爆發後返里，專事著述。著有《四庫全書總目提要補正》六十卷、《四庫未收書目提要補正》二卷、《四庫未收書目提要續編》二十四卷、《四庫未收書目提要補編》。

胡遠濬 讀易通識 一卷 存

山東藏光緒三十年（1904）石印勞謙室易說本

◎胡遠濬（1867～1931，或 1869～1933），字淵如，號勞謙居士，晚號天放散人。安徽懷寧人。光緒十七年（1891）舉人。曾歷講安徽高等學堂、中央大學。又著有《莊子詮詁》《老子述義》、《勞謙室文集》《勞謙室詩初集》、《勞謙室札記》、《勞謙室書牘》、《勞謙室論道書》、《勞謙室時人評記》（《菿漢微言評記》《萑厂微言評記》）、《勞厂室詩二集》、《天放散人詞稿》《天放散人畫稿》、《古槐市隱對數理論》。生平參胡國琇《胡遠濬傳略》。

胡遠濬 勞謙室讀易隨筆 一卷 存

安徽藏光緒二十九年（1903）刻本

胡遠濬 勞謙室易說四種 四卷 存

山東藏光緒三十年（1904）石印本

◎孫殿起《販書偶記》著錄民國甲辰石印本〔註20〕。

◎子目：《周易偶識》一卷。《讀易通識》一卷。《周易微》一卷。《易述》一卷。

胡遠濬 易述 一卷 存

山東藏光緒三十年（1904）石印勞謙室易說本

〔註20〕上海古籍出版社點斷本《周易微易述》點為一書，誤。

◎此書分仰觀、俯察、近取等四篇。詞風古雅，多用韻語。

胡遠濬 周易偶識 一卷 存

山東藏光緒三十年（1904）石印勞謙室易說本

胡遠濬 周易微 一卷 存

山東藏光緒三十年（1904）石印勞謙室易說本

胡澤順 大易觀玩錄 四卷 存

國圖藏道光二十二年（1842）刻本

天津藏 1920 年胡樹棠重刻本

◎或題《易觀玩錄》。

◎目錄：卷一庖犧氏始作八卦本象、始作八卦本象說、因而重之八卦本象、古卦畫本象說、古文集證、古文集證說、虞氏逸象錄要、虞氏逸象錄要說、卜筮辨明同異說、上下經考象十九條。卷二易表十二例、易正表易門合德說弟一、易正表易簡成列說弟二、易正表逆數知來說弟三（附八卦飛接右旋圓圖）、易正表深妙萬物說弟四、易別表四時變通說弟五、易別表八宮統屬說弟六、易別表世卦陰陽說弟七。卷三易正表大衍佑神說弟八、易別表幹枝配合說弟九、易別表圖書納甲說弟十、易別表四正綱維說弟十一、易別表廣大悉備說弟十二。卷四學易自訟說、易道同歸文、成性至命文。

◎大易觀玩錄自序：天地成象成形，皆實事也。聖人設卦觀象、君子觀象玩辭觀變玩占，皆實學也。書不盡言言不盡意，聖人設象以盡意，觀六十四卦大象皆有「君子以」字，然則學易者其必以反身修德為指歸，而不可徒求之于書言象意也明矣。第今世徵實之士割裂全易，旁見側出，師心自用，穿鑿支離，本象反晦，本義反荒，而本例反亂。于所實者而實之，又于不可虛者而虛之，故滯于實者必遁于虛，其于易也，尤甚哉！夫易準天地，天地有是象，易即有是象，而聖人繫之以辭，其義亦即本此。子曰：「聖人定天下之象」，又曰：「繫辭焉以盡其言」，斷可識矣。必非求諸天地之外而失諸大易之中也。不然，仰觀俯察、近取遠取果何為哉？曩者見東吳惠氏發揮漢學，鄙輔嗣而譏周邵，原原本本，燦然備陳。江都焦氏，專宗三事，尊王弼而薄焦、京，赫赫明明，灼然不惑。然《易》之為書廣大悉備，王注孔疏為唐河南史公所宗，伊川程子所推。《周禮・太卜》隸于宗伯，記載天子建天官，先六太，

太卜居其一。陳氏《集說》謂以其所掌重於他職，故曰先。焦、京之學，後漢列于學官，即古占筮。見于《左傳》者，亦不盡屬經文，是易簡知能、卜筮尚占皆有功于羲、文、周、孔，故無損于王、邵、焦、京。惟象數兼明，皆為專修人事而設，所貴反求諸此身而已。澤順學易有年，若猶叢過自昧于進退存亡者正匡一端，閒居退思，撰《大易觀玩錄》諸說、《易表十二例說》、《學易自訟說》、《易道同歸文》、《成性至命文》，總為四卷，名從其朔，蓋以管窺井觀固不待言，且忘食廢寢，徒竭鑽仰之才，更自惜未見其止，而朝夕日深惕若云。道光壬辰仲冬冬月，胡澤順識于黃兌山竹泉講舍。

◎跋：先大父忠烈公少慧穎，弱冠即遊庠，屢試棘闈不售，遂絕意進取，不復以帖括為事。專肆力於經史義理性命之學，旁及堪輿、潛韜諸書，靡不深造其微。終日手一編不釋，故為學必求實際，持躬必嚴自反，不求虛譽，不輕議人臧否，而卒為鄉里矜式。生平著述甚多，不幸遭洪楊之變，公以捍衛鄉里遇害，書籍亦因之散佚，若所著《四書一得錄》暨《招隱詩集》諸作，先為姻親攜詣遠安縣署，倖獲保全，流傳人間。尚著有《周易觀玩錄》一卷，於卦爻象象之義發揮蘊奧，實可補先儒之不足，尤為公一生精神之所萃。當吾鄉蹂躪之際，板罹煨燼，隻字不遺矣。樹棠頻年奔走，不遑家食，是書無從搜輯，每一念及，深懼手澤之湮沒，抱恨於無既也。己未東歸里，忽於廢簏中檢得一部，驚喜過望，惜皆脫落朽敗不成全書，乃重加補綴，謹復為校勘付梓，刷印成書，以公諸世。嗚呼，先大父生平行誼卓卓，既詳載省志《忠義傳》，惟經義僅此二種未傳。後之覽是書者，或於易學源流卜筮爻象亦可以考見一班矣。民國九年歲次庚申夏六月，長孫樹棠謹識時年六十有八。

◎《樸學齋叢書・胡氏著述攷》：《大易觀玩錄》四卷，胡澤順，道光二十二年刊版已燬，民國九年重刊，二冊。

◎胡澤順（1810～1860），字梅坪。安徽涇縣人。附貢生，官訓導。長於易。咸豐間，洪、楊軍起，澤順以鄉兵守涇，城陷被害。

胡澤漳 易學一得錄 三卷 存

上海、南京、中科院藏光緒四年（1878）吳軍門刻本

◎一名《周易一得錄》。

◎附《猶賢編》一卷。或題十四年刻，附《猶賢編》四卷。

◎目錄：自序。凡例。首卷：河圖為伏羲八卦初分次第之數、洛書為陰

陽流行順逆回環之數、洛書陽順陰逆之故、河洛相為經緯解、後天八卦本河洛之數成象、文王八卦男女次序之故、新圖本先天八卦變化之故、新圖居後天方位之故、後天對待之故、後天八卦圓圖為文王序卦反易之根、先後天二卦相通之故、先後天陰陽互根之道。二卷：陰陽加減乘除虛實之故、伏羲六十四卦圓圖義例、圓圖中方圖移易方符氣機、文王序卦義例、文王周易序卦亦具元會運世之數、復其見天地之心說。三卷：雜卦義例、朱子變卦圖義例、周易理數及辭變象占註家得失、候氣卦氣、辨正京房錢卜之法、猶賢編（附錄）、奇門起例正誤、辨正天乙貴人陰陽義例、地理或問、原數、雜記〔註21〕。

◎凡例：

一、易道廣大精微，如日月經天江河行地，而淺者見淺深者見深。自夫子後諸儒鑽研，已無義不搜矣。僕更何從置喙？然枕上廁上，時有所得，猶覺為昔賢所未言，雖所得者淺，然未必非易中之一義。

一、圖書為天地神物，諸儒之論雖多，然皆圖書大意，或為圖書剩義，皆未將圖書親切指示，恐於伏羲畫卦之意未盡得其精髓。愚妄有論說，覺比諸儒為顯明為直捷，雖不敢自以為盡得，然初學識此，或讀易有所從入耳。

一、圖書諸儒多合之先後天卦爻，其中有得有失，亦有牽強者。愚於牽強者皆不敢強為論說。即間有巧處，亦偶然悟得，非有意為纖巧也，或造化陰陽之神化自有此巧妙不可思議者乎？

一、邵子所得陳希夷先天圖，歐陽永叔疑之，諸儒亦多未信，以為非作易之原，為易外別傳。惟朱子則深信之，以此圖伏羲時原有，經秦火後諸儒失傳，方外得之，至邵始顯，全是天理自然，法最簡易，而縱橫反覆，皆有義法，非聖人不能作。鄙意頗與之合，以為實聖人作易之原，為易之精髓，所釋義例雖不足以盡其蘊，然亦初學觀象之一助。

一、圓圖中方圖乃邵子本圓圖而作，來氏變其法，頗於四時節序相符。愚更為釋其觀象之法，未必前賢不讓後生也。

一、文王序卦。自夫子作《序卦傳》後，惟程子作《上下篇義》，後儒如安溪來瞿塘所釋，皆與鄙意不甚合。愚所釋義例雖未必皆合文王微意，然其位置巧妙，參差整齊亦極變化不測、義法精詳矣。名賢更有精思深義，以此作芻狗可也。

〔註21〕共 35 條。

一、序卦。朱子謂當時必有義例，今已失傳。此言甚允。後儒至疑《序卦傳》為偽，非易之蘊，則文王序卦豈隨手雜湊者乎？此言愚不敢以為然。謂所釋義例為纖巧不合聖人微旨則可，謂序卦無義例則大非。

一、邵子《皇極經世》元會運世之說只取伏羲圓圖排列，鄙意兼取文王序卦。邵子憑虛擬議，以年月日時由小以推大，雖為有理，但於天地法象未有顯然證據。愚取歲差推算，雖未敢信以為必然，然亦天地自然之歷數也。

一、朱子變卦圖以一卦變六十四卦，共四千又九十六卦，雖同焦氏《易林》，然非焦所能及，其中義蘊宏深，條理精妙，實足以繼羲、文圓圖。序卦愚釋之頗為詳盡，蓋伏羲圓圖前賢論說頗多，此則未經人道，而其中法象義理實窺造物變化之精，故愚不敢負前賢婆心，未必非後人之益智綜也。

一、京房錢卜之法流傳最廣，習者頗多，以其簡便易學也。察其立法，頗失陰陽變化自然之道，此弊漢儒頗多，但此術最為世所遵信，且間有奇驗者。愚非敢自矜私智力而鄙薄前人，恐以訛承訛，誤人實甚，故不得不正其謬誤，以待後人之自擇耳。

一、奇門太乙、六壬三式，近人罕有能通者。愚謂太乙不甚信，惟奇門最有理致，而起例謬誤種種。又未遇異人傳授。僕於此術頗費苦心，而先賢有非是賢人莫傳與之深戒，故雖正其謬誤，而亦不敢明言。

一、天文自有專門名家，不必多贅。惟堪輿之學本形家言，當以形為主。昔賢著書已備，惟理氣亂雜，謬誤最甚。愚於雜記中，奇門下略言之，不知後人精此藝者以為然否？

一、此書成於辛未夏月，曾託吳軍門呈於上湘曾文正公。蒙文正公許可，因得見於金山。坐語移時，丐其賜序付梓，文正公首肯。時文正公為兩江總制巡邊，書呈於清江浦，文正臘底方歸署。壬申吳君往賀新禧，文正滿擬賜序付梓，不意二月四日文正公無疾騎箕。侯門似海，並遺稿亦不可得矣。舊歲重蒙吳軍門入覲，又代漳向李爵相請序，暨平江李次青先生作序，文正可謂知己而未為感恩。若吳軍門，則知己而又感恩矣。

一、四卷附錄言壬遁堪輿之事，李爵相及次青先生咸病其雜，余亦心惡焉。因別著錄為《猶賢編》。夫子曰：「不有博奕者乎？為之，猶賢夫已。」而猶附錄者，亦雞肋之意歟？

◎李鴻章序〔註22〕：益陽胡生少珊，自其少時有聲鄉里。嘗為甘石、堪

〔註22〕此序海南出版社1997年版《李鴻章全集》未收錄。

輿之學，以久無所得，一切棄去。中歲潛心於易，凡漢宋以來著述諸家靡不涉獵。著有《一得錄》二卷，大旨以邵子《皇極經世》、朱子《變卦圖》為宗，間以己意折衷。旁及奇門、壬遁、相宅、相墓之說，其《自序》、《凡例》言之綦詳。夫易之包蘊至廣，盈虛消息本於自然，而闡述紛紜莫衷一是。大抵言義理者每苦其奧衍而莫測端倪，言象數者多失之穿鑿而不可究詰，下至卜筮者流又各以己意強為附會。其說悠謬詭譎，尤為儒者所不道。胡生附錄亦頗近於術數，揆諸講易家，言不必盡合而猶不睽於正，時能自申其說。瓜洲鎮吳君朝傑展觀過津，出以相示，乞為弁言。余嘉胡生用心之勤，又重嘉吳君之請，述其梗概，序而歸之。胡生名澤漳，文忠公族人也。方文忠盛時，湘人士奔走輻輳，爭自表見以名於時。胡生獨閉門研經，以布衣老其身。殆亦狷介自好之士也。光緒三年歲次丁丑秋九月，合肥李鴻章。

◎易學一得錄序〔註23〕：古聖人覺世牖民，大氐因事以寓教，易則寓於卜筮，推天地以明人事者也。《左傳》所記諸占，蓋猶太卜之遺法。漢儒言象數，去古未遠，鄭康成從馬融受費氏易，實為傳易之正脈。一變而入禨祥為京、焦之學，再變而窮造化為陳、邵之學，此一派也。王輔嗣盡絀象數，以老、莊說易，一變而為胡翼之、程伊川，闡明儒理；再變而為李莊簡、楊文節，參證史事，此又一派也。漢以後說易諸家，無出兩派六宗外者。又易道廣大無所不包，旁及天文地理樂律兵法醫宗韻學算術，以逮方外之爐鼎，皆可援易以為說。而好奇者又往往援之以入易，於是易說愈繁。夫六十四卦之爻象多戒占者，聖人之情見乎詞矣。其餘皆易之一端，非其本也。然易理統貫天人，成於四聖，京、孟、鄭、虞諸經師皆止各述其所得，仁者見仁智者見智，自非聖人復出，未有能得其定論的解者。雖《程傳》《朱義》所詣最深，不敢謂盡得聖人之意也。故說易當以因象立教為宗，而其他易外別傳者亦必兼收以盡其變焉。益陽胡少珊先生潛心易理，所著《一得錄》以河洛為根，以先天圖為作易之原，以圓圖方圖為觀象之要，於序卦則釋其義例以求合文王之本恉，語皆心得，多能發前人所未發。而於《皇極經世》《變卦圖》及京房錢卜法皆能言其所以然。乃至奇門地理家言亦兼及焉。其殆循陳、邵之宗派而碻有心得者歟！歐陽文忠曰：「六經非一世之書也」，司馬文正曰：「經猶的也。一人射之，不若眾人射之其中者多也。」蓋古人著書，獨抒所見，不妨各明一義。然則先生此書，在兩派六宗中固碻有所見，當百世以俟聖人之論定

〔註23〕又見於李元度《天岳山館文鈔》卷二十七，題《易學一得序》。

也，豈廁千慮一得云爾哉。余於易學茫乎未涉其涯，姑舉所見以質先生，並以諗海內窮經之君子。光緒三年八月既望，平江李元度序。

◎自序：嗚呼，士得志則為龍蛇，不得志則為蚯蚓，余老矣，此中吉凶悔吝得失消長之故，閱歷數十年來，參觀靜得，殆不越夫理與數焉。憶兒時誦經史數千言，為鄉先生所稱許，其時氣高意盈，方謂科名可立致耳。乃試再高等輒報罷，始嘆曰：「吾固知得之不得是有命，而顧敝形費神為？」於是泛濫百家，天文、地理、干支、卜筮諸書，其言率縷縷可聽，然實無所得也。年逾四十，寡過未能也。蹈孔子無悶之誚，遂精心於易，固欲深造之於道以求自得之也。惟易道大賢如伊川言易理不本象而未暢，邵康節言數亦為歐陽所譏。其他講易家言，不啻汗牛充棟矣。某何人，敢詡自得乎？然獨坐一室中，冥思遐搜，兩頰發赤，如大喉間至咯咯有聲，研究不積日不出也。方搆思時，類有大苦，比既有所得則大喜牽衣、繞屋狂呼，輒謂不讓古人。人就咲之，不顧也。嗟乎！余寄迹艸野，高堂遠魚菽之歡，兄弟有脊令之痛，解懷而交遊絕少，入門則婦子交誚不休，富貴不可期，舉五者之案，無一得焉。僅欲以所著《讀易一得錄》問世，其所得幾何哉！然而昔日之所得，不敢以自矜後日之未得，不敢不自勉。尤望當代龍門，矜其志而匡其不逮，則某之所得，又豈有窮期與？！

◎胡澤漳，字少山（珊），號香雪山房主人。湖南益陽人。又著有《四書一得錄》等，皆散佚。

胡兆鸞　淮南子周易古易　二卷　補佚一卷　存

　　國圖藏清末至民國鈔本

　　中科院藏鈔本

　　山東藏鈔本

　　◎胡兆鸞，字律孫。湖南長沙人。又著有《西學通考》三十六卷、《墨子尚書古義》。

胡之琛　鄭氏周易爻辰圖說　一卷　存

　　1932 年石印玉梅遺書本

胡忠閎　易林占驗集錄　存

　　四川藏民國簡陽胡氏稿本

◎胡忠閣，曾與修民國《簡陽縣志》。

胡子霖 周易之新研究 一卷 存

成都大江出版社 1939 年排印本

臺灣文聽閣圖書有限公司 2009 年林慶彰主編民國時期經學叢書本

◎目錄：一導言。二周易之名稱及其意義。三易書之作者。四八卦之畫成。五八卦之意義。六八卦之方位。七河圖洛書。八用九用六之解釋。九上下兩經之區分。下經始於咸恆終於未濟之精義。十一象理數。十二周易之教訓。

◎序：《周易》為哲理至深之學，抑亦吾國文化之源。輓近學者多不瞭解，甚或誤解，僅目為卜筮之術，良可慨也。余友胡子霖先生，攻西學，通經典，於《周易》研究尤有心得。余讀其論著，心嚮往之，因勸付梓以公同好。昔伊尹有言：「予將以斯道覺斯民也，非予覺之而誰也？」時至今日，在精神上之所以覺斯民者，莫善於固有文化，亦莫慮於固有文化，子霖先生勉乎哉！民國二十八年九月，湘鄉陳友生識於成都。

◎胡子霖（1892～1970），字需隆。四川大竹縣竹陽鎮人。先後執教成都高師、成都第一師範等校、四川大學。又著有《大學中庸精義》、《莊子天下篇自述其學說九句之解釋》。

胡宗緒 易管 三卷 佚

◎道光《續修桐城縣志》卷第二十一《藝文志》：《易管》三卷（胡宗緒撰）。

◎胡宗緒（約 1670～1740），字襲參，號嘉遁。安徽桐城人，十歲喪父，守母訓自勵。康熙五十年（1711）舉人，任明史館纂修。雍正八年（1730）進士，授翰林院編修，後遷國子監司業。與方苞、劉大櫆等友，潛心研究天文、曆算、兵法、刑律、地理、六書、九章、音韻之學。著有《晝夜儀象說》、《象觀》、《歲差新論》、《測量大意》、《九九淺說》、《律衍數度衍參注》、《方輿考》、《臺灣考》、《膠萊河考》、《對河決問》、《南河論》、《北河論》、《苗疆紀事》、《兩戒辨》、《古今樂通》、《字學音韻辨》、《正字通芟誤》、《字典發凡》、《簡平儀》、《正蒙解》、《大學講義》、《司業奏議》、《環隅集》、《梅胡問答》等，增注《禹貢備遺》二卷。

胡宗緒 易管增注 佚

◎道光《續修桐城縣志》卷二十一《藝文志》：《易管增注》（胡宗緒撰）。

胡宗緒 洪範皇極疑義 一卷 佚

◎道光《續修桐城縣志》卷第二十一《藝文志》：《洪範皇極疑義》一卷（胡宗緒撰）。

華長卿 古本周易集注 十二卷 佚

◎民國《天津縣新志》卷二十三之一《藝文》一：《古本周易集注》十二卷，華長卿撰。

◎《畿輔通志》卷一百三十三《藝文》一：《古本周易集注》，國朝華長卿撰。

◎俞樾《春在堂襍文五編》卷四《開原縣訓導華君墓表》：所著有《古本周易集注》十二卷、《尚書補闕》一卷、《毛詩識小錄》四卷、《春秋三傳異同考》四卷、《說文形聲表》六卷、《說雅》六卷、《正字原》六卷、《韻籟》四卷、《兩晉十六國年表》二卷、《輿地韻編》五卷、《唐晉陽秋》六卷、《史駢箋注》八卷、《查初白張船山年譜》二卷、《盛京通志稿》三十六卷、《東觀堂文鈔》八卷、《梅莊詩鈔》三十二卷、《騰香館詞鈔》二卷，都凡一百四十四卷，可謂富矣。

◎華長卿（180-5～1881），榜名長懋，字枚宗，號梅莊，又號鎦庵，晚自號米齋老人。直隸天津人。道光十一年舉於鄉，俄丁父憂里居，與寶坻高寄泉、任邱邊袖石訂交，學益進，山陽丁儉卿稱為畿南三子。自道光辛丑以後居金陵十載，所交如全椒馬鶴船、山陽楊蓮卿、日照許印林、江寧端木子疇、曲阜孔繡山、懷寧方小東皆海內名士。道光二十四年大挑一等，以教職銓選。三十年被省符署房山縣教諭，已先如金陵，未及赴。咸豐元年遡大江遊楚北，又由皖而汴。三年自京師出居庸關至於大原，所至縱覽其山川、交其賢豪長者，而發之詩歌以自見其志。同時如李蘭孫、瞿端卿、王子梅等皆一見如故。三年冬選授奉天開原縣訓導。總纂《奉天通志》，在局三年，成書三十六卷，局費告匱未究其事。光緒五年以右耳重聽乞休，奉天府府丞兼學政王家璧上言其「究心經史，兼有著述，在任二十六年，每逢宣講聖諭及春秋丁祭，必誠必敬，循例月課外，時進諸生，以經史相切磨，以文行相敦勉，勤學善教足為司鐸者法，請賞給京銜致仕，以風勵學校之官」，疏入，有詔賞

加國子監學正銜。

華承彥 讀易隨筆 一卷 佚

◎華世奎《先考屏周府君行述》著錄。

◎華承彥（1839～1916），字屏周，號屈齋，晚年又號無須子。其治易處名格屈軒。吳昌碩《華屏周承彥贈詩即答》中有云：「君問苦中樂，我彈弦外音……七十二沽水，交情同此深。古硯渾不淺，講易聽森森。」

華承彥 華氏易學三種 六卷 存

南開大學藏光緒二十五年（1899）刻本

華承彥 述易 一卷 佚

◎華世奎《先考屏周府君行述》著錄。

華承彥 學庸述易 一卷 存

華承彥光緒二十五年（1899）刻華氏易學三種本

華承彥 易貫章段 四卷 存

天津藏光緒二十一年（1895）鈔本

華承彥 周易古本 不分卷 存

國圖藏光緒三十四年（1908）刻本

華承彥 周易篇第考 不分卷 存

天津藏光緒三十四年（1908）刻本

華承彥 周易繫辭 二卷 說卦 二卷 存

華承彥藏光緒二十五年（1899）刻華氏易學三種本

華日昕 太極圖解 佚

◎民國《平陽縣志》卷四十九《經籍志》二：清華日昕《太極圖解》（增。蒲門華譜）。

◎華日昕，字昶若，號愚千。乾隆二十九年（1764）歲貢。居陝西蒲

城。著學甚富。又著有《尚書星拱》、《讀孟日鈔》、《太極圖解》、《愚千解諸書》等。

華日昕 易義存疑 佚

◎蒼南新聞網著錄。

（網址：https://www.cnxw.com.cn/system/2021/07/14/014117690.shtml）

華希閔 玩辭初筆 二卷 存

山東藏清刻本

◎光緒《無錫金匱縣志》卷三十九《著述》：《性理註釋》（華希閔）、《易／書／詩／春秋集說》各十卷（華希閔）、《中庸剩語》《論語講義》共三卷（華希閔）。

◎華希閔（1672～1751），字豫原（芋園），號劍光。江蘇無錫人。康熙三十年（1691）副貢、五十九年（1720）舉人，授涇縣訓導。雍正十三年舉博學鴻詞不赴。乾隆十六年賜知縣銜，尋卒。著有《性理四書注釋》、《重訂廣事類賦》、《延綠閣集》等書。

華學泉 讀易偶存 不分卷 存

復旦藏清鈔本

◎光緒《無錫金匱縣志》卷二十一《儒林》：平生尤邃於易，顏其室曰讀易廬。

◎羅振常原著、周子美編《嘉業堂鈔校本目錄》卷一：《讀易偶存》不分卷（清華學泉著，舊鈔本，五冊，退思齋舊藏）。

◎李慈銘《越縵堂讀書記》：華氏字霞峯，顧復初《春秋大事表》嘗稱之。所著尚有《讀易偶存》六卷、《春秋類考》十二卷，俱未刻。

◎華學泉，字天沐。江蘇無錫鵝湖鎮人。顧棟高舅父。與兄學瀚、弟學潛，並敦孝友。年四十餘，鍵戶一室，讀書窮日夜不倦，足未嘗躡廳事。與黃瑚、陸楣共為古文，而學泉尤以經學著。所著《儀禮喪服或問》，高愈極稱之。儀封張伯行撫吳，屬教官某延主東林講會，謝不赴。後數年卒，年七十六。

華嚴室主 華嚴室說易 不分卷 存

山東藏稿本

懷晉 周易訓蒙輯要 四卷 存

康熙二十四年（1685）刻本

◎民國《齊河縣志》卷十九《藝文考》：晉自序略曰：聖人立言以教天下萬世，原非示人艱深繁難也。故《易》之為書六十四卦，伏羲僅以象告。文周慮人之弗明，而繫辭以明之。孔子又作十傳以反覆申明之，既詳且盡，蓋欲學者於此居安樂玩，以為日用飲食之書。至於因理測數，教人卦筮，則又示人進退存亡之道，而未嘗有趨吉避凶之方也。術數者流專言吉凶，既失聖人立教之旨；談理之家深刻其說，希新後學厭常之目，遂使吾黨學者，非目為艱深，則厭其繁難，漸至訓詁無人，而治易者寡。即究心舉業，亦不過選題集文以為捷徑，而明經之說竟成迂腐。嗚呼，四聖人憂世覺民之意不幾熄乎！余不敏，欲引人以樂從也，故合朱註及諸家解義，採而輯之，以求讀者之易曉。間亦附以己意，雖於理未盡明，聊為童蒙指南云耳。

◎民國《齊河縣志》卷十九《藝文考》：門人李天賜《書後》云：懷先生結廬鑛村之陽，怡情泉石，絕口不言仕進，唯以窮經為事，而治易尤精。因執易來學者多探索之勞，乏會心之樂，先生曰：「夫易之道乾坤而已，乾坤之理易簡而已，易簡之理仍以易簡求之，則廣大精微自有合也。」因就《周易集注》筆削而增減之，求發明朱子《本義》而止。其書簡而賅、明且盡。凡我同學諸子，已各繕寫一帙，而終未能廣其傳，因共謀捐貲以登諸梨棗。嗚呼，先生往矣！廣衍經學，同期寡過，或亦先生當年之志也夫！

◎孫葆田《山東通志》卷百二十七《藝文志》第十：是書刊於康熙乙丑。唐夢賚序略云：「《周易訓蒙輯要》一書，以晦翁《本義》為標的，而於諸家註疏巢括而節取之，參以獨得之祕。」其門人之言曰：「不博覽諸先達注疏與各時賢講解，不知其簡而該、明且盡也。」見《志壑堂後集》。

◎懷晉（1597～1676），字麗明。先世居山東齊河懷莊，後徙山東歷城。諸生，與張爾岐交甚密。入清隱居濟南城南青銅山下鑛村，教授鄉里以終。設教幾五十年，門下士如濟陽艾元徵、王盛唐，貴後過里門，必來謁，晉遇之如受業時。又著有《四書易解》、《陰符經注》、《懷晉文集》。

黃卬 讀易質疑 八卷 存

湖北藏稿本（錢基博 1956 年手書序）
南京藏乾隆周翀鈔本（上經四卷下經不分卷）

南京藏清鈔本（五卷）

◎是書未見刻本。

◎自序略謂：卦各有典常，而不可以此例彼。吾所值之時即卦也，吾所居之位即爻也，吾所之人即爻之雜居而有相得不相得之情者也。即所值之時、所居之位、所與之人，而審其不易之典常，則無時不有易，而不蹈於凶悔吝。

◎黃印，字堯咨。江蘇無錫人。乾隆諸生。家貧力學，以教授生徒自給。注釋諸經，尤深於易。治易，獨辟蹊徑，不尚象，不主互卦，重窮其理。歷時廿載，五易其稿，撰成是書。前有乾隆十九年甲戌（1754）自序。

黃本溥　讀易管見　未見

◎尋霖、龔篤清編《湘人著述表》著錄。

◎黃本溥，名幼山，以字行。湖南湘鄉人，曾任省議員，後目盲。曾參撰《湖南憲法草案》。

黃本溥　易學真詮　不分卷　存

彰文印刷局 1932 年鉛印本

山東藏臺北成文出版社 1976 年無求備齋易經集成影印 1932 年鉛印本影印

臺灣文聽閣圖書有限公司 2009 年林慶彰主編民國時期經學叢書本

◎目錄：第一章易學源流。第二章易之定義。第三章經傳篇次。第四章圖書真偽說。第五章河圖說。第六章洛書說。第七章洛書餘論。第八章河圖洛書之緣起。第九章則河圖畫卦洛書列卦說。第十章先天八卦說。第十一章先天八卦次序說。第十二章後天八卦說。第十三章後天八卦次序說。第十四章後天八卦不始於文王說。第十五章先天八卦變後天八卦說。第十六章先天八卦後天八卦辨。第十七章先後八卦圖之緣起。第十八章河洛先後八卦總說。第十九章圖十書九說。第二十章四象說。第二十一章中五說。第二十二章卦名攷。第二十三章重卦說。第二十四章太極圖說。第二十五章太極圖攷。第二十六章參天兩地說。第二十七章五行說。第二十八章五行次序說。第二十九章八卦五行考。第三十章五行位次說。第三十一章六十四卦反對變不變總論。第三十二章河圖含八卦五行天干說。第三十三章河圖舍八卦四維十二支二十四向說。第三十四章盈虛消息說。第三十五章太乙九宮即明堂九

室說。第三十六章十二辟卦說。第三十七章納甲說。第三十八章律呂說。第三十九章三十六宮說。第四十章元會運世說。第四十一章卜筮說。第四十二章附論。

◎凡例：

一、《易》之為書，夫子謂為將以順性命之理，又曰：「易逆數也」。欲明性命之理，必先知逆數之道，乃五千年來，未有能透解斯義者。特於各章反覆論之。

一、圖書皆出伏羲，夫子曰：「河出圖，洛出書，聖人則之」，蓋謂伏羲則圖書以畫卦也。乃後世不察，疑竇叢生，真偽不分，大道愈晦。茲就典籍所載，引經注經，以求真確。

一、《莊子‧天下篇》謂易以道陰陽，夫子曰：「一陰一陽之謂道」，是一部《易經》陰陽而已，至衍之為納甲、九宮等說，不過為易學之一，其於至道究為鱗爪，故僅擇其關於人事密切者言之。

一、聖人因圖書以作易，見於經傳，班班可考。秦漢而還，先儒不傳圖書。至朱子始列九圖於卷首。此誠易學之幸，乃學者不察，議論橫生。是篇於圖書精義原委不惜反覆詳說，良以圖書之中精義存焉，舍此不足以見易也。

一、伏羲則圖書以畫卦，先天後天，同時並出，故祇曰先天八卦、後天八卦，而不曰伏羲八卦、文王八卦。

一、程朱《易傳》《本義》，學者所宗，然亦有不到處。如解天地定位一章，所稱左旋右旋之說近於附會，故不取。

一、《易》為卜筮之書，幸免秦火。然亦因為卜筮之書見輕於儒，殊不知卜筮僅為四道之一，且亦為四道之末。卜以決疑，不疑何卜？八卦定吉凶，吉凶生大業，盈虛消息，宜細審之。

一、古人左圖右史，原藉以佐書也。然圖書愈多穿鑿愈甚，茲但擇其最要者，附於每章之後。

一、先儒說易，穿鑿固多，然可採亦復不少。苟義有可取、言有可錄，無不兼收。茲僅摘其精義，不能直據為某某之說，如前人諸集引某某之文。毫無掠美私心，祇求闡發盡致。

◎易學真詮序：鴻蒙肇始，太極渾然，兩儀既分，三才以立。河以通乾出天苞，洛以流坤吐地符，示之圖焉。倍五為十而顯其常，示之書焉。藏十於九而通其變，伏羲氏仰觀俯察，始作八卦，以通神明之德，以類萬物之情。文

王因之而作卦辭，周公作爻辭，孔子作十翼，集四聖之大成，啟千古之祕鑰。其大無外，其小無內，而易乃大備。凡夫修身齊家治國平天下之道，蓋盡於此矣。自商瞿子夏受易以後，口耳相傳，私相授受，其後家自為書、人自為說。或主象數之學，或主河洛之理，於是有漢易宋易之分。夫以四聖人之書而至有時代之見，離經背道，大惑不解。其尤甚者，乃斤斤於白黑之點、九十之數、方圓之體、復姤之變，入主出奴，紛紛不已。大道愈晦，小道爭鳴，學術既壞，斯治術愈下。吁，可慨也！昔韓宣子適魯，見易象與魯《春秋》，曰：「吾乃今知周公之德與周之所以王。」蓋《春秋》之教，屬辭比事，亂臣賊子所不能逃；《易》之為教，潔靜精微，天地鬼神所不能悖。故文王之事殷也，三分天下有其二；武王之伐紂也，一戎衣而天下大定，不賞而民勸，不怒而民威，於鈇鉞，所謂湯武革命，順乎天而應乎人者，夫豈苟焉而已哉？！然則易道之昌明與否，世運之隆替攸關，不可以不察也。清癸卯，予主湖南高等學堂，湘鄉黃子本溥相從問難質疑者久之。值清政不網，余參與改革，黃子贊助之力為多。辛亥以後，黃子雖或列議席，或參戎幕，然其然其寢饋圖書，朝夕不倦，予固早知其根深而枝茂矣。今夏，予歸自海上，黃子持所著《易學真詮》一書見示。凡四十二章，舉聖人所以則圖書作易之理，窮源竟委，隱而天地鬼神之奧，顯而萬事萬物之繁，罔不摘抉而呈露之。予維《易》之為書，自漢以來註解多矣，考《四庫全書‧易類》凡百八十五部，莫不持之有故言之成理，然各道所道，讀者病之。今黃子是書，得象數之真髓，發河洛之精蘊，上述羲皇，下融漢宋，於昔賢門戶之見一掃而空之，而又章分條析，開卷朗然，洵易學之津梁也。昔李鼎祚自序《周易集解》，稱「刊輔嗣之野文，補康成之遺象」，予於是書亦云。因勸其速付梨棗，以公同好，庶使海內讀易者得是書而參觀之，探賾索隱，如驪珠得珠，有以通天下之志，定天下之疑，決天下之大難，而於學術、治術尤得藉以維持於不墜也夫！中華民國二十一年夏月，寧鄉周震麟序。

　　◎自序：六經莫先於易，亦莫重於易。聖人之作易也，將以順性命之理、盡變化之道也，是以立天之道曰陰與陽，立地之道曰柔與剛，立人之道曰仁與義。陰陽也、剛柔也、仁義也，其道一也。是道也，以之修身則身修，以之齊家治國平天下，無所處而不當。是故陰陽交則天地泰，陰陽乖則天地否。曰精一、曰執中、曰一貫、曰窮理盡性以致於命，類皆反之於己、藏之於密，上見天心，下恰人情，以裁成天地之道，以輔相天地之宜，以左右民。故明乎

此道之渾淪，則先天而天弗違，太極之體以立；明乎此道之顯著，則後天而奉天時，太極之用以行。聖神之治教，固有不待他求者矣。自易學不明，邪說蜂起，人欲橫流，天理汩滅，三綱淪，九法斁，馴至殺機一動，盈野盈城而不可遏。吁，可慨也已！予幼讀蘇明允易論，謂探之茫茫、索之冥冥，童而習之，白首而不得其源。又曰禮無所不可測而易有所不可窺者，夫《易》之為書也，廣大悉備，如日月之經天、江河之流地，誠如紫陽所云極其數以定天下之象、著其象以定天下之吉凶。六十四卦三百八十四爻，皆所以順性命之理、盡變化之道也。而乃謂為不可窺測，何哉？果如蘇氏所云，則無怪乎大盜不止，數千年爭殺攘奪，相尋不已，而天怒人怨，至於斯極也。昔者先王之治天下也，禮以道其志，樂以和其聲，政以一其行，刑以防其姦。夫禮樂刑政固為治國之本，然仁義禮智尤為人道之極。惟天下至誠為能盡其性，惟能盡其性則能盡人性、盡物性，以贊天地之化育，與天地參。《繫上傳》曰：「天地定位而易行乎其中矣，成性存誠，道義之門」，又曰：「乾坤毀則無以見易，易不可見則乾坤或幾乎息矣」，大哉易乎！其為人道之至極歟！奈何數千年來，學者說說易，雖時有發明，然言圖書者則偏於象數，言易理者涉於空疏，甚或視易為畏途。率天下之人，盡入於咎凶悔吝之中，而不知趨避。龍戰於野，鬼瞰其室，此誠可為長太息者也。民國肇造垂二十年，禍變相尋，迄無寧歲。撥亂敷治，首正人心、息邪說、拒詖行、放淫辭，使人順性命之理，以贊天地之化育。易其至矣乎！爰本四聖之旨，採集各家之言，參以圖說，著《易學真詮》一書，都四十二章，於易學之源流、河洛之精蘊、先後八卦之象數，慎思明辨，力求昭晰。俾學者觸類引伸，瞭如指掌，豁然於天人合一之旨，致治於未亂，保邦於未危，而不致視易如蘇子所云新奇秘怪，白首而不得其源也。此者述者之苦衷，日夜孜孜而不容自已者也。是為序。

　　◎摘錄第四十二章《附論》：《易經》一書，道陰陽而已。未有易以前，八卦四象兩儀渾然具於太極；自有易以後，兩儀四象八卦井然生於太極。人受天地之中以生，誠能盡性致命、明善復初，自然與天地合德、日月合明，經綸天下之大經，立天下之大本，知天地之化育，有所以倚也。蓋易道統於乾坤，而乾坤之功用在坎離，不交則乾坤亦無用。故上經首乾坤而終坎離，以明天地之體用也；下經首咸恆而終既濟未濟，以明人道之陰陽也。天地以坎離為功用，而太極之理氣自全；人道以坎離為生化，而陰陽之真以固。女之貞、男之窮，夫子已概乎其言之矣。學易者，法天地之渾然者以致其中，法天地之

流行者以致其和，則六十四卦統于太極，而成位乎其中矣。然此豈文字所可傳耶？是在學者細心領會而已。

黃楚鐘　周易黃注　七卷　存

山東藏清鈔本

◎黃楚鐘，湖南長沙人。乾隆二十一年舉人。

黃純佑　周易貫解　佚

◎黃純佑，湖北通城人。優附貢。又著有《禹貢本義》《存省吟》《日用淺語》。

黃道亨　易經約解　一卷　佚

◎光緒《潛江縣志稿》不分卷：經學深粹，不專攻制藝。著有《禮記約解》《易經約解》各一卷。

◎黃道亨，號楓亭。湖北潛江人。廩生。昆弟六人，以文行相砥礪，列膠庠者五。

黃道曉　周易會通　二十四卷　佚

◎民國《蕪湖縣志》卷五十《人物志・文學》：乾隆辛卯徵遺書，沈既堂郡守以其書上之，采入四庫館。著有《周易會通》二十四卷。

◎民國《蕪湖縣志》卷五十六《藝文志・經部》：《周易會通》二十四卷（清黃道曉著。收入《四庫》附）。

◎黃道曉，字暢白，號目耕老人。安徽蕪湖人。邑庠生，舉康熙庚辰鄉賓。卒年九十二。

黃萼梅　玩易緒言　六卷　存

山東藏光緒十年（1884）鈔本

黃鳳舉　易說　佚

◎光緒《重纂邵武府志》卷之二十九《藝文》：《易說》，黃鳳舉撰。

◎劉聲木《桐城文學撰述考》卷四「黃鳳舉撰述」：《易說》《大學解》《學錄》。

◎黃鳳舉，字臨皋，號裕齋。乾隆貢生。

黃福 圖書通義 一卷 存

山東藏 1922 年鉛印本

黃福 繫傳說卦輯義 一卷 存

山東藏 1922 年鉛印本

黃福 易學顯微篇 一卷 存

山東藏 1922 年鉛印本

黃淦 周易精義 四卷 首一卷 續編一卷 存

國圖藏、山東藏嘉慶十三年（1808）同文堂刻七經精義本

國圖藏、山東藏嘉慶十五年（1810）尊德堂刻七經精義本

學苑出版社 1994 年古典善本精義叢書影印令德堂藏版本

◎卷首為總論、河圖洛書、伏羲八卦圓圖說、伏羲六十四卦橫圖說等。歷引《世譜》、邵子、魏了翁、王應麟諸家論易之說。

◎同學參訂姓氏：丁澍、丁煃、何烺、裘春湛、湯春生、仇晉、朱師望、陳希濂、石城、趙文淦、田穗、聞人經、周澍、王應曾、范椿、丁照、汪應泰、程志堅、孫文漪、葉茂、祝純禧、孫鑒明、孫廉鍔、錢光祖、范元偉、戚人鏡、濮城、周玉霖、汪菜、姚棨、王俊德、王泰、祝純治、王學增、弟綖、婿王墉、姪景福、男景祺。

◎陳嵩慶序：劉勰云：「王極彝訓，其名曰經。經也者，恆久之至道、不刊之鴻教也。」遭世縣曖，寖以失墜。漢唐注疏，厥功懋焉。自宋以還，人逞取說，雖復辭翰鱗苹，無不困囿於注疏，所謂百家騰躍終入環中者也。遙哉千齡，卷帙益備。雅才好博，遍覽為難。邇乃捘舥小生習科舉之文者，桎梏塵埲之中，顛仆溼腐之下，談馬、鄭則如坐雲霧，議賈、孔則低頭欠伸，高束不觀，忽忽無事，膏肓沉痼，良可痛疾。苟其窺文章之奧府、參性靈之鎔匠，縱不能闡明聖籍，亦復符采可觀也。吾浙黃緯文登等，嗜經術，深究洪旨，景前修之博覽，彙先哲之盛業，勤懇鈔撮，撰為一書，意取擇焉而精，著明經義。其取材耶侈，其選辭也藻，測彼微意，仍以注疏為宗。昔王伯厚造《辭學指南》，所以示末學之津梁、標當世之準的，學徒披覽，莫不粲然。先覺之意，斯為宏雅。今之撰錄事亦同之。若有厲志之夫、覃思之士，獵其文采、擷其芬潤，然後正末歸本，深求於注疏之學，以此為索塗之擿杖、涉津之寶筏，淵哉

鑠乎，非僅科舉之業資其灌取，抑文綉鞶帨可免彥和離本之譏已！時嘉慶十有二年正月五日廣東督學使者錢塘陳嵩慶序。

◎王宗炎序：武林黃綺霞先生，窮年治易，條舉先儒要語，融以己意，潤色其詞，名曰《精義》，以為習舉業者之取資，而問序于宗炎。序曰：《易》之為書，廣大悉備，世應變互、升降消息、卦氣納甲、術數象占，皆足以明一義。而小辨破道，致遠恐泥，往往有之。夫六十四卦三百八十四爻，大而天行地勢，小而草木蟲魚，民生日用之恆、鬼神情狀之變，據其所見以立言，至賾而不可窮，而聖人約之曰脩辭立其誠，所以居業，何擇之精也！誠之要在慎好惡以正性情：好君子惡小人，性情毗于陽，則致吉亨无咎，好小人惡君子，性情毗于陰，則致致凶悔吝。其於辭也，亦若是而已矣。善者吾好之，不善者吾惡之，毋惑于似，毋紛于岐，毋以風會所尚而違其本志，毋以新奇可喜而背其師說，俾吾之所言者，皆本于吾之所得，而毋自欺以欺人，所謂誠也。誠則一，一則純，純則精，蓋不言易而易之義具。說者疑先生是書為科舉文字而作，無當于為學之指，是又不然。《記》曰：「所習必有業」，制義代聖賢立言，為士子晉身階梯，非業之正者乎？昌黎韓氏曰：「文詞之於言，又其精也」，學者讀先生之書，趨向端而持擇審，不敢以所不知者緣飾于文章，不敢以所不安者馳騁其議論；存誠而來善物，下學所以上達也。吾懼夫世之非薄制義，栩栩然號為明通，而支離轇轕、飾櫝衒玉者之祇見其雜也。嘉慶甲子二月朔日，蕭山王宗炎序。

◎自序：五經惟易理最精深，包含萬象，无乎不有。粵自包羲一畫洩兩間微奧之機，開萬世文字之祖，其原本于河圖而生成變化，有對待有流行，皆出于自然之妙，因是演為六十四卦。然羲易有畫未有辭，至彖象爻辭始自文周所作，迨孔子成十翼，韋編三絕，猶願假年學易，其絜靜精微之旨正未易窺也。韓文公曰「易奇而法」，予按之經文，竊維所謂奇者不必盡有實事，法者乃真有其實理也。天地間何在不可作易觀？凡有盛必有衰，有克乃有生，即對待之易；而往來不窮循環無端者，即流行之易。悟此，可不言易而易自在矣。善乎康節邵子曰：「畫前原有易」，深得不傳之秘。至程《傳》、朱子《本義》出，而易理益明。予此編博採羣書，而于胡云峯先生《釋傳》尤心折焉。其說善于得間，無義不搜，故摘錄較夥，而概顏之曰《精義》以付梓。時嘉慶八年臘月望日，武林黃淦緯文氏自序。

◎黃淦，字緯文。浙江武林（今杭州）人。

黃鞏 周易述禮 三卷 首一卷 存

山西藏同治五年（1866）存幾堂刻本（二卷，繫辭一卷）

1924 年刻本

◎《販書偶記》卷一：《周易述禮》三卷首一卷，鞏□撰，又題存幾堂述，無刻書年月，約宣統間刊。

◎《續四庫總目提要》：鞏所著有《五經述禮》，曰《周易述禮》，曰《尚書述禮》，曰《詩經述禮》，曰《春秋述禮》，曰《論語述禮》。今四書皆無流傳，梓行者僅此一種。

◎《湖南圖書館古籍線裝書目錄》：《周易述禮》三卷首一卷，黃鞏撰。民國 15 年存幾堂刻本，2 冊（黃注五經述禮）。

◎此書旨在闡天道，切人事，借《周易》而證實文王心事。其解釋天地定位，以程朱之說為本，論爻位上下卦德剛柔則宗王弼之說。於術數之學多不取，故其說多隱喻商周故事。書前列所見易家著述共一百六十餘種。

◎黃鞏，字子固。湖南長沙人。

黃國鼎 新刊增訂太史仇滄柱先生家傳周易備旨 □□卷 存

山東藏乾隆五十五年（1790）金陵文會堂刻本（四卷。首一卷。題新刊增訂太史仇滄柱先生家傳周易備旨）

重慶市秀山藏清刻本（存三卷：四五六）

◎黃國鼎，字敦柱，號九石。福建晉江人。又著有《四書質問》諸書。

黃國鼎 易初進解 佚

◎民國《福建通志》卷六十八《藝文》一：黃國鼎《易初進解》。

黃國鼎 易經初解 佚

◎道光《晉江縣志》卷七十《典籍志》：黃國鼎《四書質問》《易經初解》《左國迂評》《奏疏詩文集》。

◎乾隆《泉州府志》卷四十四《人物列傳》：所著正集外，有《四書質問》《易經初解》《左國迂評》。

黃國儀 採集易圖說 一卷 佚

◎道光《晉江縣志》卷七十《典籍志》：黃國儀《四書集說》十六卷、

《易經集說》八卷、《大象集說》二卷、《周易牖中天》一卷、《彖辭集說》二卷、《序卦集說》一卷、《說卦集說》一卷、《雜卦傳集說》一卷、《易大傳上下集》三卷、《反對象義》一卷、《採集易圖說》一卷、《毛春莊易說》一卷、《章本清易說》一卷、《易經全圖》六卷、《天然圖》三十六卷、《易原》一卷、《校定蔡忠烈集》八卷附弔詩共七本、《唐人祕訣》一卷、《梅亭詩集》二卷。

◎乾隆《泉州府志》卷之五十五：嘗苦羲易諸圖久失其傳，廣探載籍，竭慮覃思，盡發宋明儒未發之秘……所纂輯有《易經集說》八本、《周易大象集說》二本、《周易上下經彖辭集解》二本、《易大傳上下集》三本、《周易牖中天》一本、《易經序卦反對象義》一本、《採集易圖說》一本、《序卦傳集說》一本、《說卦傳集說》一本、《雜卦傳集說》一本、《毛春莊易說》一本、《章氏本清易說》一本、《四書集說》十六本、《校定蔡忠烈文集》附弔詩共七本。自著有《周易天然圖》三十六本、《易經全圖》六本、《易原》一本、《唐人秘訣》一本、《梅亭詩集》二本。

◎黃國儀，字懷一。福建晉江人。少博學恬於進取閉戶著書，潛心正學。年六十六卒。

黃國儀 大象集說 二卷 佚

◎道光《晉江縣志》卷七十《典籍志》著錄。

黃國儀 反對象義 一卷 佚

◎道光《晉江縣志》卷七十《典籍志》著錄。

黃國儀 毛春莊易說 一卷 佚

◎道光《晉江縣志》卷七十《典籍志》著錄。

黃國儀 說卦集說 一卷 佚

◎道光《晉江縣志》卷七十《典籍志》著錄。

黃國儀 天然圖 三十六卷 佚

◎道光《晉江縣志》卷七十《典籍志》著錄。

黃國儀 象辭集說 二卷 佚

◎道光《晉江縣志》卷七十《典籍志》著錄。

黃國儀 序卦集說 一卷 佚

◎道光《晉江縣志》卷七十《典籍志》著錄。

黃國儀 易經全圖 六卷 佚

◎道光《晉江縣志》卷七十《典籍志》著錄。

黃國儀 易大傳上下集 三卷 佚

◎道光《晉江縣志》卷七十《典籍志》著錄。

黃國儀 易經集說 八卷 佚

◎道光《晉江縣志》卷七十《典籍志》著錄。

黃國儀 易經全圖 六卷 佚

◎道光《晉江縣志》卷七十《典籍志》著錄。

黃國儀 易原 一卷 佚

◎道光《晉江縣志》卷七十《典籍志》著錄。

黃國儀 雜卦傳集說 一卷 佚

◎道光《晉江縣志》卷七十《典籍志》著錄。

黃國儀 章本清易說 一卷 佚

◎道光《晉江縣志》卷七十《典籍志》著錄。

黃國儀 周易牖中天 一卷 佚

◎道光《晉江縣志》卷七十《典籍志》著錄。

黃鶴 易林補義 佚

◎道光《徽州府志》卷十一之四《人物志・文苑》：邃於易學，同從弟炳鑽研爻象，日夜不倦。著有《易林補義》，未脫藁而卒。

◎黃鶴，字蕭功。安徽婺源（今屬江西）潢川人。歲貢生。

黃煥釗 易象明原 二卷 存

湖南、廈門藏 1924 年石印本

山東大學藏 1935 年石印本

黃煥釗 周易輔注 四卷 存

湖南、廈門藏石印本

黃家岱 媻藝軒雜著 三卷 存

中國人民大學藏光緒二十一年（1895）江蘇南菁講舍刻本

◎民國《定海縣志》冊四丁《藝文》：是編附刊其父集後。

◎黃家岱，字鎮青。浙江定海人。黃以周子，劬學前卒。

黃家杰 易經輯疏 四卷 佚

◎翁方綱《翁方綱纂四庫提要稿》：其解經大抵以明來知德錯綜之說為主，而又期不背於朱子《本義》，蓋恐有妨舉業也。卷前別為一冊，載諸圖及經傳篇義。即其所採諸書，亦多坊本講章，如《辨志堂體注》等皆目為經解而採之，其書可知矣。或酌存目。

◎四庫提要：其書刪邵子之橫圖，謂此邵子之易，非羲、文之易，而不免仍用先天之說。又謂來知德之卦錯卦綜勝於卦變，而不免仍用卦變之說，觀其自序稱來易恐不近於舉業，是既欲詁經，又牽合以就程試，遂兩者騎牆耳。

◎光緒《江西通志》卷九十九《藝文略》一《國朝》：《易經輯疏》四卷，黃家杰撰（《四庫全書存目提要》）。

◎黃家杰，字雋珊。江西臨川人。宣統二年任綏化知事。

黃价 周易彙義 四卷 存

山東藏道光十年（1830）家刻本

◎黃价，甘肅慶陽寧縣人。乾隆三十三年（1768）舉人。官知縣。

黃敬銘 太極圖說解 佚

◎《中州藝文錄》卷二十四著錄。

◎黃敬銘，河南嵩縣人。咸豐諸生。又著有《四書問心》《兩銘解》。

黃喬 易元命響 佚

◎彭彬如《黃喬老六十大壽》〔註24〕：道德文章縱自天，等閒著作邁前賢。《易元命響》詮玄妙，惹得人稱陸地仙。

◎黃喬（1873～1951）。湖南永州祁陽人。李馥弟子。又著有《禹貢發微》、《禮運發微》、《戴禮三記發微》、《孝經注》、《宣夜述遺》、《泰古春秋》、《大同新論》、《語溪尚友錄》、《瀟湘樓記》、《瓷史》、《瓷史補遺》、《暢園詩話》、《歷代漁隱小史》、《甲乙避寇錄》，與南社詩友陳瘦愚合著有《閑情偶寄唱和錄》。

黃剴 讀易質疑 八卷 存

南京藏 1986 年原底片

◎黃鏡（誠齋）《黃爻資讀易質疑序》〔註25〕：《易》之為書也，廣大悉備，無乎不冒。以言乎遠則不禦，以言乎邇則靜而正。无思也，无為也，寂然不動，感而遂通，極其功效，至于範圍天地而不過、曲成萬物而不遺，神化宜民而不倦、通乎晝夜之道而知觀其會通，以行典禮，隨時變易而有不易者存。所謂易有太極，即吾心之主也。顧非大其心不足以體易、精其心不足以用易、虛其心不足以玩易而明易，而學之之要，則統在于洗心。心本于天，原無所污，何庸于洗？有生以後，物染滋生，積之既久，如膠投漆，幾為藏垢集污之所，則心非其心，有洗不勝其洗者，則洗之又洗。至于洗無可洗，斯人盡天還，體無不顯，用無不靈，隨時隨事，觸處洞然，即心即易，無往而非天矣。《記》曰：「潔淨精微，易之教。」其斯之謂與？乃世之學者多以粗浮穢雜之心，欲明潔淨精微之教，宜乎其戞戞而難入也。故自漢迄今，著易者紛如，非失之膚陋固滯即失之窈冥誕蔓，非失之支離穿穴即失之影響游移，求其義理精密、辭無泛設、上契四聖之心、切于明體達用之實者殊鮮。錫山同學黃子爻資，天性寡欲，胸無機滓，博學工文而淡于進取。授徒之暇，孜孜矻矻，研精于易。一日忽有得于「不可為典要」又曰「既有典常」之旨，從此悟入六十四卦，洞見皆綮，一卦一爻各有攸主。於是推類比義，反覆參稽，內外本末，兼綜條貫，著為一書，名曰《讀易質疑》，前後共成八卷。託始於己未，卒業於甲戌，歲更十六，稿凡五易。于易之疑義靡不辨晰，讀之

〔註24〕錄自《祁陽詩詞聯文選》，第 147 頁。
〔註25〕錄自 1948 年四維堂《江蘇是氏宗譜》卷三十四。

者心開目明，不啻曉孤之遇雨。至《序卦圖說》及《繫辭》上下傳，尤發前人所未發。而猶自視欿然，若不克信。非深有見于易道之無窮、虛懷之益至，而能若是邪？梁溪素多易學，其最著者，在宋則有李忠定之《內外篇》，在明則有邵文莊之《簡端錄》、高忠憲之《孔義》、吳表衣之《像象述》，本朝華兆登之《古本周易》，在今則有吳氏兄弟、容齋易堂之《約旨集說》，其書或詳或簡，雖各有心得，似皆未若是書之洗盡繁蕪、獨開生面、始終完備、脈絡分明，卓然可與程朱《傳》《義》并傳于世而無疑也。先是其七世祖斗南先生于嘉靖間以忠諫直節杖戍遼陽，日課一《詩》目自遣。同榜進士唐文襄寓書勗之曰：「日課一《詩》不如日玩一卦一爻，有反身默成之益，奚溺此枝葉無用之辭為？！」遂輟《詩》讀易，居遼三十年，寂寥枯淡，人不能堪，而浩然自得，若將終身其有得，于反身默成之義深矣，而絕未形于楮墨，惟曰：「天不言，代之言者易也。」又《自愧詩》末句云：「周行蜀道均如砥，牝馬潛龍讀未曾。」畧露端倪已爾。今黃子述其先緒，暢所欲言，殆無餘蘊，而仍不失反身默成之意，即謂補斗南先生之所未言可也。是書編次一遵古易，初成上下經四卷，質之於予，且屬為之序。予謂羲畫、文象、周爻匪得宣尼十翼以發其覆，不過等於占筮之隱讖，其精蘊妙旨至今長夜，幾何不與《連山》《歸藏》同歸廢滅。必續成全書，以踐斯約，時澄江卞生景純一見而篤嗜之，手鈔口誦，寢食與俱。甲戌春暮，突為當事取去，皇皇求之，如嬰兒之失乳。去秋疾革，買舟往視，猶問是書消息。予言黃子頃歸自河南，示有續著四卷，思力較前逾勝。欣然求閱，未幾而逝。黃子偕顧子長元、錢生心徹輩來祭舜山，泫然流淚曰：「吾讀易知己也！」茲好其書者日益眾，到處傳寫，苟遇有力之士授之剞劂，以公同志，則知己之感，何啻卞生？予日望之，當無俟後世之子雲也。

黃侃 黃侃手批白文易經 無卷數 存

山東藏 1983 年上海古籍出版社影印黃侃手批白文十三經本

上海古籍出版社 2008 年第 2 版

◎黃侃（1886～1935），初名喬鼐，後更名喬馨，又改名侃，字季剛，又字季子，晚年自號量守居士。湖北蘄春人。師章太炎。著有《說文略說》、《爾雅略說》、《音略》、《集韻聲類表》、《文心雕龍劄記》、《日知錄校記》、《黃侃論學雜著》等書。

黃理 周易註 不分卷 存

上海藏稿本

黃燦 周易剩義 四卷 佚

◎四庫提要：其凡例謂說經者有未備未當，而作此以補之，故曰「剩義」。然體例頗近講章，所注亦皆先儒之舊說，無甚新義也。

◎黃燦，字暘谷。湖南湘潭人。又著有《尚書剩義》四卷。

黃履平 易臺考略 二卷 存

國圖藏江蘇泰州新華書店古舊部影印蘭格鈔本

乾隆三十四年（1769）刻本

安陽周易研究會 1990 年影印乾隆三十四年（1769）刻本

◎卷首題：安陽黃履平道坦甫編纂，男幾千里、疆界圃、奞子和採輯。

◎目錄：卷首聖製：乾隆十五年南幸中岳遣官諭祭御製祭文、演易臺謁周文王祠詩。卷上：文王攷；文王世系攷；文王年譜攷；文王易：八卦次序圖、八卦方位圖、彖辭（楷書）、彖辭（篆書）、羑水羑里攷（附蕩水、防水、防城、雀城、伏道店諸攷）、文王廟攷。卷下藝文攷：琴操、祭文、碑記、賦、詩、論、贊、扁額、聯語。卷末雜記。

◎小引：歷代有史，寰宇有志，尚矣。外則志闕里、志壯穆、志忠武，所以紀聖神忠孝之跡，昭示來茲者，既詳且盡，而易臺獨缺。平世居安陽，先君子拙翁先生喜讀易，精河洛數，常以之教平，不敢忘。乙丑夏，卜居蕩陰之張蓋村，與易臺相去纔數武，時得瞻拜聖像，不啻文王觀象繫辭、覺民憂世之心宛然在也。嗚呼！文王其至德矣乎！易其神矣乎！我皇上學貫天人，道傳豐鎬，於乾隆庚午巡幸中州，遣官諭祭，御製詩章，宸翰煌煌，銘諸琬琰，實為千萬世之令典。則夫演易之所，安可不有以紀之耶？于是稽諸遺文，訪諸故老，撮其梗概，名曰《易臺攷略》。凡二卷，一則誌先聖傳道之心，一則繼先君未竟之志，以補吾鄉文獻之遺。雖不敢與《闕里》諸志妄為比擬，而因略致詳，或亦攷古者之所不廢於？岢乾隆三十四年歲在屠維赤奮若余月朔旦，相臺黃履平書于惺惺齋。

◎例言十則：

一、諭祭文並御製詩俱敬敘於卷首，以宸翰之章不可雜於眾文中也。

一、是書簡裘不繁，止分上下二卷。上卷凡六種，文王易一門又細分四

類。下卷凡二種，又細分九類，俾閱者開卷易竟，無難以卒讀之慮。

一、凡名人書文，篇端多肖其像，用志瞻仰。茲不繪文王像者，以文王古今大聖非凡，為忠孝節義者比，肖像反類褻瀆，廟圖亦未及繪。

一、文王享年九十七歲，凡所歷之時、所事之君，謹即《史記·殷周本紀》及《竹書紀年》《通鑑》《通鑑綱目》等書，訂為年譜一篇，特著拘幽演易釋囚之年，其他事亦或略載一二，以存梗概。若無明文確據，概不敢以意填入。

一、八卦次序方位二圖、六十四卦辭即文王所演之易。謹繪二圖，備載卦辭，以為此書權輿。卦辭先列楷書，後列篆體，至其訓詁講義，自有古今註疏傳義等書，茲不具錄。間有統論文王易以及不經見之說，亦略載數條。

一、茲編以易臺為主，凡文王事蹟載在經書子史諸不關易臺事者，不盡登集，以博古君子必不藉此區區也。

一、歷代名人議論，略具一二，以作證註，亦非貪敘文人事蹟，致類掛漏。至引用諸說，皆直書其名，所以尊文王，非敢侮慢前賢也。

一、重修廟亭，撰製碑文、姓氏、年月，皆備書之，不致遺落以掩前人之功。

一、題詠章寥寥數首，祗以世代為先後，不分體製。

一、平本固陋，又室無二酉，姑據所見經史詩文等項，悉為登列。此外鴻文佳什，藏諸名山者，不知凡幾，仍望博物洽聞之士旁搜遐訪，續而集之，用資不逮。

乾隆三十八年歲在癸巳七夕後二日，黃履平訂於旅于處齋中。

◎黃履平，河南羅山縣人。舉人。咸豐二年任靈寶教諭。

黃培芳 說易大旨 一卷 存

南京藏嘉慶刻本

◎黃培芳（1778～1859），字子實，號香石，自號粵嶽老人，學者稱粵嶽先生。廣東香山縣荔山（今珠海斗門縣）人。嘉慶九年（1804）副貢生，道光二年（1822）充補武英殿校錄官，道光十年授乳源、陵水縣教諭，升肇慶府訓導，封內閣中書銜。與張維屏、譚敬昭並稱為粵東三子。又列名「粵東四（七）子」。亦工書畫。藏書甚富，改先祖黃佐寶書樓為嶺海樓，並纂《嶺海樓書目》。又著有《書訓纂》十二卷、《尚書漢學》十卷、《詩義參》二十卷、《國風詩法

舉隅》一卷、《禮記鄭注翼》十二卷、《春秋左傳翼》三十卷、《十三經或問》十三卷、《四書闡註闡》十九卷、《四書考釋》十九卷、《增訂四庫全書字辨》四卷、《十七史詳節補訂》二百七十三卷、《香山志》一卷、《史傳事略》一卷、《朝貴府君年譜》、《端州金石略》二卷、《碑帖偶跋》一卷、《志剟》一卷、《永思錄》一卷、《粵岳子》二卷、《縹緗雜錄》一卷、《雲泉隨剟》二卷附錄一卷、《虎坊雜識》四卷、《浮山小志》三卷、《良方偶存》一卷、《日下偶筆》四卷、《嶺海樓刻本》三卷、《嶺海樓文鈔》十二卷、《嶺海樓詩鈔》十二卷、《藤蔭小記》一卷、《唐賢三昧集抄》、《香石詩話》、《北遊日記》、《香山志》一卷、《重修香山縣志》八卷、《重修肇慶府志》二十二卷、《重修新會縣志》十四卷。

黃培芳　易宗　九卷　佚

◎自序〔註26〕：經訓必有宗，易之為訓，談理而忽象，不可宗；舍孔子之傳而別主後儒之說，亦不可宗。盈天地間皆易理，即盈天地間皆易象。聖人畫象，其始有象無文字。《傳》曰：「書不盡言言不盡意，立象以盡意。」聖人說易，亦先標象以揭易之所存。解易者苟舍象言理，則泛而無薄，卦爻之取象，皆成贅設矣。顧聖人之取象也，無所於滯，義類可通，即隨舉一隅以明之，故文王、周公所取之象不必相襲。至孔子《說卦傳》乃為之觸類引伸，廣徵物類，實釋象之發凡起例也。於是後人得以依類以明象，即《說卦傳》有未備者，亦可推求得之。或求之比應承乘，或求之互卦。以互卦求易，左氏以來有之。《大傳》所謂非其中爻不備是也。此理象不可偏廢，故余說易，必以因象明理，切於人事者為得其宗。夫三聖之易謂之經，孔子十翼謂之傳，是孔子之傳所以發明三聖之經，其釋三聖之經必當以孔子為宗，可知也。愚采後儒之說，合孔子者從，不合孔子者置。而易以前民用，其或溺於禨祥、流於術數、遯於元虛者，皆非正指，采錄慎焉。若陳、邵之學為易外別傳，至以伏羲為先天、文王為後天，與夫方圓諸圖，於傳無徵，概不敢從。易有聖人之道四，獨以占為本義，亦不敢主。惟河出圖洛出書，則見於《大傳》，然此特聖人取則於物之一端，本非作易之源。說者謂圖書已亡，今所傳乃九宮數，出《乾鑿度》及偽《子華子》，陳希夷傳致以為今圖耳。但《傳》既有明文，又無他圖可引，退而存之，以備一說，非同泥圖書以言易者也。凡此皆求合乎

〔註26〕錄自重修《香山縣志》卷二十一《藝文》。《黃氏家乘》卷六亦收錄。

孔子之傳，不敢離其宗而已。依王註析傳以附經，便覽也；刊古《周易》於首，原始也。

◎盛大士《薀愫閣文集》卷五《答黃香石書》：承示詩集增刻弟六卷，又譔《粵嶽子》、《虎坊雜識》、《補輯困學紀聞十箋》、《日下偶筆》如干卷。經部自《易宗》外，群經各有端緒，名山述作，先睹為快。

◎陳璞《尺岡草堂遺集》卷四《擬廣東文苑傳》：著有《易宗》《浮山小志》《香山縣志》《肇慶府志》《新會縣志》《雲泉隨札》《虎坊雜識》《縹緗雜錄》《藤陰小記》《兵略》《嶺海樓詩鈔／文鈔》《香石詩話》（《番禺縣志寓賢傳稿》）。

◎徐紹棨《廣東藏書紀事詩》：泰泉餘韻有詩孫，嶺海樓頭世德存。參透唐賢三昧訣，堂堂大雅振南園。

黃沛霖 周易串解 二卷 存

道光十四年（1834）黃千波堂刻本

◎光緒重修《香山縣志》卷二十一藝文：《周易串解》二卷，國朝黃沛霖撰。

◎是書薈萃漢唐以來諸儒見解，以御纂為依據。

◎黃沛霖，字澍峯。廣東香山人。

黃啟裕 周易闡註 佚

◎同治《新淦縣志》卷九《藝文志》：《周易闡註》（黃啟裕著）。

◎黃啟裕，江西新淦（今新干）人。著有《周易闡註》。

黃仁 周易藏用 十九卷 存

南京藏咸豐八年（1858）刻本

◎民國《順德縣志》卷十四《藝文略》：《周易藏用》《周易啟蒙遺義》（國朝黃仁撰）。

◎黃仁，廣東順德人。

黃仁 周易啟蒙遺義 佚

◎民國《順德縣志》卷十四：《周易藏用》《周易啟蒙遺義》（國朝黃仁撰）。

黃聲諧 易經補義 佚

◎道光《徽州府志》卷十一之三《人物志‧儒林》：著《書經提訓參訂》《四書述朱》及《徵應錄》行世，其《易經補義》藁藏於家。

◎黃聲諧，字宮暢。安徽婺源（今屬江西）潢川人。康熙辛亥歲貢。性敏嗜學，工歐陽率更書。

黃晟世 易說 佚

◎孫葆田《山東通志》卷百二十七《藝文志》第十：是書見范中蘊《寄莽集》。

◎黃晟世，字旭（栩）東，號艮齋。山東即墨人。黃統中長子。附貢。又著有《于嘗堂詩集》。

黃式三 易釋 四卷 存

國圖藏稿本（不分卷）

山東藏光緒十四年（1888）定海黃氏家塾刻儆居遺書本

光緒刻廣雅叢書本

番禺徐紹棨1920年彙編重印廣雅書局本

臺北成文出版社1976年無求備齋易經集成本

臺北新文豐出版公司1989年叢書集成續編本

上海書店1994年叢書集成續編本

續四庫影印光緒十四年（1888）定海黃氏家塾刻儆居遺書本

◎目錄：卷一象爻合釋。卷二同辭合釋：釋大人、用九用六、往來、元吉大吉、大小、乘剛、貞、應、血、大君、小人勿用、有他、西郊、征、笑號、介、當位失道、涉大川、中行、孚、柔上行、用拯馬壯、言不信、羊易牛易、剔出逃出諸名目。卷三疑義分析。卷四通釋：釋重卦、卦變、觀變、觀象、玩占、陰陽先後、旁通、卦爻十二辰、反比卦義、上下經卦義遙對、上下二篇、筮、八諸名目，另有書惠氏周易述後及後識。

◎卷一末題後學太倉唐文治，孫家京、炳煥同校。卷二末題後學江陰沙從心，孫家垣、岱同校。卷三末題後學江陰馮茗，孫家辰、岱同校。卷四末題後學陽湖趙椿年，孫家鶯、驥同校。

◎傅夢占序：羲農畫卦以來，《連山》《歸藏》厥緒已邈，而文王、周公、孔子之書昭然揭日月以行也。黃友薇香胡為乎有《易釋》之作哉？夫自先儒

注易，隨文曲衍，或彖與爻悖，如履以「不咥」為亨，而于三不言應上之志；同人以「于野」為亨，而于二轉言應五之吝。或爻與爻悖，如屯初賢侯于二五則以初為姦寇，蒙二賢師，于三則以二為金夫。彼此矛盾，卦義難明。此《彖爻合釋》之不能不作也。同一「有它」，于比則以本爻為它；于大過、中孚則以正應為它。同一「中行」，于師、泰則以二五為中；于復、益則以三四為中。前後矛盾，易例何存？此《同辭合釋》之不能不作也。說「見羣龍無首」者，忘「首出庶務」及「乾為首」之本義；說「龍戰」、「血元黃」者，昧震為龍、為元黃之由來。管窺天小，全體不明，此《疑義分析》之不能不作也。不信「八卦成列、因而重之」之文，而伏羲六十四卦方圓之圖由斯以作。不信「乾、坤二策，當朞之日」之文，而焦、京六日七分卦氣之說由斯以行，術數蔓滋，經傳益晦，此《通釋》之不能不作也。薇香《易釋》四卷，囊括古今注說而實事求是，以此羽翼往聖之書，非逞肊辨，爰舉數條以示梗概，學者以類推之而已矣。抑余覽重卦之圖，旁通存于斯，上下易存于斯，卦變存于斯，十二辟卦循循就序于斯，此真易道之綱領，發前人所未發。薇香何以得此？殆天昌易學而以此啟之也夫！戊申冬，肖巖傅夢占譔。

◎自序：孔聖慮儒者之學與思有所偏也，戒之曰「罔」曰「殆」。式三于讀易而親謚之，年三十發家所臧之易書盡覽之。漢魏迄唐宋元明，不敢有所偏棄，懼其隘也。无如大道多岐，南轅北轍，往往分道揚鑣，先儒各是其是。不知其誰為其是，則其互相非者亦不知其實非矣。歲庚子避兵鎮邑之甘溪，行篋所攜衹有李氏《集解》、王注、孔疏、《程傳》、《本義》及舊所鈔叢說錮圖。繙閱之，討論之，思之又思之，融會彖爻傳之所合，得其綱領，而後推各爻之所變，于私有所去取，作《易釋》焉。而私心之所自悟，與諸書有不不能強同者，未嘗不心以為殆，恨無由質證於先儒也。今歲，子以周廣搜易注，編為《十翼後錄》，朝夕問難，因為之校閱而考定，知《易釋》之與注疏傳義異者，古人多先我而校正之，用是私竊自幸，以為心所疑者乃古人所共疑，則心所悟者安必不可備一解乎？夫人之著書，非依據乎古人則不能獨傳，必盡同乎古人則其書可以无作。自治經者判漢宋為兩戒，各守塼家而信其所安，必並信其所未安，自欺欺人，終至欺聖欺天而不悟，是式三所甚憫也。爰是增刪《易釋》，曰彖爻合釋一、曰同辭合釋二、曰疑義分析三、曰通釋四。臧之家塾，為讀易之門。其是與非，後世必有論定之者。道光戊申中秋，黃式三自敘，時年六十。

◎後識：易之書，古聖罹憂患之學也。昔者伏羲氏畫八卦，神農氏作，演八卦為六十四卦，而六畫之象乃成。《繫辭傳》曰：「易之興也，其于中古乎？作易者，其有憂患乎？」中古謂神農也（詳見此《中古重卦》篇）。《傳》三陳九卦，皆正言神農之憂患，讀者能反思之，而憂患之故盡見（詳見《炳燭錄易說》）。《傳》又曰：「易之興也，其當殷之末世，周之盛德耶？」言文王蒙難羑里，有憂患而作彖辭也，讀明夷一卦自知之。孔穎達作《正義》則云「周公被流言之謗，亦得為憂患」，式三始未敢篤信。今辛酉八月末見連氏叔度《周易辨畫》，於比二言同姓諸侯、比三言管蔡之禍。如連氏言，周公作爻辭信在遭流言之後也歟？連氏此說，既本孔《正義》，昔俞友魯琴力暢此說，安敢謂連氏之必不是乎？孔子年五十知天命，道之不行，此時見之已定（詳見阮氏《研經集‧性命古訓》）。以知命之年讀盡性至命之書，而曰可以无大過者。易例：陰柔稱小，陽剛稱大（詳見此《釋大小》）。當是時，老子身遭亂季，自暢齒敝舌存之說而主于柔。孔聖傳易，扶陽抑陰，復慮重剛不中之失，故曰可以无大過，言剛而不過也。雖然可以无大過，孔聖時中之德方能如此，自思學陋行劣，與其陽亢，不如守柔，此心存之久矣。迄今九月甘八日，聞紹興城陷，心自危懼，告泰筮之辭曰：「中孚匹馬絕類堪亡，无妄繫牛災人何得？負賤且乘，盜固由招而至；泥需近外，寇疑不致亦來。盈虛消息，至誠獨可前知，毀咨吉凶，下士何能先覺？」末曰：「入地尚堪入腹，明神示以存亡；剝床果即剝膚，寒士莫逃威命。」此亦危險之極之辭也。筮之，得小過之晉，乃恍然曰：聖人可以无大過，中人安得不小過乎？式三于九月十七日發願，日讀易一卦。越十日候聞紹興之變，于晦日筮易而得小過之晉之占。因命季子以周書此于《易釋》後以自儆。十月五日遇盜劫掠衣服被褥，自喻為塞翁之失馬，不敢怨詈，法小過也。

◎施補華《澤雅堂文集》卷五《定海黃先生別傳》：先生既歿十二年，其子以周之友烏程施補華讀其遺書與其生平行誼得之於以周者，從而論之曰：《十略》之作，經術明，人事備，斟酌諸儒，并包六藝，豈非乾嘉以來通才大雅之疇歟！若夫修於其身、教於其鄉而謀於軍國，一以誠孝為之本推之以應經法，今所謂學人無能似之者。

◎黃式三（1789～1862），字薇香，號儆居。浙江定海廳紫微鄉（今舟山定海區）人。道光十二年（1832）歲貢生。道光十四年（1834）鄉試丁母憂，誓不復應試，以歲貢生終。於學不立門戶。子以愚、以周能世其學。又著有

《論語後案》二十卷、《詩叢書》一卷、《詩序說通》二卷、《詩傳箋考》二卷、《書啟蒙》四卷、《春秋釋》二卷、《鄭君粹言》（一名《漢鄭君粹言》）一卷、《史說》一卷、《讀通考》二卷、《讀子集》三卷、《周季編略》九卷、《翁州紫微莊墩頭黃氏譜》、《黃氏宗譜》一卷、《儆居集經說》四卷、《儆居雜著》四卷、《黃氏塾課》（一名《經外緒言》）三卷、《炳燭錄》二卷、《朱呂問答》一卷、《古體詩》一卷、《復禮說》、《崇禮說》、《約禮說》。

黃式三 易傳通解初稿 不分卷 存

國圖藏稿本

◎浙江科技學院韓嵐、張涅《晚清黃式三、黃以周著述現存版本知見錄》〔註27〕：國圖藏《易傳通解初稿》稿本四冊，署黃式三撰。其索書號08752，已提入善本庫，並複製膠片。此誤。據王逸明先生查考後告知，其實為黃式三弟子成懷嶠所著。

黃奭輯 乾坤義 一卷 存

道光刻光緒印漢學堂叢書本

江都朱長圻 1934 年補刻黃氏逸書考四輯二百七十五種本

◎南朝齊劉瓛原撰。

◎黃奭（1809～1853），字右原、叔度。江蘇甘泉（今揚州）人。先後師曾燠、吳鼒、江藩、阮文藻、吳傑，阮元稱其為「門下士」。道光十二年（1832）欽賜舉人。子二：灝、澧。又著有《爾雅古義》，輯有《黃氏逸書考》諸書。

黃奭輯 繫辭義疏 一卷 存

道光刻光緒印漢學堂叢書本

江都朱長圻 1934 年補刻黃氏逸書考四輯二百七十五種本

◎南朝齊劉瓛原撰。

黃奭輯 易洞林 一卷 存

江都朱長圻 1934 年補刻黃氏逸書考四輯二百七十五種本

◎晉郭璞原撰。

〔註27〕《大學圖書情報學刊》，2013 年第 2 期，第 76～78 頁。

黃奭輯 易述 一卷 存

道光刻光緒印漢學堂叢書本

江都朱長圻 1934 年補刻黃氏逸書考四輯二百七十五種本

◎三國吳陸績原撰。

黃奭輯 易義 一卷 存

道光刻光緒印漢學堂叢書本

江都朱長圻 1934 年補刻黃氏逸書考四輯二百七十五種本

◎晉向秀原撰。

黃奭輯 易義 一卷 存

道光刻光緒印漢學堂叢書本

江都朱長圻 1934 年補刻黃氏逸書考四輯二百七十五種本

◎（？）翟玄原撰。

黃奭輯 易音注 一卷 存

江都朱長圻 1934 年補刻黃氏逸書考四輯二百七十五種本

◎晉徐邈原撰。

黃奭輯 易雜占條例法 一卷 存

江都朱長圻 1934 年補刻黃氏逸書考四輯二百七十五種本

◎漢京房原撰。

黃奭輯 易注 一卷 存

江都朱長圻 1934 年補刻黃氏逸書考四輯二百七十五種本

◎梁褚仲都原撰。

黃奭輯 易注 一卷 存

道光刻光緒印漢學堂叢書本

江都朱長圻 1934 年補刻黃氏逸書考四輯二百七十五種本

◎蜀范長生原撰。

黃奭輯 易注 一卷 存

江都朱長圻 1934 年補刻黃氏逸書考四輯二百七十五種本
◎晉干寶原撰。

黃奭輯 易注 一卷 存

江都朱長圻 1934 年補刻黃氏逸書考四輯二百七十五種本
◎隋侯果原撰。

黃奭輯 易注 一卷 存

江都朱長圻 1934 年補刻黃氏逸書考四輯二百七十五種本
◎晉黃穎原撰。

黃奭輯 易注 一卷 存

道光刻光緒印漢學堂叢書本
江都朱長圻 1934 年補刻黃氏逸書考四輯二百七十五種本
◎漢宋衷原撰。

黃奭輯 易注 一卷 存

道光刻光緒印漢學堂叢書本
江都朱長圻 1934 年補刻黃氏逸書考四輯二百七十五種本
◎魏王肅原撰。

黃奭輯 易注 一卷 存

江都朱長圻 1934 年補刻黃氏逸書考四輯二百七十五種本
◎晉王廙原撰。

黃奭輯 易注 一卷 存

江都朱長圻 1934 年補刻黃氏逸書考四輯二百七十五種本
◎吳虞翻原撰。

黃奭輯 易注 一卷 存

江都朱長圻 1934 年補刻黃氏逸書考四輯二百七十五種本
◎晉張璠原撰。

黃奭輯 易傳 一卷 存

江都朱長圻 1934 年補刻黃氏逸書考四輯二百七十五種本
◎唐陸希聲原撰。

黃奭輯 盧氏易注 一卷 存

江都朱長圻 1934 年補刻黃氏逸書考四輯二百七十五種本
◎（？）盧□原撰。

黃奭輯 易辨終備鄭氏注 一卷 存

江都朱長圻 1934 年補刻黃氏逸書考四輯二百七十五種本
◎漢鄭玄原撰。

黃奭輯 易傳 一卷 存

道光刻光緒印漢學堂叢書本
道光刻王鑒修補、朱長圻補刻黃氏逸書考本
◎漢馬融原撰。

黃奭輯 易稽覽圖鄭氏注 一卷 存

江都朱長圻 1934 年補刻黃氏逸書考四輯二百七十五種本
◎漢鄭玄原撰。

黃奭輯 易坤靈圖鄭氏注 一卷 存

道光刻漢學堂叢書本
江都朱長圻 1934 年補刻黃氏逸書考四輯二百七十五種本
◎漢鄭玄原撰。

黃奭輯 易乾坤鑿度鄭氏注 一卷 存

道光刻漢學堂叢書本
江都朱長圻 1934 年補刻黃氏逸書考四輯二百七十五種本
◎漢鄭玄原撰。

黃奭輯 易乾元序制記鄭氏注 一卷 存

江都朱長圻 1934 年補刻黃氏逸書考四輯二百七十五種本

◎漢鄭玄原撰。

黃奭輯 易乾鑿度鄭氏注 一卷 存

道光刻漢學堂叢書本

山東藏王鑒 1925 年修補道光甘泉黃氏刻黃氏逸書考本

江都朱長圻 1934 年補刻黃氏逸書考四輯二百七十五種本

臺北成文出版社 1976 年無求備齋易經集成影印江都朱長圻 1934 年補刻黃氏逸書考本

江蘇廣陵古籍刻印社 1984 年影印江都朱長圻 1934 年補刻黃氏逸書考本
◎漢鄭玄原撰。

黃奭輯 易是類謀鄭氏注 一卷 存

江都朱長圻 1934 年補刻黃氏逸書考四輯二百七十五種本
◎漢鄭玄原撰。

黃奭輯 易探玄 一卷 存

道光刻光緒印漢學堂叢書本

江都朱長圻 1934 年補刻黃氏逸書考四輯二百七十五種本
◎唐崔憬原撰。

黃奭輯 易通卦驗玄圖 存

江都朱長圻 1934 年補刻黃氏逸書考四輯二百七十五種本

黃奭輯 易通卦驗鄭氏注 一卷 存

江都朱長圻 1934 年補刻黃氏逸書考四輯二百七十五種本

臺北成文出版社 1976 年無求備齋易經集成影印江都朱長圻 1934 年補刻黃氏逸書考本
◎漢鄭玄原撰。

黃奭輯 易通統圖 存

江都朱長圻 1934 年補刻黃氏逸書考四輯二百七十五種本

黃奭輯 易緯 一卷 存

道光刻漢學堂叢書本

山東藏 1984 年江蘇廣陵古籍刻印社據道光甘泉黃氏刻民國江都朱氏補刻黃氏逸書考本重印本

黃奭輯 易言 一卷 存

道光刻王鑒修補、朱長圻補刻黃氏逸書考本

◎漢荀爽原撰。

黃奭輯 易雜家注 一卷 存

道光刻王鑒修補、朱長圻補刻黃氏逸書考本

黃奭輯 易章句 一卷 存

道光刻光緒印漢學堂叢書本

江都朱長圻 1934 年補刻黃氏逸書考四輯二百七十五種本

◎漢京房原撰。

黃奭輯 易章句 一卷 存

道光刻光緒印漢學堂叢書本

江都朱長圻 1934 年補刻黃氏逸書考四輯二百七十五種本

◎漢孟喜原撰。

黃奭輯 易注 一卷 存

江都朱長圻 1934 年補刻黃氏逸書考四輯二百七十五種本

◎陳周弘正原撰。

黃奭輯 周易講疏 一卷 存

江都朱長圻 1934 年補刻黃氏逸書考四輯二百七十五種本

◎隋何妥原撰。

黃奭輯 周易注 一卷 存

江都朱長圻 1934 年補刻黃氏逸書考四輯二百七十五種本

◎漢鄭玄原撰。

黃奭輯 莊氏易義 一卷 存

江都朱長圻 1934 年補刻黃氏逸書考四輯二百七十五種本

◎（？）莊□原撰。

黃奭輯 子夏易傳 一卷 存

道光刻光緒印漢學堂叢書本

道光刻王鑒修補、朱長圻補刻黃氏逸書考本

黃守和 周易集解 十卷 佚

◎孫葆田《山東通志》卷百二十七《藝文志》第十：是書見《縣志》。其裔孫象轅云：凡三冊。法偉堂曾借鈔一部，歎為必傳之書。

◎黃守和，字心田，號靄村。山東即墨人。諸生。又著有《勞山詩乘》十六卷、《夢華新錄》十二卷、《紫藤居詩草》二卷、《北遊草》一卷。

黃守平 易象集解 十卷 存

山東黨校藏稿本（二冊）

國圖、北大、上海、南京、天津、遼寧、湖北、山東、青島、中科院藏同治十三年（1874）即墨黃氏漱芳園刻本

續四庫影印同治十三年（1874）即墨黃氏漱芳園刻本

山東文獻集成第二輯影印同治十三年（1874）即墨黃氏漱芳園刻本

◎目錄：卷一乾至訟。卷二師至蠱。卷三臨至離。卷四咸至益。卷五夬至歸妹。卷六豐至未濟。卷七繫辭上傳。卷八繫辭下傳。卷九說卦傳。卷十序卦傳、雜卦傳。

◎卷前有易例：曰名、曰義、曰象、曰方位、曰次第順逆、曰大小體、曰互體、曰時氣、曰數目、曰乘承敵應、八卦取象歌、上下經卦名次序歌。

◎各卷首題：即墨黃守平星階甫輯，男念昀孫肇頤顥校刊。卷十末題：章邑王好仁刊。

◎易象集解凡例：

一、是編倣宋儒高閌註《春秋》例，鎔貫先儒成說以詁聖經，故不復標舉名氏。

一、是編於先儒諸說概無偏主，理有可從，悉為摘錄，不能悉符傳義。

一、先天河洛皆因易而作圖，乃陳、邵之易，非孔子之易。圖中奇偶乃

揲蓍之法，非畫卦之本。欽定《四庫全書》所辨析者甚詳，故附會圖書者隻字不載，駁正圖書者亦不及載。

一、朱子釋剛上柔下諸說，已與卦變圖不符。不若從漢易較為明暢。

一、按李安溪《觀彖》於經中脫文誤字惟《繫辭傳》「侯之」二字作衍文，餘俱依本字註釋，今從之。

一、《周易折中》於《繫辭傳》章次雖從《本義》，而御案所辨正者甚明，故《下傳》從吳草廬、沈敬亭本分作十章。

一、《說卦傳》廣八卦，朱子補入荀九家外，毛西河所采《左傳註》、《國語註》、漢易補入尤夥，今悉載，用茲觀玩。

一、文周繫辭多以互體立義，所謂非中爻不備也。謹遵御纂《周易折中》，於《雜卦傳》之解互體詳錄之。

一、卷首易例十則自毛西河《仲氏易》采入，參以項平甫之《周易玩辭》，亦不著名氏者，明為說易通例，非一家之私言。

一、易以變為用，以象示人，為玩辭觀占之要。沈守約之變易、毛西河之推易，俱本漢易而大暢其說者，亦畧載一二，見易道廣大，非可以一例求。於歷代諸儒之取象悉為摘錄，取象務盡，亦失於鑿。以利幼學，不復避籠骨之誚。

◎序：即墨黃海門孝廉念昀，為先文安公視學山左時所取士，以計偕至都，持其尊人星階先生所著《易象集解》示余曰：「家君自幼耽《周易》，先為《說易鑿語》，又為《易象彙鈔》，四十年中凡十數過，晚乃更定為《易象集解》十卷，今年七十矣，猶手此書，日有更定也。然慕子詞筆久矣，子能為之序乎？」余受而讀之，知先生之學易融會諸儒，不立門戶，為足貴也。如解大畜卦「剛健篤實，輝光日新」數句，則從鄭、虞諸儒之說，以篤實為句，日新為句，「其德」連下讀，不從輔嗣以日新其德為句。解恆卦從互引《說文》云「竟也」，蓋取綿互至竟無間斷之意。於《說卦傳》十一章則從《本義》，引荀九家外又廣引虞氏易、鄭氏易、左傳杜注、國語韋注以及何妥、干寶、盧氏、蜀才、侯果諸家說，亦足以補《本義》所不及。不失之鑿亦不失之晦，故詳易象兼詳易理也。視《周易鴻寶》、《周易潛解》諸書有過之而無不及矣。聞先生常半日靜坐，默無一言，余因知先生於易蓋有得於語言文字之外者。此十卷書何足以盡先生之易哉？道州何紹基敘。

◎序：自王輔嗣以義理解易，而象數之說隱，然數即理也，數者生於象

者也。原夫四象既生，聖人本天之垂象以象之，於是乎設卦觀象而易作焉。故先儒之說易也，或且以三義之說而致意於易之所以名書，則象之係於易也大矣哉。余素譾陋，於先儒傳註之學多所未解，況易之貫天人、兼理數者，尤未能發其蒙焉。癸酉歲，余來令是邑，邑之嶗山書院為士人講學之所，主講者黃海門孝廉。孝廉，邑之賢大夫也。講業之餘，論及著述，因出其尊甫星階先生所著《易象集解》，索序於余。余受而讀之，見其會萃羣言，發揮經義，凡先儒所已及者，無不融會之以擷其精；及其未及者亦無不觀其通而發其覆，而經傳之義理皆為之渙然燦然，誠所謂道貫天人、學兼理數，其於立象盡意之義、擬議以成其變化者歟！以視陸德明之《釋文》、李鼎祚之《集解》三十餘家，則尤多所發明矣。抑又聞之孝廉云先生此書四十年中稿十數易，想見先生之易學至精且邃，且以知先生之根本盛大，此十卷書特其說經之一斑，而孝廉之家學自有淵源也。爰勉書數言以從其請。至其援引之宏富、析解之精微，其書具在，固無俟余之贅言也夫。同治癸酉歲仲冬月下浣，嶺南麥瑞芳拜序於不其官廨。

◎孫葆田《山東通志》卷百二十七《藝文志》第十：是書刊於同治甲戌。於歷代諸儒之取象悉為摘錄，附會圖書者隻字不載。於經中脫文、誤字，惟《繫辭傳》「侯之」二字作衍文，餘俱依本字註釋，從李光地《觀彖》例也。詳見本書凡例。

◎黃守平，字星階，號苣田。山東即墨人。道光十八年（1838）歲貢。著有《易象集解》《黃氏家乘》《黃氏詩鈔》。

黃叔琳 宋元周易解提要 無卷數 佚

◎《皇朝通志》卷九十七《藝文畧》一：不著撰人名氏，今考為黃叔琳所錄。有宋無元，未成之本。

◎史夢蘭《畿輔藝文考》黃侍郎叔琳條：宋元周易解提要，附《易解別錄》，無卷數。

◎四庫提要：不著撰人名氏。前署養素堂纂本，又有黃叔琳名字二私印，蓋即叔琳所錄也。其書蓋仿李鼎祚《周易集解》之例，但裒諸說不加論斷。然所采錄頗簡，且書名既題宋元，而書中復錄《子夏易傳》語十數條，未免失於斷限。又宋時說易者如王湜《易學》、林至《易裨傳》、鄭汝諧《易翼傳》、趙汝楳《易敘叢書》、林光世《水村易鏡》之類，傳於世者尚多，茲皆未錄。而

元人說易者竟未采一家。其書未分卷帙，亦無序目，殆猶未成之本也。

◎黃叔琳，字昆圃。順天府大興縣人。康熙辛未進士，官至詹事府詹事。乾隆辛未恩加吏部侍郎銜。好著書，隨時與所善商榷參校。藏書萬卷。又著有《千字鑑略》一卷、《黃氏家乘》二十卷、《漱芳園詩》一卷。

黃叔琳 硯北易鈔 十二卷 存

浙江藏清初鈔本（不分卷。翁方綱簽注，王禮培、文素松手跋）

◎王禮培手跋：黃崑圃《硯北易鈔》不分卷，翰林院勵守謙交出進呈、四庫館臣翁覃溪等校正。書中簽條下有復初齋印，即覃溪所校。據簽條有「俟臨刻時更正」云云，信為未刊之祕籍也。甲子初春，湘鄉王禮培譔。

◎文素松手跋：按黃叔琳大興人，康熙進士，累官詹事。嘗以文學政事受知康熙雍正乾隆三朝，當代推為巨儒，世稱北平黃先生。著有《硯北易鈔》《詩經統說》《夏小正傳註》《史通訓故補註》《文心雕龍輯註》《顏氏家訓節錄》《硯北雜錄》等書。此書為呈進本，經翰林院編修勵守謙交出，復經翁覃溪簽註，其珍重可知。十七年冬在滬寓以重值收之。萍鄉文素松。

◎四庫提要：是編用注疏本，以《程傳》、《本義》為主，雜采諸說附益之。中多朱墨校正商搉之處，蓋猶未定之稾也。

黃思誠 周易錄要 十二卷 首一卷 存

國圖、山東藏光緒七年（1881）岳陽昭祜堂刻本

◎李元度《天岳山館文鈔》卷二十三《贈奉政大夫縣學生黃高岡先生墓表》：所著曰《易經錄要》《春秋錄要》，皆手寫無一筆苟；《詩經》未卒業。

◎黃思誠（1806～1863），原名魁九，字維一，號羅山；易名思誠，字汝思，別字高岡。安徽歙縣人。黃元吉長子。從金雲五遊，傳其學。子海儀、本頤。

黃嗣節 周易釋義 佚

◎同治《金谿縣志》卷三十二《藝文志》一：《易經釋義》《禹貢通解》《春秋擬要》（黃嗣節撰）。

◎光緒《撫州府志》卷六十《人物志》：所著《禹貢通解》行世，《易經釋義》《春秋擬要》藏於家。

◎光緒《江西通志》卷九十九《藝文略》一《國朝》：《周易釋義》，黃嗣

節撰（《金谿縣志》）。

◎黃嗣節，字甘象。江西金溪人。廩生。與同邑明經蕭復遠、太史馮詠為文字交，稱莫逆。年五十五卒。

黃惟恭 易卦比義 二卷 存

◎雷夢水《販書偶記續編》卷一：不著撰人姓名，底稿本，無序跋，約道光間鈔本。

◎王寶仁《王寶仁自述行年紀略》道光十四年甲午四十六歲：黃偶莊（惟恭），歲貢生，善說經，著書數十卷，門下甚眾。余初相見，詢及伯祖輝山公名為余何派，蓋其尊人素原先生（本驥）、伯父硯亭先生（本田）皆輝山公庚辰同年也。

◎王寶仁《王寶仁自述行年紀略》道光十五年乙未四十七歲：為偶莊序《經說總編》，凡《易卦比義》二卷、《尚書約旨》一卷、《詩義合參》二卷、《毛詩辨詁》四卷、《九經會意》十二卷。

◎同治《六安州志》卷三十三《人物志》八：著有《七經總論》、《九經會意》、《毛詩辨詁》、《易卦義》、《尚書約旨》行於世。

◎黃惟恭，字壽銘，號偶莊。安徽六安人。黃本驥子。道光七年歲貢生。奮力經史，棘闈屢薦不售，一以著書為事，博通淹貫，一時仰之如山斗。

黃維翰 周易會通 四卷 存

山東藏 1948 年石印本

◎黃維翰，號倬山。湖南善化人。拔貢。嘉慶二十年任慈利教諭。

黃羲世 本義附參 四卷 佚

◎道光《徽州府志》卷十五《藝文志・婺源》：黃羲世《本義附參》四卷。

◎道光《徽州府志》卷十一之四《人物志・文苑》：殫心羣籍，於易尤深。著有《本義附參》八卷藏於家。兼通篆籀，工歌詠。

◎黃羲世，字懷郅。安徽婺源（今屬江西）潢川人。歲貢生。

黃熊文 讀易札記 一卷 佚

◎民國《香山縣志》卷十五《藝文》：《讀易札記》一卷（國朝黃熊文撰）。

◎黃熊文，字世讓，別字湘山，別號課子室。廣東香山縣人。培芳長子。

入讀國子監，選儒學訓導。又著有《歷代百賢錄》《續廣州人物傳》《詞場祖述》《文鈔》《詩鈔》等。

黃業 易義蠡測 三卷 佚

◎光緒《江西通志》卷九十九《藝文略》一《國朝》：《易義蠡測》三卷，黃葉撰（《吉安府志》）。

◎民國《廬陵縣志》卷十九上《耆獻志》：箸有《易義蠡測》《春秋管見》《驥洲古文》。

◎黃業，字懋成。江西吉安廬陵人。康熙壬子舉人，授德化教諭，升南昌教授。學契濂洛關閩之旨，力求實踐。與同邑張貞生、鄒一泉相切劘。卒年八十二。

黃以周 讀易說 一卷 存

光緒二十年（1895）江蘇南菁書院刻儆季所著五種·羣經說四卷本

◎目錄：周季說易古義、鄭解周易字義、鄭解周易字義下、讀王肅易注、釋艮限列夤、釋坎九五爻辭〔註28〕、豐日中見斗日中見沫解、升上爻消不息說、賁無色解、釋周易朋字例。

◎黃以周（1828～1899），本名元同，字經纂，後改名以周，字元同，號儆季、哉生。浙江定海廳紫微鄉（今屬舟山市定海區）人。浙江定海人。黃式三子。幼承父教，以傳經明道為己任。同治九年（1870）中舉，歷任遂昌、海鹽縣訓導，處州府學教授，特薦加為內閣中書。應江蘇督學黃體芳聘，主講江陰南菁書院十五年，又兼主講寧波辨志精舍，教授諸生，成就者甚眾。又著有《禮書通故》一百卷、《經訓比義》三卷、《軍禮司馬法考徵》二卷、《古文世本》、《史說略》四卷、《續資治通鑒長編拾補》六十卷、《定海廳志》三十卷、《先考明經公行略》、《晏子春秋校勘記》二卷、《意林校注》六卷、《子敘》一卷、《子思子輯解》七卷、《黃帝內經集注》九卷、《儆季雜著》二十一卷續一卷、《儆季雜說》、《儆季集外文》、《儆季子粹語》、《讀書小記》、《唐詩約選》。

黃以周 十翼後錄 二十四卷 存

國圖藏稿本

〔註28〕條末識曰：戊子余主南菁講席，以此題課諸生。舊說之非，試卷駁之已詳，揆之經義，終未盡合。因作此以示讀經之法。

清華藏稿本（七卷）

續四庫影印國圖藏稿本

國家圖書館出版社 2010 年中華再造善本續編本

◎目錄：卷一上經彖象傳乾、坤。卷二上經彖象傳屯、蒙、需、訟。卷三上經彖象傳師、比、小畜、履。卷四上經彖象傳泰、否、同人、大有。卷五上經彖象傳謙、豫、隨、蠱。卷六上經彖象傳臨、觀、噬嗑、賁。卷七上經彖象傳剝、復、無妄、大畜。卷八上經彖象傳頤、大過、坎、離。卷九下經彖象傳咸、恒、遯、大壯。卷十下經彖象傳晉、明夷、家人、睽、蹇、解。卷十一下經彖象傳損、益、夬、姤。卷十二下經彖象傳萃、升、困、井。卷十三下經彖象傳革、鼎、震、艮。卷十四下經彖象傳漸、歸妹、豐、旅。卷十五下經彖象傳巽、兌、渙、節。卷十六下經彖象傳中孚、小過、既濟、未濟。卷十七繫辭傳上之一。卷十八繫辭傳上之二。卷十九繫辭傳下之一。卷二十繫辭傳下之二。卷二十一文言傳。卷二十二說卦傳。卷二十三序卦傳。卷二十四雜卦傳。

◎卷二末有「壬午夏五月二十二日讀畢。約園」、卷四末有「壬午六月初一日讀畢」、卷六末「壬午六月初九日讀畢」、卷八末有「壬午六月十七日讀畢」、卷十末有「壬午六月二十七立秋日讀畢。約園」、卷十二末有「壬午七月初五讀畢。約園」、卷十四末有「壬午秋七月十三讀畢。約園」、卷十六末有「壬午秋七月二十一日讀畢。約園」、卷二十末有「壬午秋八月十四日讀畢。約園」、卷二十四末有「壬午十一月二十四日讀畢。約園」諸字樣，並鈐「壽鏞」印。

◎黃以愚序：天生孔聖，不以治周季之亂，使之立言而已矣。孔聖刪《詩》、《書》，定《禮》、《樂》，筆削《春秋》，能為之傳者，左氏、卜氏最著。其學之慮有大過而遂自作傳者，易而已矣。昔文王、周公衍羲農之緒，擬諸形容，象其物宜，意既深而難測。術家用之，其辭見諸《春秋傳》，或已漫衍而不得其宗。孔聖憂之，乃作《彖傳》、《象傳》諸篇以救讀易之過。讀者沉潛反覆於孔聖之所已言，而所未言者將俟三隅反，否則不知蓋闕，易不失為完書也。自後儒注易略於孔聖之諸傳，肆加辨駁於畫象爻之下。問其故，則曰此將急明文王周公之意也、此將急明伏羲先天之旨也、此將補孔聖之所未備也。噫！過矣，大過矣！以愚幼承伯父〔註29〕訓，以《繫辭》《說卦傳》定諸

〔註29〕「伯父」，原稿本先作「庭」，後塗改。

卦之凡例，以《彖傳》提諸爻之綱領，以《象傳》說各爻之訓解，數者互相參考，一有不合，反復尋思不已也。今歲〔註30〕弟元同經纂采拾舊說，編成《十翼後錄》，由孔聖之傳以上溯文王、周公之經，庶幾不航於斷港絕潢而望至海也。雖然，至海豈易言哉！亦惟隨時校讀以終厥也，無失弓冶之傳焉，則幸爾。道光戊申冬，黃以愚譔。

◎黃以恭序：易之得免於秦火也，當時以為卜筮之書，故不廢，則易為完書亦幸矣。顧自漢魏迄今，為之注者不一家，卒未有會通經傳，實事求是，上懸諸日月而不刊者，蓋解經若是之難也。《漢書‧儒林傳》言孔子以聖德遭季世，知言不用，於是序《書》、論《詩》、綴《周禮》、成《春秋》，至晚而讀易。夫學易在晚年，知其道之深邃而不易測也。既自通其義，又欲廣文王、周公之訓以覺後人，作上《彖傳》、下《彖傳》、上《象傳》、下《象傳》、上《繫辭傳》、下《繫辭傳》及《文言傳》、《說卦傳》、《序卦傳》、《雜卦傳》，先儒稱之為十翼，謂是文王、周公之旨所藉以明乎。固宜先繹聖傳而後可以解聖經也。獨怪注家各憑肊見，罔識指歸，甚者又援釋氏之說以入經注，而易道愈晦。伯父徹居子教以恭等讀易之門，作《易釋》四卷，既糾正先儒之謬誤，而提其綱矣。從弟元同自幼以解經明道為己任，於漢魏以來諸家之易注無不讀，取其說之切合事情與可別存一通以翼經傳者，分時代之先後以錄之；其有顯悖經恉、貽誤後人者，亦必錄其說而辨之，可謂博攷精審，有得於文王、周、孔之意者。乙卯之秋，恭赴省試，道經鎮邑之柴橋，入問伯父起居，得悉元同所箸述。讀是書，昭然若發蒙焉。元同猶以卷帙繁多為病，恭謂空言無用多為，若是書之有功於經訓、有裨於後學，譬江河匯眾流灌溉無窮也，易道之明有日矣，後之欲質疑考信者其必有取於是夫！咸豐丁巳春，從兄以恭譔。

◎自序：易有聖人之道四，曰辭、曰變、曰象、曰占，四者備而易始明。漢魏儒京君明主占，王輔嗣主辭，虞仲翔主變及象，荀慈明、鄭康成二君主象而辭變占備焉。下逮宋儒，程子伊川主辭，朱子發主變及象，朱子晦庵論變論象襍見於文集、語錄，而《本義》則主占也。家君徹居子學易，不分漢宋門戶，而病先儒注易於卦畫象爻之下自馳私說，於孔聖諸傳則略之，一若駕輕車就熟路，不必問漁父而自入桃源者。是以生平論易，取先儒說之合於聖傳，而或有不合則齗齗辨之。《易釋》四卷，《釋觀變》、《釋觀象》、

〔註30〕「今歲」稿本下原有「以來，在家課讀」數字，後抹去。

《釋觀占》諸篇既考正舊說之是非，而研求訓詁聲音數十年於茲矣。以周幼先習《禮》，次讀《書》，次誦《詩》，三經既畢，然後受易。年既長，已能彙萃諸說而問所疑矣。及研討既久略有會悟，乃承家君命，廣搜十翼之注，不拘時代，擇其醇者而錄之，名之曰《十翼後錄》。其有先儒彖爻之注未悖於聖傳、可以兼錄之而明其義者，亦必移置於聖傳之下，宗聖也。先儒各說必臚列姓字，不敢掠美，尊師說也。舊注之兩異或四五異者，於理無悖，必兼錄之，廣異聞也。各經注疏及史文史註、諸子、文選之有易義者，亦兼采之，補殘闕也。疑義之當析者，條列而辨之，不辨其失則是者不見也；疑之不敢質者，詳錄先儒舊說，備稽考也。自漢魏以及元明諸儒，以時之前後分次，後或本於前者，止錄其前，非敢薄今而愛古也。由孔聖之《大象傳》以尋畫卦之恉，由孔聖之《彖／爻傳》以尋彖爻之恉，辭、變、象、占不敢偏主，傳家學也。昔虞仲翔奏上《易注》自溯五世之學，而宋蘇氏《東坡易傳》、鄭氏《傳家易說》、趙氏《輯聞》皆父子相繼注易成書，其說之精者足以翼前聖而開後學。以周學識固陋，斤斤焉自慮析薪弗克負荷而已。周公曰「文王我師也」，公明氏以此言為不欺，而末學敢希其萬一哉！道光戊申十一月，黃以周自敘。

　　◎民國《定海縣志・藝文・書目》：《十翼後錄》八十卷、《禮書通故》一百卷、《經訓比義》三卷、《子思子輯解》七卷、《司馬法考徵》二卷、《黃帝內經集注》九卷、《儆季雜著》二十一卷續一卷，清黃以周撰（見《人物志》）。

黃以周　易釋　不分卷　存

　　寧波天一閣藏書樓藏清手稿本

黃以周　重卦卦變圖　一卷　存

　　國圖藏 1922 年刻本

黃以周　周易故訓訂　一卷　存

　　光緒刻本
　　太倉唐文治 1922 年刻本
　　吳江施肇曾醒園 1924 年刻十三經讀本本
　　續四庫影印復旦藏 1924 年刻十三經讀本本
　　上海藏稿本

◎盧松安《易廬易學書目》著錄成書於咸豐五年（1855）。

◎周易故訓訂序：昔者文王作彖，周公演爻，其名小，其類大，其旨遠，其辭文，意蘊而不盡，義淵而難測。《左氏傳》錄術家言，或已浸衍而不得其宗，孔聖乃訂之，作十傳以翼經，謂之十翼。《象傳》明六畫之法象，《彖傳》舉一卦之綱領，《爻傳》析諸爻之義例，而《繫辭》、《說卦》諸傳，易之精蘊具於是。夫經之有傳猶射之有鵠也，學者勿背鵠而去，必志鵠而發之。然一人發之，巧與力有不逮，不若與眾人共發，至且中之多也。是以學者必廣搜古注，互證得失，務求其是。若夫求古求是，詎有獨是？多見其不知量也。雖然，學必求古，而古亦未必其盡是矣。古人易注充棟，多至千百家，即周之所旁搜而得見者亦不下四百餘家。其中有不遵孔子之傳而臆解文王、周公之經，且有不遵文王、周公之經而好為伏羲之言，是所謂雙鵠率者也。其力能至乎？其巧能中乎？其一至無不至，一中無不中乎？惟願學者則是而從，勿矯異，勿阿同，斯為善求古、善求是也。以周幼承家君徽居子之訓，口講指畫，略有會悟，作《十翼後錄》若干卷，會萃先儒之說，條列之，融貫之，若是者有年。今約其說而成是書，擇古注之是者從之，其背聖傳以解經義，有不安者則足之以鄙意，顏其名曰《周易故訓訂》。訂者，平議之也。不敢矯異於古人，亦何敢阿同於今人？務求實是，毋背聖傳至乖聖經也云爾。咸豐乙卯春，黃以周自序。

◎唐文治《十三經讀本・周易跋》：嗚呼，此吾師定海黃先生所著《周易故訓訂》及《注疏賸本》，蓋皆未成之書也。先生承家學，最精於易，口講指畫，孜孜不倦，嘗著《十翼後錄》八十卷，都數十冊，裒然成大觀。文治偶叚讀一二日，輒索去，以其為未定之論也。光緒戊子夏，文治與先生論易學，詳晰漢宋義例。先生欣然出此二卷曰：「此余未成之書也，子宜祕之，惟讀此則於易例得過半矣。」文治讀之如獲拱璧，亟鈔成之。嗣後宦在京師，值庚子之亂，輾轉遷徙，常攜以自隨，弗敢失墜。壬戌主講無錫國學專修館，並受施君省之之託刻《十三經讀本》。同學陳君善餘以書來曰：「子有志刻先生之書，《周易故訓訂》為學易津梁，盍附刻於《易經》後？」文治聞之憬然。爰屬館生嘉興唐蘭詳加校正，授之梓人。嗟夫！曩之不以此書示人者，因先生有宜祕之言，弗敢忘師訓也。茲者距先生歿二十餘年，此書既出，後有學者倘能踵而成之，固先生之志也。伏案《故訓訂》僅成上經一卷，《注疏》僅成乾、坤、屯三卦，並附《重卦卦變圖》。然易理備於乾、坤二卦，學者循是以求，

自可悟讀易之法矣。追惟先生畢生精力在《易》、《禮》二書。《禮書通故》已風行海內，而《十翼後錄》聞尚藏諸家，倘得有力者彙而刊之，是蓋吾黨所禱祀以求者也。受業唐文治謹跋。

　　◎吳承仕《續修四庫提要》（摘錄）：故其審定文字也，以陸氏《釋文》、李氏《集解》為據，詳列異同而不輒改。其說義也，不分漢宋，不偏主義理與象數，雜采古義而折衷以己意。由漢魏迄清，自馬、鄭、荀、虞、王肅、王弼、董遇、干寶、侯果、崔璟、孔穎達、李鼎祚、朱震、張載、程頤、朱熹、楊萬里、趙汝楳、項安世、俞琰、吳澄、來知德、焦竑諸家，近儒若惠氏父子、王氏父子、任啟運、段玉裁之倫，不下七十人，皆節取其說經傳之通義、明文字之訓辭者而集錄之，又旁摭《史》、《漢》、《說文》、《釋名》、《廣雅》諸書以為佐證。其以坎離釋雲行雨施，以玄月卦釋履霜堅冰，以乾為衣、坤為裳釋黃裳元吉，以乾陽生於坎子、坎水生於天一釋天與水違行，蓋亦參用互體、卦氣、逸象、五行諸說。至如漢儒以卦氣、爻辰、納甲、飛伏、世應，宋儒以先天、太極、河洛、書數為一經通例，及宋元明人之推明陳、邵，清人之敷釋孟、京者，則一切滌除，以視惠、張等之專申漢學而拘滯鮮通，焦、姚等之自名其家而附會時有者，區以別矣。綜觀全書體例，有若集注，而題為《故訓訂》者，謂平議舊義，擇善而從，實事求是，無所偏執，其《漢書・儒林傳》所謂訓故舉大誼者邪？頗疑周氏以《十翼後錄》為少作，故約為此編。

黃以周　周易注疏賸本　一卷　存

　　上海藏稿本

　　中科院藏光緒刻本

　　上海藏太倉唐文治 1922 年刻本

　　山東藏吳江施肇曾醒園 1924 年刻十三經讀本本

　　續四庫影印復旦藏 1924 年刻十三經讀本本

　　山東藏臺北成文出版社 1976 年無求備齋易經集成影印光緒二十年（1894）刻儆季五種本（卷末有缺文）

　　◎盧松安《易廬易學書目》著錄成書於咸豐五年（1855）。

　　◎續四庫提要（摘錄）：此書乃以周約所著《周易故訓訂》而成，取集注方疏之例，注用《子夏傳》、馬融、鄭玄、荀爽、宋衷、虞翻、九象、黃穎、

干寶、蜀才、盧氏諸家說，如有隱略異同則自下己意，標明以周謂云云別之。疏則雜引書傳漢宋人之言以申注義，解釋爻象用荀、虞之升降旁通諸例以明取象所由。爻辰、納甲、世應、飛伏皆所不用。實事求是，簡要辨析⋯⋯及援引各家易義皆與《故訓訂》略同。惟彼隨文作解，故雜用漢唐宋清諸儒言；此名注疏，體例有殊。故注則一準舊說，以簡要為歸；疏則雜引諸家以辨析為職，斯其異也⋯⋯當黃氏以此稿本授唐文治而語之曰：「讀此則於易例得過半矣。」按易道廣大，自立凡例以名其家古今多有，要以大傳釋經者最為近之。此為集注體，易例在是，恐不其然，然廣蒐佚義，擇善而從，並自為疏證以考辨之，誠治易者之一術，後生有作，所宜矜式。書雖不具，固應過而存之。

黃寅階 玩易四道 十三卷 首一卷 圖說一卷 存

國圖、上海、山東、遼寧中科院藏同治十二年（1873）黃寅階寡過未能齋刻本

臺中文聽閣圖書有限公司 2011 年晚清四部叢刊第五編影印本同治十二年（1873）寡過未能齋刻本

◎尚秉和著、張善文校理《尚氏易學存稿校理・易說評議》（摘錄）：其名《玩易四道》者，蓋因繫辭以言者尚其辭，以動者尚其變，以制器者尚其象，以卜筮者尚其占，故曰四道。自卷一至卷十解上下經，自十一卷至十三卷解各傳，末卷則為圖說。其所輯之注，漢宋並收，義理與易象兼重，蓋欲冶漢宋為一鑪。然所輯古注，取於虞翻者十之九，所取之象亦十八九用虞翻法，由卦變得之。其他漢儒精當之解，無一及者。

◎黃寅階，又名寅襄，字俁賡。廣東南海三水蘆苞老古巷人。道光二十四年（1844）舉人。官潮州惠來縣訓導。經術湛深。又著有《琴學》一卷、《刪餘詩草》一卷。

黃寅階 讀易易知 三卷 存

國圖、上海、湖北山東、中科院藏同治十二年（1873）黃寅階寡過未能齋刻本

臺中文聽閣圖書有限公司 2011 年晚清四部叢刊第五編影印本同治十二年（1873）寡過未能齋刻本

黃應奎 易義約旨 三卷 佚

　　◎自序〔註31〕：家祖父香石先生既撰《易宗》一書，以因象明理、切於人事為宗。晚年遊心古笈，博觀約取，復命應奎鈔撮成編，題曰《易義約旨》。蓋潔淨精微為易之教，夫子平時教人曰：「以約失之者鮮」，則治經從可知矣。況易知簡能，尤貴於約。若《周易集解》《義海撮要》，乃易家淵藪。茲編採擷較多。至祖名直書、躬承面命，謂上對先聖先儒，取臨文不諱之義也。以應奎手自編錄，即令敬述其緣起云。

　　◎光緒《重修香山縣志》卷二十一《藝文》：《易義約旨》三卷（國朝黃應奎撰）。

黃應麒 周易述翼 五卷 存

　　山東藏光緒十三年（1887）山陰宋澤元刻懺花盦叢書本

　　續四庫影印上海藏十三年（1887）山陰宋澤元刻懺花盦叢書本

　　◎目錄〔註32〕：序卦傳、說卦傳、上經（文言傳附乾坤上象下象上象下象附六十四卦）、下經、繫辭傳、雜卦傳。

　　◎宋澤元序：六經胥由聖人手定，足為萬世典型。而易之為義尤致廣大而盡精微，非他經所可比擬。溯自左氏記筮占、漢儒言象數，厥後京、焦寓於禨祥，陳、邵窮乎造化，王弼以老、莊演之，胡程以儒理闡之，李光、楊萬里輩復以史事參證之，於是易說愈繁易道愈紛紜而不可測。孔子五十以學易猶謂假我數年可無大過，虞仲翔云：「易自漢初以來海內讀者解之率少，此易學所以難也。」貢禺黃厚菴孝廉邃於易理，讀書有識，綜核諸家論說，擷其菁華芟其蕪雜，簡練以為揣摩者數十年殊有心得。嘗著《周易述翼》一書，蓋推本十翼之義而發明之，詮解精詳，詞旨宏暢，一時讀者風景雲從，莫不奉為圭臬，其有裨於易學豈淺鮮哉。是書舊曾棗於墨江，兵燹以來版已毀失，予於坊間購得原稿一冊，適有叢書之刻，因亟以付梓，庶後學得此有所指歸，且使作者苦心不致湮沒。至其持論精卓、體例簡括，張序及自序言之已詳，不復贅云。山陰宋澤元瀛士甫序。

　　◎張杓序：余嘗謂《周易》一書，若非孔子所述，後儒各以私肔測之，不獨六十四卦之義紛然，即六十四卦之名亦迄無一定。三連者何止為乾，六斷

〔註31〕錄自光緒《重修香山縣志》卷二十一《藝文》。
〔註32〕題《周易次序目錄》。

者何止為坤，是故言易者必遵十翼，猶言《詩》《書》者之遵《序》、言《三傳》者之尊《春秋》。夫人而知之矣，顧人知之而不能為之者，此無他，好事新奇，信古不篤之故也。吾友黃厚菴孝廉譚思經術，博覽羣書，尤邃於易。著《述翼》一編，貫穿經史上下古今，而一以孔子之言為主。所謂以經解經者也。其論四德，謂非元不亨，無貞不利，而亨貞利皆統於元。其論用九用六，謂凡三百八十四爻遇陽爻變者皆以見羣龍之義推之，遇陰爻變者皆以利永貞之義推之，不專為乾坤二卦言。此皆獨擄心得而不悖於儒先者。至謂立象見意，意在象中，象本自然，非由附會，持論尤為精卓。彼舍象而言易者固非，穿鑿而言象者亦非，學者由是說而精擇之，因以通夫馬、鄭、荀、虞之義，亦合其庶幾乎？道光二十有二年歲在元黓攝提格涂月，愚弟張杓拜序。

◎羅潤周序：《易》經伏羲、文王、周公、孔子四聖人之手而成，漢以來言易者數百家，後儒實難贊一辭。自程子主理、邵子主數、朱子因而兼用之，至國朝御纂《周易折中》辨諸家之得失、採眾說之異同，去其煩蕪，存其奧妙，於潔靜精微之蘊殆混合無間。番邑厚菴黃先生揣摩易理數十年矣，博取古來精於易者，倣《折中》而發明之、簡約之，彙成《周易》一冊，名曰《述翼》，蓋推本孔子之意而述之者也。嘗以是課生徒，生徒受而讀者，取其深入顯出足以羽翼聖經，有功於理學不淺。如是者有年。丙申歲連主講始興、文明書院三載，諸生鈔錄憚煩，商不如傳諸剞劂，一勞永逸。時黃子漢卿、魏子小山，研經士也，集院中肄業諸君子暨邑內樂善鄉先生共成美舉。是役也，潤周亦廁其列焉。今幸告厥成功，俾海內名士家塾各有其書，於漢宋諸子無不兼綜條貫，則是書故集羣儒之大成，而得附微言於四聖人之後也。豈不懿哉！墨江後學羅潤周拜序。

◎黃應麒序：易自伏羲畫卦、文王作彖、周公作爻、孔子作十翼，書俱單行，今御纂《折中》書是也。自王輔嗣出，以文王傳附乾坤、上彖傳下彖傳附於彖、上象傳下象傳附於爻，凡「文言曰」、「彖曰」、「象曰」皆是輔嗣所加也，以其便於初學，故因之。今書坊所刻諸易本是也。夫以其便初學言，則讀易者不知乾元亨利貞所由來，即講易者必另究乾元亨利貞所由起，難矣。故為之先《序卦傳》以編其次、《說卦傳》以廣其象。首上經次下經，《文言傳》以通乾坤之祕，《上彖傳》《下彖傳》以探六十四卦之微，繼《上象》《下象》以盡三百八十四爻之蘊，然後《上繫辭》《下繫辭》以會其通、《雜卦傳》以撰其德。愚嘗謂世無孔子則周公所作潛龍勿用者謂何、文王所作元亨利貞者謂

何、伏羲所作乾兌離震巽坎艮坤六十四卦者謂何，皆茫乎不知其津涯矣。自孔子出然後天之道、民之故、聖人之德、王道之隆，貫上下、括古今，綜成敗得失而憂世憂民之心未已也。自時厥後，漢儒說易近於天，宋儒說易近於人，而《本義》之作，推本文王之意，歸本於筮著，斯則從源達流，天人之理備矣。愚之《述翼》也，推本孔子憂世之意，以釋文王、周公吉凶與民同患之情，不敢以己意增之，懼其義之已明也；不敢以己意損之，懼其義之必如是而後明也；不敢以己意讀之，懼其義之必連而後出也；不敢以己意解之，懼其義之必反覆而後出也。孔子之作易傳也，有辭同而意異者，有意同而辭異者，有連而及之者，有連而不及之者，有即象爻而伸言之者，有補象爻所未備者，有連累牘詳而言之者，有單辭隻字而言之者。總之，聖心淵微，具有分寸。愚為述之，屬目警心，庶藉以寡過耳。孔子曰假年學易可以無大過，朱子曰學易則明乎吉凶消長之理進退存亡之道，故可以無大過。予聞之耒廬師曰：「必也其知懼乎？《繫辭》曰內外知懼，又曰懼以終始其要無咎」，旨哉斯言乎！竊心儀之，與共學，凜之，庶乎由孔子之《翼傳》而得伏羲、文王、周公之意，斯由流而及源也。道光二十二年歲在壬寅七月丁未朔旦，番禺黃應麒厚菴記。

◎黃應麒後跋：余少讀易，心竊慕之。及長，從耒廬馮老夫子游，聽其說易，旦晝不輟，津津有味，心愈樂之。夫易未易言也，而又不可不言也。庚寅辛卯館於潢涘，覃思易理，謬為折衷，間亦竊附己意，名曰《述翼》。蓋述孔子附翼《周易》之意也。書成以呈黎培先生，一見便說曰：「是書也堪問世矣。」余曰：「何敢！」自是以來，館於羊城、館於羅定、館於始興、館於香山翠微，輒以是書訓生徒、教子孫，屢經改訂，已十數年於茲矣。今壬寅歲，復館始興，有鄧生世驤者，借予書手抄，魏生德峻曰：「抄本之難不如刻本之易也，抄本之狹不如刻本之廣也，傳之今日不如傳之於後也，請付剞劂。」余曰：「是棗梨之災也，無庸。」因固以請。魏生倡焉，黃生狦從而和焉，及門之士復從而和焉，即未及門如鄉先生者亦樂而成焉。因付梓。道光二十二年壬寅八月五日，黃應麒厚菴跋於始邑文明書院。

◎黃應麒，號厚菴。廣東番禺人。

黃有壬 千頃堂讀易家訓 二卷 佚

◎民國《宿松縣志》卷三十二上《藝文志》一：《千頃堂讀易家訓》二卷，

黃有壬著（家藏稿。石編《書目》闕載）。壬列《文苑傳》。生平著述極博而散佚頗多。經部此孤本僅存。分上下經二卷，取六十四卦各為訓義一篇，詢體用兼備之書也。大旨善察剛柔中正之用，知進退存亡之旨，主於以易道濟天地屯邅，始乾坤，終既濟未濟。每篇皆融合卦爻象象為言吉凶悔吝備著之意，殆為弘濟艱難而作，顏曰「家訓」，實即經世莫外焉。至準《周易折中》御案立論，不偏主一師說，似與經生家法不合，亦清儒說經之體所不能殊耳。惜未刊行。

◎民國《宿松縣志》卷四十《文苑》：著有《讀易家訓》《千頃堂文集》《百一詩存》《事類賦》《駢語註》凡若干卷。

◎黃有壬，字澤縣，號悔齋。性淵默沉毅，好讀古書。咸豐初避亂郿西，數年乃歸。絕意進取，援例貢成均。杜門著述，專經史辭章，博極羣書，風雨故廬，丹鉛卷軸不去手。光緒間，孫葆田與見，論古文義法，互出所譔著數篇證之。卒年八十五。

黃元炳 卦氣集解 一卷 存

上海藏 1933 年黃氏觀蝶樓鉛印觀蝶樓國學叢書本

山東藏臺北成文出版社 1976 年無求備齋易經集成影印 1943 年鉛印本

◎目錄：序文。弁言。卦氣總圖（以配置未能停勻，故次於弁言之下）。卦氣全圖引據。總圖重數概說（一）。一、先天變為後天之四司令（一至四）。二、十二月星次當值日（四至七）。三、十二辟卦值七十二候（七至十六）：（一）消息（七至八）、（二）納辰（八至十）、（三）爻辰（十至十一）、（四）卦變（十一至十四）、（五）七十二候（十四至十六）。四、公辟侯大夫卿之次序（凡十七節。十六至四十）。六、六日七分（四十九至五十二）。七、卦氣與貞辰之相關（五十二至五十九）。八、卦氣問答（五十九至七十一葉）。

◎前識：國家之大患深憂，在于青年不讀好書。是書弟一等好書也，惟我良友能讀誦之，能研究之。保護善藏之，久之貽于子孫。江右廖璜敬題。

◎卦氣集解序：自來治經學者，有漢學宋學門戶之爭，而於《周易》為尤甚。漢學家駁斥漢儒河洛先後天之圖，以為道家所傳，非羲、文之作。然舍圖象以釋易，則易義不能明也。況漢學家之卦氣、消息、納辰、爻辰，在在與先後天諸圖有關係乎？卦氣之學傳自孟喜，虞翻言消息、鄭玄言爻辰，皆不出卦氣範圍。然近代之漢學家，於消息、於爻辰尚能道之，至於卦氣，除十二

月辟卦之外，設問卦氣何以起中孚、中孚之後何以繼以復屯謙睽等卦，則無有能知其所以然者。是則漢學家之責，猶有未盡者在也。吾友黃君星若，治易三十餘年，兼綜漢宋，不立門戶，著有《易學探原象說》，都數十萬言，多獨到之處。余於往歲為之集資刊印《經傳解》一種，既已行世矣。一日，余偶以卦氣之說質之黃君。黃君云：「卦氣圖之組織，前人多未為之說，失傳數千年矣。刻正從事研求，必將有所發明也。曾沈君瓞民，以其先尊人竹礽先生所著《周易易解》贈余等。」其附卷中有「卦氣圖自有一定之序」之語，遂以叩沈君。沈君則云稿已散佚。歸而窮搜，乃得竹礽先生所著殘表四紙，以示黃君。黃君乃以此表為錀，深思冥索，廢寢忘餐，以求其所以然。忽一日豁然悟得卦氣圖由貞辰圖而來，更取古代相傳貞辰三圖，重為釐定。至是而數千年失傳之學說，始由晦而明。不寧唯是卦氣圖之組織既瞭，乃知消息、納辰、爻辰，皆可以卦氣說貫通之。荀、虞、鄭易學之源出於孟喜，益可證信。是則黃君之不立門戶，更為漢學家之功臣也。瓞民讀黃君書，擊節歎賞，斥貲寄余，屬速付刊，既復得黃君臏白等之助，遂以殺青。書成，乃撮其始末而序之。癸酉夏日蔣維喬竹莊甫序於因是齋。

◎卦氣集解序：先君子著《卦氣直解》，未及梓印而毀于兵禍，痛矣哉！去歲，蔣君竹莊馳書，以治易之難莫卦氣若，前人箸述均失其本旨，屬搜集殘闕，以備後之學者有所取證。乃求之數月，僅得先君子《改正乾鑿度卦軌》及黃梨洲氏《主歲卦表》、張皋文氏《六十四卦貞辰圖》，並釐正《乾鑿度貞辰進退》之說四者而已矣。以此告竹莊。而竹莊以黃君星若邃於易，更相示之。星若既得先君子遺稿，探賾索隱，訂正《貞辰圖》。又本之以天人一貫、象數一源，原要序卦，定其卦次，而成此書。其始末具見蔣、黃兩君序言中，無庸贅述者也。夫卦氣者，曆法之大本，詳載於《易緯乾鑿度》及《稽覽圖》二書中，世以為出於孟喜、京房者，非也。第漢之治易而知卦氣者，惟孟、京兩氏猶能得其餘緒，故漢儒謂之詧京氏易，又謂之六日七分之學。其推求之法，《易緯》中已明言之。四正之卦，四時也，每卦六爻，即二十四節氣也。十二辟卦，十二月也，每卦六爻，即七十二候也。六十卦用事以六日七分計，即周天之數也。今辟卦學者咸能解之，至公侯大夫卿四者，皆以為無策可推、無緒可尋，殊不知在貞辰進退之中。並有以初元士二大夫三公四諸侯五為天子六宗廟，即以為公辟侯大夫卿，是誤爻位為卦氣，未能明易之例耳。蓋易廣矣大矣，稱名取類，如有典常，不能相混而為一者也。星若此書，集卦氣之大

成，若讀其書，更進而求卦氣軌入厄諸法，則律曆之用備矣。或曰易緯之書，不著錄於《漢書・藝文志》，姚首源氏《古今偽書攷》言之為偽，其實否也。《史記・律書》《漢書・律曆志》有推求之術（如《史記》小餘大餘閏，《漢書》統母閏法、統法、元法、會法之類，名目雖與《易緯》不同，而求得之數、推求之法與《易緯》同，不過《易緯》於曆律之外，更進而言災異也），《京房傳》有分六十四卦更直日用事之說，《後漢書・方術傳》有緯候之部及張純、郎顗、樊英諸傳中亦屢言之，是漢儒之於緯也，可謂重視矣。善夫張皋文氏之言曰：「河洛之文大備，而《七略》不著錄，將以符命之學出於其中，在所禁祕耶？」鄭康成氏，漢之大儒，博通古文，甄錄而為之注，則緯之出聖門，而說經者之不可廢也，審矣。使學者能讀此箸，則卦氣之真理自明，而以《易緯》為治易之要籍，信不誣焉。癸酉夏日，沈祖緜颾民識于吳門自得齋。

◎卦氣集解自序：人世間事，往往有盡心盡力以為之而不能成者，有時機一至，若或使之，若天牖之，若有鬼神陰來相之，稍加思索之功，不終日而已能觀厥成者，此非前之拙而後之工也。學未博、察未審、心未公、時未至，數者未得而事不能成矣。士之於學業也亦然。余生也晚，未嘗親炙於宗師碩學之門，幸蒙海內友人不我遺棄，往往以所好之易學書或老、莊書見示，故平生所見之老、莊書約五六十種。而易學著述，或依經之疏注，或不列經文之筆記，或自成一家之專書，或獨闢蹊徑之術數，乃至十餘倍於老、莊。韓退之謂非三代兩漢之書不敢觀，余則融通之而折衷於孔子。漢宋門戶之見一去，便覺心地開朗，如撥雲霧而見青天。以三十餘年之光陰付諸易學、老莊，心氣以是和平，精神以是充快。於先天象、天人象、後天象、序卦象、雜卦象之為象象，河圖洛書蓍數之為數象，太極圖之為是象是數之象，太極即無極之為非象非數之象，粗能次弟犁然，綱舉而目張，條分而縷析，遂引而伸之，觸類而長之，立為種種之觀法，使之六通而四闢，自以為可以貢獻於世矣。而獨於卦氣一圖未曾窮源以竟委，是元炳學易之功尚未可謂完成也。客歲，沈君颾民以其先尊人竹礽前輩所著之《周易易解》見贈，開卷讀之，見其附卷中有謂卦氣圖自有一定之序之說，以叩沈君，沈君則云稿已散佚，歸而窮搜，乃得其先尊人之殘稿數紙舉以見示，而余鑽研卦氣之心乃怦然動矣。於是徧檢所錄前人之說，與竹礽前輩所注明之主歲卦表參觀。有不能通暢之處，則冥心孤往，早夜以思，如對古人而索其所以組織中孚復屯謙睽等公辟侯大夫卿之次弟然者。不數日間，悟得貞辰圖與卦氣圖組織於一時，且為組織於

一人。故求貞辰則用卦氣，求卦氣又用貞辰，輾轉相求，不能彼此相離也。既而又將所以如此輾轉相求而渾成不得端倪者，攻而剖析之，條而詳列之，使之明白而不疑。可見時會一至，海內自有有心人為之開其先、助其成，非苟而已也。讀吾書者，須以起首之總圖對末後處之問答，先行觀玩一番，然後再循序而探索之，方知古人易奇而法之說非偶然矣。拙著《周易經傳解》客歲既賴陳藹士先生等十餘人合助刊資，得以行世。此書復得黃膺白、沈瓞民、蔣竹莊三先生及舍親周君晉年，助資以刊行。兩書之圖象，皆張鼎元先生一手所繪。而此書之校對，則舍親楊君平苗力任之。烏乎！諸君於元炳之易著，可謂重視矣。附書於此，蓋所以答高誼於無窮也。癸酉長夏，無錫黃元炳星若甫自序於觀蝶樓。

◎弁言：

本書之宗旨，在會通漢宋門戶之見，使之互相發明，以揭示古人學問同歸之真相。

漢代學易諸家，有消息，有旁通，有爻辰，有卦氣，凡此等等，不過就全圖中擇其一端而表示之。本書雖舉其卦氣一名為解，實則以少攝多，而於漢代諸家所學無不賅備。

卦氣之學，全賴貞辰三圖。今更增一圖，使其精蘊發泄無遺。而貞辰、卦氣兩圖互相因依之，用處遂一一披露。

卦氣圖中層，層見其組織之跡象，故易於明白。而最外一層六十卦之次弟，如復次中孚、屯次復等，除識其真原而為之組織之人外，實至今無有人知。本書特將其次弟之所以然，一一為之講明，學人不閱此書則已，苟能耐心詳閱，則無有不能了解者也。

前人談卦氣者，往往似是而實非，矜惜而不肯示其精要，設心愈鄙故發明愈少。本書擇其稍有可取者錄之，其膚淺而粗率者概不錄也。

錢塘沈竹礽前輩，於卦氣學治之最深，本書中多採其說。惜原稿失散，其哲嗣瓞民觀察所錄示者，僅一鱗一爪之殘稿而已。

古人治易，往往藏一特異之點，以發明此要點之出於天然。如先天之復姤、後天之兌，天人發用象之无妄與升、序卦之夬、雜卦之蠱、河圖之北中，凡此等處，人所難測。此卦氣圖中亦有一卦，此卦明，全象皆通。

本書類別，略分為八章。弟八章設為問答，將六十四卦之次弟一一示其相次之意義，最為且切要。其他如與《序卦》先後天等象相關之處，亦解答極

明，可先取而玩味之，再觀全書，可愈覺親切。

　　黃元炳識。

　　◎黃元炳，字星若，一字文之，號蔚卿。江蘇無錫人。同治八年（1869）副貢，光緒二年（1876）舉人。築聞樨香室藏書千餘卷。又著有《老子玄玄解》《陰符經真詮》。

黃元炳 河圖象說 二卷 存

　　上海、山東藏 1933 年黃氏觀蝶樓鉛印觀蝶樓國學叢書本

　　集文書局 1992 年影印 1933 年黃氏觀蝶樓鉛印觀蝶樓國學叢書本

　　臺灣文聽閣圖書有限公司 2009 年林慶彰主編民國時期經學叢書本

　　◎目錄：河圖象說序。河圖象說自序。河圖稽古篇。陳圖南先生易龍圖自序注。陳圖南先生易龍圖自序王氏說詳注。河圖象說上卷。河圖象說下卷。

　　◎嚴靈峯題辭：窺探本源，窮究河洛。會通漢宋，推陳出新。

　　◎河圖象說序：《易大傳》：「河出圖，洛出書，聖人則之」，是卦象本有通於圖書，經有明文。但漢以後儒者不能言其詳，至趙宋諸儒出而後斯學漸明，然尚未發揮無餘蘊也。無錫黃君星若，殫心治易垂四十年，憫圖書之久晦，乃著《河圖象說》，詳列百二十五觀以明之。書中採前人之說者半，而由自己創獲者亦半。今就其創獲者言之，《易·繫辭》言三陳九卦，陳圖南《易龍圖自序》據以釋河圖，引而未申，後人莫解。雖以清人江慎脩之淵博，猶致疑焉。今星若以序卦與河圖之關係詳釋之，而後反身脩德之義遂顯，此其一。又知序卦既通河圖，而復卦至夬姤四十九卦，實為揲蓍置閏之關鍵，是亦前人所未道者，此其二。河圖洛書，古者分作兩象，星若則知為一象而體用有異，以河圖為洛書之體，以洛書為河圖之用，但觀法則不妨依朱子分為兩種，此其三。昔人解釋河圖，但知其通於八卦，星若則能於河圖求得六十四卦，此其四。序卦雜卦，自來注易者均不能言其所以然，故於與河圖相通之理更不能曉，星若則能知序卦雜卦天人發用象與河圖一一相通，此其五。《尚書》載洛書錫禹，可見《洪範》與圖書有關係。儒者固所習聞，然九疇如何與圖書相應，又九疇中五行、五事、三德等數與圖書如何貫通，則自來未有人能言之，星若冥想數日，忽然有會於心，得其組織之法知河圖以相對作相連，而為洛書成太極中之兩目，亦千古之快事也，此其六。是書脫稿後，先與沈子瓞民商榷一過，余復竭一月之力為之抉疑發覆，並於學理艱深處一一為之標

出。每隔數日，星若臨余寓逐條商訂，期於至當。余既集資為星若刊印《周易經傳解》《卦氣集解》，茲書復得榮德生、汪惺時、王東園、周晉年諸君之助，得以付刊。為述始末於簡端，以見昌明易學，賢者均有同情也。癸酉冬日，蔣維喬竹莊甫序於因是樓。

◎河圖象說序：河圖洛書，載諸典籍，斑斑可考，《易大傳》特標而出之，遂為大易之本。顧治易者雖知其名，類皆無從取證。至宋劉長民以九為河圖、十為洛書，其說韙矣。然誤以四十有五為河圖、五十有五為洛書也。孔氏安國曰：「河圖則八卦也，洛書則九疇也」，《漢書‧五行志》劉歆曰：「伏羲繼天而王，受河圖，則而畫之，八卦是也。禹治洪水，錫洛書而陳之，《洪範》是也。」班孟堅《敘‧傳》述《五行志》曰：「河圖命庖，洛書賜禹，八卦成列，九疇逌敘」，李奇注曰：「河圖即八卦也，洛書即九疇也。」則河圖洛書漢儒確有定論矣。長民圖九書十之說，誠為河洛之大本。惟四十有五及五十有五之數，實失之疏。且康節方圓二圖，以象天地自然之理，初未嘗係於數，安知邵子不以九為圖十為書乎？河圖先天之學，八卦也；洛書後天之學，九疇也。天地定位，乾一坤八，合之九也；山澤通氣，兌二艮七，九也；雷風相薄，震四巽五，九也；水火不相射，離三坎六，九也。益之以天九地十，得五十有五之數，此先天卦位與河圖之數合也。後天之數出於對待，坎一離九，合之十也；巽四乾六，十也；震三兌七，十也；坤二艮八，十也。益之以五，得四十有五之數，此後天卦位與洛書之數合，更與《大戴記‧明堂篇》二九四、七五三、六一八之說符也，此長民九為河圖十為洛書。意者夙有師承，而未深究五十有五與四十有五之數定之為河洛也。若洛書，以中央戊五己十相加，即河圖之數。先子謂先後天之數各五十有五，亦可謂發前人之未發者矣（詳見先子所著《周易易解》卷八《繫辭傳》天一地二節暨大衍之數節，又《示兒錄》上編第十章）。漢儒謂河圖洛書相為經緯，八卦九章相為表裏，所由來也。蓋因數以畫卦，亦可因卦以求數。按之易理，無不貫通。迨《易大傳》所謂陰陽不測之謂神歟？及清黃梨洲、胡朏明、惠定宇諸人，其論河洛，要皆言不由中，未能觀其會通，不過擬議之而已。無錫黃君星若，憫斯學之失傳已久，所著《河圖象說》，旁求博搜，間取江氏《河洛精蘊》，而己亦多所闡發。惟昔之言河洛必並洛書為一談，今星若獨表河圖，立說之嚴，似勝古人。蓋聖人之作易，必於河圖為最先，斯星若作書之至意耶？是書首列希夷《龍圖序》，並彙錄諸家注說，參以己意，但注中於張理之說尚未詳，

因錄而寄之。張理者字仲純，元清江縣人，著《大易象數鉤深圖》三卷，惜《元史》無傳也。圖南之序，論者或以為非，然潛溪以為《龍圖序》非圖南不能作。則此一玄文而已，錄之亦何傷乎？星若著是篇，與余函書交馳，往還商榷。余何人斯，豈敢妄贊一詞？第有所見，必討究之而後已，蓋師大象麗澤之旨也。書成，問序於余，余乃述其梗概如此。癸酉冬日，沈祖綿疁民識于吳門自得齋。

◎河圖象說自序：居今之世，志古之道，而痛詆古聖哲明道之書與圖，誣之為偽作，斥之為異端，則其所志之道，終其身莫能知莫能見，其人亦良可慨矣。大凡人之積習，起於先入為主。一人唱而眾人和，而和之者不悟唱者出於一己之偏見也。乃據以後誣古人，遂使聖哲心傳之學無人敢問津焉，此元炳三十餘年來一見河圖而輒為之惕然傷感也。是以弱冠以後，欲探古先聖哲之本意，孜孜兀兀以到於今，以為與其藉空談而制勝，不若明象數以喻人。河圖之數象，古人既習見之矣，其在《易大傳》，孔子曰：「天一地二、天三地四、天五地六、天七地八、天九地十，天數五地數五，五位相得而各有合，天數二十有五地數三十，凡天地之數五十有五，此所以成變化而行鬼神也。」此六十四字，夫子述伏羲河圖之象也。故循流而考源，則又曰：「河出圖洛出書，聖人則之」，其在《論語》則曰：「鳳鳥不至，河不出圖，吾已矣夫。」可見河圖之確有也。在孔子之前者，《管子‧幼官篇》於春曰用八數，東方本圖亦然；於夏曰用七數，南方本圖亦然；於秋曰用九數，西方本圖亦然；於冬曰用六數，北方本圖亦然；於中曰用五數，中方本圖亦然。《幼官圖》，管仲使筮仕者見而識之，所謂學古人官者也。其《地員篇》之五音，亦與河圖有關。縱使記管子言者在孔子後，而管子言之則在前也。月令，夏正之大者也，於春曰其數八，於夏曰其數七，於中央曰其數五，於秋曰其數九，於東曰其數六，亦言河圖之成數也。而其帝、其神、其蟲、其音、其律、其味、其臭、其祀、其祭之所先，其氣候物情之所徵，天子之所居、所乘、所駕、所載、所衣、所服、所食、所用器之式，與其法制政令、養老慈幼之大經大典，上觀天文，下察地理，中揆民情，旁及萬物，尚武田獵，重農勸工，貴士厚別之禮，纖悉周詳，備載於書，其書殆即為河圖之書，或為欲使人民易知起見，故稱為《月令》也。秦之呂不韋采其文，稍異其字，撰為《呂氏春秋》中之十二月紀，或以為十二月紀不韋自作，非也。《月令》其殆夏時之書，與《小正》同傳，孔子得之，以教弟子者，漢之二戴錄其文入《禮記》也。而《書‧康王

之誥》曰：「天球河圖在東序」，琢於玉耶？刻於竹耶？圖其數於簡冊耶？固不可詳，要為古代所傳，故寶之。胤之舞衣、垂之竹矢猶存，而況龍馬所出之河圖乎？天球如為璿璣玉衡之遺製，河圖即或非伏羲之原圖，其為唐虞之古物也必矣。後於孔子者，《墨子・迎敵篇》云：「敵以東方來，迎之東壇，壇高八尺，堂密八，年八十者八人，主祭青旗青神，長八尺者八弩，八八發而止，將服必青，其牲以雞；敵以南方來，迎之南壇，壇高七尺，堂密七，年七十者七人，主祭赤旗赤神，長七尺者七弩，七七發而止，將服必赤，其牲以狗；敵以西方來，迎之西壇，壇高九尺，堂密九，年九十者九人，主祭白旗素神，長九尺者九弩，九九發而止，將服必白，其牲以羊；敵以北方來，迎之北壇，壇高六尺，堂密六，年六十者六人，主祭黑旗黑神，長六尺者六弩，六六發而止，將服必黑，其牲以彘。」漢董仲舒《春秋繁露・求雨篇》云：「春求雨，聚蛇於東門之外，為四方之壇，方八尺，植蒼繒八，其神共工，祭以生魚八，以甲乙日為大蒼龍一，長八丈，居中央；為小龍七，各長四丈，於東方，皆東鄉，其間相去八尺。夏求雨，為四通之壇於邑南門之外，方七尺，植赤繒七。季夏求雨，為四通之壇於中央，植黃繒五。秋求雨，為四通之壇於邑西門之外，方九尺，植白繒九。冬為四通之壇於邑北門之外，方六尺，植黑繒六。」又漢楊雄《太玄》書玄掜云：「掜，擬也，圖象也，告其所由往也。惟天肇降生民，使其貌動、口言、目視、耳聽、心思，有法則成，無法則不成，誠有不誠，掜擬之經。垂稍為衣，襞幅為裳，衣裳之制，以示天下，掜擬之三八。比札為甲，冠衿為戟。披甲何戟？以威不恪，掜擬之四九。尊尊為君，卑卑為臣，君臣之制，上下以際，掜擬之二七。鬼神耗荒，想之無方，無冬無夏，祭之無度，故聖人著之以祀典，掜擬之一六。時天時，力地力，維酒維食，爰作稼穡，掜擬之五五。」又《玄圖》云：「一與六共宗，二與七共朋，三與八成友，四與九同道，五與五相守。」亦皆言河圖之成數者也。此皆有文可證。其他如緯書有《河圖括地象》、《河圖握矩記》、《河圖子提期》等。緯以河圖稱者，不一二見也。京房受易於焦延壽，上接商瞿之傳，而五星從位、二十八宿從位，皆以六十四卦按河圖五行方向而配之，如無其象，曷能臻此？商瞿，孔子授易之弟子也，可知河圖之象與其緯書，同出於孔子之門。且古人亦有以緯混經稱之者，莊子戰國時人，其《天道篇》引孔子繙十二經以說老聃之言，是緯書者，孔子之前已有之，漢人以讖緯之言亂之耳。授受之遠，由來久矣，未可誣也。又《御覽》五百八十一引易說「夏至之樂輔以簫，簫長尺四

寸」，鄭注曰：「簫亦管，形似鳥翼。鳥，火禽也。火數七，夏時火用事，二七十四，簫之長由此也。」《御覽》，宋書；康成固漢儒也。《周禮・校人》疏云：「東方南方，生長之方，故七為少陽、八為少陰。西方北方，成熟之方，故九為老陽、六位老陰。」賈公彥，唐代人也。他如魏武帝《短歌行》注：「河授圖，天下歸心」，應楨《華林園集》詩注：「河圖，帝王終始存亡之期」，又《御覽》五百二十七「五祀：南郊北郊西郊東郊中兆，正謀」注曰：「東郊去都城八里，南郊七里，西郊九里，北郊六里，中兆西南去城五里。兆者，作封畔兆域也。謀者，方欲迎氣，齋戒自端正，謀慮其事也。」句有全不全，而漢唐人之注，於河圖成數固屢言之。而《校人》疏引《易河圖數》云：「龜取生數，一三五七九；筮取成數，二四六八十」，下加云：「一與六同宗，二與七為朋。」不僅此也，後魏關朗《易傳》亦僅述成數而云七前六後、八左九右矣。楊氏玄、京氏傳、賈氏疏，皆足以徵河圖之全數者也。或者疑之，並疑孔子《易大傳》文何以與管、墨等所云不相應者。元炳則曰：此不必效歐九之不如童子也，子疑管、墨等說無生數，又無成數之十數，吾明告子，子盍讀箕子之《洪範》以徵之？箕子曰：「初一曰五行：一曰水、二曰火、三曰木、四曰金、五曰土；次二曰敬用五事：一曰貌、二曰言、三曰視、四曰聽、五曰思；次三曰農用八政：一曰食、二曰貨、三曰祀、四曰司空、五曰司徒、六曰司寇、七曰賓、八曰師；次四曰協用五紀：四，五紀一曰歲、二曰月、三曰日、四曰星辰、五曰曆數；次五曰建用皇極：之一，天子作民父母，以為天下王；次六曰乂用三德，六，三德：一曰正直、二曰剛克、三曰柔克；次七曰明用稽疑，之七，七稽疑：曰雨、曰霽、曰蒙、曰驛、曰克、曰貞、曰悔；次八曰念用庶徵，八，庶徵，曰雨、曰暘、曰燠、曰寒、曰風，以時五者備；次九曰嚮用五福，九，五福：一曰壽、二曰富、三曰康寧、四曰攸好德、五曰考終命；危用六極；一曰凶短折、二曰疾、三曰憂、四曰貧、五曰惡、六曰弱。」合為大衍之數五十。加時一，五十一。去六極為四十五，洛書之數四十五也。而大衍五十即河圖中央與十同宮之五十也，生數五與成數十得矣。六，五與一也；七，五與二也；八，五與三也；九，五與四也，皆分十而成之。世豈有僅見五六七八九十而少去一二三四不見之人者？夫一二三四與五既為一重矣，故一四五、二三五、中五，又即洛書之縱橫十五也，豈非河圖中已函洛書耶？且也，洪範之數一五行與八庶徵皆以藏後天象；九五福二五事皆以藏先天象；三八政，河圖之三八也；四五紀與八庶徵中之歲月日星合而為九，即河圖之四九也；

七稽疑本七，而去五為二，即河圖之二七也；六三德剛柔三言，正直平康作福作威玉食合為五，而同為辟之一，即河圖之一六也。豈非洛書中已函河圖耶？河洛相通，見於錫洛陳法之後；河洛相合，見於生成未判之前。《古史考》謂包犧作卦始有筮，夫天錫聖瑞，固先示之於太皥矣。大衍五十，筮法之本體，而非河圖不能出；洛書為太極，其兩目之相交者，非河圖以相對作相連不能明。又豈待禹平水土而後神龜始出書於洛水哉？然則孔子《易大傳》文天一地二云云，何以不與管、墨等相應，而不可信其為傳河圖之文耶？孔子以下，傳聖人之學者，莫如莊子。其《天運篇》曰：「九洛之事，治成德備，監照下土，天下戴之，此謂上皇。」河圖中宮五十，既成為洛書之一象，則河圖為九組，是以莊子謂之九洛也，此又一徵也。稽於古，有以伏羲、神農、黃帝為三皇者，有以伏羲、女媧、神農為三皇者，泰皇、太皥為三皇冠，莊子是以稱為上皇而尊信之也。厥後中衰，畸人保之。或以河圖為洛書，辯者紛然。揚子雲之為莽大夫，保是故也。而《太玄》有盜據之心，未得暢也。陳圖南以進士未第，即臥隱於華山，保是故也，而《易龍圖》一篇，何其隱也！有清江慎脩之《河洛精蘊》，因《易龍圖》與《漢律志》指出兩箇變河圖，厥功甚偉。元炳不揣固陋，命名之曰天河圖、地河圖、人河圖，又強名之曰變河圖、本河圖、中河圖。二十八宿者，天河圖也；五十居北者，人河圖也；其原象之河圖，與《括地》《握矩》之名稱相應者，地河圖也。河洛之說，本重於地而立名，故天人之河圖強明，而附之於河圖本象中發揮之也。天人不能確定其名，河洛不能確定其數，辯者紛然，要皆可稱。就其中而名，洛書允；就其外而名，河圖允。就其分者而名，正當如陳圖南、李之才、邵堯夫、朱晦庵諸先生之主張，以五十五數為河圖也。陳圖南云：「龍圖者，天散而示之，伏羲合而用之，仲尼默而形之。」今我此編，既原其五十五數成象之所以，又本陳氏意，示之以古人之說，庶幾識我至聖伏羲氏因瑞悟道，文明久而大美萃，淳厚深而至德隆。自我尊古，考據如上。是書也，采之前人者十之五，運以己意者亦十之五，反復推衍，以成河圖之觀法百有二十。原之以所當然，極之以所必然，一一皆融化於百有二十觀法之中。河圖一象為象數自然之象，因是觀法，遂得昭明。又以陳圖南氏《易龍圖序》能推闡河圖成象之本，原於序卦先天，而義蘊無窮。特將張仲純、王無異、江慎脩三氏之說會而通之，又於其不能明瞭處與注語太簡處，一一為之引申，命名曰《河圖稽古篇》，以冠簡端。烏乎！自伏羲以來，據列子書，已有三十餘萬年，為時久矣。河洛之書，其都

邑也。意者河以包洛，中五立極，其得四時之中乎？我國居地球之北溫帶，南有大洋，北有沙漠，冬有大水，西有高山，其交合之所在，乃在河洛。東方卑，得天氣多，日光自南而北，漸近於吾國。與北為交，光華下燭，地中之熱應之，木乃生矣，故木旺於春也。以至夏日，體更近，伏陽皆出，光熱相合，至於盛暑點而止，故就近人而在南方之日言之，謂為火旺於夏夜。而冬日日體更遠，不計也。及至秋而陽光漸遠，天之寒氣遂著，地中伏陽宣洩已盡，寒已至而草木不勝其寒，乃結實以保其一偏之性，果實乃成，是因天之金氣而然也。冬日北方之水寒成冰，水性見矣。浩浩昊天，金其生體，天一生水，又還於土，其土陽土，後天之艮也。反生為木，而五行連環相克矣。夏秋之交，坤土寄之，其土陰土，時艮亦不計也。得其環中，而五行相生矣。連環則坤寅於十，分為洛書之八方，環中則艮寅於五，同為河洛之中心。河圖之為河圖，以暑與寒為南北。孔子《易大傳》所謂寒往則暑來、暑往則寒來也。折中於聖，精確如此。而今而後，凡我同志，不必更致疑惑，則古聖先賢表章河圖之功，庶可不唐捐也。考據非不善，在吾人慎之而已。於是疑者快然大喜，余亦快然大喜，遂援筆而為之敘。壬申仲夏，無錫黃元炳星若甫自敘於城南觀蝶樓。

黃元炳 學易隨筆 二卷 存

山東、上海藏 1921 年無錫黃氏鉛印本

◎學易隨筆敘：余光緒五年生，今年四十有三，學易蓋二十有四年矣。憶九齡時，侍先大父萼庭府君、先叔祖母唐節母居西城內之造吉街，天中節唐節母取新衣衣我，因見布繪先天大象一、先天小象一、後天象一，紅黑分畫之。問曰：「此何物也？」唐節母曰：「是名八卦圖，往日恂世，用以鎮驅白蓮邪術者也。」余訝且喜，急以走問先大父。先大父如所問一一以告余，並謂：「此先天大象變化無窮，小子其有樂於斯邪？恨我年暮矣，或不能見小子之學有成。善藏之，此汝父之所手繪，他年庶幾可因以追思汝之父若母。」彼時年幼，不解酸心語，然余愛重易象之心始於此。年十六，先大父謝世，余大病三年久。乃十九歲而始學易，至今日所閱前人易學書夥頤不可以數計。人云亦云者太多，喜考據，反趨入歧途不悔者亦不尠。宋之周、邵、程、張、朱六先生，傳我先聖潔淨精微之道，後賢繼起，乃雜以禪。道統之存亡，胡可問也！余孑然一身，戴高天、履厚地，而能調和前人之著作，冶於一鑪，出一

言，前人之所不及料；書一句，今人之所莫能詳，亦幸也。赫蹏書，後生可畏者之筌蹄也，夫豈敢以續古賢之道統自期哉，冀萬一能與胡光山、任釣臺相比擬耳。嗟夫！老子有言：「知我者希，則我者貴」，此言太覺遠人情，余故不自量，以所錄付剞劂，一以慰先大父在天之靈，一以公諸海內，作嚶鳴之求云爾。辛酉孟夏，無錫黃元炳自敘於忘我齋。

黃元炳 易學入門 一卷 存

上海藏 1933 年黃氏觀蝶樓鉛印觀蝶樓國學叢書本

集文書局 1984 年鉛印本

◎前言：易象，可分象象、數象、似象似數之象、非象非數之象。象象者，先天象、後天象、天人象，一類也，是偏純象。先天象、天人象皆有大小。天人象之大者，謂之天人發用象。序卦象、雜卦象、卦氣圖，又一類也，是為雜象，而象象盡此矣。數象者，河圖洛書也。似象似數之象者，著數大衍五十之象也。義亦可作數象觀，然五十個一未嘗不可作小成卦於其中，則又為象象矣。是兩似也。古太極、今太極本相通為一，特其相貌不同。如以為象也，而非爻畫也；如以為數也，而又非一二三四等也。故亦為似象似數之象也。如上所云之先天小象、先天大象、天人象、後天象、序卦象、雜卦象、卦氣圖、河圖洛書、著數、古太極、今太極，皆為象數所攝，而非象非數。古人無以名之，強名之曰無極。無極者又非無也，先天攝之也，皆合象也。若夫六爻卦中觀其分象，有內卦有外卦，有內互有外互，有合互、有旁通參伍，有六爻分觀。河圖中觀其分象，有一九二八三七四六之辨。觀象不外分合兩端，而河圖洛書與天人發用之三三結卦等，及天人之合於先天、分合象數之合於序卦、互卦兩種之合於雜卦，又皆為分合之總匯也。此篇宜熟讀。

以象數寫常理，非先天大小象不能也。故有先天小象、先天大象。天人象先，天之中爻也，根本也，故有天人象。體以用存，故有天人發用象。先天小象、大極生兩儀，兩儀生四象，因象生八卦之自然者也。後天象者，由先天小象而南北用中爻為陰陽易、東西用上爻為陰陽易。四隅則少陰陽顛倒作上下、太陰陽顛倒作上下也，此先天變後天也。卦之相錯者為先天象。卦之相綜者為序卦象，又調和序卦而示其用者為雜卦象。既以象顯道，又以數顯道，於是乎有河圖洛書、大衍著數。洛書為河圖之神變化，大衍為河圖之行鬼神

也。要皆不外乎太極，而太極之外周無無極也。

黃元炳 易學探源 六卷 存

上海藏 1933 年黃氏觀蝶樓鉛印觀蝶樓國學叢書本

集文書局 1984 年鉛印本

◎子目：之一《易學入門》《卦氣集解》合編；之二《河圖象說》；之三《周易經傳解》。

◎易學探原序：自民國以來，我國研究易經的學者，能貢獻其畢生的精力，究明易經的本源的體用，並有優美的著作和卓越的成就，而可當得上「易經大師」的，數來數去，惟有海寧杭辛齋、無錫黃元炳、薛學潛三位先生，都是抗日前的名學者。此外或限於天賦，或宥於門戶，或淺嘗即止，雖各有所見，畢竟渴飲江河，小飲小盈而已！黃元炳先生字星若，江蘇無錫人，沉潛於易學研究，達三十餘年，綜覽易經千種，所著有《易學入門》、《河圖象說》、《經傳解》、《卦氣集解》四種，凡七巨冊六十餘萬言，冠名《易學探原》，插圖百餘幀。其內容則兼主漢宋，旁搜博證，首在究明易學的本源，次則溶象數理於一鑪，即體即用，多所闡發！誠如黃自序所說：「漢宋門戶之見一去，便覺心地開朗，如撥雲霧而見青天！」黃氏《易學入門》一書，原線裝一冊，不分章次、插圖片、表解計五十餘幀，察其用意，無非欲以圖書卦畫，盡天地人物之象數；而又以文字解說，究明其體用。《河圖象說》，原書上下兩冊，舉《稽古》、《數象》兩篇於書首，然後引而申之，提出了「一百二十觀」，如「天地生成觀」、「兩儀渾分觀」、「三五倚數觀」、「分合觀」、「動靜觀」、「勾股觀」、「三角觀」、「二十八宿觀」、「宿談從位觀」、「中國觀」、「人生觀」等等，大抵哲學科學並舉，內外一元，發前人所未發，特多創見。《經傳解》一書，原分上中下三冊，乃集漢以來各家的註解，取精用宏，多申己意，以解說四聖人之易。每讀他家易註，於象於數，輒多晦暗不明，而讀此書，則如面對光風霽月，陰霾一掃而去之感。《卦氣集解》一書，原書一冊內八章，尤多新見。按卦氣之說肇始於易緯乾鑿度，降及漢代，乃有卦氣、消息、爻辰等之分。黃氏揭其精要，統以卦氣為名，蓋欲復古易之舊，而復與時俱進。我讀《易學探原河圖象說》一書甚早，並在拙作《易數淺說》中，多作徵引。近悉集文書局黃進長先生意欲將此四書合璧影印，以廣流傳，特序縷述其大要。丁巳孟夏，寧鄉黎凱旋寫於台北旅次。

黃元炳　易學探原經傳解　三卷　存

上海藏 1933 年黃氏觀蝶樓鉛印觀蝶樓國學叢書本

上海藏 1933 年上海醫學書局鉛印本

臺灣文聽閣圖書有限公司 2009 年林慶彰主編民國時期經學叢書本

◎目錄：上卷周易上經。中卷周易下經。下卷繫辭傳、說卦傳、序卦傳、雜卦傳。

◎易學探原經傳解序：余志於易學有年矣，然間多疑義，莫能解決。曩者曾言於友人丁君仲祜，丁君曰：「無錫有黃君星若者，沈潛於易已三十餘年，盍詢之？」余即條舉疑義，介丁君以達。未幾黃君即有答覆。怡然渙然，使余疑義冰釋。厥後在丁君處遇黃君，傾蓋如故，彼此恨相見之晚也。既而黃君挾其著作《易學探原》數厚冊示余，余受而讀之。黃君更時時抵余所，相與賞奇析疑，口講指畫，終日不倦，如是者年餘。朋友講習之樂，樂可知也。余念自漢迄今解釋《周易》之書者，無慮千數百家，宗漢學者則攻宋學，宗宋學者則詆漢儒，門戶之見牢不可破，而於古聖人作易之本旨，反相去日遠。後之學者更無所適從。易學之晦，由來久矣。惟黃君之書，探及羲、文、孔子之本旨，絕不存門戶，而惟其是之從。以云探原，誠名副其實者也。是書卷帙浩繁，刊刻匪易。余勸黃君先以經傳解行世，黃君韙之，曰：「余治易數十年，所遇知音惟有子耳。子盍為我序之？」余曰：「諾。」竊惟《易》之為書，廣大精微，乃古聖人仰觀俯察天地間之變化，本乎天道地道以明人道而為人立極者也。我國一切學術思想之淵源，莫不發端於是。孔子贊易，立儒學之基礎，無論矣。即後世道家之所依託，亦原本於易；而一切方技又莫不範圍於其中。易之道大矣哉！又況徵諸歷史，在亂極當治之時，必有人焉集合同志起而講學，以轉移一世之人心。如宋初諸儒創為理學，雖間採釋氏之說，而其根本則全在於易。而陽明削平宸濠之大難，本其平日之理學以建立事功，而理學之本無不在易。此皆顯著之史實也。今天下之亂亦亟矣，吾輩雖不逮宋明諸儒，然當仁不讓，不敢不勉。及此時而倡明易學，以挽回澆漓之人心，庶幾於撥亂反正者或有所裨。然則黃君此書詎非醫世之良劑哉？是書卷首之《易學入門》尤為讀易之關鍵，學者得此，即於大易之旨可以瞭然。至經解中發前人所未發，使讀者開門見山者，尤不可僂指數。黃君之自序及弁言中已詳之，無俟余之贅言也。黃君年五十餘，體貌清癯，兩目炯炯有光。布衣疏食，自奉儉約，特立獨行，與世不偶。惟學人以易學請益者，則叩之以小則小

鳴，叩之以大則大鳴，盡力誘掖，惟恐不及。烏乎，其以身任道之君子歟？壬申春日，蔣維喬竹莊甫序於因是齋。

◎易學探原經傳解自序：憶昔少年時，欲為有用之才以濟世之艱，抱病讀書。仰觀於天文，俯察於地理，中揆於人事，外度於邦交，以為偌大東亞大陸，胡為乎不能造多士、鑄俊彥、興水利、脩農事，流通富源，振作工商，執世界之牛耳。如有用我者，我將以此先固其本，後利其用，富狙公之芧，運留侯之籌，俾我中國，天下莫與之爭雄。夫然後功成不受賞，長揖歸田里，羊裘垂釣，白衣者山人。大丈夫志念遠矣。否則十萬橫磨劍，建功於殊域，斬郅支之頭，犁老上之庭，統攝英豪，威震邊隅，生為保障，沒作神祇，千秋血食，民不能忘，大丈夫當如是也。諸君莫笑，此皆遭時有所用，誠為不可無。然我非其才，則夢也。夫難遇者時也，不可必者命也。孔子至聖，干七十二君而不遇；孟軻英賢，說齊梁兩國而猶難。我何人斯，雖欲不困，不可得也。果也，心未定則病中病，一病纏綿，幾及三年。厥後時時間作，貞疾不死。娶妻生子，勉強從事。因思少年懷抱，一何孟浪。不如將大易一經，輔以莊老，繼續研究。一室之內，如對三聖而受其薰沐也。既又羅列先哲之解，蒐輯畸人之撰，家人以為琳琅滿架，余亦以為慰情聊勝於無也。故紙堆中間有一二可采，他山之助又不無小補者也。莊老之冤，姑置不論。今且以大易言之，自前人誤會五十學易之文，少年遂輟止而不學。自漢易宋易門戶之紛爭，小言詹詹，大道分裂，一門求深者，人且笑而不信之矣。如用錯綜互變與先天後天天人河圖洛書蓍數等合象能證太極之全者以為解，門外漢但知望文生義，必曰是非古聖絜靜精微之易教也。抽繭剝蕉，自以為是，遂乃失其本然。此清初作俑之人掊擊象數而惑世誣民者所以能貽誤後人到今也。夫易，彌綸天地之道者也，古昔聖人，繼天立極，天下有是象有是數有是理，雖未見聞也，而易無遠不邇，不疾而速，不行而至，而莫不能告誡之，而其或吉或凶之所以然，要在吾人省察之中。脩身脩道，坦坦行去。世界各國疆域雖異，而人則同人，人同心同，必謂與其崇拜英豪，不如崇拜教主；與其崇拜教主，不如崇拜真理。真理待象數而徵信，是故象數即為真理也。教主者，不背真理者也，故信教主又不如信真理也。信真理則大公，能大公則無爭。今此《易學探原》之《經傳解》，前人所不能解者一一詳解之矣，前人所誤會者一一規正之矣，前人所依違徇情之處一一喚醒之矣，前人所致冤抨擊之語一一於無形中掃除之矣，淺而顯，詳而明，公而無私法，宛如太昊、西伯、孔子命余為易道之小使、真

—687—

理之介紹人者。此余於夢境之外另闢一覺境而到底不錯者也。同志諸君子盍亦從事於斯乎？夫賞奇析疑，講去其非而趨於是，道在斯。辛未秋日，無錫黃元炳星若甫自序於海上觀蝶樓。

◎弁言：

自來易家著述，於經傳文有不能解說處，往往以不知為不知而略之。本書則引用周秦以前著述，兼錄前人之長，反復申明，務使句句有著落。

吾國漢學宋學分門別戶由來已久，於易亦然。本書是則從之非則去之，毫無門戶之見。

先天大小象、河圖洛書等，前人往往不明其真相，以致有誤會穿鑿之種種泛論，豈知不明先天等象，則於已經傳文不能講貫。本書列象象、數象、似象似數之象、非象非數之象四類，使之次第朗然，於終始本末毫無可疑。庶知文王演為經文、孔子闡為十傳，非如後世之史文也。

《繫辭》《說卦》《序卦》《雜卦》四傳，前人於《繫辭》則尚能望文生義，《說卦》本章幸有孟、荀逸象。其外不能解者則略之矣。《序》《雜》二傳則知其蘊奧者尤鮮也。本書獨詳此二傳，以其為全部大易之樞鑰故也。

天人發用象，其理極精，其名則元炳據《說卦傳》及前人說而定之。要之此一象即為虞氏之消息卦變，亦即李之才先生所傳之卦變圖，朱子錄於《本義》之首者。一名天人，漢宋門戶之見遂冥。

本書中之《序卦》解說多采蕭景元，《雜卦》解說稍采劉芸莊。兩先生戞戞獨造，功不唐捐矣。

本書中之卦氣說，沈紹勳先生亦有見到之處，故採其說亦多。其六十卦次序之所以然，元炳始為一一發明之也。

元炳學易三十餘年，迨今又不厭不倦者，以其有日新月異之心得耳。如先天大象則發明遞變疊變與先天變天人，天人發用象則發明无妄、升兩卦之活用與三三結卦、變序卦、數法，雜卦象則發明參伍大衍先後河洛天人太極之種種關係及一箇蠱卦，卦氣圖則發明一箇小過卦，河圖洛書則發明本是合一而兩名，大衍蓍數則發明七七與加倍之關係，太極則發明其為開闔之圖象。他如經文，則指明坤初堅冰與大小過、中孚卦辭等之誤解。而先天變後天一法，尤非前人所能料及者，此元炳之所以嚶鳴求友而願與海內外同志共學之也。

黃元御 周易懸象 八卷 存

湖南藏鈔本

中國中醫藥出版社 2012 年任啟松校注本

中原出版傳媒集團 2013 年黃元御解易道本

◎目錄：

◎自序〔註 33〕：在昔文、周、孔子三聖傳易，本興神物以前民用，百姓

〔註 33〕此序又見於光緒《昌邑縣續志》卷八。

之愚，可以與能者也。顧三聖而後，非第百姓不能，而漢魏唐晉諸家，《易傳》亦未能盡通。下至此後諸儒，經義全昧，而議論俗腐辭理庸爛，三聖人安得有此等肺腸？蓋易興末世，蒙難而作，憂患深切，語多隱晦。言曲而事肆，旨遠而辭文。龍躍虎變風號雷驚，天語飛聲人文失色。加之簡策凌亂章句舛互，泥其辭反失其意，拘其文乃背其情；臨水投石而沒人不得，當空粉塊而明者不見。況於迂腐下士，測以膠固之心，解以株守之辭，化神奇為臭腐，對之使人白日欲睡矣。蕭山毛奇齡，以曠世逸才，箋注《五經》，並皆精徹。惟其易解誤於仲氏推易之說（仲氏，奇齡之兄，名錫齡），將無為有，自生葛藤，以致全書支離，殊難為訓。夫《周易》言推乃演卦之法，而設象繫辭則無此意，其《彖傳》所云「剛來柔來」諸語，皆於兩卦反對，彼此互發，非自別卦推移。而不得其說，穿連諸卦，牽纏輆輵，甚無謂也。僕於易理，十年不解。丙子三月，偶與玄覽處士燭下清言，間及王輔嗣「易無互體」之論，玄覽以《繫傳》非其中爻不備折之。默然而退，遂有仰鑽之隙。既解《道德》、《靈樞》，六月中乃草《周易》。諸象玄杳皆在《說卦》之中，臨文有得，不煩蔓引株連。爾時剪燭夜研，闢戶晨推，每訝心開，恒驚須斷。迄於三靈玄感，一線幽通。太璞既雕，大圓亦破，乃知聖經淵妙，以至於此。水盡山窮，別開天地。往於故紙之中求之，宜其且不得也。嗟乎，三聖明易，皆遭困危，久客都城，否困極矣，爰解易象。是真易能困人耶？非易能困人也，不困不解耳。以易理之玄，三聖於困中解之。況無三聖之才，欲於得意之際眾然解焉，不亦難乎？所謂困亨者，此也。然則與欲求亨，不如守困矣。乾隆二十一年丙子九月庚午，黃元御撰。

◎劉師培《左盦外集》卷十七《周易懸象序》：《周易懸象》者，清昌邑黃先生元御作也。原夫易興中古，立象盡意，剛柔相易。抑聞聖論，是蓋上下無常，而貴賤列位。故妙跡所寄則周流著於六爻，圓應所表則吉凶彰於一畫。然後卑高之象可得而陳，天人之占可得而効。玄聖既歿，傳注益繁。鉤深者銳贊幽明，致遠者善言虛勝。仁智之見既有不齊，易簡之道去之益遠矣。先生研精藝學，妙極道樞，信天道之可聞，潛韋編之中絕。假年以學，不舍晝夜。乃知六爻相雜非中不備；易有同功異位，故互體之用不虛。至若經傳云推演卦之法，設象繫辭，則無此義。綜斯二恉，旁綜群言。翦荀、鄭之深蕪，補王、韓之缺詁；剖析文句，大義可觀。無淵綜廣博之勞，得簡要清通之旨。成書八卷，並為《自序》，藏之屋壁，副在名山。縣歷歲年，寂寥人世。縣人

陸軍少將陳幹，緬懷高躅，瞻仰遺文，弘鄒賢之尚論，跡風人之思古，付之刊
厥，用示未來。是知弘道在人，廢興非己；斯文未喪，有命自天。用晦而明，
易道以之垂象；數窮覆瓿，玄業於焉大顯。今睹斯編，亦猶是也。

◎趙汝毅《靈樞懸解・跋》：甲午春，讀禮之暇，率及門李、董兩生，並
日善成……終能以《四聖懸樞》、《周易懸解》等書見示也。

◎四庫提要：大抵自命甚高，欲駕出魏晉以來醫者，上自黃帝、岐伯、
秦越人、張機外，罕能免其詆訶者，未免師心太過求名太急。惟其詁經乃頗
能沿溯古義，其訓釋以觀象為主，其觀象以《說卦》為主，而參以荀九家
之說，亦兼用互體，大抵緣象以明理，不糾繞飛伏、納甲之術，亦不推演
河洛、先天之說，在近人易說中猶可謂學有根據。惟好以己意改古書，並
彖象傳於經，而合《文言》為一篇，此猶據鄭元本也（鄭元本《文言》自為一
篇，見《崇文總目》）。改乾卦之次序使與坤卦以下同，此猶據王弼本六十三卦
之例也。割《繫辭》十九卦之說移入《文言》，於古僅吳澄有此說見《易纂
言》，斯已無據矣。至《繫辭》全移其次第並多所刪節，又割掇《說卦》以
補之，《說卦》更多所改正，直以孔翼為藁本，而筆削其文別造一經，尤非古
法也。

◎孫葆田《山東通志》卷百二十七《藝文志》第十：是書《四庫存目提
要》曰：「在近人易說中，猶可謂學有根據。惟好以己意改古書，併《彖》、
《象》傳於經，合《文言》為一篇。改乾卦之次序，使與坤卦以下同。割《繫
辭》十九卦之說移入《文言》。至《繫辭》全移其次第，併多所刪節，又割掇
《說卦》以補之，《說卦》更多所改正，尤非古法。」

◎昌邑於 1957 年曾由老中醫劉德正收集到鈔本《周易懸解》，交由縣衛
生局長徐松芳報送山東省衛生廳。

◎黃元御（1705～1758），名玉璐，字元御，一字坤載，號研農，別號玉
楸子。山東昌邑人。早為諸生。不幸三十歲時患目疾，為庸醫所誤，左目失
明。遂委棄試帖，考鏡靈蘭之秘，授御醫，乾隆賜「妙悟岐黃」匾額。博極群
書，尤邃於易，諸子百家，靡不精熟，諸子百家書籍，過目冰消，入耳瓦解，
自稱「滌濾玄覽，遊思壙垠，空明研悟，自負古今無雙」。又著有《道德懸解》
《玉楸子堂稿》，其《傷寒懸解》《金匱懸解》《四聖懸樞》《四聖心源》《長沙
藥解》《傷寒說義》《素靈微蘊》《玉楸藥解》《素問懸解》《靈樞懸解》《難經懸
解》等十一種由周永年進呈入《四庫全書》。

黃雲鵠 讀易淺說代問錄 十四卷 存

國圖、上海、山東、湖北、四川藏光緒十七年（1891）湖北蘄春黃雲鵠成都刻本

◎《山西大學圖書館線裝書目錄》作《學易淺說代問錄》，王紹曾先生《清史稿・藝文志》易類拾遺作《讀易漫說代問錄》。

◎黃雲鵠（1819～1898），字翔雲。湖北省蘄春縣青石嶺鄉大樟樹村人。咸豐三年（1853）進士，歷任四川雅州太守、四川鹽茶道、成都知府、四川按察使。

黃雲鵠 課易問旨 一卷 存

國圖、山東藏光緒十七年（1891）湖北蘄春黃雲鵠成都刻本

黃雲鵠 同治乙丑課易膽鈔光緒辛卯課易復識 一卷 存

山東、山東藏光緒十七年（1891）湖北蘄春黃雲鵠成都刻本

黃瓚 周易漢學通義 八卷 略例一卷 存

復旦藏清鈔本

同治稿本（清馮桂芬校跋，湯紀尚校）

續四庫影印復旦藏清鈔本

◎目錄：

略例：旁通。兩象。消息併圖。初上相反例。互體。兩卦貞一葳。八卦主八節。卦氣用事併譜。鄭氏爻體。鄭氏爻辰。六位。中。應。承乘據之正。鄭氏往來上下義。鄭氏七八九六說。鄭氏易禮（嫁取、后夫、郊禘、時祭、祭禮、告祭、會盟、朝聘、侯對、貢賜、大夫、軍賦、賓主、刑誅）。荀氏乾坤升降例。荀氏泰否始終說。荀氏消息說。京氏世伏例。兩象對合。初在應外。火珠林納甲法附風角。體象。半象。貞位二例。易位、易學源流譜。說文引易古文。

鄭氏上下經傳次弟：乾傳弟一（十卦）、泰傳弟二（十卦）、噬嗑傳弟三（十卦）、咸傳弟四（十二卦）、夬傳弟五（十二卦）、豐傳弟六（十卦）、繫辭弟七（十二章）、繫辭下弟八（九章）、文言弟九（乾六節、坤二節）、說卦弟十、序卦弟十一、雜卦弟十二。

按：易之原次，上經卦辭爻辭一，下經卦辭爻辭二，孔子贊之以十翼，

一曰上彖傳，二曰下彖傳，三曰上象傳，四曰下象傳，五曰繫辭傳上，六曰繫辭下，七曰文言，八曰說卦，九曰序卦，十曰雜卦。鄭氏始改舊弟，以彖傳、象傳附於經。王弼於乾卦存鄭氏舊弟，而附以《文言》，於坤卦亦附以《文言》，至象傳則於卦下，大象則附於彖下，小象附於爻下，屯、蒙以下悉如坤卦例，非鄭氏舊弟，故曰古易始亂於鄭，大亂於王。

◎馮桂芬跋：易虞氏學自張氏皋文出，學者多墨守之，鮮有自出手眼者。是書獨能博采鄭、荀等說，下及魏晉至國朝諸家，融會貫通，以發明虞義為主。皋文之說亦多采取而不為所囿，糾正其失者不下數十條，可謂不苟同矣。且不但於張氏不為苟同，即於虞注亦不為苟同。其中不從虞義者亦數十條，出自機杼，苦心孤詣，卓然成一家言。三復十讀，不勝敬佩。復荷虛懷，諄諭勘校，謹就鄙見所及，坿和數處，令後輩另紙籤錄。極知疏淺，藉呈是正為幸。同治六年夏日，弟馮桂芬讀畢附識。

◎民國《蕭山縣志稿》卷十九《人物》六：通虞氏易，不假師授，繩牀上鉌，兀兀窮年，洞微發奧，成《漢易通義》八卷附《略例》一卷，於宋後之說概屏不錄。湯紀尚為之序，謂為虞氏功臣，其言足以匡翼惠棟、張惠言所不逮。今傳於世。瓚又著有《春秋長曆補正》六卷，凡十易稿迺成，燬於洪楊之亂。

◎民國《蕭山縣志稿》卷三十《藝文》：《漢易通義》八卷略例一卷（清黃瓚撰）。

◎黃瓚，字蕈莊。浙江蕭山人。諸生。又著有《雪洲集》十二卷續集二卷。年七十餘卒。

黃璋 周易象述 不分卷 存

稿本

國家圖書館出版社 2019 年浙學未刊稿叢編第一輯影印稿本

◎黃璋，字稺圭，號華陔，晚號大俞居士。乾隆二十一年舉人。授嘉善教諭。三十七年詔徵天下遺書，浙江設採訪局，大吏以璋總之，凡得書數千種，皆考其撰人、爵里，疏其宗旨，輯總目若干卷進呈，以卓異遷知江蘇沭陽縣。卒年七十五。又著有《大俞山房詩文集》、《楊龜山年譜考證》已刊行；《詩潘》《剡溪識》《浙石略》及《校補宋元儒學案》藏於家。

黃振河 周易貫註 八卷 首一卷 存

國圖藏越縵堂朱格鈔本

◎黃振河，保定清苑人。道光二十九年舉人。

黃震象 易經圖解 佚

◎民國《廬陵縣志》卷二十六《藝文志》、民國《吉安縣志》卷四十六《藝文志》：黃震象《易經圖解》。

◎黃震象（1591～1661），江西廬陵（今吉安）人。黃鼎象弟。又著有《詩說》《近思錄闡義》《思庵遺集》。

黃植 周易淺說 三卷 佚

◎同治《即墨縣志》卷九《人物》：其經學、理學當世推尊，以為不可及……所著有《論語會說》《學庸記疑》《孟子析義》《周易淺說》《水湄草堂集》。

◎同治《即墨縣志》卷十《藝文》：黃植《論語會說》□卷、《學庸記疑》□卷、《孟子析義》□卷、《周易淺說》□卷、《水湄草堂集》十二卷。

◎孫葆田《山東通志》卷百二十七《藝文志》第十：是書見《縣志》。黃玉瑚撰傳作《周易講義》，不言卷數。

◎黃植，字靜軒。山東即墨人。黃如璧子。乾隆壬辰恩貢。又著有《論語會說》、《學庸記疑》、《孟子析義》、《水湄草堂集》十二卷。

黃中琦 易經釋義 佚

◎同治《祁門縣志》卷二十六《人物志·文苑》：精究易理，會萃諸家，參互考訂，集成《易經釋義》一書。

◎同治《祁門縣志》卷三十五《藝文志·書目》：黃中琦《易經釋義》（桐城馬登賢曰：黃君奇玉湛深經術，《易經釋義》一書，主理不主數，大旨宗《程傳》而自出精意參之）。

◎黃中琦，字奇玉。安徽祁門龍源人。歲貢生。博學通經。鄉闈屢薦不售，遂絕意舉子業。授寶應縣訓導，訓迪諸生，造就有方，名士多從之遊，任滿以老乞歸。

黃宗羲 洞極蓍法 一卷 存

道光十七年（1837）敬義堂刻六家蓍法本

◎黃宗羲（1610～1695），字太沖，一字德冰，號南雷，別號梨洲老人、梨洲山人、藍水漁人、魚澄洞主、雙瀑院長、古藏室史臣等，學者稱梨洲先

生。浙江紹興餘姚人。著有《易學象數論》、《孟子師說》、《明儒學案》、《宋元學案》、《明夷待訪錄》、《葬制或問》、《破邪論》、《思舊錄》、《明文海》、《行朝錄》、《今水經》、《大統曆推法》、《四明山志》、《南雷文案》、《南雷文定》、《南雷文約》。浙江古籍出版社 2005 年有《黃宗羲文集》十二冊。

黃宗羲 郭氏蓍法考正 一卷 存

道光十七年（1837）敬義堂刻六家蓍法本

黃宗羲 洪範蓍法 一卷 存

道光十七年（1837）敬義堂刻六家蓍法本

黃宗羲 六家蓍法 六卷 存

道光十七年（1837）敬義堂刻本

黃宗羲 啟蒙蓍法 一卷 存

道光十七年（1837）敬義堂刻六家蓍法本

黃宗羲 潛虛蓍法 一卷 存

道光十七年（1837）敬義堂刻六家蓍法本

黃宗羲 蓍法六種 不分卷 存

上海藏道光十七年（1837）刻本

黃宗羲 太玄蓍法 一卷 存

道光十七年（1837）敬義堂刻六家蓍法本

黃宗羲 易學象數論 六卷 存

上海藏康熙汪瑞齡西麓堂新安刻本（莫友芝題端，汪瑞齡校訂）

國圖藏清鈔本

四庫本

浙江藏清南海孔氏嶽雪樓傳鈔文瀾閣四庫全書本

人大藏光緒十五年（1889）黃氏校鈔本

光緒刻廣雅書局叢書本

國圖藏清鈔本

南京藏鈔本

臺北成文出版社 1976 年無求備齋易經集成影印光緒十九年（1893）廣雅書局刻本

商務印書館景印文淵閣四庫全書影印國立故宮博物院藏本

九州出版社 2007 年易學叢刊整理本

中華書局 2010 年易學典籍選刊鄭萬耕點校本

儒藏精華編點校本

◎一名《周易象數論》。內外編各三卷。

◎目錄：卷一：圖書、先天圖、天根月窟、八卦方位、納甲、納音一、占課。卷二：卦氣、卦變、互卦、筮法、占法。卷三：原象。卷四、大玄、乾坤鑿度、元包、潛虛、洞極、洪範。卷五：皇極。卷六：六壬、太乙、遁甲奇門、衡運。

◎自序〔註34〕：夫《易》者範圍天地之書也，廣大無所不備，故九流百家之學俱可竄入焉。自九流百家借之以行其說，而於易之本意反晦矣。《漢儒林傳》孔子六傳至菑州田何，易道大興。吾不知田何之說何如也。降而焦京世應、飛伏、動爻、互體、五行、納甲之變無不具者。吾讀李鼎祚《易解》，一時諸儒之說穢蕪康莊，使觀象玩占之理盡入於淫瞽方技之流，可不悲夫！有魏王輔嗣出而注易，得意忘象，得象忘言，日時歲月，五氣相推，悉皆擯落，多所不關。庶幾潦水盡而寒潭清矣。顧論者謂其以老、莊解易。試讀其註，簡當而無浮義，何曾籠落玄旨，故能遠歷於唐發為正義，其廓清之功不可泯也。然而魏伯陽之《參同契》、陳希夷之圖書，遠有端緒，世之好奇者卑王註之淡薄，未嘗不以別傳私之。逮伊川作《易傳》，收其昆侖旁薄者，散之於六十四卦中，理到語精，易道於是而大定矣。其時康節上接種放、穆修、李之才之傳而創為河圖先天之說，是亦不過一家之學耳。晦庵作《本義》，加之於開卷，讀易者從之。後世頒之學宮，初猶兼《易傳》並行，久而止行《本義》，於是經生學士信以為羲、文、周、孔，其道不同。所謂象數者，又語焉而不詳，將夫子之韋編三絕者，須求之賣醬籧桶之徒，而易學之榛蕪蓋仍如焦、京之時矣。自科舉之學一定，世不敢復議，稍有出入其說者，即以穿鑿誣之。夫所謂穿鑿者，必其與聖經不合者也。摘發傳註之訛，復還經文

〔註34〕黃宗羲《南雷文定》三集卷一亦收錄，題《易學象數論序》。

之舊，不可謂之穿鑿也。河圖洛書，歐陽子言其怪妄之尤甚者，且與漢儒異趣，不特不見於經，亦是不見於傳。先天之方位明與出震、齊巽之文相背，而晦翁反致疑於經文之卦位，生十六、生三十二，卦不成卦，爻不成爻，一切非經文所有，顧可謂之不穿鑿乎？晦翁云：「談易者譬之燭籠添得一條骨子，則障了一路光明。若能盡去其障，使之統體光明，豈不更好？」斯言是也。奈何添入康節之學，使之統體皆障乎？世儒過視象數，以為絕學，故為所欺。余一一疏通之，知其於易本了無干涉，而後反求之《程傳》，或亦廓清之一端也。

◎《南雷文定》五集卷四附錄《先遺獻文孝公梨洲府君行略》：東浙之學自新建啟途，一傳而為龍谿；再傳而為海門，右簣湛然、澄之禪入之；三傳而為石梁，輔之以姚江之沈國模、管宗聖、史孝咸、密雲悟之禪，又入之蕺山主慎獨，慎則敬，敬則誠，消息動靜，步步實歷。而見石梁宗解悟云：識得本體，不用工夫，求之心行路絕之間，故雖與同事而論多齟齬，已分會於白馬山。石梁所說皆因果，至言一名臣轉身為馬，引老嫗證之。府君曰：「是何言也？」因約十餘人連袂而稱弟子於蕺山，自是蕺山門人益進。然丁改革之際，其高第者如金伯玉、吳磊齋、祁世培、章羽侯、葉潤山、彭期生、王玄趾、祝開美諸先生，既身殉國難，其餘或時藝之塊礧未消，或蔥嶺之蠛蠓易化。閒有自任知師門之學者，則毘陵之仲昇惲子由此其選也。己酉東來，握手謂府君曰：「今日知師門之學者惟吾與子，議論不可以不一，但於師門言意所在，當為渾融。」府君不答，蓋以師門超越前儒者全在此，此而渾融，猶是師門之學乎？府君表顯師門之學，發前人之未發者，大端有四：一曰靜存之外無動察。樹木栽培，必於根本；枝葉之上，無可用力。知乎此，則省察即存養中切實工夫。今專以存養屬靜，安得不流而為禪？省察屬動，安得不流而為偽？又於二者之間、方動未動之際求其所為幾者而謹之，安得不流而為雜？一曰意為心之所存非所發。《傳》曰「如惡惡臭，如好好色」，言自中之好惡，一於義而不二於惡，正指其所存而言也。如意為心之所發，孰為其所存者乎？是所發先於所存，豈《大學》之本旨乎？蓋心無體，以意為體；意無體，以知為體；知無體，以物為體。物無用，以知為用；知無用，以意為用。工夫結在主意中，離卻意根一步，更無格致可言。一曰已發未發以表裏封待言，不以前後際言。夫喜怒哀樂非以七情言也，一心耳，而氣機流行之際，自其盎然而起，謂之喜仁之德也；自其油然而暢，謂之樂禮之德也；自其肅然而斂，謂乙

怒義之德也；自其愀然岑寂而止，謂之哀智之德也。乃四時之氣所以循環而無窮者，獨賴有中氣存乎其間，而發之即為太和元氣，是以謂之中、謂之和，性之德也，故人有無七情之時而無無四德之時。自其有諸中言謂之中，即天道之元亨利貞運于於穆者是也。陽之動也，自其發於外言謂之和，即天道之元亨利貞呈於化育者是也。陰之靜也，存發總是一機，中和渾是一性。一曰太極為萬物之總名。易畫之一奇即太極之象，因而隅之，即陰陽之象。兩儀立，即隱於陰陽之中，故不另存太極之象。於是縱言之，道理皆因形氣而立，離形無所為道，離氣無所為理，離心無所為性，而其要則歸之慎獨。從來以慎獨為宗旨者多矣，或認識本體而墮於恍惚，或倚傍獨知而力於動念，皆非慎獨體也。人心徑寸間耳，空中四達有太虛之象。虛故生靈，靈生覺，覺有主，是曰意。意者心之主宰。以其寂然不動之處，惟有此不慮而知之靈體，故舉而名之曰獨。少間攙以見聞才議之能、情感利害之使，便不得謂之獨，此時慎之無及矣。可知獨即意也，意非念也，是故渾念於意，以為心之所發而誠之，是舍其本源而從事於焦芽絕港也。謂理生氣，是與佛者有物先天地之說何別也？此千古未決之疑，一旦使人冰融霧釋，真有宋以來所未有。然向非府君冥心妙悟，推陷而廓清之，則子劉子已收之鏡、已得之珠，幾何而不復墜乎？海昌陳簡齋先生曰：「學在天地間，有宗有翼。余躡齊蕺山、漳浦兩夫子之堂，兩夫子之學莫不淵源考亭，追遡濂溪、二程以達於孔孟，而一時未見有董常、黃幹之儔者。梨洲黃子，於蕺山門為晚出，獨能疏通其微言、證明其大義，推離還源，以合於先聖不傳之旨。然後蕺山之學如日中天。黃子所謂魯國而儒者一人歟？」先生與府君同門，素心故知之深、言之切也。康熙丁未，定菴姜先生請府君復證人書院之講會，先生亦故與府君同及蕺山之門者也。自首陽正命，講席中絕者三十六年，至是而復舉之。戊申，鄞城亦請府君主講席。一會於廣濟橋，再會於延慶寺，自是甬上傑出之君子二十餘人，咸來執贄。府君謂學問必以六經為根底，空腹游談，終無撈摸，於是甬上遂有講經會。嗣後海寧令許公三禮請主講於北寺，越倅許公虬請主講於郡城，郡守李公鐸請主講於府學明倫堂。府君雖勉強應之，或者非本意也。己未，葉訒菴先生以博學鴻儒薦，府君辭不赴，寓書陳庶常介眉，謂與君相知有素，胡不為力止……府君之學，原本蕺山，而深造必由乎自得；言性則以為陰陽五行一也，賦於人物則有萬殊，有情無情各一其性，故曰各正性命，以言乎非一性也，程子言惡亦不可不謂之性是也。狼貪虎暴，獨非性乎？然不

可以此言人。人則惟有不忍人之心，純粹至善，如薑辛荼苦，賦時各別，故善言性者莫如神農之《本草》，惻隱羞惡辭讓是非，心也。仁義禮智指此心之即性也，非先有仁義禮智而後發之辭讓是非之心也。見孺子入井而怵惕、嚄號而不屑，此性之見乎動者也。即當其靜，而性之為怵惕不屑者未嘗不在，猶之未發而喜怒哀樂未嘗不在也。凡動靜者皆心之所為也，是故性者心之性，舍明覺自然自有條理之心而別求所謂性，亦猶舍屈伸往來之氣而別求所謂理矣。大化流行，不舍晝夜，無有止息，此自其變者而觀之。氣也，消息盈虛。春之後必夏，秋之後必冬，人不轉而為物、物不轉而為人，草不移而為木，木不移而為草，萬古如斯，此自其不變者而觀之理也，在人亦然。其變者，喜怒哀樂已發未發，一動一靜，循環無端者，心也。其不變者，惻隱羞惡、辭讓是非，牿之反覆，萌蘖發見者，性也。儒者之道，從至變之中以得其不變，而後心與聖一，一氣而含陰陽五行，不能無過不及，而有愆陽伏陰，豈可謂氣之不善乎？其一時雖有過不及，而萬古之中氣自如也。人之氣稟雖有清濁強弱之不同，而滿腔惻隱之心，觸之發露者，則人之所同也。此所謂性，即在清濁強弱之中，豈可謂不善乎？人生墮地，分父母以為氣質，從氣質而有義理，則義理之發源在父母。陽明言以此純乎天理之心，發之事父母便是孝，不知天理從父母而發便是仁也。嚴父配天，非崇高之也。吾之於天，曠遠難屬，藉嚴父在天之靈，通其陟降，而先儒疑於郊鯀，以功德言，不以感召言，非也。世儒謂天理為天下所公共，虛靈知覺為一己所獨得，故必推極其虛靈知覺之知，以貫徹無間乎天下公共之理，斯為儒者之學。若單守其虛靈知覺之知，而不窮夫天下公共之理，則入於佛氏之窠臼矣。不知天之生人，舍虛靈知覺之外更無別物，虛靈知覺之恰好處便是天理。此理通天下萬物而無間，故曰萬物皆備於我。以其己所自有，無待假借，謂之獨得可也。以其人所同具，更無差別，謂之公共可也。乃一以為公共，一以為獨得，析而為二乎？佛氏正唯認理在天地萬物，非吾之所得有，故以理為障而去之。其謂山河大地為心者，不見有山河大地，山河大地無礙於其所為空，則山河大地為妙明心中物矣。故世儒之求理與釋氏之不求理，學術雖殊，其視理在天地萬物則一也。楊墨之道至今不熄，夫無所為而為之為仁義，佛氏從生死起念即楊氏之自為也，發願度眾生即墨氏之為人也。任彼說玄說妙，究不出此二途。其所謂如來禪者，單守一點精魂，豈不是自為？其所謂祖師禪者，純任作用，豈不是為人？故佛氏者，楊墨而深焉者也，何會離得楊墨窠臼？豈惟佛氏，自科皋

之學興，儒門何一事不是自為為人？仁義之道所以滅盡，自古至今，止有楊墨之害，更無他害。易言一陰一陽之為道，此一陽已括一百九十二爻之奇，一陰已括一百九十二爻之偶。以三百八十四畫為兩儀，非以兩畫為兩儀也。若以第一爻而言，則一陰一陽之所生者，各止三十二爻，而初爻以上之奇偶，又待此三十二爻以生。陰陽者氣也，爻者質也。一落於爻，已有定位，安能以此位生彼位哉？四象亦統六十四卦之純陽純陰之乾坤，陽卦多陰之震坎艮，陰卦多陽之巽離兌而言，四象之分布於各卦者即為八卦，八卦即六十四卦。八卦定吉凶，如以為三畫之卦，何以定吉凶乎？觀包羲氏始作八卦，下引乾坤夬益諸卦可見矣。兩儀、四象、八卦，生則俱生，無有次第。太虛絪縕相感，止有一氣，無所為天氣也，無所為地氣也。自其清通而不可見則謂之天，自其凝滯而有迹象則謂之地。故曰資始、資生，又曰天施地生，言天唱而不和、地和而不唱也。今謂一三五天之生數、六八十地之成數、二四地之生數、七九天之成數，是天唱而地和、地和而復唱，真若太虛之中，兩氣並行，天氣地氣，其為物貳矣。是故一氣之流行，無時而息。當其和也為春，是木之行；和之至而溫為夏，是火之行；溫之殺而涼為秋，是金之行；涼之至而寒為冬，是水之行。寒之殺又和，木火金水之化生萬物，其凝之之性即土。蓋木火金水土目雖有五，而氣則一，皆天也；其成形而為萬物皆地也。若以水木土天之所生，火金地之所生，則春冬屬天，夏秋屬地，五行各有分屬，一氣循環，忽截而為天，忽載而為地，恐無此法象矣。河出圖，洛出書，聖人則之，所謂俯察於地也。謂之圖者，山川陰易南北高深，如後世之圖經是也。謂之書者，風土剛柔、戶口盛衰，如夏之《禹貢》、周之《職方》是也。謂之河洛者，河洛為天下之中，凡四方所上圖書，故以河洛繫其名也。如此種種，不可殫紀。則又多蕺山之所未發者。至於博極羣言，上下今古著述文章，翼補經史，以逮天官地理、九流百氏之學無不精，野乘稗官之說靡不究。此如導源崑崙、過龍門、歷底柱，而遂至望洋浩瀚也。所著書《孟子師說》，以蕺山有《大學統義》《中庸慎獨義》《論語學案》，師其意以補未備也。《易學象數論》六卷，以易之象數久為異說所掩，如焦、京之徒以及《太玄》《洞極》《潛虛》《壬》《遁》之流，紛紜錯雜，論其依附於易、似是而非者為內編，論其顯背於易，而自擬於易者為外編。《明儒學案》六十二卷，此有明一代學術所關也。《明文案》二百一十七卷、《明文海》四百八十二卷，此有明一代之文章也。《南雷文案》十一卷、《吾悔集》四卷、《撰杖集》四卷、《蜀山集》四卷，後增刪為

《南雷文定》共若干卷、《南雷詩曆》四卷。南雷，昔晉謝遺塵所居之地，去吾家數里，府君取以自號也。《待訪錄》一卷，此弼帝匡王之略也。《宋史補遺》三卷，《冬青引註》一卷、《西臺慟哭記註》一卷〔註35〕錄三卷、《海外慟哭記》一卷。《汰存錄》一卷，汰夏彝仲之《幸存錄》也。念昔日之交遊而追憶之，則作《思舊錄》。以水道變遷，非桑、酈時舊，作《今水經》。壬千同二三叔父遊四明山，攀蘿附葛，藤竹窮搜，作《四明山志》。告糴黃巖，以其暇游天台、燕宕，作《台宕紀游》。庚子游匡廬，作《匡廬行腳錄》。讀書所至，關涉本邑者，另分摘之，為《姚江文略》《姚江逸詩》《姚江瑣事》。宗支日衍，一本追思，作《黃氏家譜》。玄冠不弔，勞心棘人，作《黃氏喪服制》。其曆律算數諸學，則有《春秋日食曆》《授時曆故》《大統曆推法》《授時曆假如》《回曆假如》《西洋新法假如》《律呂新義》《玄珠密語》《氣運算法》《勾股圖說》《開方命算測圖要義》，以至納甲納音、太乙壬遁等，皆有成書。其未成者，《宋元儒學案》《宋元文案》已有稿本，未經編輯，遺命不孝百家成之。嗟乎！此豈不孝百家所任哉？！怦怦恐恐，大懼弗勝，誓從此刻勵，稍希進步，力必成之也。

◎何焞彥《易經遵孔八哲類稿》卷十二《集哲》：黃氏宗羲《易學象數論》以易至京、焦而流為方術，至陳摶而歧入道家，九流百氏罔弗依託，因作此以糾其失。前論河圖洛書、先天方位、納甲納音、月建卦氣、卦變互卦、筮法占法，附以所作《原象》為內篇。後論《太元》《乾鑿度》《元苞》《潛虛》《洞極》、洪範數、皇極數以及六壬、太乙、遁甲為外篇。以數說易已非，而又支離麗襮之甚者也。

◎四庫提要：是書宗羲自序云：「易廣大無所不備，自九流百家借之以行其說，而易之本義反晦。世儒過視象數以為絕學，故為所欺。今一一疏通之，知其於易本了無干涉，而後反求程《傳》，亦廓清之一端。」又稱王輔嗣注簡當而無浮義，而病朱子添入康節先天之學為「添一障」。蓋易至京房、焦延壽而流為方術，至陳摶而歧入道家。學者失其初旨，彌推衍而謬轇彌增。宗羲病其末派之支離，先糾其本原之依託。前三卷論河圖、洛書、先天、方位、納甲、納音、月建、卦氣、卦變、互卦、筮法、占法，而附以所著之《原象》為內篇，皆象也。後三卷論《太元》、《乾鑿度》、《元包》、《潛虛》、《洞極》、《洪範》數、《皇極》數以及六壬、太乙、遁甲為外篇，皆數也。大旨謂聖人以象

〔註35〕周按：此下原空兩格。

示人，有八卦之象，六爻之象，象形之象，爻位之象，反對之象，方位之象，互體之象，七者備而象窮矣。後儒之為偽象者，納甲也，動爻也，卦變也，先天也，四者雜而七者晦矣。故是編崇七象而斥四象，而七者之中又必求其合於古，以辨象學之訛。又遁甲、太乙、六壬三書，世謂之「三式」，皆主九宮以參詳人事。是編以鄭康成之太乙行九宮法證太乙，以《吳越春秋》之占法、《國語》冷州鳩之對證六壬，而云後世皆失其傳，以訂數學之失，其持論皆有依據。蓋宗羲究心象數，故一一能洞曉其始末，因而盡得其瑕疵，非但據理空談不中竅要者比也。惟本宋薛季宣之說，以河圖為即後世圖經洛書為即後世地志、《顧命》之河圖即今之黃冊，則未免主持太過至於矯枉過直，轉使傳陳摶之學者得據經典而反唇，是其一失。然其宏綱巨目辨論精詳，與胡渭《易圖明辨》均可謂有功易道者矣。

◎九州出版社 2007 年《易學叢刊》整理本底本選用《四庫全書》本，參校《廣雅叢書》本、《黃宗羲全集》本二種。

黃宗炎 圖書辨惑 一卷 存

餘姚文保所藏稿本

四庫本

山東藏道光二十四年（1844）吳江沈氏世楷堂刻昭代叢書本

國圖藏清東浙黃模黑格鈔本

山東藏臺灣新文豐出版公司 1983 年大易類聚初集影印文淵閣四庫全書本

中華書局 2010 年易學典籍選刊鄭萬耕點校本

◎一名《易學辨惑》《圖學辨惑》。

◎全書計三辯：河圖洛書辯、先天八卦方位六十四卦方圓橫圖辯、太極圖說辯。

◎圖學辨惑原序：易有圖學，非古也。注疏猶是魏晉唐所定之書，絕無言及於此者。有宋圖學三派出自陳圖南，以為養生馭氣之術，託諸大易，假借其乾坤水火之名自申其說。如《參同契》《悟真篇》之類，與易之為道截然无所關合。儒者得之，始則推墨附儒，卒之因假即真，奉螟蛉為高曾，甘自屈其祖禰。據朱子發經筵進表，宋易之陳氏亦猶漢之易學，授受俱鼻祖于田子裝。田氏之學傳自聖門，歷歷可數。圖學從來出自圖南，則道家者流，褙之大易，遂使天下靡然稱為易老。儒者極其崇奉，并諱其所謂老，專以易

歸之，亦可畏也。上古何嘗有圖？但文字未備，畫為奇耦，示文字之造端爾。陳氏不識古文古字，誤以為圖也。文、周、孔子，文字大備，始得暢其所言，著之竹木，而義理昭然可覩，皆所以闡發古文古字之幽隱，破除其艱澀，以就夫坦夷。讀十翼，正所以明顯彖爻辭象，明顯彖爻辭象正所以追測卦畫之古文古字也。創為三圖而欲揜包犧已露之面目，使天下後世重求之于晦冥，蒙昧之途何殊知饕殄而以茹毛飲血為至味，毀廬舍而以上巢下穴為適安也？秦焚《詩》《書》，《易》獨以卜筮得免。若有圖，亦宜不禁？胡為偏遯而孤行方外？秦漢之時雖有黃老之學，亦只在民間，豈有與世間隔不通于學士大夫之理乎？此皆據其偏辭无能強申者也，非惑與？可不辯與？作《圖學辯惑》。

　　◎李富孫《校經廎文藁》卷十八《圖書辨惑跋》：《圖書辨惑》一卷，姚江黃晦木先生所作。目圖出自陳圖南，本養生馭氣之術，託諸大易，假借乾坤水火之名目自申其說，而於易絕無所關，故力辨之。予竊謂自華山道士陳摶創為諸圖，又著《龍魚》、《河圖》諸篇，其詞誕妄怳忽，文義不通，而後人入其箇中，奉目為實，其書遂流害後世，妄加聖經之上，可為一噱。此先生所為不得不辨與？又按河圖之名見於《周易》、《尚書》、《魯經》、《山海經》等書，大約是受命之實，其形莫攷。若八卦之位、水火之次，《說卦》已明言之，何庸圖也。厥後邵古、劉牧、李溉之流遂改《書》之河圖為洛書，肊造今之所謂河圖；又別撰太極先天後天諸圖，實與易理豪不相涉。昔歐陽永叔目河圖洛書怪妄尤甚，婁為說目黜之。嗟乎！五六百年來尊之信之，孰能辨其惑哉？顧亭林先生嘗云：「希夷之圖、康節之書，道家之易也。自二子之學興而空疏之人、迂怪之士舉竄迹其中目為易，而其易為方術之書，與聖人寡過反身之學去之遠矣。」此非與先生之論竝千古卓識乎？且自宋目耒無有言河圖為八卦者，至鄭元、虞翻、荀爽、王肅之書，皆無圖；孔穎達、李鼎祚之書亦無圖，非耒人之智有不及也，惟謹守師承而不敢偽作欺世。然則讀是書不特目明紉造之妄，亦足目發古今之蒙。後賢復起，當必有共辨其惑者。先生名宗炎，字晦木，太沖之弟。嘗從山陰劉忠介公游，故學有原本。又有《周易象詞》十九卷、《周易尋門餘論》二卷、《太極圖說辨》一卷，惜未睹其全書，竢再訪而卒業焉。

　　◎程晉芳《勉行堂文集》卷五《圖學辨惑跋》：晦木先生學有本源，于易理尤邃。既撰《周易象辭》十九卷、《尋門餘論》二卷，復成茲一卷以辨陳圖

南傳授之謬。余少時讀李鼎祚《易解》，每竊疑之。既乃得黎洲《易學象數論》，為之豁然心開，謂前人不我河漢也。然求難弟之書，竟不可得。乾隆乙未始于浙省所進遺書中見之。蓋與胡氏之《易圖明辨》、程氏之《易通》皆能撥雲霧于晦昧之餘，使白日青天昭垂于千古矣。近吳郡一二儒生復取漢人飛伏、世應之說及宋儒圖象，反復研求，欲翻漢廷老吏已斷成案，不亦難乎？經術正而人心正，所關于世道者誠不小也。

◎袁翼《邃懷堂文集》卷二《答潘望之論太極圖書》（道光乙酉）：承示朱竹垞《論太極圖說》，本於黃梨洲先生《圖學辨惑》。黃氏兄弟皆力闢陳摶之學，故於周元公多微詞。執事學易功夫與年俱進，即此析疑訂舛，令人窺見一班。歆羨奚似！某於河洛象數探索多疏，并未見《辨惑》一書。竹垞視梨洲為前輩，同被徵召。黃氏遺書刻於康熙壬午後，或未及見。經儒所見畧同，不必有所依附，但審其言之是非可矣。

◎黃宗炎（1616～1686），字晦木，一字立溪，學者稱鷓鴣先生。浙江餘姚人。黃宗羲弟。又著有《六書會通》、《二晦集》、《山棲集》等。

黃宗炎 周易象辭 十九卷 附錄三卷 存

　　餘姚文保所藏稿本
　　國圖藏烏絲欄鈔本
　　四庫本
　　清東浙黃模黑格鈔本
　　◎陳昌圖《南屏山房集》卷十八《百尺樓雜錄》：姚江黃宗炎撰《周易象詞》十九卷，謂易取象于蟲，一日十二時改換十二色，即析易也。卦次一反一正，兩兩相對，兩卦十二爻，在本卦者象日之六時，在往來之卦者象夜之六時，持論亦奇而法。又謂圖學非古也，古人畫為奇耦，示文字之造端耳，陳圖南不識古文字，誤以為圖也。注疏晉唐之書絕無言及此者。

　　◎四庫提要：其說易力辟陳摶之學，故其解釋爻象一以義理為主，如釋坤象曰：「乾既大矣，坤能配乎！乾而與之齊，是乾之大坤亦至焉，故曰：『至哉』，蓋乾以元施，而坤受之即為坤之元，非別有元也。」其義為前人所未發，而於承天時行之旨、無成有終之道皆分明融洽。他如解豫六二「介於石」，謂「處地之中，得土之堅」，取象極為精確。解剝六五「貫魚」，引《儀禮》魚每鼎用十五頭、《昏禮》用十四頭，其數多，必須「貫」，亦頗有根據，不為牽

合。解解卦初六「無咎」云：「難之初解，人人喜補過之有地，此非人力，乃天時也，故直云無咎」，尤能得文外之意。其他詮釋大都類此，皆可備易家之一解。至於「歸妹以須」，「須」為女之賤者，舊解本無可易，而宗炎謂「須附頤以動」，則以為須髮之「須」，未免傷於好奇。又於易之字義多引篆文以釋之，亦不免王氏《新義》務用《字說》之弊，當分別觀之可也。後附錄《尋門餘論》二卷，《圖書辨惑》一卷宗旨大略相同。二書各有別本單行，然考《周易象辭》目錄，實列此二書，謂之附錄，則非別自為編也。今仍合之，俾相輔而行焉。

◎何焯彥《易經遵孔八晳類稿》卷十二《集晳》：黃氏宗炎《周易象辭》附《尋門餘論》與《圖書辨惑》力闢陳搏之學，故所解惟主義理，然根據經典，不涉空談。《尋門餘論》兼排釋氏，未免蔓衍於易外，而其他持論多醇正。《圖書辨惑》論先天圖，與陳應潤所言合；論太極圖，與朱彝尊、毛奇齡所考合，於易說、易道可謂能知其非而不能知其是者也。

黃宗炎 周易尋門餘論 二卷 存

四庫本

餘姚文保所藏稿本

道光二十四年（1844）刻昭代叢書本（一卷）

清東浙黃模黑格鈔本

國圖藏烏絲欄鈔本

山東藏臺北商務印書館 1983 年景印文淵閣四庫全書影印國立故宮博物院藏本

山東藏臺灣新文豐出版公司 1983 年大易類聚初集影印文淵閣四庫全書本

中國書店 1998 年王立文編中國書店 1998 年王立文編中國古代易學叢書本

中華書局 2010 年易學典籍選刊鄭萬耕點校本

◎摘錄卷上首：予七八歲之時隨先忠端公於京邸，授《周易本義》句讀，踰年未能省大義。先忠端蒙難，愚方童穉。凡我先忠端理學之淵原、自得之精蘊，實未嘗窺其毫末也。迨乎稍長，吾兄太沖先生命讀王注、程《傳》，時隨行逐隊以圖進取，不過為博士弟子之學，无所得于心也。間從蕺山夫子，與聞緒論。予蒙蔽甚深，雖夫子諄諄訓誨，未能有所啟發。每與執父陸文虎

共閱郝仲輿先生《九經解》，其融會貫通，一洗前人訓詁之習，然而可指摘之
處頗多。遂有白首窮經之約。文虎捐館，麗澤零落，而予更遭風波震盪，患難
剝剝，始覺前日之非。夫立身與物，老而衡決，其困而不學之故乎？子曰作
易有憂患，不占不可為巫醫，學則可无大過。擬以五十之年，息絕世事，屏
斥詩文，專功畢力以補少壯之失。家貧苦饑，奔馳四方以餬其口，枵腹殫思，
往往頭眩僵仆。或有臆中胸懷，亦若天空海濶，頓忘其困苦，又復廢書長歎，
恨不使文虎見之，一暢吾茹嚘也。因其未能鱗次，姑隨筆雜述以備散忘，命
之曰《尋門餘論》，見予得門而入之難也。若夫全書成與不成尚未可知，先附
于茲，庶存其志焉。

◎摘錄卷下末：易書廣大悉備，後世解經之儒，隨其一隅之所得自為發
揮，雖矯揉牽強，亦自有可髣髴者，故曰冒天下之道。如冒之覆人，五官百骸
皆在其下也。川流敦化，並育並行，俱所以闡天地之變化。學者各鳴其所見，
本非前聖大義奧旨，然而易理中无不該括，誠能采集諸子百家之說，各棄其
蔽錮之短而取其領悟之長，復會通以象辭變占，四聖之精義入神无不可覩，
但當處以虛公，守以謙讓，則其入德之門也。虛公則衷正明而无黨同伐異之
患，謙讓則不自以為是而可以取益者多。苟能若是釋說者，吾師也，彼何能
亂道哉！

◎摘錄卷下末：以上所列諸條，偶有會心輒隨筆雜書，零星无序，學人
之筌蹄，不足把玩者。然一蠡亦海、一撮亦地，庶見予之魯鈍，銖積縷合，不
能提綱挈領、得意忘象，自趨簡易，其掛一漏萬又何誅焉。噫，愚矣！

◎摘錄卷下末：象象之世，文字簡嚴，其用也斬截而不可混淆，必求其
故，始得文周立象之微旨，故推原篆書，以窮斯理。《文言／彖／象傳》亦即
闡明經義，因附注篆以證之。至于《繫辭》《說卦》諸篇，已屬窮神知化，不
必局蹐夫文字之端倪而索太羹玄酒之滋味也。況簡什浩繁，將字學多而易學
少，得无輕重倒置乎？一切篆書俱舍而不講。

◎四庫提要：《尋門餘論》兼排釋氏之說，未免曼衍於易外，其詆斥宋儒
詞氣亦傷太激。然其論四聖相傳，不應文王、周公、孔子之外別有伏羲之易
為不傳之秘；《周易》未經秦火，不應獨禁其圖，轉為道家藏匿二千年至陳摶
而始出，則篤論也。

◎阮元《儒林傳稿》卷一：其學術大略與宗羲等而畁岸幾過之（《鮚埼亭
集》）。